我
思

敢于运用你的理智

# 徐梵澄传

（修订版）

长江出版传媒

崇文书局

孙波 著

## 图书在版编目（CIP）数据

徐梵澄传 / 孙波著 . — 修订本 .
—武汉：崇文书局，2019.1
ISBN 978-7-5403-5256-1

Ⅰ . ① 徐…

Ⅱ . ① 孙…

Ⅲ . ① 徐梵澄（1909-2000）—传记

Ⅳ . ① K825.1

中国版本图书馆 CIP 数据核字（2018）第 238372 号

## 徐梵澄传（修订版）

出　　品　崇文书局学术出版中心
策 划 人　梅文辉（mwh902@163.com）
责任编辑　梅文辉
出版发行　长江出版传媒　崇文书局
地　　址　武汉市雄楚大街 268 号 C 座 11 层
电　　话　(027)87393855　邮政编码　430070
印　　刷　中印南方印刷有限公司
开　　本　640mm×950mm　　1/16
印　　张　33
字　　数　380 千
版　　次　2019 年 1 月第 1 版
印　　次　2019 年 1 月第 1 次印刷
印　　数　1-5000 册
定　　价　98.00 元

（读者服务电话：027-87679738）

梵澄：“我所锲而不舍的，如数十年来所治之精神哲学。”

青年时期的梵澄

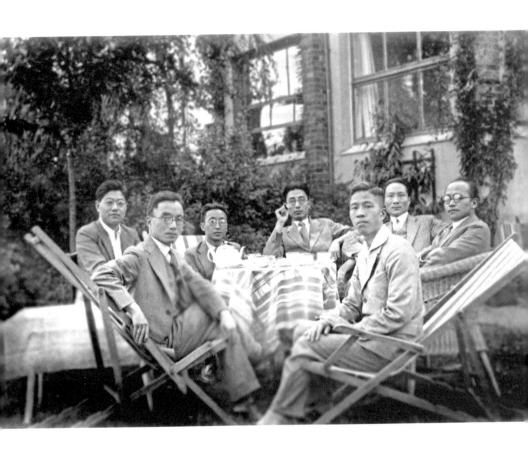

1932 年 6 月 14 日留德友人柏林沙龙
前排左起：朱自清、朱偰
后排左起：冯至、陈康、徐梵澄、滕固、蒋复璁

梵澄留德期间所作版画《鲁迅像》《高尔基像》《雾与热》（现藏北京鲁迅博物馆）

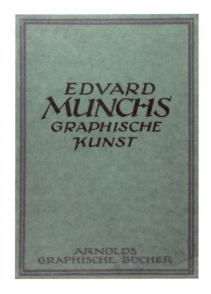

梵澄为鲁迅先生购置的德文书《爱德华·蒙克版画艺术》

1936 年春节梵澄呈鲁迅诗

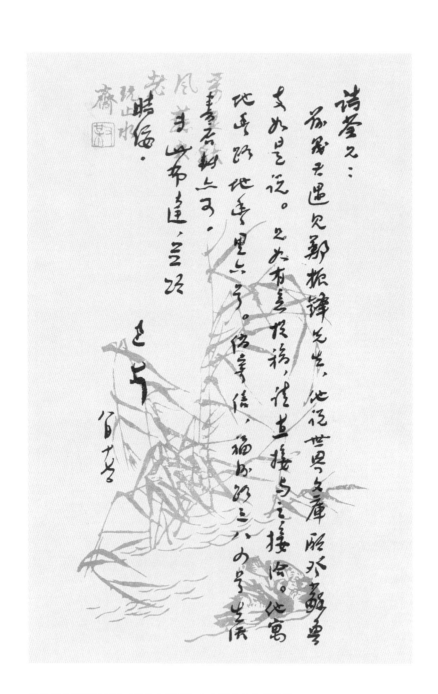

鲁迅就梵澄所译尼采《苏鲁支语录》之出版事宜致梵澄信

梵澄与自己所作的《室利阿罗频多像》和《院母像》

印度泰戈尔国际大学中国学院部分教师合影
常任侠（左一）、徐梵澄（左三）、谭云山（左四）、来访的竺可桢（左六）

阿罗频多修道院内接受印度友人的祝福

在阿罗频多修道院的工作与生活

在阿罗频多修道院创作的国画

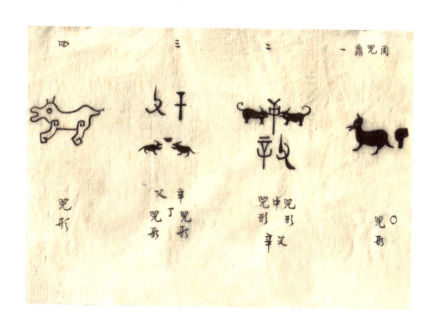

梵澄手书金文，为《小学菁华》而作

阿罗阿罗频多修道院内，梵澄在看书

1978 年回国护照

1978 年回国后，与三哥在长沙合影

回国后，70 多岁
的梵澄依旧精神
抖擞

1985 年梵澄在桂林

1990 年梵澄在大连

晚年梵澄在专注地工作

梵澄与周海婴夫妇

梵澄与好友贺麟

梵澄手书《心经》梵文原本古体书（1990 年 3 月 30 日）

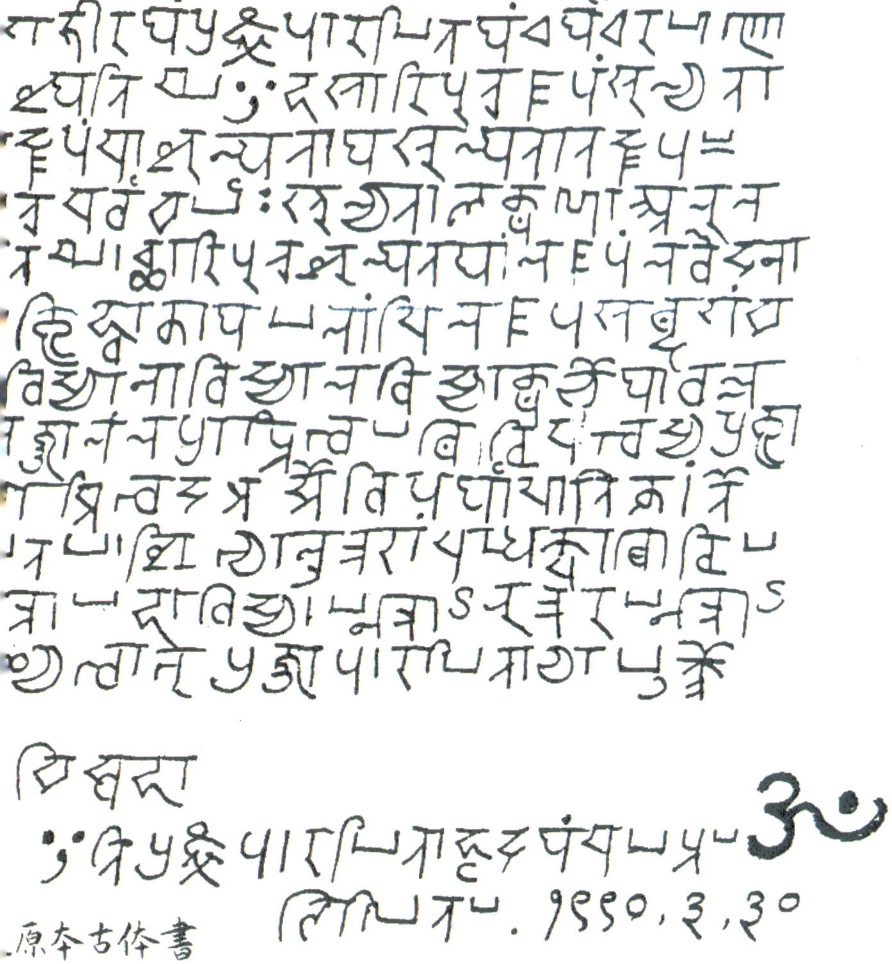

1990．3．30

中国社会科学院研究员（含相□）主要研究成果登记表

1992 年 1 月 20日填

| 姓 名 | 徐梵澄 | 性 别 | 男 | 出生年月· | 10月26 1909 |
|---|---|---|---|---|---|
| 字 号 | | 笔 名 | | 民 族 | 漢 |
| 籍贯(到县) | 湖南长沙 | 政治面貌(注明入党派时间) | 非党员 | 毕业院校及毕业时间 | |
| 授予学位 | | 授予国内外荣誉称号 | | | |
| 现工作岗位及行政职务 | 世界宗教研究所 | | | 专业职务及评定时间 | |
| 主要社会兼职 | | | | | |
| 业务专长(主要研究领域) | 中国及印度古代精神哲学 | | | | |
| 学历及主要工作简历 | 1927 毕业於武昌第二中山大学 1929→1932 在德国柏林大学 海德山大学 肄业 Germanistik, 西方艺术史, 哲学。 曾任 国立中央圖書馆编纂 中央大学教授 (1945去国) 泰果尔国际大学教授 (5年) 南印度国際教育中心 研究院華文部主任(27年) (1938回国) | | | | |

1992 年梵澄所填"中国社科院研究成果表"

梵澄在印度阿罗频多修道院出版的部分书籍

梵澄回国后出版的书籍

梵澄:"后学多秀,然深造尚遥,俟其大成而已。"

# 初版序

卓新平

  《徐梵澄传》经孙波先生的执著坚持、多年努力，终于在徐梵澄先生诞辰一百周年纪念之际得以问世。孙波先生书写这一传记，是一种充满敬意、情感和责任心的投入。顺着其思绪、激情和优美生动的文笔，我们终于可以"走近徐梵澄先生"，鲜活地认识一位"大隐于市"的学术大师，深刻体会他毕其一生来追求"超越与会通"的学术意义和人生境界。

  自中国改革开放以来，学术研究获得了新生，学界名流亦层出不穷。然而，透过学术讲坛的喧闹和现代媒体的渲染，我们仍然感到当代中国学术在哲学社会科学及人文学科领域的薄弱，真正影响一代学风、带来学问开创和转型发展的学术大家、思想巨人恰如凤毛麟角，颇难寻觅。正是在当代中国学术方兴未艾、任重道远的重新起步时期，这部传记带着我们近距离地接触到一位默默耕耘、大音希声的智者，让我们感受到学术研究的真谛和学界大师的风范，使我们对当今中国学术的深化和拓展亦有着欣喜、充满了希望。

在现实社会充满动感、流动不居的学术舞台上，一批批学者开始映入人们的眼帘，其中一些德高望重的学界前辈和学坛精英在人们的注目中被称为"大家""大师"，而徐梵澄先生的公众亮相却极为稀少，长期被看似在积极发现"新星""新秀"的学术舆论界和评论界所忽视、埋没和遗忘。对于当代学人而言，徐梵澄先生奇特的求学经历、曲折的人生历程似乎颇具"神秘"色彩，其学问和知识对常人而言也有高不可攀、深不可测之感。这样"走近"徐先生、"了解"徐先生的人的确很少，一些涉猎其相关领域的一般研究者也往往因其古奥、深邃的论著、译文望而却步，不敢深入。或许可以说，徐先生的学术生涯经历了不同寻常的"孤寂"，但与此同时他亦曾享有极为奇特的"宁静"。徐先生的这种超凡脱俗、单行独立，赢得不少挚爱学术、品味人生者的敬重和敬佩。而介绍这位杰出的学者，挖掘其精神财富，在我们描绘并展示当今中国学术画卷时是不可或缺的重要一笔。

约三十年前，我在世界宗教研究所的一次会议上首次见到了徐梵澄先生，当时的第一印象是先生身高人瘦、目光有神、白色着装，气度不凡。任继愈先生向大家介绍，这是一位客居印度三十多年、学术造诣高深的归国学者，并且已经成为我们研究所的研究人员。这一简短的介绍如点睛之笔，使我一下子从精神上捕捉到徐梵澄先生的生动形象，体悟了其超逸洒脱、仙骨梵风的学者气质。在随后的远距离观察和出于好奇的间接打探中，我知道徐先生也是湖南人，而且有着在德国海德堡大学的留学经历，从而对先生产生了一种亲近感；进而听说徐先生乃鲁迅的弟子、后又在印度专治精神哲学，是熟谙中、西、印三大文化的通才，我更是对先生无比钦佩和敬仰。由于年龄、学识等方面的"代沟"，我不敢"走近"徐先生，而只是保持了一种对先生"敬而远之"的态度；现在想来真感遗憾和懊悔。也正是因为这种不敢"走近"和由此而所缺失的"亲近"，我也不敢像孙波先生如同对待朋友、亲人那样直呼"梵澄先生"，而不由自主地用上了"徐先生"这一显得疏远、却也表达了我对先生敬重甚至敬畏的称呼。

在担任研究所所长后，我跟徐梵澄先生有过几次短时间的接触。他曾给我写过短信，谈起他对研究所科研工作的一些想法和建议；我们也在一起商讨、沟通过某些问题。在徐先生因病住院期间，我曾和孙波一起去医院探望过先生。但总体来看，这种接触仍是太少、太短。因此，徐先生的学问、人品、性格、气质，对我仍具有神秘感；而在阅读中所了解的先生，以及在远距离观察中所注意到的先生那种睿智、安宁、孤峭、高雅和超拔，也使我对先生油然而生有一种神圣感。

相比之下，我佩服并感谢孙波先生，而且也非常羡慕他真正"走近"了徐梵澄先生。以充分的勇气、充足的时间和充实的知识准备，孙波进入了徐先生原本"清寂"的个人世界，成为他的朋友、亲人和学生。在工作、生活上关心、照顾、帮助徐先生的同时，孙波亦被先生的学术修养和人格魅力所深深吸引。徐先生回国后没有正式招收过学生，孤身一人，长期以来身边并无亲人照顾，更谈不上桃李满园，故而其学问几乎成为"绝学"。就在徐先生的"满腹经纶"快要"绝传"之际，孙波先生"闯入"了徐先生看似封闭的"一人世界"，得以近距离地观察、学习乃至参与徐先生的"读书、写作，散步、吟诗"之生活，并从最初的照顾、观察先生而发展到研习、体悟先生，最终也像徐先生那样，"譬如开矿，每日孜孜矻矻，进掘不休"，全方位地接近、研究、了解、领会徐先生其身心及其思想、学问；这样，就为孙波今天得以写出颇具广度和深度、颇有学术色彩和意义的《徐梵澄传》打下了坚实的基础，做好了重要的准备。

徐梵澄先生逝世后，孙波全力搜集、整理他的文稿、资料，并申请了专门的研究课题探索徐先生的人生发展，追寻其学术踪迹，发掘其思想精髓。这样，在孙波的努力和坚持下，16 卷的《徐梵澄文集》得以出版，其出版座谈会也在我院成功举行。此后，孙波锲而不舍，从整理徐先生的文稿进而深入到研究先生的生平及思想。在广泛搜索、远道寻踪、潜心思考、认真写作的艰辛之后，孙波又推出了自己研习徐先生的这部传记著作。以这种深厚的感情、友谊，以其特有的敬佩和向往，孙波"沉迷"在徐梵澄先生的人生之途中几乎达致"忘返"之境，生动而精彩地勾勒出了徐先生"高山闻道""欧西求学""鞮译'超人'""试笔文坛""取经天竺""拜师'圣母'""阐幽奥义""重返桑梓""定居北京""扬微道术""深谙佛梵""回眸湘学"等的曲折人生、丰富学历，对徐先生的所行所思有着独特的敏感。这样，孙波乃成为当代中国学界最"接近""亲近"徐梵澄先生的学者。特别值得指出的是，在倾注其大量心血，再现徐先生音容，塑造徐先生栩栩如生的学者、智者形象时，孙波不只是一个"孤独的远征者"、一个"在远道上"追赶"先生"的人，而且还像一个"先行者"、一个"先知"那样大声疾呼、热情号召我们"走近"并"发现"徐梵澄先生，认识并珍视徐先生在当代中国学界深刻而深远的学术价值及意义，从而能够更加鲜明、准确地给徐先生在当代中国学术发展中定位，也更加清楚地了解当代中国学问的真正涵盖和底蕴。

研究徐梵澄先生，也是我们世界宗教研究之学术史中的一个重要内容。体认这些研究世界宗教的大家，有助于我们深刻、透彻地认识并理解世界宗教。其实，我深知以自己的简浅了解和学术功力不可以来评价徐梵澄先生的学术和人格，故也没有资格给孙波先生的《徐梵澄传》写序。之所以鼓足勇气写下这些文字，乃是出于对我们世界宗教研究所的徐梵澄、朱谦之、任继愈等学界前辈、学术大家的敬仰、缅怀和学习。对这些高山景行、止于至善的前辈学者的敬慕和追忆，旨在重视并弘扬世界宗教研究所已经积累的学术遗产，更希望以此形成我们这代学人继往开来的学术风气、学者灵魂。

**2009 年 8 月 18 日**

# 目　录

# 绪言

　　为梵澄先生书写传记，是件很困难的事情。原因有三：一心里不安，二资料不足，三才力不逮。然而自己还是一路做了下来，因为隐隐觉得有一份责任在焉。

　　梵澄先生曾谈到"圣哲"室利·阿罗频多反对别人给他写传记。梵澄先生又在回忆鲁迅的文章中有这样的话："若写他人传记等，更难处处真实。因为我们既不懂到自己，更不懂到他人。常时我们自以为了解他人，其实未尝了解。尤其于自己所敬爱的人，若写其言行等，便不免有所偏袒，隐讳，夸张，粉饰。治史学的人，必知道通常写史而秉直笔，是难得的事。"（《星花旧影》）以此对照，可以说我的叙事也不免主观。但是，亦可反向：谁人的叙事又能不是主观的呢？因为每一个人皆是"我"在说话，由于心境不一，理解不一，角度不一，亲疏不一，因而生发"多"种看法与意见，这又皆属正常。问题却在于"多"要归于"一"，即圣人所谓"同体为一"之"一"，也就是"同一知"。若求其次呢？则为"同情知"了。总之，是作同情的理解，走高上的道路，便无甚隔阂与分歧了。要之，这当属精神经验之事。

　　究竟梵澄先生的传记当不当写？这又是一个问题。我们知道，他老人家所贡献的是一份学术事业、精神事业，这与他的生命流程是紧密相关的。所以，了解他的故事，贴近他的追求，懂到他的心灵，会于解读他的文字与思想，大有裨益和收获。尝如《康德传》的作者美国人曼弗雷德·库恩说："没有背景知识，我们便难以理解哲学家要表达的思想。"当然，这是指通相而言。别相呢，即是其特殊意义。笔者可结论道：他的经历有不可重复性，他的劳作有不可替代性。至于这"性"为大为小，则有赖于我们欲取什么样的观点了。梵澄先生曾说鲁迅"是那一时代所呕煦的成体"。我们读鲁迅，知鲁迅，觉得亲切、入微，感到振奋、拔起，这说明两橛是同一命运，不可分割，也是因为"我们现在认识的世界，便是在那个历史时期形成的"。那么，梵澄先生又何尝不是这样的"成体"？于此又涉及史观，他尝云："历史之于体属于过去，其用则属现在和未来。"（《百岁瞻言——商务印书馆一百年》）"过去"，即成传统，我们终将是传统的一部分。大致作如是观，读者会对作传人有一个宽容的理解了。

梵澄先生在南印度琲地舍里时，有过一个助手，美国人玛丽斯（Maris L.Whitaker），她说："在我的印象中，徐先生有着深邃的意识和情感。他安静、高贵、优雅，他内中藏着超乎常人的意识和明觉。我不知道他是怎样完成这一意识的巨大转变的，难道是他在瓦拉纳西学习之时的沉思？或者是对于佛教和'母亲'的终生奉献么？"（见玛丽斯2000年9月21日致詹志芳信）回答这个问题不难，亦是常俗语，即主观的条件和客观的机缘。就主观之条件而言，有先天和后天之别，于先天，许广平先生说他，"天赋极高……钦慕尼采，颇效其风度"；于后天，仍是许先生的话"旧学甚博，能作古诗、短评，能翻译"（《欣慰的纪念》）。后天还有可说者，就是他极为用功，未尝有什么"一日科头，三朝晏起"之事，加之也从未被什么"运动"干扰过，所以出手便是纯粹的文字、精神的语言。这里一转，就到"客观机缘"了，或说他的"命运"使然。克实论之，他是最幸福的人，因为在他的有生之年，遇到了两位世界级的精神导师：鲁迅和法国院母密那氏。他紧紧地追随他们，而且义无反顾。毋宁说，两位导师也是"欣慰"的，因为这个弟子对他们乃至对时代作出了响亮的回应：在鲁迅，其精神理想——"立人""改造国民性"的宏愿——梵澄先生为之在学理上（精神哲学）奠定基础；在"母亲"，其精神事业——"每一新黎明，带来一新进步的可能性"的征程——梵澄先生为之将菁华（韦檀多学古今经典）介绍入中国。之后，他特立独行，前驱不已。用"诗哲"的语言来形容：他是一个"孤独的远征者"（"母亲"语），一个"在远道上追上自己的人"（尼采语）。

　　然而，他首先是个劳动者，虽然，这劳动者乃属个体。譬如开矿，每日孜孜矻矻，进掘不休，所采集的呢，皆是样本，"典型"。然后放置在道旁，提示后来者：哪里有金脉，何处有宝藏。我们能见其足迹，仍清晰可辨；我们未能窥其背影，已没于远方。这通向远方的途径是一条精神大道，然正如船山夫子有曰："道大则荒……譬之治津途者，无径隧而任人之行，则蔓草遍于周行，而无所谓津途矣。"可说，君子以蔓草为津途，是谓：披荆斩棘。总之是开荒意味重，正因为他是先行者。常理是：有先必有后，有果必启因，这么，"走的人多了，也便成了路。"（鲁迅语）

　　青年梵澄受鲁迅之嘱，翻译出了中国的第一部尼采著作《尼采自传》（*ECCE HOMO*）。其序末句有云："读者们也许顺着这部著作所举的书名，在英、法、日，各种文字中，能够寻读、翻译吧。留着这种愿望，深切地期待现代中国青年。"这"愿望"，这"期待"，现在读来还是那么的亲切与新鲜！但是对于我辈而言：继之者也不易，因为这工作需要"锤子"，来雕琢"人"这一种"原形"（尼采语）；随之者也不难，只要做到"守传承，求进步，多读书"（《石鼓文书法·序》）即可。这是徐先生的话。

# 第一部
# 厥有先觉启道途
## ——求学与闻道

# 第一章　高山闻道

## 一、东乡徐氏

"长沙东乡徐氏为大族，世业农。族中多读书人，多工书法。顾于清末仕宦皆不甚显达。"此言出自梵澄先生为其堂侄书钟所编著的《石鼓文书法》写的序言，落款为"戊寅冬首都初雪之日徐诗荃撰时年九十"，时为 1998 年。文末有云："不知书钟自视其书与其尊公奚若。毋亦如子敬之于逸少，曰'固当胜'耶？因叙述渊源之所自。且进三言曰：'守传承，求进步，多读书。'皆凡俗语。学固无止境者也。是为序。"书钟尊公徐艺仙，为梵澄堂兄，乃其二伯父之子，湘中书法名家，各体兼擅，大篆于吴清卿为近。艺仙之兄庸盦，亦书家，工行草，学孙过庭而上企二王。至若梵澄以后的书法规模，则主之以二王行草，辅之以兼擅各体。澄父亦长于书法，且气完力大，作榜书或擘窠，师率更体稍加丰润而风神凛凛不可企及。他如梵澄之三兄，工楷与隶，避日寇于遵义时，应银行及商社求书匾额屡得厚润；梵澄之五伯父之子晓溪，工小楷，习《灵飞经》而参以松雪，舒云铺锦，其进学试卷得有"字冠通场"之批语，梵澄之九伯父曾书碑铭勒石于乡，书近颜平原，甚为乡人称道。[①]如是家珍之细数，不由得让人想起那一副意味极其深长的楹联，即"耕读传家久，诗书继世长"。梵澄，就是在这一氛围中长大成人。

据梵澄本人回忆：家谱上溯，可说是中山王（元末明初朱元璋之大将徐达）之后。中山王后人又分两支，在南京一支，不附建文者（明太祖之孙朱允炆，明惠帝），大都被杀。另一支脉在江西，梵澄先人属之。明末张献忠起事，屠戮甚酷，蜀中几成千里赤地。于是两湖之人前往填补，江西之人又前往两湖填补。这么，梵澄一族便来到了湘中。至清末，这一族人已颇衍大。族中有长辈善筹算善经营者，向政府贷款，围湖造田，两湖称之为垸子（堤坝），后来三年风调雨顺，所收的谷子全部交给官府，还清了欠款。这之后徐家就在长沙修谷仓，起粮行，又把垸田换成了旱涝保收的岸田。这垸田究竟有多大呢？他们雇了一个甚好的脚夫，在夏天，天刚一亮就沿着堤坝走，一直到天黑才回来，大约走了一百里地。[②]

徐梵澄，名琥，谱名诗荃，字季海，1909 年 10 月 26 日出生于湖南长沙。其生日以农历计为己酉年九月十三，即寒露后四日。是年亦为宣统元年。越二年，武昌起义，清廷颓堕，古老的中国社会，遂跨入现代史的门槛了。澄父为幼子起名"琥"，乃喻"玉"，"赐子家子双琥，一环，一璧，轻服，受之"（《左传·昭公三十二年》），亦应孔夫子"诗云：'言念君子，温其如玉'""温润而泽，仁也"之义。梵澄排诗字辈，按谱系"大道宠仁，诗书

---

① 徐书钟编著《石鼓文书法》，黑龙江美术出版社，2000 年。

② 扬之水、陆灏：《梵澄先生》，上海书店出版社，2009 年，第 61 页；《詹志芳日记》（手稿），1999 年 2 月 4 日。

继启，礼义咸尊”十二字之顺序。梵澄祖父惠门公，多子息，其大家民初始分，澄父最小，这一支名丰裕堂，居长沙火后街。澄父有四子两女，长子伯恒，次子仲恩，三子叔恺，四子季海；两女年届长子与三子之间，其中次女早夭。①澄母姓王，与澄父同庚，书香门第，出生于丁卯年十月十二子时，是年同治六年，公元计 1867 年 11 月 17 日。分娩季子时，年四十二岁，已算高龄产妇了。澄父严威，大耳，宽额，方脸，阔嘴，鹰目，看上去沉毅，深窈；澄母温蔼，柳眉，凤目，直鼻，瓜子脸，凸颧骨，看上去善良，敏慧。四个儿子，伯、仲肖其父，叔、季酷似其母。也许是老来生子的缘故吧，也许是季子最显灵动和聪颖，也许是眼见得小儿子将出落成一个风流倜傥、玉树临风的美少男了，母亲对他尤为疼爱。那儿时的顽劣，少年的嬉闹，如下塘野泅，上树捉鸟，捅邻家的马蜂窝之类，母亲一般不多加申斥。对于一个抒机活络、动静自如的孩子，长辈是不必横加规矩的。季子呢，每每从外边“野”玩回家后，便即刻悄无声息，他不是侍父习字，就是坐在屋中的一角写写画画。

澄父极具才能，除料理田产外，在长沙经营丝绸业，翘称第二大户，又与人合伙在上海三马路开设“中美一”湘绣馆。此外，在乡下办塾学、诊所，并女子刺绣坊，接济贫困，扶助弱戚。澄父年轻时曾学习过制作中药，每年在发疟疾之前，他都免费把药物发放给乡民。他亲自采购原料，然后把制药间的所有墙缝都用纸糊起来，将自己反锁在屋中，一干就是一整天。待出来时，他搬出一盘一盘的膏胚，家人再把它们搓成黄豆粒大的小丸，三粒一包。往往是一包即见效，因为里面有少许的砒霜，学名叫三氧化

---

① 徐崇善：《怀念吾叔徐梵澄》，《新文学史料》2003 年第 1 期。

二砰。这么说来，他老人家也略略懂一点西药知识。若年景不好时，青黄不接，则分别缓急分送米票，至族中公屋取兑。[①]澄父从商，总是要进货出货，于是他常往来于湘沪两地，路线多走水路，从长沙至汉口一段，可坐火轮，从汉口到上海一段，可乘江轮。澄父出行，澄母常常是随往的。回家时，澄母总是给孩子们带一些有关新学的书籍。

季子的家乡是一个富庶而又美丽的地方。除了盛产稻谷之外，还有油菜、柑橘，在丘陵之上，长着楠竹、松杉、茶叶、苎麻等作物。雨季涨水之时，木船或排筏载着这些农林产品并猪、禽等活物，顺江而下，那气势着实滂沛。小季子还能辨出是哪里下了大雨，这要到洞庭湖边去看，若是四川在下雨呢，水是清的，若是本省在下雨呢，水是浑的。他还与年纪相仿的玩伴捉麻雀，养鸽子，他知道鸽子什么都吃，有毒的草籽也吃，所以宰杀鸽子的内脏不能吃，是要丢掉的。

澄父教子甚严，为不使儿辈"荒于嬉"，聘请名师启蒙，其塾师乃近代湘中巨子王闿运（湘绮）之后学，师杨度、杨钧辈，教授孩子们汉魏六朝古文。老师告诉孩子们，王闿运教人学范晔书及曹操文。曹文无长篇，但短篇蓄长篇之气力，不骈不散，有司马子长（迁）之遗风。曹诗亦有过人之处，气概雄伟，力势磅礴。学文从汉魏，是顺流而下，可是一般的少年却是喜欢唐宋，所作也必类唐宋，及至长时心思贴近汉魏人了，格局已成，出路难寻了。王闿运还说过："张文襄是看书人，不是读书人；曾文正是读书人。"什么意思呢？所谓读书人，是能通经以致用的；所谓看书人，书是

---

① 姚锡佩：《著名学者徐梵澄的心路历程》,《新文学史料》2003 年第 1 期。

书，人是人，了不相涉，这就是所谓记问之学，博杂而无归。①

其时长兄已成人，助其父料理买卖，仲、叔、季三兄弟仍然读书。有这样的情景：晚饭后，临睡前，三兄弟立于厅屋，背诵当天的功课。澄母依桌对坐，手中补缀，听儿子们高声联句。（仲）"纷吾既有此内美兮，又重之以修能。"（叔）"扈江离与辟芷兮，纫秋兰以为佩。"（季）"汩余若将不及兮，恐年岁之不吾与。"（仲）"嗯……""朝——"澄母头不抬起、手不停针提示道。"哦，哦，是了——朝搴阰之木兰兮，夕揽洲之宿莽。"于是，背诵又继续了。这画面与清人王次山题句《夜纺授经图》奚若？诗曰："手执女工听句读，须知慈母是先生。"

之后，季子与三哥被送进了新式小学，小学的名字叫"修业"。学生们在课堂上读的是白话文，诸如"兔子弟弟，月亮姐姐"之类，或者在课外读物中也读到这样的诗句："一个小娃子，展开翅子在空中，一手搭箭，一手张弓，不知怎么一下，一箭射着前胸。'小娃子先生，谢你胡乱栽培！但得告诉我：我应该爱谁也！'"（鲁迅：《集外集》）这对于熟读"之乎者也"的徐氏二兄弟来说，确也别开生面了。

兄弟二人对地理课产生了浓厚的兴趣。授课老师丰富的学识，流畅的板书，娴熟的绘图能力，给季子留下了极为深刻的印象。这老师，就是后来的开国领袖——毛泽东。

再后，季子考入了雅礼中学，在这所长沙著名的教会学校里，他接受了全面的现代教育，并得到了良好的英语训练。

---

① 杨钧：《草堂之灵》，岳麓书社，1985 年，第 18 页。

## 二、少年时代

牟宗三先生曾这样描述生命：她初时是混沌的。然透其灵光，露其性情，却各有姿态。这在当时是不自觉的。惟不自觉，乃见真性情，这或许是生命的秘密吧。[①]

民初之徐家，张弛进退，仍遵旧礼。每逢寒食，三日不起炉灶；清明扫墓，由家长率子孙祭于先辈墓前。奉一杯清酒，供若干食果，然后长幼前后有序地祭拜。不知何时，有一份独特的感受在季子的心中明晰起来：周围的人啦，物啦，还有那黄花啦，绿条啦，柏树啦，松树啦，在纸灰的飞升影动中亲近起来，弥合起来，混然起来。季子耽想：那生命也许是不隔的呀，正如一条流水，载着先人，载着我们，载着后代。可能我们也像这既明媚又惆怅的春光，永远地去去还还。那流水的画面为什么有一种庄严的静止感呢？那般的肃穆？那般的疏朗？又那般地给人一种通透的愉悦？带着这一耽想，他与家人扫墓归来。

1926 年春，丙寅虎年，季子父母同寿六十（实五十九）。他们为了避寿，给地方捐了一些钱，买了稻米和药物接济贫困人家，然后带着小儿子乘船外出，用现在的说法叫做旅游。那会儿并不太平，出行时还带了保镖。在杭州、南京转了一大圈。季子的兄长们在家里征文，有不少名人纷纷写诗、写联祝寿，如范源濂、郭焯莹、熊希龄等人。总之，是大大地热闹了一番。[②]

季子已经长成大小伙子了。他着一身黑色的学生装，挺拔，俊朗，敏捷，矫健，卓尔不群。此时的他喜爱独游，湘江岸边，橘

---

① 牟宗三：《五十自述》，（台湾）鹅湖出版社，1989 年，第 3 页。

② 《詹志芳日记》（手稿），1998 年 11 月 10 日。

子洲头，土城墙上，桃花岭下；看天之高，云之淡，草之绿，穗之黄；听雨之骤，风之轻，鸟之语，人之声……他思忖：我也是这天籁中的一分子吗？如他者。为什么说到他者时，总有一种和光同尘的快乐；而说到自我时，总生一种落寞孤寂的惆怅呢？那贩夫走卒，引车卖浆者流，不都与我很亲近么？为什么我反而多觉隔膜呢？比如农人，我是熟悉的，他们育苗，插秧，除草，收割，然后到公屋里去交租；他们使用的工具，我也能写出，什么锲、钤、铚、铫、钹啦，还有耨、耰、耙、柫、枷之类。他们终年紧张地有条理地劳作着，既不伤春，也不悲秋，生活是那么踏实，目标是那么切近，娶妻生子，养家糊口，完成一个生命的过程。而我呢，为什么不能甘于这切近的生活，而总想逸于其外，遥慕远方呢？岳麓之外有衡山，衡山之外有珠峰；湘江之北有长江，长江之东有大海。莫不是那峰云交汇处、海天相接处是我的归宿？若是，我要向那里走去。去迎接太阳，去拥抱朝霞。

季子把这些遥想藏在心里，不与人说。他偶尔与母亲透露：长大后要周游世界。母亲和蔼地笑笑，不拂季子意。此时的澄父，发现季子有很高的鉴赏能力和构形能力，无论作画布局，还是手工制作，皆有模有样，且赏心悦目。巧慧之后，必有精思，对季子抱以厚望的父亲，希望小儿子将来能成为一个高明的外科大夫。他自信地以为：论人格与修养，当然是一个纯粹的士子为好；论本事与行业，不妨掌握好那些洋玩意儿。澄父深受维新思潮的影响，认为中国要图富强，非得在"中体西用"上作功夫不可。

季子17岁，个头已突破一米八十，青春洋溢，风裁翩翩，每每阔步过市，总能引来不少回顾的目光和喝彩。有一日，他独攀岳麓山：过爱晚亭，至青枫泉，汲几口甘洌的泉水，然后拾级而上，到高处的云麓宫。云麓宫为明代所建，有"真虚福地"之称，观中有一名联，"西南云气来衡岳，日夜江声下洞庭"，草书，异常生动。季子每登此处，都俯瞰一番江水及长沙全城。从这里到禹王碑，即宋人假造的岣嵝碑，有两条路，一条甚陡峻，然较近，一条较迂远，却颇平。季子决定沿小路上山。这时，有一小队学生跟上来了，而且全是女生，也是来游山。季子心想："你们这班女孩，还是走那远一点的路吧，这条路是危险的。而我呢，不管道路怎样，当然是要直上。"谁知攀到半山腰，季子回头一看，她们一个一个跟着爬上来了。为首的一个出落姣好、面色已通红的女孩儿还朝他招了招手！回头对其他同学喊道："跟上前面的大哥哥！"季子着实吃了一惊，不禁加快了步伐。到达峰顶时，他直起腰身，回头望了望那队女生，并向她们挥挥手，然后迅速顺着缓路，返回了。

这一天，晚饭后，季子被父亲叫去。老人家端坐在太师椅上，呷了一口茶，说道："今天做了么事呢？""去游山了"，"哦，看到小女子喽！""……""还多盯了人家两眼哩！""噢，有的，其实……"季子脸红了，浑身不自在（居然有家人盯梢）。父亲把茶杯放到桌子上，似有温和的笑意，吟道："使弈秋海二人弈，其一人专心致志，惟弈秋之为听。一人虽听之，一心以为有鸿鹄将至……"季子诺答："父亲，我记住了。'不专心致志，则不得也'。"季子悄悄退出。

其实澄父可不必怪，或者他并未怪，只是对季子的期望颇为殷切罢了。也许他以为，季子究竟与众不同，秀出兄长们许多了，这么一株根苗，总是先结实地成长为好，不必着急于儿女情长。况且，膝下四子，总得有趋新潮、成气候的吧。于季子，说他处在青春萌动期是不错的，但对于美丽的女子，他至多是个欣赏而已，尚未想到怎样地爱慕。欣赏，有对象而无着落处，所获只是一个美感，一个悦目。这事儿使季子有点儿烦恼，有点儿委曲，但又不愿意表白，而不说出，又因此有点满足，大约是满足于自己的一种渐渐成熟的孤独感吧。他又憧憬远方了：山巅之雪，海上之桅，天际之云……那里没有有形或无形的、尽管是善意或爱意的"盯梢"，只有清风明月，自由地徜徉。而当下如何呢？只有遵父命，学医去。于是，他考入了教会办的湘雅医学院。

## 三、大学生活

在医学院，季子初习解剖学，并修西方医学史。这两门课由同一位教授担任，一个中年美国牧师，头发和胡须间有花白，修理得非常整洁。他待人和气，谈吐幽默，在师生中人缘甚好。熟悉他的人说他不仅医术高明，而且学识十分渊博。上第一节课，几乎是一堂美术欣赏课，他把一张达·芬奇的人体素描挂在了黑板上。这幅图画绘的是以两种站姿重合在一起的裸体男子，一姿势为双腿并立两臂平伸呈"十"字形，一姿势为双腿叉开两臂上举30°呈"火"字形。乍看上去，这"达·芬奇人体"像一个从宙斯处遣来的英俊神侍，这神侍一脸严肃，仿佛对照面者说："不准嘘声，这是科学！"教授把这幅图取下，换了一幅，为复制，不过人体的肌肉群用碳笔凸描出来，刚才的美感消失了。教授笑了，说："艺术家的另一面是医学家。达·芬奇长于解剖学，可惜他有关解剖学的文章都失传了。"然后，他挥动着教鞭开始介绍肩部、肘部、臀部、膝部的肌肉与骨骼之间的关系。依上而下：肱二头肌，肱三头肌，三角肌，背阔肌，前锯肌，腹外斜肌，臀中肌……

——用拉丁文标出，他十分清楚地、有节奏地读出了这些拉丁拼音。

　　解剖课，一节一节地讲下去，人体结构也一部分一部分地被分解开，好像摊放在桌案上被拆散了的精密仪器。季子长于绘图，他常常先画一个局部，然后再把其他部分附加上去，这样，整体便复原了。季子对西方医学史也颇有兴趣，因为那不全是关于人体的知识，而是有关人生的故事。教授告诉他们，真正规范的人体解剖图，出现在 16 世纪上半叶，是由比利时人安德里亚斯·维萨里（1514—1564）画出的，他做过大量的动物和人体解剖试验，纠正了以往的许多错误，他还写了一本《人体结构论》。还有一个医生，也是一名出色的神学家，即西班牙人麦科尔·塞尔维特（Michael Servetus, 1511—1553），他写了一本书，叫做《基督教的复兴》，该书提出了"肺循环说"，这为后来完全发现血液循环系统的结构和功能奠定了基础。但是，当"塞尔维特正要发现血液循环时，加尔文就烧死了他"（恩格斯语）。[①]

　　必要的课时和作业花不了季子多少精力。他的许多时间消磨在图书馆里。这时候他读到了柏格森、杜威、罗素，达尔文等人的著作，而这些观念系统正在西方流行。其中柏格森和怀特海，他尤为喜欢，他惊讶那些哲人的想象力之丰富，直觉力之超强，似乎根本不受科学技术的拘系，自由地弥漫在为时空所笼罩的宇宙之中。"本能是好孩子，理智是坏孩子"（罗素论柏格森语），为什么呢？因为生命时间是真正的时间，它像"一条流水"，使过去存活于现在，而只有直觉能把握这种内在时间的流动。人有这种直

---

　　[①] 汝信总主编、姚介厚等著《西欧文明史》（上），中国社会科学出版社，2002 年，第 491—493 页。

觉能力，这种能力，也叫意志自由。[①]还有怀特海说的，"自然之流转"，不也是"一条流水"么？事（event）可摄受，不可重认；相（object）可重认。可重认即表示其自身持续常住，故为相。如同水流，此一刻水即是当体即如，故流转而不迁，正合僧肇之《物不迁论》。[②]揣摩这些玄思妙想，给季子心理上带来了极大的满足，尽管对于这些观念，他尚不能提出"为何"的疑问，亦不能回答"如何"的理路，但不妨先一并收摄，后下反刍。重要的是，有一个方向性的提示明了了，虽然，那远途的路标仍然隐没在迷蒙的朝雾之中。

1926 年，正是国民政府的北伐取得节节胜利和新文化运动处于高涨的时期。年轻的季子被大时代的情势所鼓舞所感染，成为一个热烈的拥护者。他如饥似渴地阅读所能收集到的进步刊物，如《新青年》《语丝》《新潮》《晨报》《莽原》《国民新报》等。从中，他"认识"了鲁迅。鲁迅那老练而泼辣的笔锋，深刻而犀利的洞见，对人对事对社会一针见血的剖判，激荡着并震撼着季子。他感动于鲁迅那大无畏的精神和大悲悯的心肠，每每读到亲切处，他都会生起一种浃骨沦髓的颤栗。有句云："吾行太远，孑然失其侣……邦国如是，奚能淹留，吾见放于父母之邦矣！"这是借尼采之口发出的声音，一个孤寂的灵魂，在乌云之下旷野之上仰天长啸。季子默诵于此，胸中若决江河，沛然而不能御焉。原来那灵魂是那么的亲近，那声音是那么的温暖，而那一行足迹呢？斑斑在目……一个崭新而阔大的世界在他眼前展开了。

---

① 汝信总主编、姚介厚等著《西欧文明史》（下），中国社会科学出版社，2002 年，第 1072 页。

② 牟宗三：《五十自述》，（台湾）鹅湖出版社，1989 年，第 54 页。

这一时期,他特别注意有关鲁迅的消息:《野草》的作品继续在《语丝》上发表,《华盖集》出版;八月,离开北京去厦门;九月,《彷徨》出版;十月,《莽原》停刊;等等。

1926 年 7 月 9 日,国民革命军从广东出师北伐,不几日,由叶挺率领的第四军独立团进入长沙。独立团 8 月在湖北咸宁汀泗桥、贺胜桥的两次战役中,击溃军阀吴佩孚之主力,10 月 10 日攻下武昌。在 8 月 10 日,作为总司令的蒋介石来到长沙,他向全世界发表了声明,申明了北伐的爱国目的:从军阀手中解放中国,赢得在各国之间的正当平等的地位,并与所有的国家友好相处。他答应保护在华所有不妨碍革命军事行动也不协助军阀的外国人的生命和财产。两天以后,季子的医学院得到命令,要抽调几名大夫去护理蒋介石,季子的老师名列其中。另一位老师,也是传教士身份的牙科医生,还为蒋介石拔掉了一颗碰伤的牙齿,并对蒋介石的友好态度抱有好感。湘雅医学院的教职人员的担忧被解除了,因为蒋的指挥部在街对面设置了齐备的军事医院,这所医院与湘雅合作了一段时间。在此期间,蒋介石告令他的部队不许攻击外国人。[①]

1927 年 1 月,广东政府迁移至武汉。3 月北伐军占领上海、南京,武汉政府决定国共合作。这个临时性的联席机构,成员有宋庆龄、邓演达、吴玉章、董必武、孙科、宋子文等人,蒋介石也包括在内,不过,他当时在南昌。

时局固然是动荡的,但在当时,革命的前景却是被看好的。季子做出了一个决定:弃医从文,到武汉去。对于这一选择,澄父

---

① 费正清主编《剑桥中华民国史》上卷,杨品泉等译,中国社会科学出版社,1994 年,第 673 页。

当然不满意，然而他又不能不面对现状，这就是长沙及周边地区不稳定的态势。在 20 世纪 20 年代初，反基督教运动的浪潮就席卷了湖湘，季子就读的雅礼中学，于 1924 年和 1925 年两次受到学潮的洗礼。当北伐军的战斗移至省外以后，省内又爆发了一场反英示威运动，游行的群众带有强烈的排外色彩，他们攻击教堂，破坏财物，将传教士们扫地出门。在长沙，几乎所有与教会相关的场所都受到了不同程度的袭扰，湘雅医学院的课程，已无法正常地进行下去了。[①]

1927 年春，季子考入武昌中山大学历史系，并开始在报纸发表文章，试谋自立。

也许是第一次离开家乡的缘故吧，当季子的新鲜感和兴奋感稍稍沉落以后，他又情不自禁地想起儿时的生活了。那些时光混沌却又畅亮，迷离却又感伤：村外的竹林，郊野的池塘，晨曦中的农夫，夕阳里的牧童……还有他家的祖茔，以及后面的青草野花，婆娑枝条……于是思古之幽情起了，他想到了一个词儿，叫做"地老天荒"，又想到有关大《易》中的话："文王囚羑里而演周易"，"作易者其有忧患乎"，"鼓万物而不与圣人同忧"，"天地无心而成化"。时季子正在潜心研读《史记》《汉书》。

1927 年的中国，多灾多难，饱受折磨。北伐战争在长江中下游流域取得了胜利，却并未给这块古老的土地带来什么福祉，反而搅扰起更多的流血和冲突。上海"四一二"政变，广州"四一五"屠杀，长沙"五二一"马日事变，武汉"七一五"事变，以及年底国民党极右势力镇压的广州起义，充满了血腥与恐怖。伤

---

① 费正清主编《剑桥中华民国史》上卷，杨品泉等译，中国社会科学出版社，1994 年，第 673 页。

痕遍地，呻吟漫野，真乃"风雨如磐暗故园"呵。

有一阶段，武汉与长沙的交通中断。季子得不到家人的消息，十分焦急。为了抑制这种恼人的情绪，他找来一本《大乘起信论》翻阅。这本书论证"如来藏"（真如）与宇宙万有的关系，说这后者不过是前者的"呈现"而已。这"呈现"，是由无明之风"动"而起的，由是而有分别，有诸法。这分别，这诸法，又注定要回到心性之本"静"（不生不灭）中去，也就是"一切众生，本来常住入于涅槃"。但这说教有什么用处呢？倘若在平安之世，对于个人的烦恼或不无帮助，然于这苦难的岁月，个人的解脱有何意义呢？想来满目疮痍的社会，遍地无告的人民，去地狱也不甚相远了。那么，这民族的出路何在？季子不能回答。

季子无时不在关注着鲁迅的消息。是年二月，鲁迅离开厦门往广州任教；三月，杂文集《坟》出版；五月，《华盖集续编》出版；七月，《野草》出版。其中最重要的事件发生在四月份，"四·一二"政变发生以后，接着，国民党反动派在广州发动了"四·一五"血腥屠杀，数以千计的共产党人和革命群众倒在血泊之中。是日广州中山大学师生先后有三百多人被捕，鲁迅义愤填膺，不顾个人安危，于当天下午，冒雨从白云楼寓所赶赴中大，召开各系主任紧急会议，商量营救被捕学生。会议要求当局立即释放学生，并阻止军警搜查教授宿舍。营救无效，鲁迅愤然提出辞职，校方几经慰留，鲁迅不受，终于六月离职。十月，鲁迅由广州抵上海。十一月，各大学闻讯鲁迅到了上海，纷纷邀请前去讲演。十二月，应大学院院长蔡元培之聘，任特约著作员。同月，在暨南大学演讲《文艺与政治的歧途》。①

①《鲁迅年谱》，北京鲁迅博物馆鲁迅研究室编，《鲁迅研究资料》第五

在这一学期快要结束的时候，即寒假前夕，季子在学校里看到了复旦大学招生的广告。这所在 1905 年脱胎于教会震旦公学的大学，有好的校园，有好的老师，有好的同学，有好的图书馆，有好的学术活动……这使季子兴奋异常。看着那"闪金的年鉴"，季子心想："那是很有名的学校呵！""那里有生命的燃烧，那里有青春的活跃，那里有光，那里有热，那里有……"季子于是决定了：去上海求学。假期回乡，季子把想法告知了父母，母亲依季子，父亲不置可否，上海毕竟是他们熟悉的地方，况且又有生意在那里，也就是说，季子的活动范围，仍未脱出家人的视野乃至掌控之中。另外，相较于兵荒马乱的两湖，上海究竟是安定了许多。当然，季子心底里有一个秘密是未说出的，那就是——鲁迅在上海。

1928 年春初，北伐部队重新集结力量，补充给养，准备向黄河流域进发。是时武汉到上海的水路、陆路交通，忙乱不堪，难承重负。

冒着惊风和严霜，季子搭上了一列运货车，即现在所谓的"闷罐子"，它像一头气喘吁吁的老牛，一路爬爬停停，往东而去。票价固然不菲，条件却极其恶劣。一节车厢，犹如一盒沙丁鱼罐头，塞满了各色人等，有伤兵，有小贩，有学生……还有鸡飞鸭跳，生猪乱叫。闹闹哄哄，仿佛一锅在翻炒的大杂烩。沿途不仅缺食少饮，而且还得防匪防盗，季子不敢放松，不能深睡，这么饿瘪了腹，熬干了形，拖着"鬼"似的模样儿，到了上海。

季子还记得报考时的情形：一个中年注册员，圆团团的脸，皱着眉头，把他的证件和登记表细细地审视了一番，又抬起头来与本人相了几眼，然后签发了他准考证。考试的程序远不像今天这

辑，天津人民出版社，1980 年。

么复杂，只是做了一篇中文作文，叫做《记故乡的革命》，和一篇英文作文，题为《我的寒假》。一切顺顺当当，数日后，榜上巍然有名，季子心里自然是欢喜了一阵。然后又七找八找，寻来一个朋友做他的保人，交过了一百零几块钱的学膳费，选过课，一切准备停当，步入这象牙之塔了。

然而第一件事就使他失望，这就是住宿问题。校内教职员和学生大约有一千多人，能给新生拨出的宿舍楼却仅有四栋，晚来者或晚交钱者都被安排在学校外面，离学校有两里半的距离，都是租来的农舍，低矮而且幽湿。季子晚到，当在其列。每天早晨，他和其他同学一样，喝两杯从污巷里挑来的煮沸了的开水，然后到校门口那苍蝇乱飞的饭馆中吃过面，来上课了。课时的安排往往并不紧凑，常常是两节课中隔了一两个小时无课，回去又不方便，便去图书馆，但图书馆里挤得如坐电车，还不如在操场上溜达。这时间是难熬的，或者把学校每一个偏僻的角落都踏遍了，而上课的铃声还未响，他有时感到自己像一片漂浮的枯叶。

季子想：这些都罢了。生活纵然不安定，书仍然可以挣扎着去读。学校虽然只容纳学费而不容纳学生，但学生仍应容纳学校。无论如何，总还是可以从教授们、书本里得到学问。求学总是要吃点苦的。至于教授们：

> ……都是有名的学者，四尺厚的书的著作家，外国得的×士（×等于学、硕、博之类，据说是得了无疑的），我们学文科的，有的胖得不好走路的走路而看不见人的，穿得像个蝴蝶的教授。三句乡音夹着两句正确的英语，有时又来了北京话和上海腔，真使我听了两个礼拜还不知道讲些什么，因之学生偶尔（很稀罕的事）问题和答题也是两句土音和三句

英语。推而至于学生互相谈讲，学生买东西，堂倌应酬主顾，都是土话夹着了英文，那种英文当然使英国人难懂，而中文又使章太炎弄不清楚。（听说这也是不得己的办法，不过我总希望除了这办法之外再有别的办法。）

上起课来，真有意味了。每人手小说一本，如《血滴子》之类；或杂志一本，如《红玫瑰》之类；小报一张，如《金钗》之类，低下头悠然细看，没有人听也没有人问，偌大个讲堂，只剩下教授们对着自己的讲义寂寥地念，声音如空山夜里的怪鸟。

季子对学校的管理也是不满意的：

如果有人走进一栋寝室，大概也会疑惑错进了戏院吧！左边正在"先帝爷，下南阳……"，右边又可听到："妹妹！我爱你……"留声机器与怀娥铃的幽音，昼夜不辍，楼板上已在跳舞，窗外体育馆又在呼啸，不远的发电机又在吁吁。这样，住茅屋的人们，又好些了。耳根到底清静些，虽然蚊声如雷，不过学问好似要是这样修养成功的。

图书馆是巍然地立着了。全校中文英文德文法文书，共有三万卷，分成几个室里装着，有时重要的参考书被管书者的朋友们借去，其余的也只好坐在椅子上看桌子了。而管理图书的人又很多，因之这类朋友也不少。这当然只怪没有与管书人交朋友了。住在校外的同学没有借书的资格。因为，因为，因为什么，我不知道。

学校固然办有商科，但不必就是商场吧！学额很多，名目也巧，征费乃繁。文科的人交了图书费三块，又要交文科图书费两块；建筑了新宿舍原给学生住，却又在十五元外再收三元，买的大概是一个"新"。膳食本由饭馆包，却应将膳费交到银行里，再由学校发行膳食证按月领钱，原因是恐怕学生不留钱吃饭。既然如此，为何毫不顾及吃饭问题，让学生在不清洁的堆里去吃，喝着污水，吃很坏的食物，又专顾到大学生留钱不留钱的问题呢？此外同乡会是要钱的机关，募捐处又是要钱的好手，不过有一宗好处，就是学分是有价的，普通学分，时价两块钱一个，如果不及格吧，给教授两块钱，包你补考及格，学分到手，万事亨通。[①]

更令季子灰心丧气的是校方和学生们对待"五三"惨案的表现。1928 年 5 月 3 日，北伐军一部与驻扎在济南的日军发生了冲突，双方互有伤亡。蒋介石采取绥靖措施，以图息事宁人。但日本人却变本加厉，步步紧逼，派增援部队于 5 月 7 日抵达济南，5 月 8 日发起了对城区及周边地区的攻势，至 5 月 11 日战斗结束，数千中国士兵和平民倒在血泊之中，城市也遭到了极大的破坏。南京国民政府要求西方诸国进行调查，并希望得到美国的支持，然而这一呼吁并未有何响应。这一事件的尴尬结果，直接导致了三年以后我国东三省的沦陷。季子描述了学校在当时的情景：

> 五三惨案的消息传来，这班瓜皮小帽和哔叽西装的同学，都很愤慨了。马上哄哄的一半同学来开大会，高下哄哄的半中的一半去游行，马上哄哄的鸟兽散，马上因量制军服而停课三天。操了一星期，停止了，学分已经到手，报上已有"热心爱国""工作紧张"的评语，三百人开会，报上已有到者千余人的记载了，这样，匹夫之责，真是尽了。这是

---

① 冯珧：《谈谈复旦大学》，《语丝》第 4 卷第 32 期（1928 年 8 月 6 日）。

民众的先驱，外交的后盾吧。[①]

在苦闷与彷徨中，季子终于实现了深藏已久的心愿，见到了鲁迅，并与鲁迅结识。

## 四、无比辰光

1928 年 5 月 15 日，应复旦大学进步教授陈望道的邀请，鲁迅到江湾的实验中学演讲，题目是《老而不死论》。季子早早占据了一个合适的位置，专等一睹这新文化领军人物的风采。教室里坐得满满当当的，后来的人或挤在门外或倚在窗外，相识的同学们彼此沉默着，有的在摆弄着笔记本，有的在随便翻着一本书，秩序很好。上课的钟声响过了，陈教授和几个青年拥着一个身材不高穿着长衫的先生走进来，他就是鲁迅。鲁迅头发挺长，脸上有很深刻的皱纹，双目微陷，瞳仁有如寒星。陈望道先生照例作了欢迎词，大家热烈地鼓了掌，鲁迅走上讲台。他先默默地缓缓地扫视了一下安静下来的同学们，微笑着，开始讲话了。他的言语，还带有绍兴口音，但他尽量放慢节奏而又保持清晰，使听讲者不太费力。季子和其他人一样，紧张地记着笔记，生怕漏过一词一句，那教室里笔纸的摩擦之声，仿佛微雨掠过沙滩，急促却又穆静。季子忘却了自己，却记下了先生的话：

> 欧洲的有一些"文明人"，以为蛮族的杀害婴孩和老人，是因为残忍蛮野，没有人心之故，但现在的实地考察的人类学者已经证明其误了：他们的杀害，是因为食物所逼，强敌所逼，出于万不得已，两相比较，与其委给虎狼，委之敌手，倒

---

[①] 同上。

不如自己杀了去之较为妥当的缘故。所以这杀害里，仍有"爱"存。……西洋教士，常说中国人的"溺女""溺婴"，是由于残忍，也可以由此推知其谬，其实，他们是因为万不得已：穷。[①]

后来据陈望道先生回忆："这次讲演，其中曾讲到我国宋、元、明历史上的一些（事），还讲到非洲土民的风俗世情，其主要精神，与鲁迅在香港青年会所讲《老调子已经唱完》近似。"实则《老调子已经唱完》的要义，是在于剖析中国之旧思想、旧势力的腐朽和没落，以及它对中国社会与文化的严重的危害性，指出"凡是老的，旧的，实在倒不如高高兴兴的死去的好"。陈望道先生又说："当时鲁迅先生的演讲极有声势，他幽默而泼辣地指斥当时的黑暗势力，每当讲到得意处，他仰天大笑，听讲的人也都跟着大笑。"讲演进行了一小时多一点儿后结束。回到宿舍的季子，兴奋得不能稍息，马上将笔记重新整理誊写，然后当日寄出。第二天，鲁迅在日记中写道："晚得徐诗荃信"。

5月30日，季子收到鲁迅的第一封信。这是一封用薄洋纸淡墨写的便条，大致告诉他笔记收到了，十分感谢之类。6月5日，季子又寄给鲁迅一封信。13日，鲁迅回了第二封信，宣纸花笺，满满两页细字，与第一封复信不同。这信中有这样的话："贫贱而肆志，富贵则骄人，中国现在嚷口号的人，大致皆有此病。……"季子当时读这话时颇感诧异，因为他还是个学生，自觉"贫贱""富贵"，皆是说不上的。他晓得，"肆志"出《嵇中散集》，是先生校刊过的。"贵得肆志，纵心无悔"。这些可能是先生随笔写来吧。久

---

① 顾蒙山：《试论〈老而不死论〉的思想内容》，《鲁迅研究月刊》1994年第11期。

思之后，有些明白先生的心境了，克实论之，这还算"减等"之说。因为在这时，鲁迅已是经过了厦门和广州的讲学时期，还沉默过一时期。曾看到"杀戮青年的，似乎倒大概是青年，而且对于别个的不能再造的生命和青春，更无顾惜。……"这是在 1927年说的话。后来在谈话中，多次讲到有些革命人，成了反革命者，怎样"用他人的血来洗自己的手"。这么来说"肆志""骄人"，真算是"减等"之说了。后来季子又收到鲁迅一封信，鲁迅在信中说："……在中国做人不容易，因为国度老了，花样多，有时做人也只得用点手段。但要明知是手段，这样，吃亏的人比较少。"于这些话，晚年梵澄有这样的感慨：

> 做人当然是应该诚诚实实的，这是"常""经"，但有时为了做好一事，不得不用点手段，这是用"变"，是从"权"。——我不知道先生的早年怎样，如我所知道的这晚期，占全生世七分之一，没有发现先生用过什么手段。诲人不倦，待人始终是诚恳而且厚道。至若在文字上攻击敌人，嬉笑怒骂，却不能说是用手段。因为过于厚道，倒吃了许多亏，也是众所周知的。[①]

1928 年 6 月 22 日，受鲁迅之邀，季子第一次来到闸北景云里，登门造访。这对师生初次见面，其细节已邈不可追了。不可追，也为我们留下了联想的空间。季子的身材是湖南人所谓的"细长子"，向鲁迅问礼，一定要躬下身来。鲁迅一定是笑吟吟地称他为"诗荃"，请他坐下来，喝茶，吃糖果，聊天。谈话的内容，不

---

① 徐梵澄：《星花旧影》，载《徐梵澄文集》（共十六卷，上海三联书店、华东师范大学出版社，2006 年；以下凡涉及此文集，不再另行说明版本）第四卷，369—370 页。

知道了，然而有一点是可以肯定的，鲁迅一下子就喜欢上了这位"纯洁向上的青年"。时光一瞬说到 50 年以后，1978 年，梵澄的英文作品《周子通书》在南印度出版，序言中有这样的描述："敦颐教导程氏兄弟，'今寻孔、颜乐处，所乐何事？'这么，二人所传授的哲学，是受启于他的。大程子曾说：'第二次见到周先生后，我在还家的途中如歌随风舞伴月一样。'这显示出在与这样一位精神大师接触之后，一个人心中会充满怎样的欢乐( Ānanda, 阿难陀 )。"这亦是道出了在半个世纪之前，青年季子与鲁迅初次见面后的真实心境。

那次谈话还涉及复旦大学。季子回去以后，于 7 月 13 日写成一篇文章，名曰《谈谈复旦大学》，化名冯珧，取《楚辞·天问》句"冯珧利决，封豨是射"义，投给鲁迅。鲁迅登之于自己主编的《语丝》。此文列数了学校管理之种种阴暗面，且口无忌惮，语词辛辣，引起了很多人的关注。比如某些教授的滥竽充数，某次考试的应付差事，等等：

> 五官拳的把戏，大概是都会玩的，我问：鼻子在哪里？他一定指牙齿说：眼睛在这里，譬如（请注意，这不过一个譬喻而已）我冒险地问了一声童话在文学上的地位，他会即刻讲两句王尔德或安徒生，即刻说浪漫派的区别，接下去就说古典主义的精华，一直说了八分钟，于是问道：懂了么？我说：不懂。他会接着讲莎士比亚在戏剧上的贡献，又六分钟，再问我道：懂了么？我仍说：不懂。他一定又继续讲五分钟易卜生，再问我：懂了么？我也怕他继续讲东西文化及其哲学了，只好勉强说：懂了。这时全班人已经表现出很厌烦的神情，表示他们都懂了。在教室里，我渐渐失望了，晓

得狗口里长不出象牙，只静静地看着窗外的白云。

考试近了，教室的人多了起来，有许多面孔平日几乎完全没有见过。最好的，是教员要学生做成绩报名，那当然是指定一章或一篇文字，这学生当然可请人代看代作；其次的，是指定只考二十页或五六页（一学期的德文，只读了四课书）；再其次是考全书了。不过在那种机会，教员会遇到学生匿名的呈文信件，马上改变方针，从一百页减到二十页的。考的时间，教室里的前半椅子空着，后半的椅子都充满了磁性吸住学生的屁股，教授们那时会坐在坛上，至多在黑板上写四个大字"不许看书"之类，以下也就无余文了。

难道没有一个教授好的么？也很难说。在这个年头，赶紧保住性命要紧。愿意负责的，也怕招同事的忌刻和学生的攻击，大家马马虎虎过去了。否则便会有十大罪状从空气里传来，誓驱此贼，那时节，那时节，会招同事们的讥笑。

末了的话更加厉害，几乎成了全盘否定：

学校的内容如此，教授们如此，学生们如此，真使我不能不说复旦大学已一落千丈了。这里是买办养成所，人格堕落场，没有高深的学术，没有精神上的粮，这里只有人性的梏亡，青春的沦落。回忆入校的梦想：好的教师呵！好的同伴呵！安定的生活呵！学术的研讨呵！生命的燃烧呵！青春的活跃呵！光呵！热呵！一切一切，不都只是虚伪么？不都是幻灭么？呜呼！我只得了沉哀，在沉哀中我走出了。

那么，复旦为什么还能存在呢？这是由于已往的发展过程中出去了几个商人，维持她在社会上的地位，又做了很多广告和闪金的年鉴，依约地把烂桔子包了一层金色，这个果子，真是完全腐败了。量不到它这样容易衰老颓败，不过也难怪了，我们中国人都是些未老先衰的人们。

之后，《语丝》又登载了几篇或赞同或反对的文章，尽管如此，还是引起了校方乃至有关当局的极大不满，他们组织文章对鲁迅本人也进行了一些诬蔑性的攻击。有复旦大学出身的国民党浙江党部负责人许绍棣者，以鲁迅参加自由大同盟为由，呈请国民党中央下令通缉"堕落文人"周树人。并在此之前，还以党务指导委员会的名义禁止《语丝》等十几种刊物在浙江发行，罪名是"言论乖谬，存心反动"。鲁迅不以为意，每天仍工作不休。

季子往访鲁迅多了起来。他们谈文史，谈佛学，谈人生。

有一次，季子问鲁迅：拥护文言文的王敬轩是不是虚构出来的。鲁迅当时愕然，问他怎么知道的，季子说间接听说的，鲁迅承认创出这么一个假想的敌人，为的是打破沉闷之局。"五四运动"后，以《新青年》杂志为先锋，文化界人士大举提倡白话文。但当时的所谓"论战"，拥护文言或提倡古文者势力虽然不小，但反应却不甚大。事实上是提倡白话文者，多是深通文言，读了不少古书的人，像陈独秀、胡适之，都是古文和古诗的良好作者。从这班新人物中，很容易寻出一位律师，来替文言文辩护，唤起文化界的注意，使影响增大，换句话说，这是一种策略，如在医术上，有助病攻毒之方，收效是往往不错的。然而执笔者为谁，鲁迅未说，季子也未曾追问。他想：或者论、难、攻、守，是几个人商谈的结果。明代大儒有薛瑄，字敬轩，有意或无意，当时诸人用了这名字。①

我们都知道鲁迅提倡白话文，不肯开出青年必读书的目录，及创造小说、散文，又专门于小说研究，更溯回到抛弃能救个人的医

---

① 徐梵澄：《异学杂著》，浙江文艺出版社，1988年，第44—45页。

学，皆指向这一旨趣，即要拯救这个民族的沉沦，非得从广大民众的教育入手不可，提高群众，给群众开辟新天地。一般而论，他不主张青年人读旧书，但是也不主张旧书皆应毁弃，并且说过大学的文科课程还要读《易经》。我们知道古物应当保存，同理，古之文字、文学亦当研究，然而不必将其普遍化，只限于少数人为宜。而此少数人也不应当自异于社会，成了旧日的"士大夫"阶级。至于鲁迅对于旧学，则功夫是相当深厚的：季子偶然看到了蔡元培先生一首旧诗，其中有一句云"不管乘轩缘好鹤"，有些迟疑，说："这'好鹤'一句……？"鲁迅立刻说："'卫懿公好鹤，鹤有乘轩者'……你？……""哦！是的，我读过的。"季子知道，这话出自《左传》，也明白蔡先生的意思，是说提倡新思想，不管付出什么样的代价。①

说来当时上海文坛上的某些出头人物，学问实则有浅薄者。季子看到许多他们发表的言论，心里时常不以为然：

……某名家在上海晨报上发表中国文学史，某日我早上看到其中一段，午后往谒鲁迅先生，顺便谈及内容。

"周先生，今天我看报，某某谈六朝文学，完了，介绍人读参考书，先生说他介绍一本什么书？"

"介绍什么书呢？……"先生问。

"一部《四六法海》! ……"

先生听了，大笑。

"六朝人那么多总集，别集，不教人看，而教人看《四六法海》! ……"先生笑犹未止。

"如果说《六朝文絜》，我心里还输服一点……这真是陋

---

① 徐梵澄：《星花旧影》，载《徐梵澄文集》第四卷，377—378 页。

得可以。"我说。

　　此后先生谈及某君之为人，又论及《汉魏丛书》与《百三名家集》之优劣等。[①]

谈话中季子也颇攻击了林语堂之流提倡小品文，鲁迅颇以为然。师生二人的共同看法是：一欣赏小品文从而模拟，便落入小家数了，使人的精神卑小下去。其实古文也不难读，不必上窥两汉，即在唐文，犹可窥见这民族的一点沉雄博大的气魄。

我们的传统自来是文史不分，"史德"亦是"文德"，"史才"亦是"文才"。师生二人谈司马迁、班固、范晔，说他们皆良史之才，亦皆大文章家。远至左丘明，更是独绝千古的大手笔。"才"本出自天生，亦复出自学养，然终不能不受其时代影响，如果说一史家反对当世，亦仍然是受到影响而起反对。若说"史识"，则非一般文章家所通具。甚至读万卷书犹在其次，于人事之阅历、经验，则绝不可无。鲁迅和季子提起十六国时期后赵的建立者石勒，一个不识字的人，未尝读过什么书，但是却有"识"。石勒听人读《史记》，至高祖正要铸印封六国后，还没有听到下文，便说："此法当败"。这是一种"洞见"，凡杰出人士所必有。一日，谈话涉及湘潭王闿运（湘绮）的文章。季子说王的文章仍是学《史记》，《湘军志》大大超过了明代之文。鲁迅听了，将蜜蜡烟嘴轻轻扣着灰盘，去了纸烟的灰，从容问："你觉得湘绮楼的文章，与太史公的相比，又有些什么不同呢？"

　　回想起来，这是口试学生的一大好问题。我当时率尔回答：也许有些地方我还看不到，但有一点我是感觉到的。我觉得无论怎样相似，态度上总有点不同。太史公写文章，始

---

① 徐梵澄：《异学杂著》，浙江文艺出版社，1988 年，第 157—158 页。

终保持一极冷静的态度。无论叙一场战事如何酣畅，作者还是冷冷静静的。湘绮楼不然，不免为文字所牵，似乎自己为所叙的事感动了。如"烈烈乎其败也"，这种句子，在太史公便没有。

先生听了，大笑，甚以为然。[①]

在族人当中，多有佛教笃信者，这无形中，也使季子对佛学产生了兴趣。他的讨教义涉及佛学。鲁迅对他说：中国文化受佛教的影响实在太深了，这有赖于文化交流。以汉唐为先例，文化大量地从西域吸收，对这民族是有裨益的。这好比一个健康的人，是食物便可以吃，没有什么忌讳；及至衰弱的人，便这也怕吃，那也怕吃了。然而所谓文化交流，说起来也是一复杂之事。有时两地只隔一山一水，而语言，宗教、民情、风俗迥乎不同，可以做到老死不相往来。有时遥隔重山叠嶂，广川沙漠，学者却裹粮、负笈、担簦、履蹻，来来往往，总之不辞跋涉苦辛，佛法终于传到中国了。起初与道家相合，后来相离，各自成为宗教，便势不两立。至于义理呢，是彼此皆具，亦皆甚深，其在民间起信，由于见鬼见神，即古之巫术，两教没有什么不同。季子说他看过《大乘起信论》，鲁迅说不如先看《百法明门论》，因为《大乘起信论》究竟是一部伪书。鲁迅说之伪书，并非否定该书的价值，而是另有深意所在。当年玄奘为什么要到天竺去取经呢？就是要彻底了解真谛所传《摄大乘论》的原义，而无著的《摄大乘论》，旨在取消《瑜伽师地论》那个本有的无漏种，说明一切皆从熏习而来。或许鲁迅受章太炎的影响，偏爱法相唯识学，而且特别赞赏玄奘。但是，鲁迅又不能同意章氏"以佛法救中国"的观点，他之所以推

---

① 徐梵澄：《异学杂著》，浙江文艺出版社，1988 年，第 111 页。

崇"普度众生""唯识无境"的理想，出发点端在于他"立人""改造国民性"的宏愿。他说中国国民性中的一个大弱点，便是"无持操"，无专一的信仰，蝇营狗苟，得过且过，要说"信"，中国人也有，那就是"迷信"，而少有"坚信"。这个"坚信"，就是"内有"，至于说到"外无"，非常人说之的识感或经验之"有""无"，而是在佛眼里，一切皆平，或非"有"非"无"，玄奘讲"内有外无"，不过是一个方便的说法。玄奘赴天竺取经，来回十七年，中间千难万阻，生生死死，满载而归了，那么十七年的光阴抛在了后头，其中所有的艰辛、障碍也化为了"无"。这是什么意思呢？即"大志一立，百事皆顺"。"顺"乃"无"往而不前也。这就是主观唯心的含义。

这一拨示对季子影响甚大。季子也在深研佛学，而且勤力于唯识学。鲁迅告诉季子，也要研究诸教的斗争，还说要看《弘明集》《广弘明集》。季子知道先生在留学日本时，已研究佛学，揣想其造诣不可测，但先生能入乎佛学，又能出乎佛学，用力而不沾滞，反转腾挪从容不迫：

> 是得力于那一长时期看佛经和抄古碑的修养呢？抑或是得力于道家的修养——因为先生也深通老、庄——胸襟达到了一极大的沉静境界，仿佛是无边的空虚寂寞，几乎要与人间绝缘。如诗所说"心事浩茫连广宇"，外表则冷静得可怕，尤其在晚年如此。往往我去拜访，值午睡方起，那时神寒气静，诚有如庄子所说"老聃新沐，方将被发而干，然似非人"。我便闹事似的讲话，过了些时，喜笑方回复了。[①]

季子访问鲁迅，总是有点小事儿，或送稿或领稿费，也不忘

---

① 徐梵澄：《星花旧影》，载《徐梵澄文集》第四册，第387页。

有些什么疑义，去问难。聊天时，先生吸着纸烟，一支接续一支，不断地烧，但不总是吸。有时候谈话稍久了，季子回到寓所解下领带时，闻到了衬衫上一股浓厚的烟气。他便写信去说，此之谓"熏陶"了，先生看信以后一笑。季子也是吸烟的，然从来未敢在先生面前吸一支烟。因为他出身旧式家庭，对长辈要恭敬，要守规矩。鲁迅知道季子出生于一个大家庭，便与他讲许多人情世故上的事，常常听得季子惊心动魄。比如说世家弟子有三变，一变而为蠹鱼，再变则为蛀木虫，三变则为大虫。这里说的世家子弟，是没什么谋生手段，多靠父祖的余荫过活的人。若是一个承袭了先人的遗产的子弟，不胡作非为，再加上民生休宁，社会安定，还可以生活下去而支持一两代。但这是极不容易的事情。而现实情况是，从清末到民初，社会变化太快了，多数家庭"不进则退"，乃至于"坐吃山崩"。拿湖南来说，是南北战争的冲要，受战祸甚惨。无战争时，平民饱受军阀割据之苦，如湖南银行的纸币，忽然作废了，多少人便立地化为了赤贫。一个世家子弟，如果没有技能养活自己，必至于堕落：

> 第一变为蠹鱼，即是出卖先人所收藏的字画以及图书，借以维持生活。第二变为蛀木虫，则是图书字画等卖光了，只得出卖家中的木器或甚至房屋。第三变为大虫，则是"吃人"，卖去他的奴婢。我说应当是变为大虫在先，减少家庭的粮食消耗，先生曰不然，穷大少爷还是要人伺候的。最后方出卖奴婢。婢女（即丫头）在湖南曾有，但奴子似乎到民国已经没有，皆很少听说有出卖的。那时代不止是各个旧家庭，是整个旧社会如冰川崩溃下来，任何力量也挽救不住。三变之中，以第一变最惨。尤其是藏书，是凡读书人皆喜好

的。一旦其人去世了，旧书商贩便来欺人家孤儿寡妇，高价值的书往往以低价钱换去了，这不必说，时常是从一大部书如某丛书或某全集中暗地抽去几本，使它残缺。过了些时另有人即同伙的人来买这大部书，因其不全，那价值便大量减少了，出售者也难争高价。这一落到书贩子手里，自然又配全了，他以之出卖大价钱。

　　字画的命运相同。往往真品借去，赝品还来，高价收入的，低价卖出去。其间种种欺诈不必说了。而且三变之后，世家子弟自己也变成了流氓骗子，又去欺骗他人。此之谓财穷之后，继以人穷，财穷犹可挣回，人穷则整个堕落了，无可救治。

　　这是些旧社会的人情世故，我听了是毛骨悚然的。[①]

似乎是没有不透风的墙，季子的行踪开始被注意了，校方怀疑他就是"冯珧"。他感觉浑身的不自在。他真的寻思"出走了"，留学去。他把这一想法写信告诉了父亲，父亲未作回音。后来有一个机会，父亲带母亲到上海，因生意上的事要再稍作滞留，而长沙家事又需母亲回去料理，这么季子自告奋勇，护送母亲返乡。可以想象，一路季子"软磨硬泡"，说服了母亲，或者母亲不忍小儿子不能如愿，答应了。一俟回到长沙家中，季子从母亲那里拿了学费，甚至都未与兄长作一告别，旋即"跑"回上海去了。

梵澄晚年对离开上海告别鲁迅那一刻，在回忆文章《星花旧影》的第二节中有感人的记述：

　　查先生的日记中，有这么一条："下午徐诗荃赴德来别。"时在 1929 年 8 月 20 日。

　　时间大约是午后三点钟。先生住在景云里。敲开门进去

---

① 徐梵澄：《星花旧影》，载《徐梵澄文集》第四卷，第384页。

之后，见先生坐在后堂中写稿，那书桌正面靠着分隔前后堂之板壁，光线从后面门窗透进。这以前我去拜访，总是在前堂中谈话，没有进到这里。先生叫我在书案左边一张藤椅上坐了。我便说我明天动身，正午十二时开船。——先生寂然，静静吸着一支烟，我便停止了说话。过了一会儿，先生开始说："在中国没有二十四小时了！"——我说："是"。

这么又过了一会，彼此无言。

"哦！你还有点稿费在这里！"——先生忽然惊起似的说。随即从抽屉里取出一叠钞票给我。我说过感谢，便接下放在衣袋里。

当时我颇写些杂文和短篇小说，不时寄给先生，刊登后便去领些稿费。或多或少，总是每千字五元。这次回来一数，实在优待了一点，几乎是八元一千字，一共三十余元。——出国的计划，我早先告诉过先生的，这时也毋庸多话了。

这么又黯然了一些时，我便起身告辞了。先生一直送到大门口，我便鞠躬下去，刚一伸身，先生突然目光辉射，执着我的右手猛然一握，我感到那手力极强。这是以前未曾遇到过的，我吃了一惊，便分别了。

那一握，是教示，是勉励，使人精神振起，要努力，要争气，要在外国好好读书……从此先生的一切其他平日的教言，凡我所读到的，听到的，皆在我脑里醒活了。此后留学期间，凡学生之萎靡事，如"不进学校"，"关起门来燉牛肉"之类的事，如先生嘲笑过的，皆没有作过。后来极穷，也未尝自己煮饭，真是"竖起脊梁"，好好地读书。——其时我正二十岁。

# 第二章　鼓炉动鞴

## 一、旅欧途中

1929 年 8 月 21 日，正午，轮船起锚，驶出港口。这艘日本远洋轮的目的地是马赛，然后，季子再由陆路到达柏林。无人相送，也无需相送，季子感到了一种从未有过的畅快，仿佛一只笼中雀被自由地放飞一样。他知道，这一离别，无人再晓得他是季子了，只是护照上的那个名字，堂堂正正的一个男子汉的名字：徐琥。那么，我们不禁要问：徐琥为什么选择德国，而不是法国或英伦呢？这又与鲁迅的精神指向有关系了。

20 世纪初，周氏兄弟提倡北欧文学，尽人皆知是间接取自日本，其时风气已偏向北欧了。于北欧人文中，鲁迅最重视德国，1907 年他撰文《人之历史》，其副标题即是"德国黑格尔氏种族发生学之一元研究诠解"，文中有"夫德意志为学术渊薮"句。大致自"七年战争"（1756—1763）结束，普鲁士方始有普遍的民族自觉和自信心。这以后，经过法国大革命，尤其是工业革命，为环境所逼，不得不争生存，图霸强。19 世纪下半叶，德意志统一，国势方张，事事不肯后人。日耳曼这民族的科、技、工、医等，原有卓立于世界的优点，在中国从初就颇享有盛誉，一时也难有取代。至于人文菁华，则更有采撷的必要了。不提由康德、费希特、谢林、黑格尔所代表的一系理性精神，只说由文开尔曼（Winckelmann, 1717—1768）、莱辛（Lessing, 1729—1781）、歌德（Goethe, 1749—1832）、洪堡尔特（Humboldt, 1769—1859）一脉所掀起的狂飙运动，以及狂飙运动所鼓吹的理想，就为"五四"以后的无数文学青年所倾倒，所神往。这一理想，是以尊重人性为中心的，它强调"人格"这一理念的客观化与生命化，诚如歌德所言："人格是大地之子的最高幸福"。而作为人格之人，是一个带有普遍意义的"典型"，这是一种带有美学情调的客观理想主义，是对古代希腊精神的重新认识，也就是说，是希腊古典精神的回归。用文开尔曼的话说，这一古代传统的形式是"高贵的单纯，静穆的伟大"。[①]它是新鲜而活泼的，单纯而天真的，充满着青春的气息：

> 自来日耳曼民族，有一特殊性格，可说是浪漫精神。在北欧浓密幽邃的森林里，有一金色头发碧玉眼睛生龙活虎似的孩子在鼓炉动鞴，锤锤打打，要锻成一柄纯钢的剑，他准备用以征服世界。便是这精神象征。——这精神在文学和艺术以及哲学方面有过大成就，不必说。磅礴飞扬的生命力，不满现实，喜好新奇，成作进步或进化之一大迫促。其特点之一便是"企慕"。直上，对"超上者"的企慕，在宗教方面成就了神秘一派，是直对上帝的寻求，超出了教会及经典而外。平面，在浮世，则是企慕远方，神往于世界的他方国土，他方国土为其所未知然非不可知。——剑，象征他的知识和学术，如常语所谓"慧剑"。征服世界是梦想；在野蛮时代，便

---

① 牟宗三：《道德理想主义》，（台湾）学生书局，2000年，第172—176页。

是劫夺和虏获；在文明时代，便是吸收和同化。[1]

我们知道，德意志民族的天赋主要发挥在纯粹的精神也即性灵领域，如神学、哲学、艺术、音乐等。而在造型艺术方面的最大贡献，除了建筑之外，就是版画了，正是荷尔拜因、丢勒形成的版画传统，成为德国绘画艺术的重镇。版画，尤其黑白两色的木刻之高度的抽象性，甚为鲁迅所喜爱和欣赏。在德国版画界，最富于时代精神的，与苦难的中国最为心贴心的，是珂勒惠支（1867—1945）。鲁迅最早关心她的艺术成就，1929 年初，他与柔石等组织朝花社，研究过搜集珂氏版画之事，并以此为契机，带动起中国现代版画之事业。鲁迅曾托当时在上海的史沫特莱写信与珂氏求购画作，又委托赴德留学的徐琥设法觅购。已游于鲁迅门下一年多的徐琥，深知其师的旨趣和苦心，他懂得：鲁迅非为艺术而艺术，实为精神而艺术。那么，他的留学，就是要去攻读艺术史，以为将来助师一臂之力。这里，我们可以作一个比较：如果说，天边的地平线是德国少年所企慕的远方，那么，北欧的大森林则是吾族学子所神往的彼土；他们手执慧剑，是为了征服世界，我们燃烧火把，则是为了温暖家邦。

徐琥乘坐三等舱，价格较廉，40 镑，一室两床，上下铺，可睡四人。三等舱有餐厅，长方形，长与船身宽度相等，其布置尚雅，有钢琴，风扇，汽炉，等等。早餐七时半，有牛奶，咖啡，甜点；午餐十时半，有菜三道，水果，咖啡，红茶，葡萄酒；下午四时又是甜点，与早餐同；六时晚餐，中西餐自便。纳凉休息，可以到甲板上去，如自己未带睡椅，可以租 Deck Chair。是日向晚，船过舟山群岛，渐转西南，水色渐清，远处渔帆点点，灯火明灭。徐

---

[1] 徐梵澄：《异学杂著》，浙江文艺出版社，1988 年，第 169—170 页。

琥在餐厅里读了一阵子书，开始做笔记。将近七时，旅客大都入睡了，他向窗外望去，只见水天茫茫，头上新月一弦。

8月24日七时许，船傍九龙码头。时天阴欲雨，烟雾迷蒙。徐琥用上海票换过港票（每五元兑四元两角），乘渡船不十分钟踏上香港，然后他乘车盘旋达至山顶，又下山至滨头公园，走马观花，并午餐。下午二时，返九龙，四时开船。汽笛鸣响，船离码头，徐琥扶弦向英女王维多利亚（Victoria）的海滨造像望去，不禁感慨万端：昔日之蕞尔小岛，已成为东亚大埠，这自然有赖于英人的经营，但是风土人情仍然是祖国的，只是主权已不在焉！

8月27日，船抵西贡。西贡经法人营业，已成新式街市。市中有博物院，对面之纪念台，全为中国样式。有电车通往堤岸，法名Cholon，人口二十万，其中九万余人为中国人，然当地三民学校校长韩氏称华人有十五六万，占全市人口之十分之七或八。8月28日，徐琥与同舟数人出发游Cap Saint Jacques，地处西贡河口，去之110公里，为著名的避暑胜地。晨时乘车，行驶甚速，皆因公路平坦，有若康庄大道，想起国内路政不修，坎坷难行，徐琥不禁惭恶。至于连绵稻田，相望村舍，亦与家乡去之不远。总之，都是鱼米之乡。

8月30日，船离西贡；9月2日，泊新加坡。十时许上岸，时天气微阴，风正宜人。徐琥独自去游览博物馆、植物园，游毕，又参观了一所华侨学校。午饭后，他经过邮局，买了几份华文报纸，有《星洲日报》《新国民日报》《总汇新报》等。他又把一路风光、沿途感事的随记寄给鲁迅，信中夹有诗《南洋舟中——1929赴欧时作》：

　　万里南溟一铁舟，水深风怒浪花浮。

长天孤剑追穷发，远地双星灿白头。

未必有心皆死尽，从无因憾不寻仇。

征人涕泪侨胞血，化作秋星点点愁。

三时归船，四时开船。驶出苏门答腊海峡，茫茫的印度洋出现在眼前。海上的风浪渐大，气温也渐升高了。

入夜，在摇晃中不能稳睡的旅客又被惊起。是起大风了，船身嘎嘎作响，并剧烈摇摆，室中什物纷纷落地，来回滚动，大家只好握紧床栏，不使抛出。晨时，徐琥出舱进食，风浪仍未消歇，但凉气袭人，甚感爽快。他向窗外望去，观近处波涌上跃，鸥鸟下翔，跌宕起伏，如荡秋千然；看远处天际云水，迷迷茫茫，似心绪郁结，又像愁思万千……他想起了杜甫的诗句"飘飘何所似？天地一沙鸥"，他寻思：此时的家乡恐怕是有几万里之遥了吧。

果然，9月7日船达科伦坡，上岸未见到什么中国人。据同舟某君言，离此尚远处有华侨200余人，中国饭店一家。中国势力似乎在此消失了，徐琥有感于到了天边。科伦坡街市，皆为西式，市中商标店号、公告街名，尽用英文。徐琥走在街上偶见一处汉字，近看之，则赫然"大日本"三字，原来是一家日本商店。此处有一佛寺，内有大卧佛一尊，长约四五丈，然整体建筑，与国内佛寺风格却有不同。此外还有印度庙，有一造像为人面牛身，为女性，色彩极为艳丽，为国内所未见。是日晚8时离港，徐琥回首东望，但见灯光稀落，不见启程时的铅华。斗转星移，天象已非。

船行七日，越印度洋，至亚丁。亚丁扼守红海口，居亚丁湾内，为英国属地。船进港口，以岸上有疫疾，故不傍岸。下午四时离亚丁，船向吉布提驶去。9月15日拂晓，船抵吉布提，红日初上，酷热难耐。船上司事仍告疾疫流行，不克上陆。下午二时船开，向红海驶去。红海两岸，山峦隐隐，寸草不生，时至夕阳，日光暗淡，宛如北京之沙尘天气，颇有"大漠风尘日色昏"之感。因天气炎热，舱中不能停留，旅客多在甲板上过夜，这么，己巳年的中秋节（9月17日）度过了。又行三日夜复二十小时，船抵苏伊士运河，在河口停六小时，下午四时，始入运河，以次日黎明抵塞得港。入河须臾，河身变窄，河之两岸，分亚分非，皆苍凉寂寞，如置身于绝域。时至黄昏，景致又颇浩渺，见灯火，见村落。船渐北行，两岸有丘陵起伏，或树或林，或沼或池，颇感有些迷蒙的诗意了。入夜露冷，若流连不去，可见西岸的月光下，有骆驼三四，彳于于陵岸之上，犹如画境一般。

20日晨，船抵塞得港。塞得港为自由港，交通十分方便。有渡船来迎，九时许登岸，由埃及人做导游，先引至 De Lesseps 公园，规模不大，园中有苏伊士运河设计者法国工程师勒赛普的半身像。导游的介绍，徐琥也是略知一二的：勒赛普的设计，不选贯通地峡最短的直线距离，而是利用原有的湖沼洼地，经过曼扎拉湖，提姆萨赫湖，大小苦湖，等等，使河道出现了若干弯曲。之后，导游又引众人去参观清真寺，读阿拉伯文《古兰经》；又参观了东正教堂和天主教堂。归船前，又参观了一所中学，教师讲授英文，见有中国客人到，颇为友好，学生起立，举手敬礼。船起锚于二时，出苏伊士运河，见矗立于河西堤上的勒赛普铜像，左手持地图，右手指运河，在日光下熠熠生辉，徐琥肃然起敬。

次日，大晴。碧波千里，极目无尘。徐琥在一等舱的阅览室看了一会儿报刊，便到甲板上的帆布椅上坐下来，他思忖：此时的位置可能是在克里特岛以南了。他知道这一条航线是经亚平宁半岛和西西里岛之间的墨西拿海峡的，然后再过科西嘉岛和撒丁岛之间的博尼法乔海峡，最终抵马赛；而北边的一条航线，则是掠过克里特岛，进入亚得里亚海，抵达水城威尼斯。他在书中读过：在克里特岛之东北的罗多斯（Rhodus）岛上，曾矗立着阿波罗铜像，是古代七大奇观之一。这铜像高一百零五英尺，横跨在两道石堤上，来往船只从它两足间划过，其内中有一旋梯，像颈上置有望远镜，风日晴和时，可以望到叙利亚海岸，及埃及海上的船只。后来，铜像在地震中损坏了；又后来，被人为破坏，变卖了。如同整个古代希腊文明，没入了黑夜。他不禁吟咏出拜伦的《吊希腊诗》：

> 访遗民兮不可遇，吊故国兮在何处？
>
> 但余海岸似当年，海岸沉沉亦无语。
>
> ……

23 日上午十时，船过墨西拿海峡。海峡北为意大利，左为西西里岛，两岸风光，秀媚亮丽，天高云清，海水湛蓝。下午过火山岛 Vulcano，山顶喷烟，烟作黑色。船行第勒尼安海，过意大利，欲穿科西嘉岛与撒丁岛之间的博尼法乔海峡，但因风浪过大，故绕行科西嘉北，入利古利亚海，至 25 日拂晓抵马赛。

早餐后，护照盖印，船即傍岸，登陆略受海关检查，办理好下午至斯特拉斯堡的车票，暂存行箧，游马赛了。游马赛需乘汽车，九时发，先至 La Cathedrale 教堂，建筑宏伟，气势不凡，堂内两壁多宗教画，壁窗多嵌云母石，据说此堂工程已历数百年，还未最后告竣。后又游一教堂，位于山巅之上，圣母像又矗立于塔上，甚为高耸。立足山顶，可望马赛全境，房屋栉比，人烟熙攘，不愧为世界名城矣！下午，游古罗马旧堡，名 Aix en Provence，归途中车出瀑布之下，可观两山间之一水道，实为一桥，桥下有一溪，溪旁古树荫郁，围作一园，据说为拿破仑三世与英王爱德华七世宴乐之所。下午五时，回马赛，五时五十分，火车向里昂进发。[①]

火车向西北行，过海湾，日头渐落，斜晖返照，云霞似血，徐琥踏上欧陆的第一个夜晚，到来了。天擦黑时车至阿维尼翁，入夜，车沿罗讷河东岸驶过瓦朗斯，达里昂，然后偏东，黎明时分抵贝尔福，又不多时，到斯特拉斯堡了。徐琥一夜依窗而眠，时睡时醒，感到凉气袭人，似有秋意。下车，他决计不按最捷的路线前往目的地，而是乘汽车沿莱茵河向北之法德边境前进，然后，在法德边境一小城洛泰堡搭船，经路德维希港至美因茨，再转水道顺美因河向东至歌德之故乡法兰克福，最后，由法兰克福乘坐火车经汉诺威抵柏林。时在开学之前。

一路风尘，两岸霜露，徐琥一个人踽踽泠泠，孑孑独行，像一滴水，一片叶，往而不返，去而不回，耳畔响着的却是尼采的箴言：“……世间毕竟存在着某些小径，在那里，一个人是不能走回头路的。”时北欧天气，有似我国之仲秋，莱茵两岸，忽晴忽雨，晴时见丘壑连绵，林木幽邃，涧溪湍急，村舍缀点；雨时看烟雾菲菲，黄昏苍茫，但闻水声，不现河谷……置身其中，或使人起神往之思，或令人生萧艾之感。然而，徐琥似不经意，他心中有一种隐隐的激动和愉悦，他感到他生平第一次寻到了他自己，他在向朝晨走去，眼前有一条崎岖的小路，抬头望云霞似锦，脚下行却未有尽头，进者只能形单影只。对了，孤独本无对，孤独者的足迹，只能留给孤独者。这难道不是一帧写照，一番寓意吗？对于年轻的徐琥而言，生命之旅的真正起点开始了，那就是“使自

---

① 参取朱偰《行云流水》，第一卷“纪游”，钟山书局，1933 年。徐、朱两人赴欧只隔三日。

己回到自己的时间到了"。仍是尼采的话。

## 二、初到柏林

徐琥留德，专修艺术史。其学习阶段的安排，是首尾两端在柏林大学，中间则在海德堡大学。这柏林大学世界闻名，哲学家黑格尔是在柏林大学校长任期内去世的。1810 年，同是哲学家的费希特任该校首任校长。1949 年，改名为柏林洪堡大学，盖因纪念创始人——教育家威廉·冯·洪堡。我国学界前辈蔡元培和陈寅恪，都曾在这里作过交流和访问。柏林大学与国家图书馆、新国家画院、国家歌剧院都坐落在一条著名的大街上，这条街叫做菩提树大街，是最具普鲁士风情的一条街道，它是由 1647 年大选侯腓特列·威廉设计的。大街东头，接着博物院洲，大教堂，宫殿；大街西头，为著名的勃兰登堡门，与巴黎凯旋门同。穿过门，便是梯尔园，柏林最大的公园，人工巧置，胜于天然。柏林市内市外，多见远足青年，运动男女，他们多赤臂短衣，朝气蓬勃。时有游客驻足赞叹："美呵——"①

他在柏林东区一家人那里租了一间房子，安顿下来。

柏林郊外，森林如盖，田畴如毯，颇有一番宁静和平之景象；柏林夜晚，雨滴空阶，风吹落叶，又生一种凄清寂寞之感触。徐琥有些思念家乡了。他先写信与父母道个平安，又写信给鲁迅，记下了初到柏林的感受。见《鲁迅日记》1929 年 10 月 25 日载："……得徐诗荃信，柏林发。"同年 9 月 13 日载："……得诗荃信"，那封信是从新加坡发出的。11 月 6 日载："……寄徐诗荃信。雨。"11

---

① 参朱自清《欧洲杂记》，浙江人民出版社，2002 年。

月 30 日载："……下午寄徐诗荃以《奔流》《语丝》及《野草》共
一包。"12 月 14 日载："昙。下午得徐诗荃信，十一月廿二日发。晚
雨。似感发热。"12 月 29 日载："……寄徐诗荃信。"看 12 月 14
日记录，柏林寄至上海的信件，计在二十二天左右。那么，徐琥
给鲁迅的第一封信，应在到达柏林的第五天。

柏林的秋天是短促的。不到下午五时，室内便需燃灯。有时
连遇阴雨，出户就不方便了。徐琥无其牵挂，只是静静地读书，偶
尔也踱步至窗前，看雨打树梢，水滴落叶。星期天，他要乘电车
到郊外去，吕纳森林，那里有鲜艳的红叶和参差的柏树林，愈往
深处，又有说不出名字的阔叶林。抬眼望去，丘陵起伏，平缓如
波，满地的秋草，杂生着各式菌类，一条清澈的小溪从中流过，淌
到西边的湖中去了。

徐琥最爱去的地方是博物院洲，它坐落在斯泊利河中的一个
小洲上。洲上有七个博物院，其中六个是连通着的。勃嘉蒙
（Pergamon）馆为最宏伟者。文字介绍说柏林博物院在那儿挖掘，结
果出土一个大宫殿，是祭宙斯用的。其殿造于约 2200 年之前，规
模宏大，雕刻精美。文物出土时多已残破，经学者苦心研究，技
师多方修补，便照原先的样子恢复起来。殿呈方锁形，四围为廊
柱，两头有台阶若干层，上面各有殿基，殿基上，柱子下，为壁
雕。壁雕取材于奥林匹亚诸神与地之诸神们作战的故事，画面中
人物刻画得精力饱满，栩栩如生，仿佛高扬着一种无限的生命能
力。该殿的屋顶是用玻璃构筑的，墙面着淡蓝色，当阳光均匀而
入时，那凝重却又是祥和的氛围会引发人一种莫名的激动，使你
不能不多驻足一会儿，多一刻流连。徐琥伫立其中，有感那些遥
远的又好像切近的、美丽的又时显荒诞的故事像"一条流水"从他

眼前淌过，那些熟悉的却又是陌生的身姿与面孔：阿波罗，切斐乐斯，赫剌克勒斯……与他碰面了。[①]

德累斯顿，位于柏林东南。易北河从市中蜿蜒穿过，河上建有五座桥，遥遥相望，临河一带的高地，叫做布吕儿原，被人称作"欧洲的路台"。此城有著名的茨温格尔宫，为奥古斯特大力王于1711—1732年所建，宫中辟有各种博物馆，尽北头是赛姆佩尔美术馆，收藏甚富，以拉斐尔的《西斯廷圣母》最为宝贵。大力王出生于巴洛克时代，倾心于法国文化，他派手下到欧洲各地去搜求名画，到1733年他去世之前，馆藏已颇具规模了。之后，他的儿子继武接踵，大张其事，委使大臣布吕儿伯爵主持收购名画，其时作品之富，为阿尔卑斯山以北所未有。18世纪意大利画家卡那来托曾驻足于此，留下了不少精美的铜版画，体裁多为宫堡、街巷和沿河风景。此外，其他版画家如毕拉内及、提埃波罗等人的作品亦有收藏。徐琥乘火车，下午二时出发，向晚，到达德城。先过新城车站，然后渡易北河至旧城，在总站下车，安排好下榻，用过晚餐，游易北河。经茨温格尔宫，穿行九遝之宫门，来到一条长桥，此桥以奥古斯特名之，立桥头瞻望教堂，见塔尖高耸云霄，神圣庄严。德城基本保留了18世纪的风貌，与柏林相比，多有不同。晚十时，徐琥返回旅馆。第二天，他整日消磨在美术馆中，对自己喜爱的作品，细细揣摩，并着手速写。晚七时，搭车返柏林，夜十二时三十分达，回到寓所，已是万籁俱寂。[②]

1930年新年前夕，天阴欲雪，北风甚紧。新年在欧洲也是一个大节，入夜，人们多到市政厅前的广场上去歌舞联欢，燃放爆

① 参朱自清《欧洲杂记》，浙江人民出版社，2002年。
② 参朱偰《行云流水》，钟山书局，1933年。

竹。通往广场的道路两旁，街灯五色，刹那明天，青年女子戴着花帽，拿着纸花，逢人便说：Gruss Neujahr! 近十二时，教堂响起了宗教歌曲，有风琴伴奏，声调和平而又静穆。至十二时整，钟声大作，人们汇成了一片欢乐的汪洋。[1]这一天，徐琥在自己的寝室中喝一点儿葡萄酒，吃一点儿年糕，然后悄然无声地阅读着鲁迅寄给他的信件和书籍。

"北欧的岁月，春夏很好。燃烛似的栗子花和灯笼似的木笔，皆足以吸引东来游子的心。秋冬却很有阴沉，风雪多，白日短。"[2]春天来得当然会比故乡要迟。四月，园内的夜莺放声歌唱了。布谷鸟在山楂树丛中鸣叫，空气中荡漾着嫩草的甜味，明亮的云片飘浮在天空上。休息日，徐琥去踏青，又访波茨坦的无忧宫。波茨坦位于柏林西南，无忧宫位于波茨坦北郊。无忧宫及周围园林，是普鲁士国王腓特烈大帝时期仿照法国凡尔赛宫的样式建造的，整个园地占地 290 公顷，坐落在一座沙丘上，故有"沙丘上的宫殿"之称。大帝和伏尔泰是好朋友，他请伏尔泰在宫中住过好些日子。宫之西侧还有一架大风车，据说大帝讨厌风车轮转之声，派人与风车主商量，要买下，若不从，便拆去，风车主不从，反得大帝赞赏，因此有"历史的风车"之誉。[3]徐琥至此有诗，其注解云："……大帝初建此宫，其爱犬葬在宫外。民间一磨坊之大风轮犹存，当时以大帝之尊不能夺也。"

### 无忧宫吊古

① 参朱偰《行云流水》，钟山书局，1933 年。

② 朱偰：《行云流水》，"徐梵澄序"，钟山书局，1933 年。

③ ［德］艾米尔·路德维希：《德国人——一个民族的双重历史》，杨成绪、潘琪译，东方出版社，2006 年，第 181—184 页。

河山今古已全非，帝子魂同狗骨灰。

歌管乍移人散去，楼台依旧鸟飞回。

旌旗吊影尘空积，钟磬潜声响更微。

唯有风轮停不转，伤心犹自葬蒿莱。

查《鲁迅日记》下卷，1930 年五月载：

三日，……晚收诗荃所寄书籍一包五本，计值十三元六角。

十日，晴，上午寄诗荃信并书款三百马克。

十三日，……收诗荃所寄德译小说两本。

十六日，……收诗荃所寄 *Die Still Don* 一本，即交贺菲。

十九日，……得诗荃所寄照相。

二十一日，……晚收诗荃所寄《海兑培克新闻》一卷。

海兑培克(又译海德贝格)即海德堡，以通信时间二十天计，徐琥于四月底或五月初已抵德国西南部名城海德堡。

海德堡，这座古老而又美丽的城市，坐落在绿色的山丘中，面对莱茵河平原和蓝色的天际。诗人荷尔德林（Friedrich Hölderlin，1770—1843）诗云：

我爱你已久，满心欢喜

想你来当母亲，并献上一首平凡的诗歌，

就我所见，你是祖国城市中

风光最美的一个。①

---

① 〔德〕尼古劳斯·桑巴特:《海德堡岁月》，刘兴华译，江苏人民出版社，2007 年，第 15 页。

### 三、海德贝格

海德堡（海德贝格），仿佛是一件浑然散发着古典浪漫气质的艺术品。内卡河穿流而过，带有双子尖塔的老桥横跨其上，好像如瀑的乌发上嵌着的一枚精致的发夹。这桥是旧城到对岸的通道，站在该桥的建造者选帝侯卡尔·泰奥多的纪念雕像下向古堡望去，但见在翠峦绿丘之中那座红色砂岩的建筑群巍然屹立，宛如守卫者一样俯瞰着全市。通过古堡有伊丽莎白门，歌德、雨果、马克·吐温曾从这里穿过，并在自己的作品中赞美它的风采。古堡内庭南端是泉厅，北端有弗里德里希宫，玻璃宫，钟楼，奥图·亨利希宫。各殿陈设，极尽华丽，名画宝什，琳琅满目，可想昔时之威之奢。城堡之中广场西边有一座碉堡式的酒窖，卧放一具高七米、长八米的大酒桶，名卡尔·路德维希酒桶。在昔时，若城堡聚会，众人豪饮，一次便可喝掉其容量的几分之一，那时节，每个人都烂醉如泥，于是乎开始的寻求于快乐变成了末了的纵情于荒诞。[1]真如叔本华在《宗教论》中借菲立列退斯之口说的："在笨拙而且切实的德国人中，骑士们却以轰饮与劫掠出众：他们的事物是大酒器与山寨。"

然而，真正代表这座城市灵魂的却是她的大学，或径直可说，她是一座大学城。海德堡大学建立于 1386 年，为德国境内最悠久的三所大学之一。城市生活以大学为中心，故人口结构基本上不是本地人。有人说，这座城市是德国精神的象征，即海德堡精神。但是这精神如何界定呢？阿尔弗雷德·韦伯，也就是马克

---

[1]　参朱偰《行云流水》，钟山书局，1933 年。

斯·韦伯的弟弟，时在该校任教，他说：

> 这座小城并无小市民狭隘或自我满足的气氛，而是彻底吸纳并弥漫着世纪交替后，在德国以一种奇特方式开始发展的新鲜事物。这座城市富有智性，令人振奋，而且彻底开放。那种弗里德里希·贡多尔夫（Friedrich Gundolf, 1880—1931）不断强调的"海德堡精神"，对那些加入这个精神的人来说，宛如一种天启。这种精神把历史、哲学存在和所有的古老传统带到它的法庭面前。最特别的，是这种精神同时质疑一切平凡的事物，到处寻找新的深度和新的深层基础。很快我就发现，自己必受其吸引，以一个提问者的身份，探询我们的历史意义到底在哪儿。依据这里占主导地位的精神特质，我只能提出一个涵盖一切的普遍问题。①

用卡尔·雅斯贝尔斯的话说，海德堡人，飘浮"在离地面五步的高度"，努力超脱任何现实是把他们聚在一起的"精神"。"在大学中，这个精神超越种族，超越国界，上升到一个其应先构筑的世界水平，在德国其他地方难得一见。"这精神是高贵的，又是自然、单纯、朴实的。②

修艺术史就读于哲学系。徐琥选课，除了上述两位大师级的教授以外，他还去听著名的弗里德里希·贡多尔夫的讲授。但是他到底没能成为贡多尔夫忠实的弟子，因为他当时颇有些迷恋上了佛学。贡多尔夫后来得到了一个中国学生，或者说是唯一的一个，那就是诗人冯至。贡多尔夫因黄疸病和心脏病并发，逝于1931

---

① 〔德〕尼古劳斯·桑巴特：《海德堡岁月》，刘兴华译，江苏人民出版社，2007年，第16—17页。

② 同上。

年 7 月 12 日。还有一个老师，名叫德索瓦，令人十分佩服。他一个人办了一份艺术杂志，一办就是三十年，最后自己也成为大师级的美学家。徐琥听他的课是听不厌的，一节课四十五分钟，中间有十分钟，他每次讲两节，九十分钟。他对同学们说："我要提前五分钟下课，那么课间休息就改为五分钟吧。"每次上课下课，他都非常准时。[①]徐琥还听过贡氏的恩师施特凡·格奥尔格（Stefan George, 1868—1933）的课，施氏是一个态度傲岸，不怎么平易近人的人。教德国文学史的人是布克教授，头已秃顶，和蔼可亲，他思想比较开明，且记忆甚好，上课从来不带讲稿。有一次，徐琥告诉他，易卜生的剧本在中国已有了翻译，他听了很高兴。第二天，他在课堂上讲世界文学思潮传播之迅速，在东方的日本、中国、南洋各地，文学思潮之传播是先于作品翻译的。他时常引据狄尔泰的《体验与诗》及勃兰兑斯的《19 世纪文学主潮》，算是相当进步了，却未尝根据唯物史观立论。"却未尝根据唯物史观立论"，这句话是徐琥写给鲁迅的信中的一句言语，因为鲁迅信中问道：

> 兄在那边，大学里不知道有用唯物史观讲文学史的没有。如果没有，要从各方面去听取，事情就麻烦了……

这大约是徐琥到海德堡以后收到鲁迅的第一封信。之前，在柏林，他给鲁迅的最后一封信中有一首"儿童诗"。这首"儿童诗"是对某些"革命"人士的讽刺，他们在国内大搞"飞行集会"，其高潮在 1930 年 5 月，他们甚至要求左联的作家也参加散发传单的活动，这与鲁迅关注精神建设和以文字进行韧性的战斗的宗旨是极不协调的。其诗名之《寄书感言》：

---

① 扬之水、陆灏：《梵澄先生》，上海书店出版社，2009 年，第 58 页。

寄书有微言，止沸扬其汤。

曲突徒薪无上计；焦头烂额挥大觥。

济济开会来群公，昨天读熟有传单。

标语忙记（浪），慷慨声氛扬。

五月里，奔走忙，额上汗，珠斑斑。肚里饿，涎馋馋。

提笔痛写大家革命只要前去不为难！

这才是"赫遁我也"，文学当手枪！

革者自革，顽者自顽，

红的变绿，绿的变黄。

算是诸公三万六千变化何可量。

温泉之水清且暖，

柏林之酒醇且香。

前面乌龟爬开路，后面乌龟无须曲路长。

又是后生胡闹胡闹！

乐得前辈叨光叨光。

鄙人亦是唯恐天下不得乱，

贩来火种一把收到且藏入箱。

嫠！铛！[1]

而在柏林收到鲁迅的最后一封信中有这样的话：

……现在柏林生活，住房子之外，还要吃点肉，每月要花多少钱呢？

《星花旧影》有这样的回忆：

倘若我记得不错，这信是在 1930 年写的，先于上一封。这

---

① 姚锡佩：《著名学者徐梵澄的心路历程》，《新文学史料》2003 年第 1 期。

是先生想到德国来游历。当时柏林已隐隐分成东西两区。西区发展较后，多住宅，不似东区拥挤。房租在西区较高，食物则东西区价差不多。本地学生，多住在东区，若受着国家这样那样的优待，每月自己用一百五十马克至二百马克便够了。……但是以鲁迅先生出国考察、游历、研究，兼之又必买书，收版画之类，必不能像留学生一样生活了。而且，那排场必有些像蔡孑民先生游德国一样，方才相称。于是我回信说明了这些情形，结论说："先生来游，大致每月六百马克也就够了。"以后来信，便没有提起此事，也许是觉得用费太高，也许是由于旁的原因，未曾实现此一北国之行。

文中又提收集版画之意图。徐诗荃为鲁迅搜集第一宗版画作品，《鲁迅日记》1930 年 4 月 30 日载："收诗荃所寄在德国搜得之木刻画十一幅，其直百六十三马克，约合中币百二十元。"时徐诗荃在柏林。所寄作品中，有塔尔曼（M.Thalmann）之《耶稣受难图》（*Passion*）八幅。又，7 月 10 日载："收诗荃所寄德国版画四枚。"7 月 21 日载："收诗荃所寄 Carl Meffert 刻 *Deine Schwester* 五枚，共七十五马克。"此"五枚"实为七幅，系梅斐尔德作《你的姊妹》。又，9 月 12 日载："收诗荃所寄 Carl Meffert 作 *Zement* 木刻插画十枚，直一百五十马克，上海税关取税六元三角。"10 月 19 日载："下午得诗荃所寄画帖两种，又彩色画片两枚。"其中作品有恩斯特·巴尔拉赫（Ernst Barlach）之《上帝的化身》（*Die Wandlungen Gottes*）七幅。[①]1931 年 5 月 4 日载："晚，收徐诗荃所寄 *Edvard Munchs Graphik*（《爱德华·蒙克版画艺术》）一本，直七元。"在该书的环衬页上，徐诗荃有题记："寄鲁迅先生，并请转

① 李允经：《鲁迅藏画欣赏》，西北大学出版社，1999 年，第 47—48 页。

给中国。"这是何等的气魄和"大愿"！

徐诗为鲁迅选画，皆为精品，因为背后有名师指点，这名师，便是瓦德博教授（Wardbung）。

见《跋旧作版画》载：

> 何以我治木刻，这是因为要研究技巧。当年我在海德贝格大学听艺术史课，选了一门版画课程，看到许多德国名艺术家的木刻画，如朵勒（丢勒，Dürer）、荷拜因（Holbein）……诸人的传世之作，便想知道是如何制成的。当时大学无此课程，因为这是要研究技巧，乃由大学备函该城的高等技术学校，为此中国学生特开一课，每星期六下午去学习两小时，头顶已秃的瓦德博教授，自己是一位油画家，异常诚挚和蔼，高兴教这么一外国学生；在那学校的艺术工作室里，利用了一切工具，于是学习了一年。……似乎还有一两个同学，却不常到，环境很清静。

瓦德博教授吸烟，用烟斗。劳作间隙，点燃烟斗，与徐诗谈版画，说丢勒，说伦勃朗，说戈雅，说里克和毕加索；还与徐诗聊20世纪的德国版画。其最有成就者是表现主义的两个流派，即"桥"社和"青骑士"派。"桥"社这些艺术家们强调一种激进的精神，反对学院派，主张要有一种力量和生气，张扬身心之自由，成为了日耳曼传统艺术的一个新的发展。最著名者有基尔希奈（Ernst Ludwig Kirchner, 1880—1938），赫克尔（Erich Heckel, 1883—1970），罗特卢夫（Karl Schmidt Rottluff, 1884—1976），佩息斯太因（Max Pechstein, 1881—1955）等。他们的作品黑白极为分明，风格单纯而粗犷，轮廓线多呈锐角，有如斧斫，给人一种稚拙的生力和原始的味道。他们开始用三角刀刻，后来又采用圆口刀，更加增强了造型的魅力。至于"青骑士"派，则是法国的前卫美术介绍到德国以后的产物，以康定斯基和马尔克为中心。至于版画成为一门学科，则是包豪斯的功劳。[①]

入乡随俗，在西方，辈分有时会模糊不分，师徒常常会形同兄弟。徐琥无忌了，与老师一同吸烟，喝啤酒，神侃。瓦德博教授亦教美术史，他有时也要到法兰克福和柏林去讲学。教授非常喜爱这位高个子的中国青年，他送学生一枚烟斗，于是，徐琥用烟斗吸烟的历史开始了，这是在1930年夏天。7月8日，他在给鲁迅的信中写道：

> 几封信连翩而到，因知中国思想界正在飞跃，将来在世界潮流中一定不致落伍，并且，如果能深入下去，还要站在世界之先。
>
> ……
>
> 仿佛先生在救荒，那么，这方面代办粮草，是无困难的，然我希望中国慢慢地吃，不然，毛病就多……那么，艺术界是遭殃的。
>
> ……
>
> 报纸不必算钱，只因为寄回中国或许还有半寸用，邮费我可以出，因为我是中国人的缘故。[②]

除了自习木刻之外，徐琥还观摩过瓦格博教授制作铜版画的工技流程：先用白蜡平铺在铜版上，再在蜡上刻画，然后将版浸

---

① 参〔日〕黑崎彰等编《世界版画史》，人民美术出版社，2004年，第160—165页。

② 姚锡佩：《著名学者徐梵澄的心路历程》，《新文学史料》2003年第1期。

入强酸，使其销蚀。过了相当的时候，用钳子取出，冲洗去蜡，则有蜡之处光平，作画之痕被蚀而显。再涂油墨纸压印，则非重压机不能。徐琥自己作此技，只学了一种"冷针"，即用钢针在合金（多是锌）板上直接刻绘，不加酸蚀，再涂油墨，用机器压印。他的铜版画作品只有一幅，画面是郊外的房舍，寄给鲁迅了。此外便是木刻，五种七帧，见《鲁迅日记》1930 年 8 月 4 日载："得诗荃信并附木刻习作四枚"，分别为《罐梨》《雾与热》和两幅《圣诞老人》；1931 年 2 月 13 日载："得诗荃所寄……自作木刻两幅"，这两幅都是鲁迅像，画面下部有"风笠谨制 1.1391"的签字，风笠即徐琥笔名；1931 年 3 月 26 日载："……晚得诗荃信并木刻《戈理基像》（高尔基）一幅……"

在这几幅作品中，鲁迅最喜欢的是《罐梨》，来信说那张最好，可能是因为朴拙，有点北欧的土气，"百巧不如一拙"，朴拙在艺术中自有其地位。《高尔基像》，下录有魏武帝诗："老骥伏枥，志在千里，烈士暮年，壮心不已！"左下有"琥"字的草写，创作时间为"1931 年 2 月 26 日"《雾与热》似以题为"朝霞"更好，那画面是红日喷薄欲出于海上，光芒万丈，海岛与礁石屹立不摇，迎接与拥抱东方之灼热的曙光。右有徐琥铅笔题字"发挥其纵势耳！——仿道人说"，左为"此乃得意之'脚'"（"脚"是"作"的谐音），下有自行标价："9474 马克"。"这些都是胡闹，是同鲁迅先生开开玩笑的，实际上从来也没有出售过。"然《罐梨》标价，却极低廉，只有 0.25 马克；《圣诞老人》，一幅标 0.25 马克，另幅左侧注有"此拓较精"，因此价格稍高，为 0.5 马克。《鲁迅像》则有可说道者，画面上的中年鲁迅，两眼炯炯有神，一望便可想到"横眉冷对千夫指，俯首甘为孺子牛"的大丈夫气概。他所穿的中式长袍上衣领的两颗盘香纽，也安排得格外显目。细究刀法，粗犷有力，似以圆口为主，风格极为简洁，旨趣似乎在有意无意间追求稚拙，颇与"桥"社诸家同风，而与"青骑士"派有别。大致"舍貌取神"之境，非刀法简洁不可，非笔触稚拙不办，而其所诉予的对象，也为大力者。后来，在 1933 年 8 月，此像附着鲁迅之《一天的工作》的封面，由上海良友图书印刷公司出版。

1930 年 9 月底，徐诗结识了他直到晚年都交情甚笃的一位朋友——冯至。一天下午，在内卡河南岸的一个小巷中，徐诗寄居的寓所，有一位年轻人来造访，他个子不高，娃娃脸，戴着眼镜，既儒雅又朴实，他就是冯至，长徐诗四岁，学德国文学。徐诗的屋子干净，简朴，墙上挂着他本人自刻的高尔基像，桌子上摆放着鲁迅的照片，书架的德文书籍中夹杂着中文书刊。两人好像一见如故，虽然互通姓名过后有一小会儿矜持，随后，马上便无所不谈了。冯至知道鲁迅有这么一个学生，叫季海，因为他在春天时，曾读到过《萌芽月刊》里一篇从德国写给鲁迅的通信。徐诗也知道冯至是"沉钟社"的成员，鲁迅在文章中提起过。首次会面以后，徐诗写信告诉鲁迅，里面有这样一句话，"今日下午有某诗人来访"，却未说出冯至的名字，后来鲁迅回信了，说到"某诗人"时，也未点出名字，只是画了一个小小的骆驼。这是指冯至在同年春末办的一个刊物，叫做《骆驼草》，刊头三字由沈尹默书写。

离开学还有几天，徐诗引冯至熟悉海德堡的名胜古迹，以及与大学有关的机构，如图书馆、阅览室等。他们游览古城堡，圣灵教堂，路德维希广场，选伯爵博物馆花园，卡尔门和沿普街的古老建筑，还有几百年历史的由石子或小方石铺就的"哲学家小路"。这条小路直通河边，两旁有围墙或围栏，墙上披着枝叶，墙外是果林或树林，绿荫扶疏，幽静异常，二人徜徉于其间，忘却了身处是在异乡。徐琥与冯至聊自己湖南家乡的王湘绮、杨皙子（度）等人物，谈到慷慨时，便朗诵清代诗人王仲瞿祭西楚霸王的诗句："如我文章遭鬼击，嗟渠身首竟天亡"；他也欣赏南社诗人姚鹓雏拟作的《石达开遗诗》，其中有句："我志未酬人已苦，东南到处有啼痕""只觉苍天方愦愦，莫凭赤手拯元元"。每读于此，真是：悲愤之情溢于言表，凄怆之感低回不已。徐琥还把寄与鲁迅和曹靖华的信背给冯至听，那信多是用文言文写的，古雅得很，鲁迅的回信中也穿插几句骈体。为什么要给曹靖华写信呢？那时曹靖华在列宁格勒，翻译绥拉菲摩维奇的《铁流》，他把译稿用复写纸抄成两份，一份直接寄给鲁迅，一份寄给徐琥，再由徐琥转寄，这是因为从苏联寄到国内的邮件，常被国民党审查机关扣留，为了安全起见，不得不再绕道德国。于今，这也是一段佳话了。后来，在海德堡两年的岁月中，徐琥愈加了解和喜爱他这个忠实的朋友了。①

## 四、冯至

冯至（1905—1993），河北涿州人。1916—1920 年就学于北京四中，1921—1927 年就读于北京大学德国文学专业，毕业后教了两年中学。1930 年赴德国留学，1935 年取得博士学位回国，曾先后在上海同济大学、昆明西南联合大学、北京大学任教，讲授德国文学。1964 年调入中国科学院哲学社会科学部（今之中国社会科学院）外国文学研究所任所长、名誉所长，直至殁世。

---

① 冯至：《海德贝格记事》，《新文学史料》1988 年第 2 期。

鲁迅在《中国新文学大系·小说二集·导言》中说到他："后来是中国最为杰出的抒情诗人冯至,也曾发表他幽婉的名篇。"幽婉,如同山谷中汩汩的泉水,清澈,单纯,宁静,温馨,仿佛流出只为拥抱宇宙间的万事万物。他曾写过一篇散文《山村的墓碣》,这是诗人在德国和瑞士交界的一个山村,看到了一座墓碣,刻有句曰:

> 一个过路人,
>
> 不知为什么,
>
> 走到这里他就死了;
>
> 一切过路人,
>
> 从这里经过,
>
> 请给他作个祈祷。

诗人读过,"便不自觉地起了无限的同情,觉得这个死者好像是自己的亲属,说得重一些,竟像是所有的行路人生命里的一部分。"他的挚友李广田说他,"这就是仁心,就是柔嫩的心"。诗人在《给亡友梁遇春二首》中有这样的话:"我曾意外地遇见过素不相识的人,我和他们有的在树林里共同走过一段小路,有的在车中谈过一次心,有的在筵席间问过名姓,可是一转眼便各自东西,想再见也难以找到。"诗这样结尾:

> 你可是也参入他们
>
> 生疏的队伍,让我寻找?①

这诗句给人以心灵受洗之感,又犹如阳光与温暖传递与弥漫,这端的是"仁心"之感通呵,"推原言之,这仍是儒家精神"(梵澄语)。自然,这是后话。

---

① 冯至:《山水斜阳》,黑龙江人民出版社,1999年,第264页。

冯至还有一小团体好友，如杨晦、顾随等诸名家。杨晦字慧修，顾随字羡季，都与沉钟社有关。1925 年秋，浅草社解体以后，冯至、杨晦、陈翔鹤、陈炜谟商量另办刊物，取名《沉钟》，沉钟社故名。其宗旨，与鲁迅在《中国新文学大系·小说二集·导言》里谈《浅草季刊》同："向外，在摄取异域的营养，向内，在挖掘自己的魂灵，要发现心灵的眼睛和喉舌，来凝视这世界，将真和美歌唱给寂寞的人们。"《沉钟》第一期刊头之题词，为英国作家吉辛的一句话：

　　而且我要你们一齐都证实……

　　我要工作啊，一直到我死之一日。

鲁迅对他们十分关心，沉钟社的杨晦、冯至、陈翔鹤、陈炜谟，他都常提到，很喜欢他们对文学的切实认真的态度。不过他也觉得他们被悒郁沉闷的气氛所笼罩。1927 年 5 月 9 日，冯至把自己的第一部诗集《昨日之歌》寄给鲁迅。同年 9 月 25 日，鲁迅将离开广州时，写信给李霁野说："看现有文艺方面用力的，仍只有创造、未名、沉钟三社，别的没在，这三社若沉默，中国全国真成沙漠了。"1930 年，废名（冯文炳）又与冯至商量，办一个小型周刊，叫做《骆驼草》，旨在接续《语丝》，并着力推陈，催促新声，然而时值中国革命尚处于低潮，撰稿者之思想大多也比较消沉，所以推而未推，新而不新。鲁迅在上海看到了第一期，便写信给章廷谦说："以全体而论，也没有《语丝》开始时那么活泼。"①

其时，年轻的冯至与十四行诗发生了关系。德裔奥地利诗人里尔克（Rilke, 1875—1926）的《致奥尔弗斯的十四行》，尤让这

---

① 冯至：《山水斜阳》，黑龙江人民出版社，1999 年，第 264 页。

位中国诗人着迷。该诗为一个精于舞蹈的叫做薇拉的女孩而作,她19 岁的时候死去了,引发了诗人无限的悲痛,在这悲痛中他看到了人类永恒的主题:死。故事的内容是,希腊神话中的歌手奥尔弗斯,为了寻求他的亡妻曾到阴间用弹奏和歌唱感动了主管死神的女神。冯至把它翻译过来,有这样的句子:

> 只有谁在阴影内
>
> 也曾奏起琴声,
>
> 他才能以感应
>
> 传递无穷的赞美。
>
> 只有谁曾伴着死者
>
> 尝过他们的罂粟,
>
> 那最微妙的音素
>
> 他再也不会失落。
>
> 倒影在池塘里
>
> 也许常模糊不清:
>
> 记住这形象。
>
> 在阴阳交错的境域
>
> 有些声音才能
>
> 永恒而和畅。

里尔克不仅歌咏死,更多的是赞颂生。末首最后三行这样写:

> 若是尘世把你忘记,
>
> 就向静止的地说:我流。
>
> 向流动的水说:我在。

见冯至与杨晦的海德堡通信,有这样的话:

> 我现在完全沉在 Rainer Maria 的世界中。上午是他,下

午是他，遇见一两个德国学生谈的也是他。

在我个人呢：是人间有像 Rilke 这样伟大而美的灵魂，我只感到海一样的寂寞，不再感到沙漠一样的荒凉了。

至于他的作品呢，好像是从我们汉代或是唐代古坟中挖出来的黑玉，上边一丝丝，一缕缕，是血同水银的浸蚀。

这末句，不是诗人不能唏嘘出这血滴似的感受。大致诗人为诗，乃诗之正轨，非同文章家乃至政治家为诗，多别出而赋予他义了。

## 五、欧西光阴

转眼，到了 1931 年的春天。索之冯至《海德贝格记事》有两例记载，一是徐琥为同胞解难，二是有梁宗岱来访：

……可是有一次在 1931 年春，徐琥在路上被一个青田同胞截住，这人用不容易听懂的青田话向他说，他的两个同伴被警察拘留了，语言不通，请他帮助，并随即拿了一个名片，说这是在街上遇到的一个中国旅游者给他的。徐琥接过名片，上面写着六个字"同胞事，请帮忙"，他再看名片上的姓名，是"林语堂"。徐琥于是到了警察局……当了一次翻译，而且替被拘留者作了一些解释，同时充当了辩护人。

……梁宗岱……精通英语、法语，他是法国著名诗人瓦莱里的弟子……他能用法语写诗，把王维、陶渊明的诗译成法文，出版了一部豪华本的《陶潜诗选》，瓦莱里给他写了序。……徐琥的聪明才智已经使我惊讶，如今又遇见梁宗岱，也是才气纵横，一个是鲁迅的学生，一个是瓦莱里的弟子。鲁迅和瓦莱里，一东一西，二十世纪前期的这两个伟大人物，他们的切身经历、文艺思想，没有共同之点，但是他们的创作历程，却有些相似。……我在二十年代，聆受过鲁迅的教诲，所以与徐琥的友谊有一定的基础。如今接触到以里尔克为代表的西方最纯熟、最精湛的一派诗风，与梁宗岱也不是没有共同语言。

欧陆春末多雨，大水发时，城中低洼处几成汪洋。这一年内卡河又涨，浸淫街巷，居民便不能下楼了，只能倚窗俯视屋影摇光，舟行入户。城中百姓早有准备。徐琥与房东达成默契，面包腊肠由彼供给，茶叶烟草早已具备，于是乎飘飘然如蓬莱中人。更让他高兴的是，这一天即五月八日的早晨，接到了鲁迅的信，真是"欣忭之情良不可任"了。是日晚，石油灯下，他"遂取文选句集为咏怀诗一篇"，并说："岂曰成裘，实同缀衲，意不欲负此佳纸而已，并以张黑志字体书之，以答绍兴鲁公之厚意。"

朝霞开宿雾（渊明）　清风吹我襟（嗣宗）

索居易永久（灵运）　良讯代兼金（士衡）

荒草何茫茫（渊明）　浮景忽西沉（孟阳）

登高望九州（嗣宗）　谓若傍无人（太冲）

……

畴昔怀微志（景阳）　心迹犹未并（灵运）

云霞收夕霏（灵运）　淮海变微禽（景纯）

衣冠终冥漠（延年）　荃蕙岂久芬（延年）

咏言著斯章（嗣宗）　兼以莹心神（孝绰）

《鲁迅日记》1931年5月26日载："晚得诗荃《文选》句《咏怀》诗一篇，九日发。"同时徐琥有信，信中建议说："上海总是洋场，没有什么文化环境，先生何不在任何山水佳处，找一所房子定居，较接近大自然。花之朝，月之乡，剥一黄橙，暖半壶酒，则有山灵相访，古哲会神……总会比租界好。"后来鲁迅来信了，说：

> 我感谢你替我计划了很好的田园。这些梦，我少年时也曾作过的，还请了一位族人刻了一颗图章，取《诗品》句曰："绿杉野屋"……[①]

1930 年底至 1931 年上半年，徐琥的日子是不好过的。他的家乡长沙因战火而被阻隔，于是他的经济来源几于中断。这是因为"立三路线"执意要夺取大城市，指示毛泽东、彭德怀攻打长沙一役所至，事件发生在 1930 年 7 月底和 9 月初。当时的徐琥，常有"寥落一身，濒于九死"之感。1931 年 5 月末，他又读到了鲁迅寄来的诗作《惯于长夜过春时》和《湘灵歌》，知柔石遇害，遂愤书诗，寄给鲁迅：

> 南海羼索和尚稽首。绍兴鲁公座右。

> 接读诸篇，魂魄飞动。兰以薰自烧，膏以明自消，何意诸子遽沦异物。永念平生，忽焉畴曩。似入梦而非幻，将空情而自怀。光光彦生，烈烈高采。值阳九百六之会，怀衽席覆盂之图。行之者有未知，死之者可无怨。华夏节义，今古同涂。岂曰不弃，吁可悲矣。遂愤懑而诗以吊之，以为大雅者质也。羼索和尚稽首稽首。

> 茫茫浩浩，尘劫攸生。包举大千，遂奄含灵。

> 既济既溺，若浮若沉。寒暑往来，日月虚盈。

> 层云历飞，重渊育鳞。万殊一辋，天地无心。

> 伊我中原，世道交丧。栋折榱崩，豺狼当道。

---

[①] 徐梵澄：《星花旧影》，载《徐梵澄文集》第四册，第 371 页。

杀气萧瑟，烟尘障漫。值兹季世，会当殷乱。

外凶虎眈，内丑龙亢。荒荒长夜，何由之旦。

日之夕矣，星汉灿然。桓桓节士，救此元元。

汲流西海，扬风中原。志如衔石，意若飞丸。

奋此寸铁，捣彼顽颡。心花既开，心血涓涓。

何其劲风，摧此柔条。何其惊弦，堕此青雕。

怨深幽谷，怒薄层霄。有血无泪，无泪长号。

匠石运斤，族庖更刀。岂曰不哀，年始二毛。

神魂飞越，苦难斯改。游于太空，沉于澹海。

魂兮有知，拥此幼艾。魂兮无知，可以无悔。

八荒冥冥，群生霭霭。高风永迈，光昭千载。

光昭千载，亦孔之荣。荣名如何，慰此冤魂。

星星白发，黄口茕茕。倚闾之门，啼索之声。

曰惟后死，我无令人。长惭高标，永傍沙门。[1]

这 1931 年 5 月末，是指 27 日。见《鲁迅日记》1931 年 6 月
12 日载："……得诗荃信，廿七日发。"这诗之末句是"永傍沙
门"，问题是颇严重了。其实徐琥的意思是："入世"则当革命，虽
摩顶放踵，捐生喋血，利天下则为之，否则，不如"出家"，当和
尚去。这正是普通湖南人的脾气，好走极端，激烈。

鲁迅来信了，并寄了一笔钱，说："……颇有相濡以沫之
悲。……"又说："我现在连跑银行的'人才'也没有了。"这是
指因为柔石牺牲了，没有人跑银行买汇票。信中告诫徐琥：

> ……捐生喋血，固亦大地之块，足使沉滞的人间，活跃
> 一下，但使这旁观者于悒，却大是缺点。

---

① 见徐梵澄手稿，北京鲁迅博物馆提供。

此外，作和尚也不行。

我常劝青年稍自足于其春华，盖为此也。[①]

鲁迅对徐琥的念头和情绪是理解而不赞成的，他的意思是：革命当然是好，但要固定目标，从容中道。譬如战场上金鼓震耳，烟尘蔽天，眼精手快的战士，却从容不迫，端起枪来打他一个正着，此之谓"中道"。气不当妄使，力不当妄用，倘失败了，又应积蓄气力，重新振作。如成一蹶，又走另一极端，行出世道，亦不可。因为人生在世界上，是"出"不到哪里去的。鲁迅这一教言，是对在人生旅程之歧路处的青年徐琥的一个重要指点，从此，他无犹豫，无反顾，坚定而从容地走上了一条和平冲淡的治思问学之路。青年人要"稍自足于其春华"，这深义他是体会的，尝如先生所云："正无需乎震骇一时的牺牲，不如深沉的韧性的战斗。"后下他看到室利·阿罗频多也有类似的箴言。鲁迅的来信还谈到他的诗作，夸奖他：

　　……兄诗甚佳，比前有进，想是学汉、魏，于渊明却不像。不佞所好，则卑卑在李唐。……必再阅历四十年，慢慢喝下酒去而不吃辣椒，庶几于渊明有些像了。[②]

生活虽时有些窘迫，用功却从来未松懈，他拼命地学习希腊文、拉丁文和梵文。还学写了速记（Shorthand），那是在五线本上画音。他学到两个月的时候，每分钟可以记120多个音了。

花开花落，冬去春来，1932年到了。徐琥打算在这一年的第四季度结束学业，完成答辩，回国去。他的博士论文已经写好，内容是关于欧洲文艺复兴时期的艺术，只要在此基础上稍加完善就

---

① 徐梵澄：《星花旧影》，载《徐梵澄文集》第四卷，第373页。

② 徐梵澄：《星花旧影》，载《徐梵澄文集》第四卷，第374页。

可以了。初夏，他与冯至结伴到柏林去，他要在那里完成最后的工作，冯至则是有自己的选修课程。他二人与在柏林大学留学的同学会合了，其中有四个重要的成员：朱偰，滕固，蒋复璁，陈康。四人所学专业分别为：经济学，艺术史，图书馆学，希腊哲学。

朋友们聚在一起，是无比快乐的。他们都在青年，充满了对祖国的期待和怀念，感情是那么的热烈。他们都有着各自的"盛业"，但是又有共同的旨趣，那就是文学。学习之余，不约而同地聚集起来，谈论的材料，自自然然地归到中国的东西上来了。在校园内，在阳光普照绿草如茵的山坡上，他们几个同看一份国内寄来的报纸，或谁带来的一本中文图书；在校园外，在某一友人的居室中，他们围着圆桌啜饮着绿茶，故意用毛笔写写字。徐琥曾这样说道：

> 因为这班朋友彼此的趣味和对人生的态度是大同小异的，所以甲喜欢的诗，乙未必不喜欢，丙做的东西，丁也未必反对。大家都好像很有些努力于创作，于是闲谈之中，不但"喂！又读了一首……"而且"又写了……"了。

> 写东西最有成绩的，要算伯商兄。他的确努力！论文之外有诗歌，诗歌之外有小说，小说之外有散文和翻译……[1]

## 六、朱偰

伯商，朱偰之字，1907 年 4 月 15 日出生于浙江海盐的一个书香门第之家，其父朱希祖是著名的历史学家和藏书家，师从章太炎，有"西王"之绰号。朱偰是冯至晚两年的北大同学，本科

---

[1] 朱偰：《行云流水》，"徐梵澄序"，钟山书局，1933 年。

学习政治。1929 年赴德柏林大学，1932 年获经济学哲学博士。回国后，受聘于中央大学经济系，出任教授时年仅 25 岁。转年，即任系主任，讲授财政学、世界经济、经济学名著选读等课程。1939 年 10 月，任国民政府财政部专卖局局长。1945 年 9 月 28 日，作为国民政府代表，赴河内参加日本战败受降典礼。新中国成立后，他任南京大学经济系教授、系主任，之后又调入江苏省文化局任副局长、省文物管理委员会副主任。20 世纪 50 年代，兴起一阵以建设为借口的拆墙狂潮，1956 年夏，在南京城墙即将遭灭顶之际，朱偰单枪匹马，多方呼吁，联合各界，方算制止了这一愚蠢行动，从而在整体上确保了南京古城墙不失。但是那一段历史，常常是黑白颠倒，本应论功嘉奖者，却成为生事罪过者。因与上级步调不一，他被视为异类，1957 年 "反右"，组织赐给他一顶 "帽子"，叫做 "右派分子"。薪水没有了，只发放津贴；职务没有了，遣至图书馆去整理书籍。至于南京城墙呢？大规模的拆卸不再进行了，但是小规模的破坏似从未停止，至 "文化大革命" 结束，这座已有 600 年历史的砖石城墙，已经是伤痕累累了。对于这一切，朱偰早已料到却未曾见到，因为在 1968 年 7 月 15 日夜，他为了维护一个知识分子的尊严，含愤辞世。他在遗书上这样写道："我没罪，你们这样迫害我，将来历史会证明你们是错误的。"①朱偰蒙冤去世十年之后，方得昭雪，南京图书馆为他举行了隆重的安放仪式，他的至交刘海粟大师为这位老朋友送来手书，一挽联："真理长存，铁骨丹心昭百世；是非论定，文章经济耀千秋。"大师曾对其子元曙说："他们那一班留德学子，简直是太优秀了！太

① 朱元春：《朱偰——铁骨丹心昭百世》，载《孤云汗漫——朱偰纪念文集》，学林出版社，2007 年。

优秀了！"

"历史会证明"，这不单纯只是一个信念，而是了解历史因革损益的法则。可以说，朱偰亦是一个史学家。他七岁读《尚书》，八岁诵《诗经》，九岁背《论语》《孟子》，十一岁后又读《楚辞》《文选》《史记》，上中学时，又自修了《资治通鉴》《明通鉴》《东华录》等。不难得出这样的结论：在青少年时代的朱偰，已较深入地了解了我们这个民族的历史演变之轨迹和文化思想之渊源，即是说，他打下了深厚的国学基础。20世纪50年代上半期，朱偰等待分配，在江苏省参事室当一名参事，然参事不可无事，光阴不能白度，他开始构思（1954年）并动笔写作（1955年2月—1957年1月）《玄奘西游记》，他要把玄奘"追求真理、尽瘁学术研究的精神，和他冒险牺牲、百折不回的顽强斗争和刚毅的性格"，张扬出来，在世人心中复活。是书于1957年8月由上海新文艺出版社出版，2007年5月，又由商务印书馆再版。《玄奘西游记》采章回体，作者显然是一个叙事高手，不仅史料剪裁干净利落，而且情节着墨文采斐扬，读之大有传映于现前又身临于其境之感。而问题是：朱夫子从未到过印度，他只是"神游"。要之，是书作为一本历史人物的传记，不可多得。

朱偰的本行，是经济学，在抗战之前和初期，他已有多部著作出版：《中国财政问题》（商务印书馆，1934年）《中国租税问题》（商务印书馆，1936年）《中国货币问题》（青年书店，1940年）《所得税发达史》（正中书局，1939年）。马寅初曾称朱偰为他手下第一流的教授。课余之时，他又是一个古建考古专家，自1932年至1935年，他亲自摄影、测量金陵古迹，并着手编写《金陵古迹图考》，又在两千余张照片中，精选317张，编成了《金陵古迹名胜影集》。另以六朝陵墓摄影百张，写成《建康兰陵六朝陵墓图考》。1935 年夏，他又返回北京，对元代建都以来的城市规划、宫殿苑囿、寺宇陵寝进行了系统的考察，历时两个月，摄影五百余幅，留下了珍贵的资料，并在此基础上，又编写出《元大都宫殿图考》《北京宫阙图说》《明清两代宫苑建置沿革图考》。

1932 年初夏，朱偰以优异的成绩取得博士学位。6 月 30 日晚，告别柏林赴威尼斯乘船回国，同道的还有朱自清。其时朱偰的居处，西郊森林湖畔，已成为朋辈们来往的文艺沙龙。时常相过从者，有滕固若渠，冯至君培，蒋复璁慰堂，姚士鳌从吾，徐琥诗荃。1931 年春，梁宗岱从巴黎来，1932 年夏，朱自清自英伦来。朱偰有记：

> 慰堂擅昆曲，宗岱好粤讴，而若渠、君培等，都喜欢谈文艺，偶亦谈及学术，凡上下古今，纵横六合，无所不谈。或谈及政治，则激昂慷慨，涕泗沾襟，虽有争执，无伤大雅。余又多订国内报刊，广购文学著作，备龙井茶待客，朋友之间，推心置腹，开诚布公，无话不谈。于是宾至如归，风雨无阻。

滕固有诗记录，谈到朱偰时说：

> 君本挟策匡时才，亦复风流擅词赋。我侪知己六七人，多君周旋作盟主。

谈到徐琥等时说：

> 湘南学子擅文辞，雅典贤人缅往古。惟有不才无赖固，猖狂磊落殊粗卤。[①]

---

① 朱元春：《朱偰——铁骨丹心昭百世》，载《孤云汗漫——朱偰纪念文集》，学林出版社，2007 年，第 193—194 页。

1932 年 6 月 14 日，为了庆祝朱偰毕业回国，朋友们一同来到冯至的寓所，在花园中，合影留念。前排，坐在帆布折叠椅上的是朱自清和朱偰，后排，围着圆桌而坐的从左至右是：冯至，陈康，徐琥，滕固和蒋复璁。七人皆一派年轻有为、蓬勃向上的气概，特别是徐琥，右手端一雪茄，显得一幅老成持重的样子，其实在七人中，他年纪最轻。见《朱偰日记》1932 年 6 月 14 日有载：

> 赴君培处，朱自清、慰堂、季海、若渠、忠寰等先后至，共坐花园茶点。日影迷离，风光如许，摄影两张以留念。在座中除余及陈忠寰而外，皆系诗人，因戏拟谢灵运《拟邺中诗》，短序如左：
>
> 陈忠寰：谦谦君子之行有邹鲁遗风
>
> 徐季海：少秉生民之秀翩翩有城北徐公之姿
>
> 滕若渠：东海上人云游四方故所得颇经奇
>
> 蒋复璁：道德高尚之士可为后昆作范
>
> 冯君培：燕赵多慷慨悲歌之士君则文质彬彬焉
>
> 朱自清：孤云野鹤有清泉在山之慨

徐琥送别有诗，为两首绝句：

> 万里长风吹梦醒，羡君举翮志青冥。
>
> 英雄本可造时势，归把功名石上铭。
>
> 我本天涯一落萍，愁怀苦难语丁宁。
>
> 不堪更向河梁上，东望神州满血腥。[①]

1932 年 7 月中旬，徐琥突然接到大哥发来的电报，告之："父病危，速归。"徐琥留学生涯结束。

---

① 朱偰：《行云流水》，钟山书局，1933 年，第 344 页。

# 第三章　徜徉冰雪

## 一、告别求学

离开柏林，徐琥用了一天两夜，到达水城威尼斯，他从这里乘船回祖国去。船行亚得里亚海，出意大利南端的布林迪西，然后再过希腊克里特岛之南，至苏伊士运河。之后，与来时的路线完全一样了。徐琥无暇流连威尼斯富丽的建筑，旖旎的风光，亦无意观赏海上的蓝天碧水，礁岛火山，他无论坐与卧，或在甲板上踱步与伫立，心里都熬煎着焦急和痛楚，这感受好像是把端着一樽盈杯的苦酒，并唯恐其流溢一样，倘使一晃而倾出呢，那么，他父亲的病情便加重了。他希望自己这苦苦的支撑是一种依靠，至少也是一种分担吧。他多么想像美国飞行英雄查尔斯·林白一样，驾机飞回自己的家乡去，马上回到他的亲人身旁……可是天不遂愿，他只能无奈地忍受这慢吞吞的海上航行。

《鲁迅日记》1932 年 8 月 30 日载：

> ……夜诗荃来自柏林，赠文艺书四种五本，又赠海婴积木一匣。

徐父梓珊满公终未得见自己所疼爱的幼子一面而瞑目。为了让季子一谋老父的遗容，家人在老父大殓以后不封棺，每日用大盆盛以大冰块，环置于灵柩四周以防暑降温。出殡仪式极为隆重，凡参加丧礼者，皆发满帛，即白布孝袍一件。开堂则全部素席，家里地方不够用，征得警察局的同意，封了火后街半条街，搭起明瓦凉棚，既防晒又防雨，下则安放桌凳。发丧时，几十人抬柩，后随徐氏这一门的大大小小，再后为锣鼓和中西乐队，手铳鞭炮和诸多戚族友人们。队伍绵延约有两里地，为了不使人们走乱，两旁均以整匹的白布相接，拉成粗绳，从远处望去，犹如一条白龙在田野间蠕动，那情景是壮观的。[①]

丧事结束，一家人平静下来。父亲不在了，大哥便成了一家之长。徐琥还要在家中呆上些许日，然后再决定以后的安排。他每天陪陪母亲，有时也和比自己略小的长侄世泽下下棋，"一个讲究棋品，一个是抢了棋子就跑，大叫赢棋不择手段，最后叔侄俩大笑了之。其他时间多为看书写字。"[②]后来，大哥做出决定：小弟不必再返回德国拿学位了，因为那样又会费去许多钱。至于今后呢？或者像三哥一样协助他打理家业和生意，或者到上海去自谋职业，好在那里三马路的湘绣馆有房子可以借住，这样与家人联系起来也方便。大哥自有他自己的理由：艺术在他眼中无甚用处，那是败家子儿的玩意儿！倘是医学博士或工学博士的学位，他必定支持小弟再去。徐琥理解大哥的心思，不作任何意见，他懂得这是命运使然。他收拾好行装，告别了母亲和兄长，携在上海同济大学读书的长侄一同返沪。

见《鲁迅日记》1932年10月4日载："……晚诗荃来。"徐琥告诉鲁迅：从今以后，自己要自谋生计了。那话是颇为沉重的，可

---

① 徐崇善：《怀念吾叔徐梵澄》，《新文学史科》2003年第1期。

② 徐崇善：《怀念吾叔徐梵澄》，《新文学史科》2003年第1期。

想鲁迅不会不知，或许鲁迅说了些什么，如不要着急，先安顿下来，可做的事情仍然很多云云。又到 14 日，鲁迅在日记中写下："上午从柏林运到诗荃书籍一箱，为之寄存。"后下徐琥来取，有一个小插曲，颇引致了几十年以后的某些误解：鲁迅曾寄给徐琥《梅花喜神谱》等，要他赠送给在德国的师长，可是徐琥反而给带回来了，这让鲁迅颇为不解又略感扫兴，但是鲁迅并未说什么。后来他在古稀之年回国，看到《人民日报》有文攻击"像徐诗荃那种人"对鲁迅不恭云云。他的心被刺痛了，对访者道出苦衷："那时外国艺术家对中国的画本并不看重，送也不易啊！这又不能对热心的鲁迅直言。"① 设若在我辈，这事不难，送去便是，管他喜欢不喜欢，回来报告完成任务，双方都欢喜。可在彼时的徐琥不一样了，他了解西方人的感受，他怕他们不珍视这份礼物，随意处置，若是，鲁迅可能会一笑了之，但是徐琥却会耿耿于怀。这本不是什么机巧的事儿，而是对爱屋及乌式的一种自尊感的维护。

因为没有取得博士的头衔，徐琥的求职未有结果。他在上海也没有什么朋友，除了去拜访鲁迅之外，就是和南京的朱偰频频往来。朱偰为人心肠甚热，为了朋友的工作，多方张罗，然未见成效。1932 年 12 月 22、30 日，他在日记中分别写下这样的话：

> 午后偕季海赴考试院访陈百年先生，谈有顷。拟信及履历致陈百年先生。

> 傍晚访陈百年先生兼晤士远先生，季海事不成，不得已。

不得已没有关系，徐琥正好有些许闲暇时间，和朋友一起小聚，共同吟诗。见《朱偰日记》11 月 7 日有载：

---

① 姚锡佩：《著名学者徐梵澄的心路历程》，《新文学史料》2003 年第 1 期。

季海来，谈极欢。共诗金陵杂咏并家君越秀山杂咏及余江左杂咏。季海声节欣赏评至中肯。读之"一从环佩声初歇，不见雕梁燕再临"为之低回者再。对于龙潭江岸吊史阁部一诗亦颇称许。

11 月 11 日：

……午后往访季海，谈极洽。傍晚偕至复舟山广场散步，同往秦淮河杏花村小酌，兴致极豪，高声诵，醉时歌，惊动四座。

11 月 12 日：

……午后访季海不遇，独出朝阳门登钟山绝顶。灯下干民来谈，须臾道邻、季海亦至，谈极快。至深夜二君始去。道邻、季海、君培、若渠为今之四彦，得一常在左右为墨之交，洵人生之乐事也。

11 月 13 日：

……偕往老万全痛饮，余即席成诗一首赠季海：

相逢湖海一倾杯，飘泊萍踪亦可哀。

昔我曾悲鹦鹉冢，今君又向凤凰台。

高歌每使鬼神忌，长啸频教燕雀猜。

赋未凌云功未遂，几忘谈笑走风雷。

高歌惊动四座，众为之声节，道邻、季海拟和未成，季海称之为 Mnernarter Angrilf（原文如此——笔者注），信然。是夕饮几醉，又至行安旅社与季海谈，十二时归寓即睡。

12 月 30 日有载：

灯下季海来谈久之，偕往北门桥小馆中小酌，联句如下：

斗酒金炉夜，天涯岁暮时。

阴阳催短景，江海起长思。

异国论交谊，他乡话别离。

风云原易感，霜雪尚堪支。

经纬君多学，纵横我自欺。

长才传海峤，疾笔走龙蛇。

辽水兵戈动，燕山鼓角悲。

金瓯愁破碎，玉垒叹颠危。

虏廷张鬼蜮，淮海泣蛟螭。

洛邑方回旗，汾阳未出师。

倭奴何足虑，相誓跻明期。

时为除夕前一夜，鼓角风声，草木皆悲，在小店中飞觞联句，豪兴亦复不浅，惟岁暮途穷，国运颠危，殊可叹耳。[1]

朱偰时年25岁，是一个非常聪颖勤奋的青年，他把旅欧札记结成了一个集子，叫做《行云流水》，包括游记、论文、诗歌和小说。他要徐琥为他写一篇序言，徐琥爽快地答应了。12月27日晚，徐琥在旅社房间的台灯下，写下了他们共同留学岁月的感受。这是徐琥第一次为友人的文字写序：

……欧洲人自有他们文化上的遗传和习惯，于他们自己的生活，有精神方面的调和，和高尚的境地。然无论一个怎样能深入欧洲社会的东方人，往往不免隔膜，微微有一些落寞和压迫之感。当然，德国民族教育程度颇高，于东方人的待遇是很过得去的。我们都没有受到什么侮辱或欺凌，然总不能毫无间然地彼此"相忘于江湖"。

……

---

[1] 以上皆引自《朱偰日记》（手稿，朱元春提供）。

　　时间过得真快，转瞬伯商兄已经得到学位而且也"摒除丝竹入中年"了；不知不觉，这班朋友都先后回国。回想当时的情景，真是做梦一般。然而又何尝能够系住呢？过去的悲感和欣欢！于是伯商兄在他归国这一年的尽头，将他的作品收集起来，印成一部《行云流水》。

　　其实发表东西，便是于作者最好的敦促。以期写出更好的作品，意义在过去，也在将来。而此书之为此书，不但是他个人和在那一些辰光几个人之为几个人的纪念，也是在贡献于国人。此中几篇记述都是很忠实且真切地写欧洲风土的文章。"左太冲三都，殊为不备"。文笔很和谐而且清丽，所写的小说也很动人，至如一些旧诗，虽然功力还不太深，然在这书里看来，正如疏干上添的几朵胭脂似的红梅，也显得更妩媚了。

　　在这一年将尽的寒天，偶尔陪着伯商兄烘"文化燃料"，也如往日同啜着绿茶，一面看着他校完的稿，他便提到作一篇序。这似乎是"义不容辞"的，便略略说出这本书之作成，以明作者在欧洲写成的文学作品，并非偶然，而是的确可珍贵的。只可惜往日的心情，现在渐渐有些朦胧而且遗忘，青春无可奈何地过去。是的，它的确是过去了。

　　落款题名"季湄"，诗曰"所谓伊人，在水之湄"，两青年皆水边之人，一湖（洞庭）一海（东海），那心灵本是相通的呵！故朱偰有诗云"相逢湖海一倾杯"。

　　为了谋职，徐琥在年底往来于上海和南京之间。他决定留下来和朋友过一个新年，然后回长沙去，陪母亲过一个阴历年，这是父亲不在的第一个春节，他要守候在她身边，多给她一些慰藉。

1932 年 12 月 31 日，也是民国二十一年的最后一天，天冷风寒，夜幕降临。徐琥用罢晚饭，往中央大学礼堂与朱偰会面，一同观看由教育学院援助东北义勇军暨民校游艺会。游艺会结束于 11 时半，徐琥与朱偰走出礼堂，往梅巷散步，然后登上角亭，稍驻，时夜沉星稀，万籁俱寂，两人不多言语，各自想着心事。许是心事不同感受不异吧。看国势飘摇，民生颠沛，转过年，是希望耶？是失望耶？吾辈青年又能做些什么呢？或许不管做什么，做便是……在这种不觉的驰思中，二人踱步到草场上了，举头望楼钟仅差五分钟，于是驻足静默，至 12 时，楼钟鸣响，徐琥趋前几步向朱偰道贺，二人互祝新年，两双手相握久暂。[①]那一刻，徐琥百感交集，多有悲情去远、沧桑无限的心绪了，不然就像他自己所说的那样，"青春无可奈何地过去。是的，它的确过去了"。

1933 年，徐琥在长沙的家中滞留的时间较长，他母亲的丧夫之痛，慢慢地平复了。徐琥也去过南京和上海，在上海，他到法租界贝勒路的中华学艺社去住，因为他的留德好友滕固在上海活动时便下榻于该处。这一年年末以前，他疏于到鲁迅家中造访，但是却保持着密切的信函往来。他仍像以往那样，一有诗作，便呈抄给先生。如一首《七引》：

> 欣百年之相遇，寄微辞以致意，奉呈豫才先生，聊抒我情。一九三三时在长沙。
>
> 蝉声曳杨柳，清池蔼芙蕖。
>
> 虫响露中促，新月雁影初。
>
> 于此悟时易，倏忽伤三余。
>
> 非为逃空虚，寂寞形迹疏。

---

① 见《朱偰日记》（手稿），朱元春提供。

览古意犹豫，体物情相于。

旨酒盈金樽，华灯照吾书。

……

止酒情无喜，大欢止稚子。

清秋海气深，高怀颇何似。

来雁感人思，承蜩美神技。

丹青谅销扰，文风标粹美。

东西漫纷纭，声华交绮靡。

矫矫一代人，兀兀独隐几。

回首望旧京，日暮风沙起。

闻道知高山，思心溯流水。

这一年夏天，朱偰又托其父朱希祖在中山大学为徐琥谋职。见朱希祖 1933 年 7 月 21、22 日的日记分别载："……又至朱谦之君处荐徐琥为史学系考古学教员。谦之言哲学系缺美学及艺术史教员，可以请为教授。""九时至十时写信致中大校长邹海滨、文学院院长吴敬轩荐徐琥为教授。"徐琥未赴广州，大概是不愿离鲁迅太远。

## 二、鞮译"超人"

鲁迅与徐琥的通信内容，已不可知。据笔者猜测，应该是与尼采翻译有关。这里不妨一问：何以要翻译尼采呢？这是因为尼采被介绍到中国三十年了，斯时尚未有一部完整的翻译著作。又可一问：鲁迅何以对尼采情有独钟呢？这是因为两人工作性质上颇有相似，精神气质又多有同符。工作性质上的相似，是说两人都是"诗人，思想家，热烈的改革者。文章朴茂，虽多是写短章而大气磅礴,富于阳刚之美,诗虽好而视为余事。然深邃的哲学,出之以诗的语言。"精神气质的同符是说,"就思想的大体观之,两家皆以自然科学为基础,不异。又有一共通的特色,即两者皆具有一种推翻旧者建立新者的革命精神。"复可加之一问,鲁迅为什么选择徐琥来翻译尼采呢?是因这个年轻人"旧学甚博"而又明通德文?当然,这是应具备的必要条件,但是更重要的是,鲁迅在他身上发现了一种清高孤介的精神气质和特立独行的洒脱风姿。至于同是"弃医从文"的人生转型,则更属次要了。而此时的徐琥,正如一名蓄势待发的士兵,体力充沛,武器精良,只听一声号令,跃出壕沟,奔赴战场。那么为恩师搜求版画的事宜呢,则不过是属于外围的打援战斗罢了。

翻译尼采从何入手呢?鲁迅要他先译出尼采著作的最后一部——《耶且,诃摩》(ECCE HOMO),这原是一句拉丁语:看哪,那么一个人。这是提出酒神的典型与耶稣对立而作的。"那么一个人"是说明他自己,与中国古代文人的"自序"约略相同。鲁迅以为译为《尼采自传》比较妥当。这部书,尼采作于绝笔之年,书成,人却疯掉了。翻开是书正文的前三个题目,依次为:"为什么我这般明哲?""为什么我这么颖悟?""为什么我著出这么好的书?"这简直是在扬诩自己,然而我们不妨看作是他对自己的注释,这书"是他的生命之回光一道极澄明的返照,显示着全部思想的纲领,映现其各种著作之成因"[①]。宛若一系金线,串起了若干珍珠,在那里熠熠生辉。徐琥是到尼采的世界中去了,他感觉到他的呼吸是那么的自由和舒畅,他知道那是一种"高原的空气"和一种"强烈的冲飚","冰雪严迫,寂寞无边——但一切事

---

① 《尼采自传》,徐梵澄译,崇文书局,2017 年,第 3 页。

物在明光中何等安静!"那是一种怎样的生活哟,是"高山与冰雪中自由的生活"。徐琥常常沉浸在一幕独角戏的情境里,他扮演着尼采,不,苏鲁支,时而在山巅之上,迎风长啸:

> 鹰之友,雪之邻,日之彦!我们如狂风居于一切之上:祝狂风长生!

> 如长风,我将吹到渠们中间;以我之魂,卷去渠们魂灵之嘘吸:这成为我的将来。

时而在山脚之边,对云低语:

> 无花果从树头上掉下来,美好而且芬馨:当渠们下坠的时候,被撕去了红的皮。我于渠们为北风,使之成熟。

> 这样,我的友呵,教义如无花果下坠了:吃着渠们香甜底液汁和果肉罢!秋已经来,清朗底天空和白昼——

有时候他觉得自己是古诺曼的骑士,剑锋指处,血殷成霞:

> 以尔火剑　解我冰魂
>
> 言归大愿　驰驱海原
>
> 既昭既烈　从心不竭
>
> 美兹神奇　蔚然春月

有时候他以为自己是大力神赫刺克勒斯,手持铁锤,雕琢顽石:

> 于是我的工锤猛力敲碎它的囚牢,
>
> 从石上飞出碎片:
>
> 有什么关系!
>
> 我欲将它完成,
>
> 因为一种影像向我移来
>
> ——最轻悄的事物向我移来了!

超人的美丽如影像向我移来：

神众们于我何有！

徐琥为尼采激动着，被他驱使着，那纵横的行文，富丽的辞藻，紧张的气氛和严肃的态度，让他痴迷，乃至废寝忘食。译笔运到"朝霞——伦理谬见说"时，他停了下来，喘口气，作一番浮想联翩。这"深邃，但光明而且柔和"的段落里有这么一句话：

"还有着许多未曾炫耀的朝霞呵！"这印度语句写在此书之始。其发端者从何处能寻到那清新的朝晨，那至今还未发现的温柔的朱红，展开着一日。

他想起了鲁迅在1907年写的《摩罗诗力说》，篇首引言，是尼采的话：

求古源尽者将求方来之泉，将求新源。嗟我昆弟，新生之作，新泉之涌于渊深，其非远矣。

鲁迅自己开篇有云：

……盖人文之留遗后世者，最有力莫如心声。古民神思，接天然之宫，冥契万有，与之灵会，道其能道，爰为诗歌。……凡负令誉于史初，开文化之曙色，而今日转为影国者，无不如斯。使举国人所习闻，最适莫如天竺。天竺古有韦陀四种，瑰丽幽夐，称世界大文；其《摩诃波罗多》暨《罗摩衍那》二赋，亦至美妙。厥有诗人加黎陀萨（Kālidāsa）者出，以传奇鸣世，间染抒情之篇；日耳曼诗宗瞿提（W.von Goethe，歌德）至崇为两间之绝唱。[1]

说到印度文化不能不提其古代经典，提其古代经典又不能不

---

[1] 《坟》，《鲁迅三十年集》第一卷，（香港）新艺出版社，1970年，第53—54页。

说其古代语言——梵文。鲁迅曾经与徐琥讲起章太炎的故事：1909年春夏之间，时在东京的章太炎聘请印僧史密逻讲授梵文，由苏曼殊充当翻译，以图掌握这门古老的语言，日后组织翻译诸《奥义书》。周氏二兄弟都前往听课，了解了一点简单的梵文知识。后来因学员不齐，经费难筹，不了了之。听说史密逻还约苏曼殊翻译"迦里大萨"（Kālidāsa），但因苏氏"日中不能多用心"而未能译成。苏氏在 1907 年还作了一本《梵文典》（一名《初步梵文典》），但这是从英文转译过来的，不作数。对于这一局面，章太炎是十分痛心的。[①]1909 年 8 月，鲁迅回国，至于学习梵文翻译梵典这事儿呢，只能成为一个单纯的理想了。然而徐琥却是可以站在这事业的起跑线上的，他正年轻，还不足 25 周岁。关于这一点，他心里非常清楚，但是他不说。他只是决定今后用一个名字：梵澄。

见《鲁迅日记》1933 年 7 月 14 日载：

  ……上午得诗荃信并《尼采自传》译稿一本。

## 三、试笔文坛

鲁迅在同月 25 日回了信，告诉徐琥，译稿收到，很高兴，并建议他在上海安定下来，因为可做的事情仍是很多。大致是徐琥陪同母亲过完生日，年底在上海了。查《鲁迅日记》，在 12 月份他六访鲁迅，还随鲁迅看过一次画展。徐琥在前四次登门，均未长坐，因为鲁迅正闹"胃痛"。于 17 日，鲁迅在日记上写下："星期日晴。上午诗荃来邀至 Astor House 观绘画展览会，为 A.Efimov

---

  ① 马以君：《关于〈章太炎致鲁迅、周作人〉一信的系月及其他》，《鲁迅研究动态》1988 年第 3 期。

等五人之作。"那次画展，梵澄晚年有文字回忆：

> 如我所知，先生于山水，人物，以及艺术作品的审美意识是高的。有一日我陪先生参观了一西洋油画展览会，是当时欧洲几个二、三流艺术家的作品。遇到一幅背面正坐的女子裸体像，只画出了头发和背部，大概是五十多厘米宽，八十多厘米高，上下左右画面没有留什么空白，先生看了一眼，便回过头去。我颇觉得这是习惯的拘谨。

> 本来在西洋参观博物院、画廊等，是要讲规矩的。艺术品固然随人细看，然若久站在一人物或神像的绘画或雕刻前，是不礼貌的。裸体表神性下至肉感，普通也只宜略一观看而已。在专家只须一眼，如同一刹那的拍照，其艺术价值之高下，便已收摄无遗。先生的审美意识甚高，超凡出俗，不待言，然于美色初无所庸心，已习惯如此。①

12月21日，徐琥来，坐谈较久，因为鲁迅的胃病好转了。徐琥带来一本杨钧的《草堂之灵》给鲁迅看，鲁迅很欣赏，说其中讲诗、文、书、画有很多正常又是很好的见解，甚为高明。徐琥说其中也有一些非常可怪之论，如谈及神通鬼怪之事，是不妥当的，其中《记谶纬》篇，说李鸿章病时，袁世凯见大星陨地，而知李必不起。袁世凯病时，自见大星陨地，而知己命将亡。又说某丈在杭州，与军官共食，忽见数人无头，秃项而坐，顿时此丈大骇，起而狂奔。后两年，数人果战死。作者自己也说："近来奇异之事，层见迭出，尤以鬼怪为最多，乱世之征不可以常理论也。"②徐琥以为此书要再翻印呢，应当将这些全部芟掉。鲁迅说不必，还

① 徐梵澄：《星花旧影》，载《徐梵澄文集》第四卷，第385页。
② 杨钧：《草堂之灵》，岳麓书社，1985年，第198页。

是保存原样比较好，不抹杀该书的特色。其中言外之意，便是做同情的了解，做客观的主观，设身处地，把自己当作他人而设想，这种态度在文学创作的人物描写中是常见的。

12 月 24 日的《鲁迅日记》载：

> ……诗荃来别，留赠烟卷一匣，自写《托尔斯泰致中国人书》德译本一本。

1934 年元旦，鲁迅记："下午诗荃来并赠水仙花四束，留之夜饭。"7 日，"下午诗荃来"；8 日，"得诗荃所寄诗四首"。"留之夜饭"的场景是温馨而愉快的，鲁迅讲起了章太炎，说他"对于弟子，向来也绝无傲态，和蔼若朋友然"，在讲学时，他努力实践自己提出的"用国粹激动种性，增进爱国的热肠"，他着实是一个"有学问的革命家"。在东京时，太炎先生讲小学，所做的文章，初稿给学生看，大家是懂得的，及至二稿、三稿，许多字便不认识了。原来他每日摩挲一部朱骏声的《说文通训定声》，将里面的通假字取来换过了，所以大家不识。1911 年，章氏同门集资刊印《小学问答》，鲁迅是参加了的。1913 年 2 月，在"读音统一会"讨论注音符号的形式问题时，鲁迅和朱希祖等章门弟子提议，"采用先师在民元前四年所拟的一套标音符号，会中通过此案"，成为后来推行的注音符号了。[①] 于这轻松的谈话，徐琥格外留意，多少年后他说到所受的启发："这一教示对我是有虽不大然颇远的效果的。后来我在 1945 年出国，便带了这部书，根据它用英文写了一本书名《小学菁华》，意在使西人知道一点中国文字学，给南印

---

① 唐文权：《章太炎和鲁迅》，载《鲁迅研究资料》第 8 辑，天津人民出版社，1981 年。

度国际教育中心出版。"①所寄诗四首，皆为七律：

### 定居沪上之后感事咏怀奉呈豫公

几度沧江话劫灰，酸梨残命有余哀。

文章定后公垂老，海月圆时我竟来。

辟佛有心存硕果，安禅无意惹氛埃。

女娲未补唐天处，觅取芝兰次第培。

一夜西风涨海痕，江山初冷梦初温。

满窗月色疑晴昼，百尺楼头无语喧。

咳唾风云存大雅，沉吟涛浪任掀翻。

蚁封蜗角纷何事，恻恻苍生未忍言。

歇浦潮声急暮湍，此乡风露亦先寒。

情怀寂寞弦音静，世事崎岖蜀道难。

画本斜阳衰草外，吟思飞雁白云端。

偶然会得拈花意，不美琼箫倚紫鸾。

百年鼎鼎欲何为，太息中原事尽非。

霜剑旧看虚夜月，鲁戈终幸挽斜晖。

尘世因缘容去住，古贤风度与依违。

浮槎倘再观西海，鱼鸟烟波共息机。

1 月 14 日，"下午诗荃来"。徐琥谈到自己的诗，说第一首第一二句，"几度沧江话劫灰，酸梨残命有余哀"，这"几度"，是说每次过上海，必来看望先生，这"劫灰"，是指经过了"一·二八"之

---

① 徐梵澄：《星花旧影》，载《徐梵澄文集》第四卷，第 378 页。

役，闸北一带成了瓦砾之场了。"酸梨"，鲁迅是清楚的，那是明代的一个故事，有禅师教弟子说："上苑已无苹婆果，且留残命吃酸梨。"禅师因此下了狱。徐琥颇有些发牢骚，说留洋回来的学子，风云得路，大吃苹婆果的人物有多少！可是他自己却只能依靠先生得些稿费，吃些酸梨而已。那诗末两句是"女娲未补唐天处，觅取芝兰次第培"。徐琥问鲁迅："上次我的诗里说'唐天'，先生以为是什么意思？""你的意思是说'空天'？""不是。先生明明告诉我，曾经游了一回西安，说看到西安之天，不像'唐朝之天'，便是那'唐天'！"鲁迅听了大笑。[1]那次西安讲学，鲁迅是与徐琥讲过的，时在 1924 年，他似乎对这座古城很感兴味，时常到街上去溜达。有一次他约孙伏园等人去买"鲁吉"，众人以为他要吃"卤鸡"，实际上他是要买一种"古玩"，即"弩机"，军用机械，性能如今之手枪。鲁迅可能不会知道，那一次还有人叫他"周鲁迅"，一个军人，问陪同鲁迅的教师："周鲁迅满带烟容，牙齿都是黑的，还能说不吃烟么？"这烟指鸦片。[2]于这些笑话，鲁迅一律原谅，更不用说弟子开开天真的玩笑了。上一次寄诗，即有"矫矫一代人，兀兀独隐几"句那首，落款写的是"豫公观察大人，雅恈"，"观察"是清代的官名，但这里指"观看""考察"，通常是写"雅正"，义为"改正""是正"。而"恈"呢？是想到先生看了发恈，因不知所云而略略"疑呆"，晚辈则在一旁偷着乐了。鲁迅允许学生这善意的"胡闹"。[3]

① 徐梵澄：《星花旧影》，载《徐梵澄文集》第四卷，第 380—381 页。
② 张辛南：《追忆鲁迅先生在西安》，载鲁迅博物馆等编《鲁迅回忆录：散篇》（下），北京出版社，1999 年。
③ 徐梵澄：《星花旧影》，载《徐梵澄文集》第四卷，第 381 页。

同月 28 日，鲁迅有记："午后复烈文信并附诗荃稿三篇"。烈文即黎烈文，当时主《申报·自由谈》，他坚持每版都要刊登杂文，并告曰："希望投稿诸君以后改寄描写实际生活之文字，或含有深意之随笔杂感等……""……五六百字之小品随笔，尤为欢迎。"《自由谈》每天占《申报》半版，共分六栏，千字左右的杂文三栏直排，正好一个方块，二栏则成长方形，对角加花边，后来又发展到全文加花边，此后所谓之"花边文学"。[①]鲁迅要徐琥为之投稿，并代为转寄，这一年，徐琥多次往访鲁迅，并常常一来就携三四篇稿子。据后学统计，1934 年 1 月 27 日至 10 月 23 日，登载他的杂文就有 98 篇，他变换着笔名，其中运用二次者有：晔子，寒燧，阿那，非心，孔公；三次者有：叶苍岑，慧，天；四次者有：古明；五次者有：徵明。鲁迅给烈文信介绍他，"有一友人，无派而不属于任何翼，能作短评，颇似尼采，今为绍介三则，倘能用，当能续作，但必仍由我转也。""颇似尼采"，不独是指天生气质，而是与徐琥当时浸润在尼采的翻译中也有关系，然其行文，又多有摹拟鲁迅的风格。姑举一篇，化名林珂穆的《认真》（1934 年 5 月 11 日）：

> 埃及文化久已埋没了，而金字塔巍然独存，矗立在沙漠中间，使人想起当日的丰功伟烈。——为什么金字塔会建造起来呢？是因为古代埃及人"认真"的缘故。

> 但中国人对于生活的态度不同，"戏场小天地，天地大戏场"。大家自以为生旦登场，有意无意底在做戏。既在做戏，当然无所谓认真的道理，大家假一通，糊糊涂涂罢了，不是名士郑板桥的横幅到处挂着么？文曰："难得糊涂"。

---

① 唐弢：《纪念一个友人》，《鲁迅研究动态》1986 年第 3 期。

然糊涂如不是天生而要装作，也要认真才行，郑板桥虽然好像玩世，但骨子里是非常认真的，否则他的字画决不会有那么高深的造诣。而其艺术之所表现，一点也不糊涂。一到近代丧乱滋多，是非风起，人的精神处处遭打击，每因受压迫，便只得颓唐起来，不认真算了。

算来只有佛教是主张空寂的了，但大乘缘起正理，正反对取空相而起贪著，于毕竟空中生种种过，并不能作不认真的解释，懒惰的护符。只看多少学佛人的辛劳，便知道他们的目的并非做戏。五霸七雄丑末耳，诚然。但将释迦、耶稣，及中国之老、庄、申、韩，扮起丑末来，终于有些不相称的。

我们中国人的精神何尝会不认真呢？医生之诊病，决不宽恕病菌，使病人容留些疾病在身；党派之倾轧异己，也毫不容情，只差不到"鞭墓"的地步；争锥利之末的小贩，分文之清楚，比西洋会计师还精明。只有国家大事难得糊涂，强敌在前，不许认真，只得罢休了。

不认真有几种说法，一是向压迫者说的，被打而无力还手，请不认真算了吧，这是求饶的呼喊，虽失败而有生机；一是向自己说的，成了道地的糊涂虫，永无救治；一是向给自己打倒的人说的，是一种麻醉药，使人安心当奴才。——此外则许多人在作戏，行使伪钞，或专演空城计，是认真不起来的。

认真的生活也许太多苦痛吧，但只有这才是生路——金字塔不是随便建筑起来的。

3 月 26 日，鲁迅"得诗荃信并《论翻译》一篇，即为转寄《自由谈》"。这篇文章分四次登载，徐琥撰一笔名曰"唵"。可以说，这

是日后作为翻译家的徐琥最早的一纸翻译"观"。若按此文对作者
究之底里，真不晓得他年龄几何：

> 在昔盛世，翻译之事视为一种极崇高、伟大的事业，翻
> 译者皆为"大师"。这工作与宗教相连，觉得与身心性命有
> 关，所以虽甚辛苦，但成绩特别好。佛经中错字少，大概也
> 是这种原由。今人翻译西洋著作，缺乏这种信心，虽有人以
> 此糊口，但目的在卖钱，便无异于经商，经商则只要花样多
> 交货快。顾不到本质，更顾不到一书翻出后对于读者的影
> 响。看现代西洋人彼此翻译各种著作，更使我们惊奇。大概
> 凡甲国有的较重要的著作，乙国必将其翻去了，因之翻译而
> 不得著者的许可，便视同偷窃。英译《浮士德》有四十种译
> 本之多，甚至日本人也译有托尔斯太、莎士比亚诸文学家的
> 全部著作，真使咱们愧死！

> 有谁真切地自觉在负着绍介西方文化的使命而严肃地以
> 翻译为毕生工作的吗？我们需要这种"大师"！①

## 四、师生共济

《鲁迅日记》1934年4月14日载：

> 晴。上午得烈文信并诗荃原稿六篇，午后复，附诗荃稿
> 一篇。下午诗荃来并持示《泥沙杂拾》一本。……

《泥沙杂拾》共19节短论，笔名用闲斋，分别登在《人世间》
第3，4，5，6，18期上。

《尼采自传》的译者序，徐琥写成于8月1日。他讲到第一个

---

① 1934年4月3日《申报·自由谈》。

介绍尼采的名字到中国的，是王国维先生。其后鲁迅译过一部分《苏鲁支》，登在《新潮》杂志上。再后又有郭沫若，译过一本《察拉图斯屈纳》，即《苏鲁支》四部之一。外此则很寂寥。徐琥道出译事的苦衷，尼采之文辞滂沛，意态丰饶，往往使追慕者叹息。为了保持原作的风姿，句子每每倒装、冗长或晦涩，凡遇到原文字句过于激昂的地方，直达反伤本意，则稍与曲折，可能有损于原作鲜明的色彩了。不过，我辈看这译序，仍能体会到尼采之喷薄的气息和热烈的情感：

> 这伟大底思想家，颇识一切法虚妄，空无所有；也意识地或不意识地体会着不生不灭义；却在空茫无际里，将世界，历史，人类，权威，需要，碎为微尘；因大超悟（Theoria），孤往，绝诣，独自沉酣于无上底寂寞中，以庄矜底法度统驭着整个底生活，思想之动静，使圆者中规，方者中矩，因而不断地发表他的著述，如江河之奔赴，以涤荡以扫荡以灌溉以滋润全人类之思想，凡二十年。

> 虽然尼采归功于长期底疾病，疾病给他深思的机会，其思想之成就，是由于于高深艺术的了解与理性主义的养成。——如幻如化，这哲人怀想着过去希腊文化的优美，不满意于当时德国文化的情形，因此憧憬着将来，寄所有的希望于将来的人类。因为寂寞，那种灵魂上的辛劳，所以悲哀，感到痛苦，然也自知其生命上的事业并非没有结果，劳苦非徒然，所以仍然有其著作的和谐，喜悦。

> 于是辨别着善恶的分际，和主与奴之伦理，将传统底伦理推翻，攻击着欧洲的阴柔主义，德国文化的野蛮，基督教之荒谬；思索出超人，以"力"为一切解释，远之假借希腊

狄阿立修斯，更远假借波斯教主苏鲁支之名，以诗歌之浩瀚，现示出一种生命的典型，他的希望，亦即整个底悲苦与欣愉的寄托。

世间各种伟大的思想家大抵如此的，有同样的根原，区分在表现的强弱而已。大概东方的人生观着重归真返朴，虽然经过精神上绝大底苦工，然而寂灭了。犹之浑金璞玉。反之，必将"自我"整个发表，更雕琢，更锻炼，是西方的人生观。然无论东西方的哲人，无论那一种磅礴，激荡，飞扬，悲剧底典型，不见有这么浩大而又深微，发皇而又沉着，自由而又拘谨，和平而又勇武，懵梦而又炯然的表现，这么强烈，这么纯洁，这么崇高！而不碍其为一个雍容儒雅的人，蔼然偂然的态度。其文才也许有极大底关系吧，尼采是一个非常会写文章的人，文章家。

我们很难知道尼采的影响将流布多少远，他的世界是否出现于将来，何者将成为达到他的世界的桥梁。但地球永远地转下去，进化底或突变的超人也许有一日将必出现吧。

结尾的话颇如一位殷殷长者的教导，老成持重。其时，徐琥不过二十五岁：

……读者们也许顺着这部著作所举的书名，在英、法、日各种文字中，能够寻读，翻译吧。留着这种愿望，深切地期待现代中国青年。

11月下旬，鲁迅在内山书店会见了郑伯奇和赵家璧，二人请他担任《中国新文学大系·小说二集》的编选者。那次谈话，鲁迅向二人介绍了徐琥，说他手头正有一部《尼采自传》的译稿，是否可由良友公司替他出版。二人非常重视，回去商量后，11月28

日共同署名给鲁迅复信，要求把译稿寄来。12 月 12 日，鲁迅寄稿并附信。信中说：

> 那一本《尼采自传》今送上。约计字数，不到六万，用中等大的本子，四号字印起来，也不过二百面左右。
>
> 假如要印的话，则——
>
> 一、译者以为书中紧要字句，每字间当距离较远，但此在欧文则可，施之汉文，是不好看的（也不清楚，难以醒目）。所以我给他改为旁加黑点。但如果用黑体字或宋体字，似亦佳。
>
> 二、圈点不如改在字旁，因为四号而标点各占一格，即令人看去觉得散漫。
>
> 三、前面可以插一作者像，此像我有，可以借照。
>
> 四、译者说是愿意自己校对，不过我觉得不大妥，因为他不明白印刷情形，有些意见是未必能照办的。所以不如由我校对，比较的便当。但如先生愿意结识天下各种古怪之英雄，那我也可以由他自己出马。[①]

赵家璧告之鲁迅，是书决定采用，编入"良友文库"。12 月 25 日鲁迅复信说：

> 《尼采自传》，良友公司可以接收，好极。但我看最好是能够给他独立出版，因为此公颇有点尼采气，不喜欢混入任何"丛"中，销路多少，倒在所不问。但如良友公司一定要归入丛书，则我当于见面时与之商洽，不过回信迟早不定。[②]

《尼采自传》清样出来以后，赵家璧在 1935 年 3 月 6 日寄给

---

① 鲁迅：《鲁迅书信集》（下），人民文学出版社，1976 年，第 668 页。

② 鲁迅：《鲁迅书信集》（下），人民文学出版社，1976 年，第 702 页。

鲁迅，并希望鲁迅代转译者自校。9 日鲁迅复信说：

> 六日信收到。梵澄的来，很不一定，所以那《尼采自传》
> 至今还搁在我的寓里。我本来可以代校一下，但这几天绝无
> 功夫，须得十五以后才可以有一点余暇。假如在这之前，他
> 终于没有来，那么，当代校一遍送上，只得请印刷所略等一
> 下。但即使他今天就来，我相信也不会比从十五以后校起来
> 更快的。①

可是在 3 月 16 日，鲁迅就把二百页清样全部校完，寄还赵家
璧。信中说：

> 《尼采自传》的翻译者至今未来，又失去通信地址，只得
> 为之代校，顷已校毕，将原稿及排印稿各一份，一并奉还。
>
> 又书一本，内有尼采像（系铜刻版），可用于自传上，照
> 出后，该书希即掷还。②

是书于 5 月上旬出版。这是中国第一本从德文迻译的尼采原
著，其中凝结了师生二人共同的心血。鲁迅向出版界推荐青年梵
澄，并包揽了校对和提供尼采像等辅助性的工作，被友人称之为
"耶稣替门徒洗脚"，成为后来学术界和出版界的一段佳话。同
时，"梵澄"这个名字也为学人所知了。③

研究尼采，单有一本《尼采自传》是不够的，还得"乘胜追
击"。有一天，鲁迅问徐琥："你为什么不翻译《苏鲁支》呢？"徐
琥回答："郭沫若已有译本了。"鲁迅说那不全，要全部译出。徐

---

① 鲁迅：《鲁迅书信集》（下），人民文学出版社，1976 年，第 767 页。

② 鲁迅：《鲁迅书信集》（下），人民文学出版社，1976 年，第 774 页。

③ 赵家璧：《鲁迅·梵澄·尼采》，载金惠敏等编《评说"超人"——尼
采在中国的百年解读》，社会科学文献出版社，2001 年，第 382—392 页。

琥问可在哪里出版呢？鲁迅说可介绍给郑振铎出版。《苏鲁支语录》是尼采的代表作，另译是《察拉斯屈拉图如是说》，鲁迅说"苏鲁支"是唐时的译名，此前徐琥译《尼采自传》时也用"苏鲁支"名。《尼采自传》完成以后，徐琥对尼采的翻译并未止步，自己又译出两篇长文《启蒙艺术家与文学者的灵魂》和《宗教生活》，这是尼采的另一部著作《人间的，太人间的》之节取。推想他交给鲁迅这两文时，是带着译者序的。序中说：

> 怀抱灵魂上的迷疑，对人间的怪诞，憧憬着古希腊之美丽，纵观百世，盱衡人事，皇皇然寻求真理，若不可终日，不但谋社会的改造，而且谋远大的改善人类的将来——遂至于憔悴形容，枯槁颜色，游精神于寂寞，运思想于孤深，颇同于屈子之问天，是作此书时之尼采。

> 艺术是什么？天才是什么？灵感是什么？宗教是什么？圣哲是什么？引而上之，它们的来源是什么？又推而广之，艺术的将来如何？宗教的将来如何？——尼采对于这些问题，思索了若干年。彷徨于南德国拜央森林里，流连于意大利梭连多山谷间，渺渺茫茫，若有所悟，于是总集于两年间的散记，都为两巨帙，命名曰 *Menschliches, All zu Mes-cliches*，直译起来，是《人间的，太人间的》。

末句甚要紧。似于徐琥曾与鲁迅盘道的那种识度，说司马迁治史，始终保持着一种"冷冷静静"的态度：

> 细想此书对于我们的意义，一方面固然可以使我们稍懂到一点文学生活宗教生活，可以不迷；另一方面则当能使我们因此更为"真理""真知"奋斗；正如在旅行的长途中偶尔发现一两片小标志，指示前人曾此经过，则当能更有勇力

前行，而且突过已往的限度。

"一两片小标志"，"突过已往的限度"，未将尼采大化乃至神化，与晚年评价一贯，说尼采思想，不过是高出常人"一个头地而已"。或许这种评语，甚为鲁迅所认可。

翻译《苏鲁支语录》，这事儿不在话下。徐琥从由德国带回的一套《尼采全集》中抽出来译便是。然而如他自己后来所说的："……在翻译这部书时——一般当然是翻译比创作更难——我也曾着实费了一番心力。"年轻人工作拼命，大有"笔所未到气已吞"的气概。每天从早到晚，徐琥坐在窗下，用毛笔佳纸写正楷小字，慢慢一字一字译出，很少涂改，不再誊抄。一般一天译若干小时，也常常通宵达旦，那时等放下笔一照镜子，自己都被吓了一跳，脸色苍白，没有血色，像一个刚刚值完夜班的战士。这当儿，苏鲁支却出发了：

苏鲁支三十岁了，离开他的故乡和故乡的湖水，隐入山林。于是，独自怡悦心神，玩味寂寞，十年间未尝疲倦。但最后他的心意改变了——一日之晨，与朝霞俱起，在日光前，向日球作如是说：

"伟大底星球！倘若不有为你所照耀之物，你的幸福何有？

十年间你在此照上我的崖穴，想你必已倦于光明，倦此修途，设若未曾有我，及我的飞鹰和长蛇。

但每日早晨我们等候你，挹取你的丰余而向你祝福。

看呵！我厌足了智慧，如采取了过多蜜的蜜蜂，我需要向我求索之手。

我愿意赠与，分给，直使人群中的智者重欢其愚庸，贫者更欣其富足。

于是，我必须降至深渊，如你在夜间之所为，没入大海之后而犹布光明于彼土，你这太过丰盛底星球！

我必须像你一样堕落，如我欲下往之之人群所云。

然则祝福我吧，你宁静底眼光，可以观莫大之幸福而不生嫉妒之眼！

祝福满引的深杯哟，金波从而泛溢，随处映着你的欢乐底容辉！

看呵！这杯将更倾完，苏鲁支将更为凡人了。"

——如是开始苏鲁支的堕落。[①]

如是，一卷一卷的译稿交给郑振铎。郑氏把它们分载在《世界文库》第8，9，10，11辑上。此前，在第6，7辑上，分别发表了梵澄译的《启蒙艺术家与文学者的灵魂》和《宗教生活》。在 8 月 17 日，鲁迅给徐琥写了一封信：

诗荃兄：

前几天遇见郑振铎先生，他说《世界文库》愿登《苏鲁支如是说》。兄如有意投稿，请直接与之接洽。他寓地丰路地丰里六号，倘寄信，福州路三八四号生活书店转亦可。[②]

其实在这之前，鲁迅已把《人间的，太人间的》节译和《苏鲁支语录》第一卷交给了郑振铎。徐琥接到信以后，便去找郑振铎并提出要求，即译完一卷登一卷，登完一卷付一卷的钱。出于对鲁迅的信任，郑振铎同意了。转年是书收入了《世界文库》丛书，郑氏作序称赞之：

---

[①] 尼采：《苏鲁支语录》，徐梵澄译，商务印书馆，1992 年，第 3—4 页。
[②] 鲁迅：《鲁迅书信集》（下），人民文学出版社，1976 年，第 861 页。

　　这部译文是梵澄先生从德文本译出的，他的译笔和尼采的作风是那样的相同，我们似不必再多加赞美。

并引尼采的一段自白：

　　在我的著作中，《苏鲁支语录》占一个特殊的地位。我以这著作，给人类以空前伟大的赠礼。这本书，声音响彻了千古，不单是世界上最高迈的书，山岳空气的最真实的书——万象、人类遥远地在它之下——亦且是最深沉的书，从真理之最深底蕴蓄中产生，这是一种永不涸渴的泉水，没有汲桶放下去不能满汲着黄金和珠宝上来！[①]

完成《苏鲁支语录》的翻译后，紧接着，徐琥又译出《朝霞》与《快乐的智识》，一并交给郑振铎。前书随即出版，后书出版于 1939 年。《鲁迅日记》1935 年 11 月 14 日有载：

　　雨。上午诗荃寄赠《朝霞》一本。

此外，他还译出一本小册子《佛教述略》，作者为锡兰比丘纳啰达，后来也在 1939 年出版。1935 年春，这位大师访问上海，徐琥为他做翻译。大师在佛教团体里演说，僧俗听众非常踊跃。徐琥记得他讲了一个很动人的小故事：

　　有一只小蜜蜂飞去采蜜，飞到一个清池边，便落在一朵莲花上。蹎踏着花瓣，收取着花粉。忽然莲花合上了，便将这蜜蜂囚在花瓣中间。这时蜜蜂便想：现在天晚了，正好休息，待明早太阳出来，鸟将歌唱，花瓣将要展开，那时便好飞出去了。蜜蜂一面作如此想，一边来了一只野象，奔到池边，弄折了许多莲花，将这朵莲花并蜜蜂吞到肚里去了。这只蜜蜂怎样了呢？——

---

　　① 尼采：《苏鲁支语录》，徐梵澄译，"郑振铎序言"，商务印书馆，1997 年。

徐吁用"闲斋"这个笔名写了一篇文章,《因象与莲花及蜜蜂想起的》,登在 6 月 5 日的《人间世》第 29 期上。他说:

> 这故事,简单,庄严,也得温柔。以蜜蜂喻人,以象喻无常。象征人生的空虚与无谓。人之生,必有死,正是深密的渊源。

> 印度是一个没有史学的国,没有这一大重担压在肩上,所以一切人物事理,皆那么梦梦,近乎极高底理想,因此敢于用诙谐态度遇西洋文明。因为所执者高,所经营者远,那根本着力在一切宝贵中的最可宝贵者——生命——上,反观浮世之醉生梦死,良有悬殊。

> ……

> 说起来,中国民族似乎太近实际,在历史上看来并不算太优美,"诸佛不生"是一个例子,苏格拉底、利玛窦、牛顿诸"哲"不生,也大是缺点。"人皆以奇期圣,我独以不奇期圣",驯至于皆以不奇期圣,于是这民族也不奇了。

> ……

> 看来印度佛教,是一个混合物,既可说是宗教,也可说是哲学。几千年人的智慧,思想,皆吸收进去了,正如一块海绵。那中间的"大德"们,好像始终居于一个神秘底阶段上,一方面是近代耶教似的宗教士,另一方面是纯粹希腊哲学似的哲学家。照我辈看来,Buddhism 与其曰"佛教",毋宁曰"佛学",这种学问,实在算是一种"身心性命"的学问。

> ……

> 照拜伦的说法,生命与智识是两枝不同底树,换言之,学问是一事,身心性命又是一事,二者不能相连,这是真理;然

一入佛法，则只见智识与生命和融，是理想，是实行，是理想底实行，这也是真理。于此见印度人的伟大人格。

是大悲，亦大喜故。

一句话，这是"精神事业"。徐琥认为这精神事业双摄智识与生命。

在同年 1 月 5 日《人间世》第 19 期上，他同样以"闲斋"的笔名发表过文章，名曰《论中国人鄙视欧洲人》。其中有这样的观点：

……科学虽然"声光化电"之科学，而其源则是精神事业，一个爱因斯坦的智力不会下于孔子，爱迪生之"有功德在生民"决不下于"司马光"。科学之"声光化电"，无非解释宇宙之谜，正是超远的精神事业，也无非为人生，这将来的世界也正为穷。

纳啰达大师实在喜欢这位绝顶聪明而又风度翩翩的中国青年，希望收徐琥为弟子，并一道回南亚去。徐琥婉言谢绝了，告诉大师：自己是湖南人，不仅爱吃红烧肉，而且也离不开辣椒。其实鲁迅早有教导："此外，做和尚也不行。"依徐琥，是把佛教当作佛学来对待的，因为这是人类一绝大的智慧，它的世界观虽然不免消极，但于人生观却有一积极倾向，盖由它"实在算是一种'身心性命'的学问"，所以，"要将民族价值从新估定，佛学之学这一点，是难于忽视的。"鲁迅就说过："佛教崇高，凡有识者所同可。"而佛教这个古之南亚文化的精神之花，对我们的中古先贤产生过那么大的吸引力和刺激力，足见这个民族博大的视野和顽强的生命力。

## 五、巨星陨落

查 1936 年《鲁迅日记》，"诗荃"的名字，仅出现过三次。第一次，1 月 29 日，"午前得诗荃诗稿"；第二次，4 月 8 日，"上午得诗荃信并稿"；第三次，7 月 2 日，"下午诗荃来，未见"。师徒两人的联系何以趋于稀疏乃至有点冷淡了呢？我们不妨稍加讨论。

1 月 29 日鲁迅所收到的诗，为徐琥春节第一天所作，五言，名《一九三六年旧历元旦大雪即景成咏因呈索士先生》。开篇八句：

> 夜起千门战，风飘一旦开。
>
> 散花惊献岁，飞蕊积瑶台。
>
> 欲访山阴戴，同挥梁苑杯。
>
> 泥涂困曳尾，粉絮畏欺腮。

末两句有注："时余出门，暗中总有人尾随。"诗中还有这样的句子：

> 惧流羌笛怨，易结楚琴哀。

有自注云："此乃廋辞，意先生解之"。

4 月 8 日的"信并稿"，信的内容为：

豫才先生：

奉上《宗教论》一本，请先生转致《译文》杂志。无论刊登与否，我将来要这原稿。

奉上我深沉底祝福。

诗荃上　四月七日于爱麦虞限路四十五号

《宗教论》为叔本华的作品，徐琥有一个短短的译序：

叔本华尔的宗教观，在他的全部著作中，只见于两处，主要的是这部《宗教论》，次要的是《意志与想像之世界》一书中第二卷十七章。

这是在欧洲近代思想界里很有重要性的一本书。其形体是一篇希腊式的辩论。一位德摩菲立斯（Demopheles），名字的意思是为了民众的利益；另一位菲拉列退斯（Philalethes），名称的意思是真理的朋友。这两位假立的人物，一是社会学者，一是哲学家；一辩得失，一审是非；一主张保守，一主张进取——换言之，以两种不同底观点分论宗教而已。

这本书之所以见重于世者，因其纯学理底态度，遂能阐发两方面的主张，是宗教非宗教的人，皆觉得说出了自己的意见，深微而又详尽。但理论上的解决是没有的，于此也可见叔本华尔的悲观主义。[1]

7月2日的见面，许广平先生有回忆：

文稿尽在为他介绍，但他来访的次数渐渐减少了，因为先生不大和他多所谈论。即有所谈，也觉到微妙地相左，如此陪客，确也很苦。况且后来先生身体多病，又没有许多时候接见。……最后一次，"此公"来了，我告以先生病不见客，他一句不说就走了。一刹那买了束鲜花直冲到楼上……先生似理不理地躺在藤椅上……谁知这又是最后一次相见呢。他敬爱先生，先生是晓得的。见面时无话可谈，原是思想的距离太远。[2]

可想当时的情景：徐琥献上花束，并深深地鞠下躬去，然后转身又冲到楼下出门了。他的心被刺痛了，他弄不清楚先生为什

---

① 徐梵澄手稿，北京鲁迅博物馆提供。

② 许广平：《欣慰的纪念》，人民文学出版社，1961年，第84—85页。

么不理睬他，他哭了，并感到委曲。

　　关于意见的产生，许广平先生谈到过两点：一是徐诗曾劝说鲁迅不妨参一下禅，悟一下道，那样可以少争些闲气，于健康大有好处，为此他还手抄《悉怛多般怛罗咒》赠与鲁迅；二是他要求鲁迅转稿时再作誊抄，以便收回原稿（这要求确实有些过分！）。我们今天来看这两事，似可作同情的理解：于前事，徐诗无恶意，鲁迅不爱听。其时非如现在，那当儿黑暗之气"如磐"，重重地压在人民身上，鲁迅犹一"大力神"，赫剌克勒斯，肩鼎闸门，放光明进来，让青年出去，哪里有瞬间腾挪的工夫？正如他自己所言："为现在抗争，却也正是为现在和未来的战斗的作者，因为失掉了现在，也就没有了未来。"于是徐诗之诚意的"讽劝"，一转而成"风凉话"乃至"退堂鼓"了。于后事，徐诗出于个人安全的考虑，多加小心，采取自以为必要的措施，无可厚非，毕竟柔石牺牲了，杨杏佛、史量才又相继遇害。只是常常这么"搅扰"，谁都会起不适的反应，况且鲁迅那么忙，身体又那么不好，即便是权宜之计，也要不理睬一下，否则，真是吃不消了。还有一点，即许广平先生提到的"思想亦不一致"，这是鲁迅给黎烈文的信中谈到的：

　　　　"此公"盖甚雄于文，今日送来短评十篇，今先寄二分之一，余当续寄；但颇善虑，必欲我索回原稿，故希先生于排印后，陆续见还，俾我得以交代为幸。

又说到：

　　　　其实"此公"文体，与我殊不同，思想亦不一致，而×公××，又疑是拙作……①

--------

　　① 许广平：《欣慰的纪念》，人民文学出版社，1961 年，第 83 页。

　　那时的徐琥，正在翻译尼采，之后又译叔本华和歌德①。在思想上，亦处于兼收并蓄的时期，并且精力充沛，随想随发，出之便是五光十色。鲁迅则不同，目标坚定，主旨一贯，譬如战士上战场，"端起枪来打他一个正着"。或许鲁迅所说的"思想"，正与"想法"同？"想法"不同，问题则没有那么严重。许广平先生说徐琥"……而自处复老气横秋，殊少青年凌厉之态"。这话殊与另外一句话"他天赋极高，旧学甚博，能作古诗，短评，能翻译，钦慕尼采，颇效其风度"有别了。或许鲁迅的话较为允当，说他"年未'而立'，看文章，虽若世故颇深，实则多从书本或推想而得，于实际上各种困难，亲历者不多"。这话，实际上也是一般读书青年的通相。也许徐琥身上这种隐隐的倾向与鲁迅的确"不一致"。因为鲁迅对彼时的学术状况颇有微词，指出那些"光怪陆离"的学问，似是而非的"大言"，如操刀进毒，斫伤我们的"自心"。在鲁迅本人，仍是坚持以文学为武器进行韧性的战斗。其实，这"不一致"又可谓殊途同归，因为师徒二人都是精神上的独行侠，虽取方式不同——一文学，一学术，但前进目标不二——民族精神的进步！

　　1936年10月18日，鲁迅在日记上只写下了两个字：星期。是日，鲁迅旧病复发，喘息不止。第二天五时二十五分，巨星陨落，鲁迅逝世。同日，由宋庆龄，蔡元培，沈钧儒，茅盾，内山完造，史沫特莱等组成治丧委员会（也有许寿裳、毛泽东等人的名字）。20日，共产党致电国民党，要求举行国葬。鲁迅的遗体在去世当天移至万国殡仪馆。从20日开始，两天之间接受市民的吊唁。前往

---

① 《葛德自著之浮士德》，商务印书馆，1939年。

吊唁者列成长队，约有万人以上。[①]22 日下午二时出殡，一大清早，徐琥独自一人来到殡仪馆凭吊鲁迅，并谒见了许广平先生，当时他悲怆万分，对师母说，先生给他的许多信，可以集成厚厚的一本，希望将来能够印出来。《跋旧作版画》有这样的话：

> 于是我又记起了周师母。会葬之间，我特殊晋见了师母。说了几句安慰的话之后，便说从此先生的"只字片纸"，皆不可失去了。师母毕竟是伟大的，一贯秉承先生的遗志奋斗，经历了多少风险，以至受难而遭电刑，也将先生的"只字片纸"保存了起来。外此，亦毋庸说，培成了海婴先生，能继父之志。古诗所谓"宜尔子孙绳绳兮"，周氏之有后，国人之所喜也。

鲁迅未再能打开日记了。"诗荃"这个名字，保存在其中，而走出来的，是尼采的翻译者——梵澄。

---

① 《鲁迅年谱》，《鲁迅研究资料》第 5 辑，天津人民出版社，1980 年。

# 第四章　烽火颠沛

## 一、硝烟既起

1937 年，"七七事变"爆发，抗日战争拉开序幕；遂后，上海"八一三事变"，战火继续扩大；至年底，南京失陷，日军制造了惨绝人寰的大屠城。

此时的梵澄，供职于上海同济大学。[①]鲁迅过世以后，他未再撰写杂文和翻译西典，课余时间，他用来读佛经，研唯识。国运危蹙，生民乱离，他的心情是沉郁的，惨淡的。值鲁迅逝世周年，他写诗《怀旧》，以悼念：

逝矣吾谁与，斯人隔九原。

沉埋悲剑气，惨淡愧师门。

闻道今知重，当时未觉恩。

秋风又摇落，墓草有陈根。

末句之义出于古礼，"朋友之墓，有宿草而不哭焉"。即是大致过了一年，墓上的草出现陈根，便应停止哀伤了。许是那哀伤淡淡地遣散开来，幻化成了一幕幕温馨的回忆，那些情景是那么富有生趣，富有人情味。有一首诗《秋雨》，他曾寄给鲁迅。诗云：

---

① 据梵澄侄徐硕朋述。

> 蛟龙怒翻北海水，洒向空蒙堕秋雨。
>
> 沉沉白日融冷光，霜枫凝血芙蓉死。
>
> 洞庭波阔吴山苍，云封雾结愁紫皇。
>
> 樽中有酒不能饮，浩歌太素心恨恨。

后来梵澄登门，鲁迅笑问："近来可读李昌谷（贺）否？"梵澄回答："是的，先生。"

1938 年秋，战事日紧，国势动荡，同济大学南迁。梵澄时将离沪，作诗《秋夜感怀》二首：

> 露下已秋声，寒虫急夜鸣。
>
> 残星低入梦，凉月白无情。
>
> 灯火华夷市，川原寇盗营。
>
> 危栏独频倚，笳吹落江城。
>
> 去住搅悲欢，生涯感百端。
>
> 繁华惊梦短，平淡觉愁宽。
>
> 歌管天花寂，鱼龙午夜寒。
>
> 怀人兼不寐，恻恻未遑安。

他与冯至一家告别，乘船绕道香港，再由广东辗转至长沙。冯至携妻女随同济大学部分师生，先到浙江金华，又到江西赣县，再经湖南到广西桂林，复过平乐、柳州、南宁，取道河内乘滇越铁路于年底抵达昆明。冯至在离开赣县时，颇负书籍之累，于是把书捆成几十包，分为两批，一批寄给长沙徐梵澄，一批寄给成都陈翔鹤。[1]朱偰已于 1937 年夏随中央大学西迁至重庆。

是年十月，广东、武汉相继失陷。国民政府以重庆为临时首

---

① 冯至：《山水斜阳》，黑龙江人民出版社，1999 年，第 64,68 页。

都。在长江以南，湖南成为主要战场。11月初，岳阳以北地区激战，七宝桥、赵李桥失守，聂家、临湘失守。紧接着日海军陆战队在洞庭湖口城陵矶登陆，岳阳随之失守。日飞机狂炸浏阳，民众伤亡逾千，常德、桃源、平江等地亦遭轰炸。长沙危在旦夕，当局动员群众疏散，大中学校都迁至外县，梵澄一家也搬至河西乡下黄金园。黄金园这个家，亦是徐家的一个亲戚又是佃户的房子，既高也大，有六间房和一个堂屋，全家人便在此住下了。也许是无从预计又无可奈何之事：他们的性命躲过一劫，他们的财产毁于一旦。这就是震惊全国的长沙文夕大火。

11月12日，值孙中山诞辰日，湖南省政府原计划组织万人火炬大游行，以示庆祝。但因战局迫促，形势紧张，改为由长沙市市长席楚霖率300人代替之。是日晚近12时，南门外警备二团多有持火把的士兵，误听谣言以为日军将至，遂放火百余处，以拒敌人入城。至凌晨二时，风助火势，直到16日，余烬犹未完全熄灭。这一天，蒋介石视察长沙。18日，蒋为长沙纵火案令组织高等军法会审，严惩肇事人员。20日，经高等军法会审，判决长沙警备司令酆悌、警备二团团长徐昆、长沙警察局局长文重孚死刑，湖南省政府主席张治中革职留任，并责成善后。张治中说自己：罪戾实深。

劫后长沙，焦土一片。司门口的二层楼的中国银行，余火未熄，宝南街瓦砾成山，已无法过人了。偶见靠墙的电线杆之间，有人站立着，以为是活人，待走近一看，方知是大火下面窒息致死的尸体。更有不忍睹者，人被烧死后，腹胀爆炸，一块肚皮便贴在高墙之上。长沙唯一的一条中山马路，仅余中间两公里不到的路面。一入黄昏，落日暗淡，空旷无人，乌鸦聒噪，真乃一座死城矣！①不消说了，徐家的损失是惨重的，不能携带出的物件，可以说是荡然无存。梵澄把鲁迅给他的书信，藏在夹壁当中，又把冯至的图书包括一套德文版的《歌德全集》妥善放置，然而这只能防备寇匪的掠夺，却不能逃过大火的洗劫。于是乎，"举凡家藏数世之图书文物及尤所宝重之先人墨迹并房屋一夕皆化为煨烬"，其堂兄艺仙"所藏金石拓片，皆精工装裱凡四大箱……寄藏吾家以避空袭"，也"同付焚如"。②

大火之后，梵澄长兄伯恒要处理家产与买卖事宜，所以与恒嫂一道，留在劫后的城区。在乡下，梵澄替母亲打理家务。澄母年高人好，是全家的活祖宗，乡亲们也非常敬爱她。这一家老少及服务多年的男女佣人共十几口，也颇需一点经营，梵澄长于安排，又精于珠算，所以生活上的细事，皆井然有序。关于房子烧掉的事情，梵澄不敢马上告诉母亲，他利用每天陪她打骨牌的机会，一点一点地透露消息，说某家某家被烧掉了，过了几天，又说某家某家被烧掉了，母亲听出了意味，说："我们家也烧掉了吧？我的杉木袍子（棺材）也没有了。"梵澄安慰她说："有我们几个兄弟在，再给你到郴州做一副更好的。"③梵澄还带着侄辈们玩耍，教他们下象棋、五子棋和围棋。为了不使孩子们荒废时间，他还书写《论语》让晚辈诵读，他的堂侄崇善后来说，待自己得到书做检读时，竟未发现海叔有一个误字。他还给侄子们讲《史记》，并谈到学习史笔，既要有董狐的品格，同时在文字上也要言简意赅，如"犬卧于道，奔马毙之"与"奔马毙犬于道"的优劣。

① 徐崇善：《怀念吾叔徐梵澄》，《新文学史料》2003 年第 1 期。

② 徐书钟编著《石鼓文书法》，徐梵澄序，黑龙江美术出版社，2000 年。

③ 《詹志芳日记》（手稿），1992 年 2 月 4 日。

每天，梵澄总有自习的时间，晚辈们不得打搅，他在自修法文，抱着一部法文字典，逐句逐字地死记硬背。[①]他的侄子硕朋（三哥之子）后来说："我叔不像二伯那么随和，二伯随时都能和大家玩在一起。"梵澄的二哥仲恩，毕业于美国密歇根大学，学机械，回国以后，就任厦门航政局局长，抗战之前，因病返湘，后就职于国民政府交通部、教育部。二哥与小弟的经历颇有相似处，二人皆是"逃离"而出洋留学，又一生"孤家寡人"。新中国成立以后，他去了台湾，在那不能遂顺心愿，又远赴澳洲教书，至 20 世纪 70 年代，在南半球，客死他乡了。这"逃离"是怎么回事呢？梵澄的逃离，实则是逃"学"，因为他决计要离开复旦大学。而二哥的逃离，却是逃婚，他不愿意从父命，与李淑一（即《蝶恋花·答李淑一》之李淑一）之妹缔结秦晋，于是乎逃之夭夭，由北京而去美国了。此时的二哥赋闲在家，优哉游哉，上侍老母，下抚众侄，且服从小弟的"管理"。

1938 年 12 月，梵澄收到留德好友滕固的来信，信中催他务必速赴湖南沅陵，盖因国立艺专已迁至湘西，滕校长要求他来教授西洋美术史。他与家人匆匆作别，前去追赶艺专师生。

## 二、滕固

滕固（1901—1941），字若渠，江苏宝山人，美术史家，戏剧家，诗人，文学家，社会活动家。

朱偰尝言滕固，说他是一个明是非、守原则的气节之士。他性格豪爽，长于交际，然为人耿直，又不宜久处幕僚。当局震于其

---

① 徐崇善：《怀念吾叔徐梵澄》，《新文学史料》2003 年第 1 期。

名，屡委要职，但他轻于仕途，早萌去志。抗战期间，辗转西迁，小驻沅江时有诗抒其内心苦闷之怀："十年低首敛声华，悔将干将待莫邪。今日荒江惊岁晚，抚膺惟有泪如麻。"滕固的兴趣和热情主要在艺术方面，朱偰说他们曾一同考察建康、兰陵一带的六朝陵墓，时在暮春三月之桃李乍放、浅草如茵的季节，滕固与他大谈古代石刻，评价希腊式弧棱石柱和巴比伦式有翼石兽与六朝陵墓石刻交互之影响。考察完毕，滕固写出《六朝陵墓调查报告》，朱偰写出《建康兰陵六朝陵墓图考》。从中不难看出，艺术家、学者才是滕固的真正自我。朱偰有文《滕若渠》，对他的才华推崇备至，说其：

> ……天资颖悟，才气横溢。八岁学作诗，其父以明月浦为题，若渠有句云："辞人老去留鸿爪，将士归来驻马蹄。"幼年为文，已惊其长老；及长游学东瀛，专治文艺，写为说部，流传海内。时人目为左派作家，在文坛上已渐露头角矣。
>
> 余初识若渠，乃在1930年暮春，时余将远游莱茵，若渠则方亡命至柏林，送余于虾龙驿车站，客中送客，倍觉情深。后余归柏林，相交益厚，时常相过从者，有海宁蒋慰堂、襄城姚从吾、湖南李石岑、河北冯君培、长沙徐梵澄以及南海梁宗岱、山东刘衍淮等。皆一时知名之士。每逢星期假日，辄聚会于柏林西郊森林湖畔余之寓庐，上下古今，纵横六合，无所不谈。真有"意惬关飞动，篇终接混茫"之感。而席间挥斥八极，才气纵横者，尤以若渠为最。……其在欧游踪极广，尝西游巴黎，南访罗马，所至探求古迹，结交名士，尤以所学为艺术史，故对文艺复兴时代之名城——如翡冷翠（Florence）、威尼斯（Venice）、梵罗娜（Verona）、米兰

（Milan）——尤三致意焉。[①]

滕固曾被人目为"汪派人物"，因为他与汪精卫的关系很深。汪下野出洋赴巴黎，他则被严令通缉。抗战时，政府播迁至重庆不久，汪便脱离抗战阵营，发表了向日本求和的"艳电"，滕固与之决裂，这在留日学生中，是难能可贵的。与他在日本的同学中，学医的席时泰、张水淇、王丕显辈都是附逆的。席氏在"八·一三"之时，被人在上海劳合路上暗杀身死；张氏在抗战胜利后，以汉奸论罪，被判入狱；王氏则亡于汉奸之间的内讧。至于和郁达夫一同主编过《大众文艺》的陶晶孙，写《文坛登龙术》而成名的章克标辈，也落了水。

考滕固之美学思想，应与梵澄同趋。有两篇文章值得注意，一是发表于 1926 年 1 月 1 日《新纪元》杂志第一号的论文《艺术之节奏》，二是在 1932 年于柏林大学哲学研究所美学班上宣读的论文《诗书画三种艺术的联带关系》。前者说，一切艺术，常归向到音乐状态；换言之，一切艺术都要保持音乐的状态，并完成这种自然而然的节奏。艺术之节奏，肇自于宇宙与人生，它有心理学与生理学上的基础，这一点中国古人最能明之，不独诗歌音乐舞蹈，就连绘画也有节奏，这就是谢赫所提出的"气韵生动"。后者的论述，可以看出中国艺术本位的观点。作者说，**诗书画三种艺术的结合**，这种思想在西方是不会发生的，**在东方也只有在中国**（日本是从中国流传过去的）可以找到。何以书画同源？第一，书法在中国早由实用工具演化而为纯粹的艺术；第二，书与画所凭的物质材料——笔、墨、纸、绢，是同样的；第三，书与画的构成

---

① 朱偰：《滕若渠》，载《孤云汗漫——朱偰纪念文集》，学林出版社，2007年，第 198 页。

美，同托于线势的流荡和生动；第四，书法的运笔之结体，为绘画之不可缺的准备工夫（基本练习）。书与画的结合，有本质的通连。诗与画则不同了，一用文字与声音，一用线条与色彩，故其结合不在外在手段而为内在本质。诗要求画，以自然物状之和谐纳于文字声律；画亦要求诗，以宇宙生生之节奏，人间心灵之呼吸和血脉之流动，托于线条色彩。故曰，其结合在本质。在这个意义上，他对中国画画家提出了很高的要求，他说：诗人不必能画能书，书家也不必能画能诗，而画家却要能诗工书。①

还有一个观点特值一提，这就是他在留德时的毕业论文《唐宋画论——一次尝试性的史学考察》中指出的：谢赫是一位"感性的批评家"和郭熙是一位"体验型的理论家"。二人都是画家兼论家，郭熙是齐梁时人，著有《古画品录》，提出画论六法，其中"气韵生动"第一，属形上意境，"骨法用笔"次之，属创作与鉴赏的原则；谢赫是北宋时人，留有《林泉高致集》，提出山水画之"三远法"即高远、平远和深远的原则。二者的区别在哪里呢？读者可依滕固的点评，明了就里："感性的批评家"，是说"气韵生动"仍属形况词，未出"经验的共相"，作为绘画"尺度"和原则有其不稳定性；"体验型的理论家"，是说"三远法"确为"概念的共相"，盖因老氏以"远"名"道"，故"远"因之具有名词义，成为山水画之"尺度的尺度"。也可以说，"体验型的理论家"使山水画的原则得到了升幂或加方。②

---

① 沈宁编《滕固艺术文集》，上海人民美术出版社，2003 年，第57—60，371—374 页。

② 赵波：《自然精神凝在远——中国山水画论发微》，"提要"，四川美术出版社 2016 年。

毋庸说了，他与梵澄也是这样的画家和论家。朱偰也懂绘事，可能未尝专意作过探求，或没有特意参加过什么画展吧。

## 三、西南道中

梵澄与学校会合，地点在沅水南岸的老鸦溪。因为南岸民舍有限，故教师们多在江北的城镇里就住。时前方吃紧，湖南省政府也迁到了沅陵，军政要员，文化名流，一下子簇拥于此，使这个原本万余人的小城，倏忽爆涨至二十万人口了。国立艺专租下的校舍带果园，围墙里一幢二层的临时建筑做教室，学生宿舍则在一堵内墙之后。艺专分设绘画、雕塑、建筑、音乐等系，学生有二百余人，校职、教职人员有赵太侔、林风眠、李朴园、潘天寿、王临乙、常书鸿、方干民等等。[①]

沅陵是湘西一座典型的古镇，依水而建，古朴苍郁。沅水自西南流入，然后沿城南向东又向北流去，水边的青石街与吊脚楼，久历岁月的碾坊和牌楼，停搁在岸旁的木筏和毛板船，还有滩上的篙眼石、石悬棺……更有那穿梭于水上肩栖鸬鹚腰系酒葫的渔人，来往于摆渡的银饰满头的土家少女……告诉外乡人，这里是一方世外桃源，她既美丽又略许凄迷，挽引过路人回首、驻足。若是莱茵学子，一定会吟诵出那《浮士德》的诗句："你真美呀，请你停留！"

然而，此时的二位诗人都无心为之去惆怅去感伤。在梵澄，是挂念老母及家中时下的困境；在滕固，则是为了校务而装了一脑门子的"官司"。"官司"来自两个方面，一是教职人员的团结问

---

① 卢炘：《潘天寿》，中国青年出版社，1997年，第181—182页

题，一是学校的基础建设问题。就前者而言，从事艺术者，多自由散漫，个性偏激，自以为是，不善克制，凡所观察社会与人生，常未能站在较客观的立场，他们分如石子，合似沙粒，很难拧成一股绳儿。故滕固感叹："职到校之始，即尽力调剂，反复规讽，虽矛盾日见减少，而和衷共济之观念，仍未能坚定。职周旋其间，未克感化其气质，而徒觉耗费时日，每一念及，深自汗颜。"[1]他之所以招梵澄前来，甚有用意，一来，遇事可有知心者商量，外出可有信任者"代理"；二来，这位留德的同行，通晓美术各门且有甚高的鉴赏力，并熟谙乐理，在异邦时还学会了弹钢琴，这样的"身手"，于授课也可以做到随时"补缺"。如此一来，无形中便生出一种隐隐的压力，告之他者：合则留之，不合则走之，从而尽量地少生教令不畅的局面。就后者而言，指地方人士，囿于自私之陋习，不但缺乏协助国家教育机关之观念，且每有设施，群起做有形无形的阻挠。如增建教室一事，征用土地，地方政府不肯负责，土地所有者多方为难，定购之木料砖瓦等，运送之际，每被军事机关截留或征购。滕校长于处理校务之外，复须作颇多之无聊的社会交涉。于此，不为梵澄所长，所可帮助者，在于财务上的"计算"与"经营"，或这后者又为滕固所疏了。

画坛耆宿丁天缺，当时是艺专的学生，据他回忆：梵澄是一个器宇非凡，风度飘逸，与众不同的老师，瘦瘦的身材，高高的个子，着中山长袍时，总是两袖过膝，昂然有些隐士风范，着西装时，多是系一条花领带，特显英俊潇洒。即使校址所处穷乡僻壤，他还是戴着顶灰色的小礼帽，与人相遇，不问是谁，一定用右手将礼帽一提，以示友好。

[1] 沈宁编《滕固艺术文集》，上海人民美术出版社，2003年，第413页。

梵澄也讲文学。同学们知道他明通西学，又是尼采的翻译者，所以希望他多讲西洋人文学术，可是他仍然从《诗经》《楚辞》讲起。丁天缺说，他来上课了，面对大家，右手摘下他那顶小礼帽，放在讲台前，然后从左袖笼里摸出一支粉笔，开口说："中国文学，渊博精深，西洋文学虽也宏伟，实难与国学相提并论。我们都是中国人，理解我们自己的文化，才是首要。"在这一学期结束的时候，梵澄给学生出了一个考题：《略论魏晋思想》，限三天后交卷。丁天缺重读《三国志》《晋书》等，连夜挑灯，写了长达22页的论文。星期天早餐后，遇梵澄，梵澄邀他相伴到小山丘上去散步，边走边说："你昨天写得那篇文章，我已看过了，你读过很多书，不错，只可惜不懂得读书的方法。"于是他把丁的试卷背了一段，然后说评语，从头到底，几乎一字不差。这着实叫丁天缺吃惊，心里说自己花了三天两夜，即使重默写一遍也是办不到的，而徐师过目不忘，真是叫人"佩服得五体投地"。

之后，梵澄约丁天缺每天晚上七点到九点，到他的宿舍里来聊天。丁说他们师生在昏黄的煤油灯下，说古论今，乐不知疲。"一星期后，徐先生又提出了一项新的工作，他口译，我笔录，翻译一本德文版的木刻史。可惜只译了三分之一，中途搁笔了。"①

随着战事的不断扩大，学校奉命迁滇，择定昆明之西的禄丰为新校址，并要求全体人员于1939年2月抵达昆明，3月正式开课。梵澄协助滕固负责学生之沿途工作及训导，鼓励大家于困难之中，认识现实社会，约束向上，以表现国家学府之尊严。滕校长对以研究生李霖灿为首的步行团大加赞许，加倍发给路费，并

---

① 丁天缺：《顾镜遗梦》，（香港）天马出版有限公司，2005年，第32—33页。

请沅陵行署发一公文护照，以利沿途的顺利通行。①

艺专先是落脚于文林街上昆华中学，后因校舍纠葛，又迁至兴隆街上的昆华小学上课。不久，日机轰炸了昆明乌家坝机场，艺专再次奉命疏散，这一次的目的地是呈贡县的安江村，村中有九座古庙，艺专借用其中五处来做校舍。

学校刚刚安定下来，一天清早，地方长老也是龙云的幕僚李根源来学校视察。当他看到男生女生在操场上无拘无束地活动时，他就大为光火。梵澄即刻想到救"火"，要为学校办点外交之事，因为这长老是正闲居在家且领袖一方风雅的人物，非常重要。梵澄把他请进校长办公室（时滕固因公务前往重庆），殷勤斟茶并与之攀谈，他们聊美术，聊诗文。梵澄告诉他老人家自己的老师是王湘绮的再传弟子，于是这位长老大大地高兴了一番，并对这位后生青眼有加。会见之后，梵澄呈诗赠李长老，诗名曰《昆明谒某丈》。云：

> 莲泺当年有策勋，飘零大树转温文。
>
> 独余燕市悲歌气，化作龙山暖谷云。
>
> 风石拓残存要妙，鸾刀荐后轸优勤。
>
> 眼中耆老风流尽，会见蒲轮属史君。

"蒲轮"，以蒲草裹车轮，使车行不震，古时征聘贤士时用之，以示礼敬。诗注曰："此诗寄出一星期，闻此公遂有云贵筹边使之命，鄙人于政治实毫无所知，末句不过随手写下，遂成前兆。"此后，地方政府对艺专十分客气了。

在颠沛中梵澄迎来了自己的而立之年，有诗《三十初度》：

---

① 沈宁编《滕固艺术年表》，引自沈宁编《滕固艺术文集》，上海人民美术出版社，2003 年。

枯槁形骸意也消，陆沉于世学承蜩。

淮南落木心徒壮，爨下知音尾半焦。

九日登山殊不恶，八骈挝壁亦无聊。

相依节物寒花善，陶写琴樽兴已饶。

1940 年 8 月，学校接到教育部的电报，告令："因越南战局恶化，危及滇边，国立艺专即迁四川。"艺专复又北上，滕固为"国立艺专学生步行抗日宣传队"题词"腹地长征"进行鼓励。见冯至《日记》载："10 月 9 日季海送行李"，"10 月 10 日早七时送季海乘车赴渝"。12 月，艺专全部迁至重庆之西的璧山。滕固因人事纠纷及健康原因辞去校长之职。梵澄也因好友的离去而辞职。

入滇这两年，对于梵澄来说，最愉快的事情莫过于与好友冯至的会面。见冯至《日记》载："( 1939 年 )4 月 22 日收季海信"，"6 月 20 日季海至昆"，"6 月 21 日季海、礼吾、声汉，在家吃饭"，"9 月 19 日鲍尔夫妇、若渠、季海上山来访……"①"上山来访"，是指访冯至的林场茅屋。那林场位于金殿山后，沿路七八里到小坝，再往前走过路左边的菠萝村，向右拐是一座小村落，名云山村，然后沿斜坡入小径，达杨家山。山谷中，路径旁，皆茂密的松林，树枝被阳光蒸发出的香气是那么沁人肺腑，进入眼帘的，是铺满山冈的鼠曲草和各色的野花。冯至的茅屋，就在一口清泉的边上，这是他和家人周末的"别墅"，空气新鲜，幽静非常，不仅可以躲避空袭，也是"疗养"的好地方。冯至在屋内安排下简单的床板桌凳，预备了一些米和木炭，一个红泥小火炉，几只肥皂木箱，就可以招待客人了。②梵澄来此，诗作《访友人山居》云：

---

① 冯姚平：《怀念徐梵澄先生》，《鲁迅研究月刊》2000 年第 5 期。

② 冯至：《山水斜阳》，黑龙江人民出版社，1999 年，第 72—73 页。

> 深入白云里，来寻处士庞。
>
> 遥山秋色澹，虚谷足音跫。
>
> 大是翔辽廓，真疑去乱邦。
>
> 苍岩万松树，荫影玉人双。

大约冯至也偶尔向朋友炫耀一下他这茅屋的佳处：出户再往上走，便至山顶，可饱览如镜的滇池；若是在林中散步呢，可闻鸡犬，可遇水牛；入夜，若是风雨交加，那么天籁的喧声则更助沉潜的研读了；至于夜晚狼嚎，则不必害怕，只要不开门便没有什么危险。这里的宁静气氛仿佛和战争不相干似的。

然而一离开朋友，梵澄又回到自己常有的孤寂的心境中了。的确，家事，现实，前途，无论个人与民族的状况，皆使他不开心。也可能，他觉得自己只有在尝享孤单时，那种幽邃的悲悯与伤怀之情才会在脑海中映现出那幅图景：乌云之下，旷野之上，一条崎岖的小路延向远方。诗作《自晋宁城南夜饭归城北寓》，特见其苍凉与萧瑟的意味：

> 秋虫吟酸嘶，孤城日已夕。
>
> 犬吠空巷静，月影独行客。

## 四、职事编纂

梵澄离开艺专后，就职于中央图书馆。中央图书馆于 1938 年 2 月迁渝，地址在两浮支（现名两路口）路，馆长为梵澄的留德好友蒋复璁。蒋复璁委托梵澄编辑《图书月刊》，并与滕固联名推荐他兼任中央大学教授。1941 年初，《图书月刊》第一期面世，"发刊词"与"编后"及各书评议，皆由梵澄一人"打理"，盖因他一人便是这编辑部，如后下南印度之室利·阿罗频多学院的华文部，也是他一人之"部"。"发刊词"面向全国知识界，不妨节录：

> 抗战以来，国家文化事业的推进，显然遭了物质上的阻滞，譬如文献的散佚，出版的减少。然而这民族的抗战，震醒了黄帝子孙的神魂，试出了我国民族亘古长存的伟大磅礴的内在的潜力。文化事业，正如其他许多事业，在物质上受到损毁，在精神上却更加完成，在惨淡辛劳的容态中，依然不肯停滞地向前飞驰，已肇端一个灿烂光华的时代。
>
> ……
>
> 这使命属于整个文化界。——我们的图书事业，便是许多文化事业中间的一支，并非不重要的一支。目前这小小刊物，隐隐愿与整个文化界分担一部分上述的责任。
>
> ……
>
> 远看西洋各国，平时这种图书杂志，屈指不可胜数。譬如纽约与伦敦泰晤士报，每周出图书副刊，详载出版消息，为读英文书的最好参考。这是眼前的大报纸，其重视国家的图书事业如此。英、美、德、法，各国皆有专于图书的杂志若干种，有许多创自十九世纪中叶，到现在有悠久的历史。此皆表现西洋国家无时无地不在注意文化方面的图书事业。明确知道国家运会所系在乎青年能创造将来，便时时注意给他们最好的精神上的粮食。
>
> ……
>
> 要有书读！要有好书读！

《图书月刊》第一卷第4期，登载了冯至翻译的由俾德曼编的

《歌德年谱》，之后连载十期，内容中断于 1807 年歌德 59 岁。原因有二：一是冯至生病，二是梵澄探亲，时在 1942 年 1 月中旬，第三次长沙会战以日军的失败而结束以后。《图书月刊》第一卷第 5 期登载了滕固去世的消息：

> 滕固……于从政执教之余辄潜心考古，撰述甚丰，著称中外。曾被东方艺术学会推为名誉会长，又被选为教育部中央学术审议会委员，最后在中央大学教授古代艺术。滕初患恶性疟疾，旋并发肋膜脑炎卒于中央医院，年仅四十岁。学术界闻之深悼云。

梵澄有了相对安定的生活。除了编杂志、授课和读书之外，他偶与馆内负责采购人员入市买书。有诗《尘埃》，序曰："与图书馆员入市买书，书亦不多，闻其议微细折扣斤斤不已，怅然愧耻。"

> 尘埃近市伯休那，西笑南图意许多。
>
> 未除结习容缁敝，稍逼功名渐鬓皤。
>
> 沉痛井函留史笔，大悲荒漠有经驮。
>
> 忧时漫许张华识，油幕何因冒薜萝。

在图书馆工作，读书当然亦是正事。休息时，梵澄常把书带回宿舍去看，这有点儿违反了制度。有个部门的主任，不好意思直接说他，就写了几条规定，如"不许随便入内""不许随便拿书"之类。梵澄"专心"拿书，没有注意到这个"通知"，倒是蒋馆长注意到了，二话不说，撕下条子，那意思是说，"徐琥例外"！为什么徐琥例外呢？因为他要写书评，为此他就要尽可能地把新出版的书籍尤其是人文类的书籍"一网打尽"。往往下班以后，他在晚上继续挑灯夜战，待到凌晨收工，洗漱时一照镜子，看到满脸已被灯油熏得黢黑了。后下有叹，说，"那时读书读得**真苦呀**！"他深知，他读书不独是为了自己，而是为着战时的所有读者在读书。后学如果检索《图书月刊》的文章，可知书评多出于他之手笔，一如他曾给《申报·自由谈》写稿，笔名随意拈来，或一字或二字。如下拣择些许，以飨读者——

他对马一浮赞许有加，见评《复兴书院讲录》：

读古书，十数载前颇为世人诟病，譬如弃衣中珠而甘贱役；久之旷莽无所适，返宅者众矣。人德固有自由，读书固有自法。所举诸必读书，亦中智十年之事也。（第一卷第四期）

纵观十篇，平易透彻，意者学人当善师其意，善观其气象，涵濡优游。譬如夫子学琴于襄子，久而后得其为人。精神入神，然后知道术有在于是矣。（同上）

纵观全书，虽旁参二氏，然纯是儒家之言。于进化论及征服自然之说有所诋谮，盖就伦理立说，学人于此不加深化可也。（第一卷第五期）

纵观此绪论二篇，温柔敦厚之旨，恭俭庄敬之义，昭然若揭日月以行。皆上接子夏，欲以直绍圣门之缀绪：一泯今文古文汉学宋学数百年门户之争，消历代治经拘杂悍党之弊，深有得乎"存大体，玩经文"之意。然而升堂睹奥，当时七十二子犹惑，况乃圣远年湮，诗轶书亡，礼崩乐坏；似此有同于顿悟，学人将叹乎登天。且条分科判，旁参释氏，备极精密，实是纯儒；然教学如扶醉人，将虑后学支离，入于狂禅解经，同于王阳明之末派，斯亦讲学之责。嗟乎！斯学之传，有待于上智之士矣。（第一卷第二期）

他对熊十力品鉴肯綮，见评《新唯识论》和《十力语要》：

熊氏融会儒释，妙契玄微久为海内人士景仰，非造次所得睹其高深。然世亲垂谕,精密深微,种子因果,巧妙莫阶,阿赖耶识,理应别有。识至析无可析,庶几空其所空。此诋穿凿,由别立意,遂以相非,未就旧论,说其非理,且诤唯识,归趣胜果,正真解脱,得大菩提。今斯新论,义将安往?但标实证,而无致之途,或者修习之道,有可遵者乎?凡此皆以俗士之见致诘。其若舍识言用,不取于相,翕辟生灭,观其恒转,见为真实,可为玄理超卓,妙解独到,要亦未离佛法,谅无间于通人矣。(第一卷第四期)

纵观诸书,皆因才说法,随意酬对,精义卓见,孋如贯珠。近来解老子之书多矣,以此释最为宏通而且明净。各书中三致意于学道宜识得本源,不从名词上翻转,亦学人所当深思者矣。(第一卷第五期)

他对金岳霖提出疑问,见评《论道》:

作者以"道"为宇宙本体,我们可以断定他是一元论者,但这一元究竟是唯心的与唯物的,就很难推知。也许作者想打破唯心唯物的界限,而认为它是一种东西,因为作者说"道是式——能",这好像就是有意避免心与物的分野。本来心物的划分也是很勉强的,因为近代物理学家眼光中的"物",实在是很抽象的,而现代心理学家所见到的"心",也失却了以前玄妙的意义。

作者是一位目的论者(Teleologist)他认为这宇宙的历程是一个有方向的历程,一直在那里"绝逆尽顺";作者并引人类历史以证明。但是人类之于宇宙,真如作者所言,不过是沧海一粟,作者以人类历史之进步表示宇宙历程之意义,似乎犯了天人同性论(Anthropomorphism)的毛病。(第

一卷第四期）

他对太虚小有批点，见评《真现实论》：

作者似尚有未见透处，往往趋新，不惜更易旧文。如第三章所知现实蕴素，言五位互法，于旧师名相位次，颇多窜乱。第四章所知事素之关系，言种现思缘，唯识定义，奘师译名，实都精确靡瑜，作者猥以俗见改之，顿伤真义。盖有不知而作也！夫古德传经，首建译场，证义证文，一字无苟，词尽信雅，故历劫不坏。今罕尊师法，靡由旧章，恐非传世久远之道也。（第二卷第六期）

他对陈寅恪略加引申，见评《唐代政治史述论稿》：

方镇之强，唐室之弱；方镇之弱，唐室以亡。史家早有定论。考其故，则犷骑设而府兵坏，召募兴而府兵废。……及禄山反，皆不能受甲，主力衰而"关中本位政策"大坏，盖自然之事也。武周秉权，初无意于恢张高祖太宗之鸿业，宜固其然，其重进士之科，亦因传统使然，未必立意破坏此"关中政策"，太宗极重文治，亦好词华，一时文风，习于取青骊白。不但太宗，晚叶之文宗宣宗，尤有文学，倘延溯之杨隋固无论矣，更溯之北朝诸国戎羌之长……莫不殷心汉化，欲以文事见长。则此初唐之关陇集团，渐濡汉化，犷悍之气，久而遂柔，驯致文采烂然，终于柔弱萎靡，亦自然之势，文武张弛之际，有莫知其然而然者。故可谓凡初唐开国所以臻强盛开太平者，已豫伏其后来成祸乱之衰微之主因。至武后期，皆皎然彰著。古谓之天命，今人视之，则人事而已。

其次欲讨论者，即皇室与士族之婚娅问题，有开成皇帝不能禁其宰相之宁以女孙适崔皋，而不愿其家人为皇太子妃，至大中期藉皇室之势，夺婚卢氏，其后君臣翁婿辛以此为深恨，帝王大相不及社会潜力，此类事即一例云云。以常识度之，非特阶级习惯之殊异而已盖李唐皇室伦常之际，有使士大夫疾首蹙额者在。武后之殃忽，宫闱之淫恶，几于尽剪唐之宗室，杀戮流奴，已不必论，然开创之际，高祖已视其孙即建成元吉之子伏诛与属籍之除而不能救；更溯之往世，则皇室闺门无礼，事迹犹多。盖当时社会表层之政治纠纷虽极复杂，而社会基本组织仍极简单，道之常者常存，迹之变者莫隐，久之，此中阴影，乃深中于人心而不可磨灭，然则当时潜势力所养成，孰致之哉，况此关陇集团，源出于夷狄，因血统之混合，故其时人物声教，皆有异常绚耀之光芒，亦因此故，与汉族礼教殊致与传统士大夫阶级相远。朱子之论，可谓精矣。

再其次欲讨论者，则士大夫党派之争是已。以科举进身之阶级，与高门大族进身不同，其社会背景不同，即其心理背景之殊异。倘系世家大族，往往不屑竭尽以邀恩宠，禄位易得，可安流平进，名望固有，或不以物务关怀。新进则不然，新进多自寒门，希荣取宠之意较切，门生座主之投分亦深，故宣力勤而驱策易，团结固而斗进力。无形之中畀倚资深，权势遂大，其势力有不得不然者，牛党之终于胜李党，盖由此也。（第三卷第二期）

这几乎是他一个人活跃的舞台，一个人酣畅的"战斗"，面对的却是全国的知识界。

还有一事需要提及：图书馆有便利条件，可以浏览全国各时期各地区的报纸杂志。梵澄看到了许广平先生写的文章《鲁迅和青年们》，刊登在 1938 年 10 月第二卷第一期的《文艺阵地》上。文章涉及自己的内容有三节，即"23. 意见相左；24. 为社会造材；25. 最后一面"。梵澄无以表之，作诗《杂感》，绝句八首，以记黯然。其中第七首云：

> 访道曾经立雪深，时于艺圃惜亡簪。
>
> 从兹怕结忘年友，不耐心哀怆楚琴。

尾注曰：

> 昔年余居沪上，值旧历元旦大雪，因呈鲁迅先生长律三十余韵，其起句云：夜起千门战，风飘一旦开。中有句云：惧流羌笛怨，易结楚琴哀。后皆成谶。

中句为隐语（廋词），他渴望鲁迅明白他的心思。他想以先生之老成，当无问题。然而这自我安慰，并未怎样驱散他心中郁积起来的愁绪，反而犹如阴霾的黄昏渐渐地落幕，欲发沉重了。当然，亦另有原因在，那就是长沙在 1941 年经历了两次大规模的会战，他的家乡，他的亲人，正遭受着战火的涂毒。

继 1939 年第一次长沙会战之后，1941 年 9 月中旬至 10 月上旬和 12 月下旬至 1942 年 1 月中旬，中、日军队又展开了激烈与残酷的第二、三次长沙会战。1942 年的春节，是阳历的 2 月 15 日。1 月底，梵澄带着焦灼与不安的心情回乡探母，直到元宵节过后才返回重庆。为弥补这一段工作上的空缺，他拉来朱偰替他编辑杂志，时朱偰已被孔祥熙拉去做了财政部专卖局局长。见《图书月刊》第二卷第三期，有评论曹禺《北京人》的文章，署名"孤鹏"，一望便知这是朱偰的笔名。朱偰上学时也弄戏剧、写剧本，且诗文中时有"孤云""鹏举"的词汇。他说与西方大师们相比，在曹禺的剧本中少了些"静穆"的意味，文章末尾是鼓励的话："然而'来日方长'，我们正不妨静观他的进展罢。"他比曹禺大三岁，亦不碍有点儿兄长似的谆谆期望也。

滕固、梵澄两位老友到渝，朱偰真是满心欢喜，他在 1940 年 10 月 25 日的日记中写道："若渠、梵澄枉驾江干草堂，秉烛夜话，抚今思昔，慨然留句。'……十年夜话沧桑事，聚散从头细揣摩。'"又："傍晚赴聚，偕若渠、梵澄归寓小酌，十年不见，灯前夜话，弥觉多情，各有诗以记其事。夜深始睡，二子留宿。"

见《孤云汗漫——朱偰纪念文集》诗部第一卷《感遇集》，这一年有三首诗与梵澄有关，《赠梵澄》（1942 年）、《与梵澄行吟珊瑚坝上》（1942 年 3 月 9 日）、《题佛图关下梧桐》（1942 年）。诗中之珊瑚坝，位于渝中区长江主航道之左侧，为长江河道淤积形成的自然沙砾洲，每年十月至次年四月，珊瑚坝之坝头和坝尾与长江左岸相连，五月至九月，呈江心洲，而长江出现洪水时，则完全淹没于水下。想二子当年自图书馆下至菜园坝，又漫步至洲上，临风依水，望远行吟，真别乃一幅情景。朱偰诗云：

> 空江何浩荡，鸥影自沉浮。
>
> 霭霭春山暮，悠悠碧水流。
>
> 沙明原上岸，人语水中舟。
>
> 极目沧州路，归云不可留。

上述三诗之首诗朱偰有句："我客巴渝瘴疠地，君走潇湘寻旧屋。""长沙烽火客心惊，两度举室奔穷谷。"末诗之"佛图关"，在两路口之西偏南，路程倍于至珊瑚坝的距离，梵澄亦有诗《佛图关上梧桐》。

朱诗云：

> 岁晚东岩下，秋风日暮时。
>
> 众芳何冷落，孤干独撑持。
>
> 劲草追修竹，高风振碧枝。
>
> 岁寒将焉往，遗世更无辞。

澄诗云：

> 胜地栖鸾影，兹山非驿阳。
>
> 风枝青雾露，雨叶韵宫商。
>
> 势压江潮远，阴连石脉长。
>
> 高标同沆瀣，秋色在崇冈。

二人诗各有"岁寒""秋色"句，可见佛图关之游在秋季。梵澄另有诗《佛图关行散与友生偕因赠》，其中有句曰："西眺憬青城，南图思楚越。"诗末尾注曰："君越人，余楚人"。"越人"，亦指朱偰。

这一年，壬午年，5月20日，是滕固逝世周年的纪念日。梵澄作诗《悼友》以抒怀念之情，前引说："滕若渠既没之，明年，余始克悼。以芜词内恕孔悲，将以倾其积惊，澹然忘怀。"他称赞好友的气度与学识，"豁达怀冲虚，清浊混浩茫。壮气逸奔骏，惊才飘翠鸾。儒素服周孔，法治研申韩。论道犹发蒙，治学拟累丸。"他褒奖故人的公心和忍力，"解纷情独瘁，扶醉力欲殚。嗫沓遭疑谤，不变中心丹。"又回忆共同迁播之历程，"艺校数迁至云南晋宁县安江村，开课一年，屡属余为文记之，立石其处。会校又迁蜀，余亦风尘仆仆兹事遂已。"正是"先春发鹡鸰，嗟致蕙草残。风尘会迁播，珉石虚镌刊"。末四句曰："荏苒多夏徂，终戢四寸棺。霜简夙昔意，穗帐凄余寒。"尾注："此诗发表后，当时国民党人大有讥议者，未置辩。"时梵澄的心境依然暗淡，有诗《支离》：

支离事业黯销凝，一卷相于圣得灯。

学道自知墙外立，呼航谁与渡头应。

勤翻蘂纸研新味，懒陟苍山礼旧僧。

澹遣哀愁欲无语，赏心曾是玉壶冰。

## 五、初识云山

这一年秋天，梵澄认识了一个人，或说这种认识只算得上初识，但很重要，这关乎双方日后一段刻骨铭心的感情经历，并至死不灭。这就是岭南女杰，画家游云山，后人称晓云法师，在台湾甚享盛名。1942 年春夏之交，云山由桂入湘，赴一阵地长沙丝苗山写生。她面对那荒凉的山色，杂陈的土堆，心中久久不能平静，她想到为民族生死存亡抛头洒血浸透这块土地的将士们，她就感到胸中有万丈豪情……她奋笔疾书，记录下当时激动人心的感受。然后，她又赶到湘雅医学院，速写了两幅被日机炸得稀烂的校址。云山离开长沙，随中央文化协会经黔入蜀，来到陪都，她的画作和关于长沙战迹的长篇报导，在《中央日报》上分两日登完，引起了在渝各方人士的关注。

不用说了，梵澄一定细读了文章和细阅了画作，原因很简单：第一，长沙是他的家乡；第二，云山是他的同行。游云山的画展《桂林风景，长沙战迹》，十月在两路口的中苏友好协会举办，举办会场若一教室大小，安排画作八十余幅，开幕那天上午，各界政要精英络绎不绝，颇称"盛况"。[1]就是说，画展受到了普遍的欢迎，这其中之原因，除了大家的抗战热情与鉴赏兴致之外，恐

---

① 晓云法师：《环宇周行前后》，（台湾）原泉出版社，1995 年，第 518，519，530 页。

怕还与云山女士的个人风采有关。时云山女士正值而立之年，作为艺术家正富于创造能力，作为女性正臻至丰满与成熟，她白皙（戴眼镜）、高挑，着一袭灰色旗袍，显得既风姿绰约又举止鲜健，既气质典雅又态度清蔼，毋宁说，她自己本身就是一幅"作品"，使人过目"不忘"。画展近在咫尺，梵澄去参观或不止一次，可想两个人的相识是在情理之中的。若梵澄独自去，初次的寒暄是必不可少的，两人皆人中挺拔者，又皆赋审美造诣者，且年龄仿佛，于是彼此一瞬的印象，如相机按下快门，一下便摄入各自的心田了。

若梵澄携蒋复璁去，短暂的谈话又是必不可少的，蒋会告诉她梵澄是她的同行，他们共同的好朋友滕固又是她老师高剑父的朋友和同事；梵澄会感谢她宣传了他的家乡，并说她的桂林山水画作中多有禅意，她肯定与佛教有缘了，那么，为什么不去印度呢？而他自己，早计划好要去印度了。云山回答说自己是一定要去印度的，这念头已经酝酿了多年了。那么，好了——后会有期！不会再多说什么了，因为依梵澄的性格，对女性的态度是尊重并也是略略拘谨的，非如某些风月诗人，一见钟情而火山爆发，然后倏然又冷却下来。

## 六、莱茵君子

中央大学位于沙坪坝的松林坡，在嘉陵江南岸，景致殊胜。嘉陵江水自西北而下再往东去，宛如一姣好与温柔的女子款款而过。特别是在雨过山净、空气一新的时候，听江水哗哗作响，看远岸篙舟隐没，则更觉其生动和妩媚了。梵澄《蓬屋诗存》卷一有诗《暮春访中央大学诸友因同游盘谿分韵得石字再得谿字》和《与诸友登虎头岩分韵得色字》；朱偰亦有此两诗，不过前首分韵得

"游"与"庄"字，后首分韵得"春"字，日期为 1943 年 5 月 8 日和 16 日。同游还有同任教于中央大学的留德好友欧阳翥和陈康。见朱偰 5 月 8 日记载："午后渡江游盘黯，登最高峰，四面青山拥翠耸黛……风光之佳，超乎文辞之外。小憩亭中，凉风习习而来……"又见 5 月 16 日记："梵澄来访，铁翘（欧阳翥）、忠寰（陈康）随至，各出分韵诗，梵澄系古风二首，铁翘系五言律六首，皆甚有工力。余七律二首，风致稍佳耳。"又记："铁翘、梵澄即景写诗二首，余亦和之。傍晚三君去，本日分韵'春色在东郊'，余得'春'及'在'二字。""风致稍佳耳"，朱偰对自己的诗是自信的，虽"春色在东郊"五字分韵，然朱偰一气作了五首，包干了五韵。择出"色"韵与梵澄诗比读，可加玩味：

> 佛图高不极，虎踞巴江侧。
>
> 拔地嶙峋状，干霄金翠色。
>
> 云生万壑暝，月落千嶂黑。
>
> 我欲登绝顶，临风望西域。

梵澄诗：

> 坏堞低黄云，古瓦自苍黑。
>
> 幽花杂石径，眺望惬登陟。
>
> 壁垒森鸱张，深江划南北。
>
> 丛篁翳翠微，辉辉丽春色。
>
> 悬崖控飞瀑，骏奔快羁勒。
>
> 上与玄霄摩，仿佛星辰逼。
>
> 于兹怀往圣，心焉王四国。
>
> 旷世无灵奇，茫然睎八极。
>
> 一闻笳吹哀，苍生我心恻。

宇宙安所穷，情生泪沾臆。

欧阳翥，字铁翘，湖南长沙人。早年就学于南京，毕业于东南大学心理学系。他为学颇广，诸子百家文艺说部，以及晚近各国哲学科学著作，无不涉猎。1929 年 2 月赴法研究神经解剖，又赴德研读生物学、人类学，尤致力于大脑组织之研究，在国际学术界颇负时誉。1931 年"九一八"事变，日本帝国主义开始侵占东北，柏林留学生激于义愤，组织抗日救国后援会，从事国际宣传。朱偰与欧阳翥同为发起人，共同奔走，撰文告宣言，作演讲报告，朱、欧二人的友谊自始而起。1933 年，欧阳翥获柏林大学博士学位。1934 年 7 月，出席伦敦第二届国际神经大会。时有英国殖民地学者、香港大学教授施尔石出席该会，讲演题目为《中国人脑与澳洲人脑之比较》，其文诋毁黄种人，抬高白种人，他说："中国人脑有猴沟，曲如初月，于猩猩为近，则其进化不若白人之高。"欧阳翥习闻其说，尝遍游英、法、德、荷等国，所至搜集证据，思有以辩其诬。结果是，众意皆以欧阳之说为是。回国以后，亦入中央大学，任生物系主任，与朱偰常相过从。然二人所谈，皆非所学专业，而论文艺诗词，每谈汉魏六朝以迄唐宋诗家流派，若合符节。抗战迁渝，过从更密，朱撰《杜少陵评传》，欧阳为之作序；又每论时局，则慷慨激昂，热泪盈眶。他是孝子，时时挂念家中老父，却因与妻不谐，故多离群索居。他接人待物，极为热忱，尤喜爱孩童，如梵澄二哥，孩童皆乐追随之。新中国成立以后，欧阳家中以地主成分，首被斗争，藏书星散，财物被分，但他深明大义，要求家人不得抵触。1950 年抗美援朝，南京市市长柯庆施召开座谈会，欧阳首先发言，表示拥护。1952 年院系调整，他辞去生物系主任一职；又以思想改造，被停止授课，时又身患痢疾，不免产生厌世情绪，遂赴井自戕。[①]"呜呼，人孰不爱其生，铁翘之出于此，又岂得已哉？"

陈康，字忠寰，1902年生于江苏扬州。1929年毕业于东南大学哲学系。1929年秋至1930年夏在英国伦敦大学学习。1930年秋转往德国，从 Julius Stenzel 学希腊哲学，后来主要从 Nicolai Hartmann 学习，在后者的指导下，于1940年取得柏林大学哲学博士学位。1940年回国以后，先后任西南联大、中央大学、北京大学、同济大学等校教授。1948年秋任台湾大学教授。1958年赴美国，历任多所大学的教授，后年老退休，留居美国，卒于1992年。陈康是我国希腊哲学研究的开山祖，他最重要的作品，有1944年出版的译著《柏拉图巴曼尼得斯篇》（重庆商务印书馆），有1976年以英文出版的研究亚里士多德的著作 *Sophia: The Science Aristotle Thought*。他在后者的序言中谈道：他受北大"汉学"传统的影响，对"古学"产生了兴趣。他重读了耶格尔（W.Jaeger）的《亚里士多德》，研究方法发生了改变，即用发生的方法代替了系统的方法，研究对象也扩大为包括亚里士多德的本体论和神学两个方面。在前书的序言中，陈康自信地说道：

> 现在或将来如若这个编译会里的产品也能使欧美的专门学者以不通中文为恨（这决非原则上不可能的事，成否只在人为！），甚至因此欲学习中文，那时中国人在学术方面的能力始真正昭著于全世界；否则不外乎是往雅典去表现武艺，往斯巴达去表现悲剧，无人可与之竞争，因此也表现不出自己超过他人的特长来。[②]

① 《孤云汗漫——朱偰纪念文集》，学林出版社，2007年，第240—241页。
② 陈康：《论希腊哲学》，"编者的话"，商务印书馆，1990年。

陈康的研究具有开创性的意义，因为自两千年以来，尚未有人用发生学的方法研究亚里士多德，故陈康之希腊哲学研究不仅为中国之最，亦已站在国际学术界的前列了。

但陈康一出自己的研究领域，格外低调。见朱偰所记友人唱和，每每陈康参与其中，却未留片句诗作。滕固在 1932 年 6 月 26 日赋诗送朱偰回国，有句说陈康是"雅典贤人"，他这样夸赞其他几个朋友："宗岱欣然诵佳句，君培覃思作清吐；从吾史余敦旧睦，慰堂巧啭遍云谱；湘南学子擅文辞，雅典贤人缅往古；……"①梵澄亦有与陈康诗《某道兄归国见访因赠》（癸未，1943 年），说陈康甚解文艺，"柏林忆昔初相见，谈艺论文有深眷"。然这位道兄涵养虚衷，从不与人争锋，"当时豪彦争低昂，各抱奇器夸门墙。唯君端简尚玄默，独与古哲参翱翔"。此尾有注："古哲谓柏拉图与亚里士多德"。那天的情景是：梵澄正在午睡，忽听有人叩门，并呼"徐琥"，他听出陈康的声音，急忙跃起，开门迎客，"忽惊故人来在门，倒屣急豁双眸醒"，"握手今看两鬓霜，一十四年如掣电"。梵澄当时予友人以很高的评价和期望，见诗之后半部：

> 君留太学恣潜研，关西清节同吞毡。
>
> 升堂睹奥已无两，急纾国难归来翻。
>
> 滇池定波明古绿，迤山翠黛螺新束。
>
> 南国春风蔚众芳，玄言析理森寒玉。
>
> 食羊则瘦蔬岂肥，广文冷骨颤秋衣。
>
> 不于市井逐乾没，乐道知复忘朝饥。
>
> 见君神旺作豪语，大业恢张仗伊吕。
>
> 中兴佳气郁眉黄，莫向蜗庐论凡楚。

① 朱偰：《行云流水》，钟山书局，1933 年。

生活如常，梵澄编辑，读书，无甚声响，自己独处时，仿佛他这个人不存在似的。只有与朋友郊游，聚会，才可以听到他那带有乡音的笑谈。朱偰常来，为的是呼吸一下新鲜空气，他身置官场，快让那混浊的环境窒息得透不过气了。朱偰本色书生，实怀一腔报国热情，抗战爆发，他以"抗战时期应一致对外，而抗战欲得最后胜利，财政实至关重要。自己学的财政，国家需要孔殷，自当竭尽所能"之大任应聘财政部简任秘书，原计施展抱负，却未曾想所提良策多被冷落，诸如主张提高所得税率，施行战时利得税，加强经济防线，调整关税壁垒等，因此郁郁不快。然实情却是：国民政府控制力松弛，官僚机构效率低下，加之营私舞弊，贪污腐化……其颓败迹象已无可挽回。朱偰的回忆中有这么一件小故事：一次他因烦闷便去找梵澄聊天，"梵澄坐在我对面，静静地抽着烟斗，听我诉说，那神态仿佛是方外之人……后来，他随手抄了些字给我，我一看，原来是黄山谷的诗句：'荣华富贵两蜗角，险阻艰难一酒杯'。"或许这一态度对朱偰不无"震动"，其后朱偰也书写了十四个字以自案，"俯仰徒增身世感，且从鱼鸟学浮沉"，既然所处"人非有为之人，事非可为之事"[1]之境，那么，侧身其间，少争闲气，涵养能力，以俟新局，就不可谓是不端正的态度了。

索《朱偰日记》，在此前，仍有可录者——

1941 年 4 月 13 日：

> 徐梵澄兄来访，偕往西南冈峦深处散步，小坐滴水岩前，纵谈往事，并论古今诗词，继又登高巅品茶，在寓用饭。午后偕梵澄进城参观中央图书馆摄影展览会并读梵澄近作，其

---

[1] 《孤云汗漫——朱偰纪念文集》，学林出版社，2007 年，第 55 页。

五律效法中唐，尚有工力。

1942 年 3 月 8 日：

> 梵澄诗在晋宋之间，其调不为不高，余则刻意汉魏，汉魏不能，则学步兵，总期有胜之。然梵澄亦自为劲敌，胜之不易也。

1943 年 10 月 5 日：

> 梵澄近与慰堂意见不合，慰堂因处处失意，与同事相处不佳，故官员纷纷求去云。

1943 年 10 月 9 日：

> 徐梵澄来谈，并刻赠图章一方，颇饶古意。偕往南区公园散步。梵澄俯仰身世，感慨万端，加以环境恶劣，空气沉闷，亟思摆脱图书馆。余劝以善晦待时，目前自己从事自己之研究工作以寄托兴趣，多增活动以增体力，广事交游以遣烦闷，必如是方可脱然无累。三时归。

1943 年 10 月 19 日：

> 梵澄亦至，谈中央图书馆环境恶劣，不宜再留，决回湘一行，拟托余留意车辆云云。

1944 年 1 月 14 日：

> 徐梵澄来访，谈归湘事。[①]

## 七、阻于黔桂

1944 年 3 月，朱偰拟赴黔、桂、湘三省，视察专卖业务，邀梵澄同游衡岳。梵澄欣然接受，这不仅意味着他将再次回到家乡，而

---

① 转引自朱元春《性情之交，世外之交》（手稿）。

且他早就盼望着和这么一位旅行家朋友，做一次长途跋涉。3月7日，两位朋友边喝龙井茶边讨论行程"大计"，各作五言，梵澄诗题曰《与友人同品龙井茶时拟同游南岳因简》，末句有云：

> 便约潇湘去，回雁观晨霞。

> 沆瀣太古云，更试石廪茶。

朱偰诗题为《将游衡岳答梵澄》。朱偰情深，多叙友谊：

> 我家东海上，赤城看紫霞。

> 君居潇湘浦，负郭耕长沙。

> 相逢江海客，结交意气加。

> 烟雾真成癖，汗漫岂是夸。

> ……

> 君今动归思，云山望中赊。

> 我志在衡岳，登临瞰岭岈。

> 回雁峰前月，朱明洞里花。

> 遨游且骋目，云水莽无涯。[①]

3月17日晚，梵澄渡江至南岸海棠溪。3月18日一早，与朱偰会合，同行者并司机、警卫共10人，乘一军用卡车，9点30分出发，路线先南过黔，其次偏东过桂，然后北折往湘。当天，便经綦江了，綦江在江津注入长江，在中上游，三江处和赶水处有两流注入其中，其源头在黔北之古夜郎国。綦江清碧如带，流波甚驰，汽车沿河蜿蜒，在万山丛中犹如一只小小的甲壳虫在蠕动。其时正近春分，南国已暖，雨水正沛，湿气凝成大雾，隐没了层峦叠嶂。那一条条带着喧哗之声的山涧急泻而下，更有嫣红的杜鹃花从岩石缝中伸出了。

---

① 《孤云汗漫——朱偰纪念文集》，学林出版社，2007年，第475页。

次日，车入黔境娄山关，山势更奇，道路更险，朱偰忽发诗兴，在车上即吟一首：

叠障连霄碧，苍崖拔地青。

逶迤波不定，磅礴势难行。

万笏朝天阙，千岩拂众星。

何年平险巇，高卧走云轺。[①]

梵澄助兴，步韵遂和之：

潜鳞输浪碧，苍隼入烟青。

树倒谿垂影，云深山遁形。

阴多疑暮雨，花乱飐春星。

蜀道今如砥，悬岩过辅轺。

3月20日，车过乌江，朱偰作诗《乌江渡》，形容乌江奇险的气势，"绝壁障急流，嶙峋无寸土。汹若千军奔，势如连万弩。"又想到王阳明"居夷处困"，从得罪，受杖，赴谪，到修为，见道，又至"夷人亦日来亲，以所居湫湿，伐木构龙冈书院，及寅宾堂，何陋轩，君子亭，玩易窝，以居先生"[②]的经历，不禁悲从中来：

缅怀阳明公，儒化移邹鲁。

岂伊地气固，亦赖德教抚。

至今西南夷，生民遂安堵。

临流长太息，神功怀伯禹。[③]

3月21日，一行人到达贵阳，时任贵州省政府主席的吴鼎昌（1884—1950，字达诠），在花溪设宴为重庆客人接风洗尘，二子

---

① 《孤云汗漫——朱偰纪念文集》，学林出版社，2007年，第558页。

② 转引自徐梵澄《陆王学述》，崇文书局，2017年，第80页。

③ 《孤云汗漫——朱偰纪念文集》，学林出版社，2007年，第558页。

真是"未试石廪茶，先饮茅台酒"了。吴氏甚通诗文，又长商业
运作，1926 年曾与胡政之、张季鸾合力创办大公报新纪公司。席
间他与朱、徐二人把酒论诗，甚为欢欣，朱偰留有诗作《花溪步达
诠主席原韵》。吴主席要他们在贵阳小驻几天，参观一下当地的
名胜。这样，他们离开贵阳，在 3 月 24 日。一行人从贵阳出发，向
东偏南先至都匀，然后再经独山，过荔波（玉屏），入桂境达河池。这
一段距离，大部分在黔南道中，山势更异，路径更岖，时履古道，随
见烟瘴，知是此方民愚未识，野烧耕植，已入荒蛮之域了。3 月
25 日，早六时，车自贵定向独山驶去。朱偰在日记中这样写道："四
山仍荒凉，竟然不毛，一路人烟亦甚稀少。车驶至马场坪折而南
驶，山势陂陀，愈驶愈低，以午抵都匀进饭。自贵定至此天气甚
寒且有细雨，至是放晴，一路南下，气候转暖。抵独山凡一百六
十三公里，天气已如初夏。将抵独山四公里处，有车翻于道旁，死
伤颇重。军警令停车载伤客驶独山，梵澄下车不幸失足，跌伤右
臂且昏厥，急救至独山医治，由税务征收局毕局长照料。"①

　　一行人在 3 月 26 日入桂境河池，次日转乘火车至柳州，又由
柳州往桂林。一路之佳山水，那青流如镜、碧溪似练、孤崖嶙峋、
群峭争秀之美色，朱偰无暇顾及，他只有一个念头，马上赶到桂
林，为梵澄医伤。抵桂林，梵澄入当地医院，大夫告之：伤筋动
骨一百天，三个月的病房是要住的。朱偰为他办好手续，嘱他安
心养病，好好休息。梵澄以为臂伤不妨碍行走，当地的名胜是要
浏览一下的，于是随朱偰在 4 月初的几天游历了七星岩、月牙山和
象鼻山等处，两人又留诗作。不几日，朱偰因公干赴衡阳，这次
他未携老朋友，盖因怕梵澄旅途劳顿，臂伤不易恢复，他本人则

---

① 转引自朱元春《性情之交，世外之交》（手稿）。

吃了"独食",不忘一游"回雁峰",有记:"按衡山七十二峰,有四峰隶衡阳境。""尤以回雁峰名色典雅,为辞人所吟咏。""山左有岳屏书院,右有船山书院,为湘文化中心。"4 月 10 日,从衡阳回到桂林的朱偰即飞重庆,梵澄来别,朱偰执手告之:回去即与蒋复璁商量,图书馆的工作找人替代,待臂伤愈合,先返长沙探亲,再计返渝日程不迟。二人互道珍重,分开了。

梵澄的伤势一天天好起来,战局却一天比一天紧张。已处于战略守势的日军欲作最后的反扑,于 5 月下旬,集中 12 万兵力发起湖南战役。国军的兵力虽倍于敌军,并且积极应战,但未能阻止日军的推进。6 月 18 日,日军以重兵攻击长沙,并有多架飞机狂轰滥炸,炮兵亦放射毒气弹,市内守军伤亡严重,纷纷向浏阳突围而去,下午,长沙城全部落入敌手。6 月 20 日,醴陵、株洲、渌口、湘潭相继沦陷。6 月 24 日,衡阳被围,双方攻守战以更大的规模展开。6 月 29 日,日军使用芥子气攻城。6 月 30 日,日军陷衡阳飞机场。战斗一直持续到 8 月初,8 月 3 日,在日机轮番轰炸后,日军开始第三次进攻。至 8 日,守军弹尽粮绝,弃城,衡阳败陷。此次衡阳保卫战,守军 4 万多人,与敌浴血苦战,给彼之重大杀伤,且守孤城 47 天,创战时最长纪录。[①]

梵澄每天关注着有关长沙的战事报导,一方面,他为中国将士的英勇气概所振奋所鼓舞,另一方面,他又为故乡罹难、家音不通而心焦如焚。时有《养病桂林闻湘北之战》诗,前引云:"长沙三次争夺战未陷敌手,然全城亦经焚毁,人民苦矣。"

一春花事雨声中,眼倒魂翻药院风。

---

① 齐福霖等编《中国抗日战争大事记》,北京出版社,1997 年,第 615—626 页。

关塞战云屯堑黑，潇湘兵火彻天红。

三求赤水珠犹在，四摘黄台蔓亦空。

垂死惊心时强起，捷书翘首盼飞鸿。


漓江春水自清佳，撷集蓉裳薜荔绹。

小立鸥波摇定影，归飞鹏背隔天涯。

浮生白发金难变，随处青山骨可埋。

蒿目虫沙尘劫永，不缘长病累心斋。


## 八、滇中盘桓

回家乡已不可能。7月初，梵澄决定先到昆明去找冯至，然后再做回渝的打算。路过柳州，留诗《柳州过子厚祠堂时为戎装者所据未入谒》，有"华夏兹倾危，中原满倭骑"，"潇湘军气墨，十室九况瘵。今昔哀江南，苍黄问天醉"句。8月初，梵澄已在昆明，有诗《重游翠湖别兹盖四年矣》，下半阕曰："千劫浮生疑梦魇，四年余马惜恓惶。衡阳雁断秋葭满，已定惊魂默自哀。"尾注云："时衡阳正沦陷"。

冯至一家三口住在钱局街的敬节堂巷，此街由文林街向南转入，其巷有一口井，冯至家租住了三间北房，梵澄来，占用一间便是。梵澄乐意和冯至一家人相处，既安静又和平；冯至一家也喜欢这一位朋友，既聪明又风趣。冯夫人姚可崑知道梵澄颇谙书法，便要他教女儿冯姚平习字，她把旧报纸叠成几个大格子，叫女儿写九宫格，每天练习，次次讲评，佳处表扬，败笔批评，其实梵澄只起到了示范的作用。冯姚平正上小学，天真烂漫，对这高个子的徐叔叔十分好奇，常喜欢到他的屋子里去玩，看他刻字，画画，感到很新鲜，梵澄总是笑眯眯地看着她，回答她的问题，讲些小故事，偶尔还教她下下棋。冯姚平回忆说那里的气氛很宽松，很平等，要是翟立林和夏康农伯伯来了，他们三人就下围棋，谁也不说话，眼睛都盯着棋盘。他们其中有人若发现小姚平在，便给她一点零钱，差她到巷口去买一包花生米，分出一份给她，然后一边喝酒，一边下棋。小姚平放学回家，总爱到徐叔叔那里先看一下，他放下手中的工作，笑着叫她去买花生米，然后把桌子上的稿件一推，空出一小块地方，摊开花生米两人分，"大胖子"花生米归小孩，"小瘦子"花生米归大人，然后各自收好花生米，去做各自的功课。冯姚平还回忆道：

> 他的屋里还有一些有意思的事，比如用酒精灯炖肉，肉很肥，不放水，用微火炖；或用父亲一个小花瓶当烛台点洋蜡，以致把花瓶烧坏了，等等。对前一件事，父亲说："徐琥你胡闹！"对后一件事，父亲可就耿耿于怀了，因为那是他的德国好朋友鲍尔送给他的，是他的心爱之物，他说："徐琥你真荒唐！"而徐叔叔只是顽皮地对他笑，父亲拿他这位老朋友也没办法，想起来时，再说一遍"徐琥你真荒唐！"而那位还是歪着头笑。①

冯至家离翠湖不远，翠湖乃昆明市内一名胜处，水上有洲，绕洲泛水，是一极佳的休憩之地。时值秋日，阳光煦和，菰蒲杨柳，碧波荡漾，荷叶正阔而高举，莲藕正肥而待采，真有一番难得见的和平景致呵。翠湖有图书馆，梵澄常去看书，查资料，有诗《翠湖图书馆阅书暮归》：

> 湖山掩卷夕阳边，庭院松香起爨烟。

---

① 冯姚平：《怀念徐梵澄先生》，《鲁迅研究月刊》2000 年第 5 期。

门外虚襟闲伫立，芙蓉摇影落清涟。

中秋，值阳历 10 月 1 日，与友人泛舟滇池，因登龙门夜归有作：

树鹊喧群暝，篙舟系晚烟。

人归碧鹜月，秋醒玉湖莲。

影静鸥波淼，霜初雁唳传。

星花萦薄醉，山翠落眉边。

此时梵澄已知母亲及三哥携家人走广西避难于遵义。10 月 26 日，梵澄 35 岁生日，虚一而 36 岁，作诗《生日书四百字》：

抚运惜颓波，吾年三十六。

忧患谅独多，日月如蹴踘。

一登衡岳峰，旷放穷远目。

摄念礼觉王，遐心向天竺。

苦行未能践，退然抱幽独。

遁逸禀微尚，蜗庐思卜筑。

……

端然振人纲，乃在文教毓。

大计百年善，炙艾三年蓄。

西海挹清澜，为霖济炎燠。

重回天眷深，安土生民育。

七十已过半，毋为长碌碌。

勉为君子儒，惕厉消莝轴。

1944 年 12 月上旬，日军停止西进，滇渝交通恢复。梵澄启程，有《别滇中诸友》诗云：

何处安瓶钵，临分一黯然。

岁寒星作角，空外雪迷天。

> 远指三巴路，难寻七祖禅。
>
> 无生如可学，吾欲问中边。
>
> 楚乱归无计，滇游亦有缘。
>
> 储书容问字，鞮译最磨坚。
>
> 通陌随时贱，生灵剧化迁。
>
> 白头青眼在，相对更谈玄。

尾注："此游仅为友人校译稿一部，他无所为。"

梵澄抵渝，即得二哥信，告之不作稍息，迅速一同赶至遵义，因母亲详细地址已得，且大哥亦由湘往黔。梵澄激动万分，真乃"遥知倚闾处，喜极泪沾巾"。至于路线，与春天南行同，经綦江，桐梓，过娄山关，到遵义。夜宿仍在东嶅，下榻处亦为熟人，加之徐二哥以官员身份，招待自然热情周到。山中夜深，万籁俱寂，只听得水激浪花风吹草木之声。兄弟二人饭后在野径上漫步，各自讲述了几年来的经历，梵澄还说起了与朱偰同驻此地的情景：他的好友与他大谈李太白、永王璘的故事。徐二哥也对小弟说出了憋在心底好久的话：当年梵澄回国奔丧，应再返欧取得博士学位，大哥不予支持，实眼光不够长远。梵澄回答，都过去了，都过去了。其实，大哥对他实在是太好了，每次他离开家，大哥都**要给他炖一只乌骨鸡吃**，"乌"即青色，"青"与"亲"同音，意味着"亲骨"兄弟之情。[1]正是"东嶅暮投止，怀旧只凄然"。第二天，车过娄山关，他想起了上次过此险隘与朱偰的唱和，不禁感慨这一年之中**的甚多变化**。而当下已过冬至，山顶寒气透襦，山树冰生缀晶，人**车蜿蜒如萦带之蛛**，不禁又令人生起孤零之感，渺小之感，然而

---

① 《詹志芳日记》（手稿），1999 年 2 月 5 日。

梵澄是喜欢这种"与天为伍"的感受的，正是"吾怀甘澹泊，亦未厌崎岖"。

战乱时节聚首不易，况且又远在他乡。一家人汇合了。母亲见儿子们全须全尾，已经感到是莫大的安慰，至于几年来的战火播迁，流离颠沛，其中种种的磨难也不必多说。母亲老多了，头发稀疏了许多花白了许多，身子也伛偻下去，双手干枯如枝。梵澄陪母亲坐在床沿，握着她的手臂，悲从中来，不住地啜泣，三兄长则围站在旁各自垂泪。母亲说：好了，一家人团聚了，不要难过，高兴才是。当晚，全家人举行了一次家庭会议：二哥首先"发难"批评大哥，说当年小弟欲返柏林拿博士学位，未果，之后谋职屡遭拒绝，结果怎么样呢？省去的费用还不是随着动荡的时局打了水漂。大哥也作了检讨，说他非常后悔，并说早知现在何必当初云云。倒是三哥与小弟打了圆场，说大哥孝敬父母，苦撑家门，太不容易了，大哥之所以做出那样的决定，是为了全家的利益考虑。后来，梵澄告诉母亲和兄长们，他要到印度去，参加中印文化交流。母亲是欣慰和高兴的，儿子翅膀长硬了，可以飞得很远，她对佛教尚有好感，以为那是一方和平的国度，她想当年季子只身赴欧，回来后还不是长了一身本事么，去，一定要去，这是大事情。大哥也表了态，说二弟与四弟去做自己的事业吧，家中有他和三弟照顾母亲，请他们放心。梵澄与二哥在家住了些日，其乐融融，于此不表。

## 九、心向"西天"

朱偰有《赠梵澄》诗，写于 1945 年 1 月 25 日。可知梵澄当时已回到重庆。诗中写道：烟花三月，桂江一别，匆匆又逾半载。想暮春时节，莺飞草长，花木葱茏，本该携友或合家去做胜游。可是铁蹄南下，哀鸿遍野，失地陷城，流民无所，真是令人痛心疾首呵！今日一见，虽是"寒风嗖嗖巴江口"，但时局正变，山川已非，胜利的曙光快要出现了：

> 政令再宽天地新，与民更始共相亲。
>
> 海外已传收吕宋，宇内指日庆一统。
>
> 八道并进征扶桑，岛夷震慑意彷徨。
>
> 今岁势成擒胡月，扫荡烟尘莫溟渤。[1]

梵澄告诉朱偰，他已经打了报告参加中印文化交流，并托蒋复璁呈教育部，接下来要做的，便是等待。朱偰说不妨边工作边等待，梵澄回答，若批示下来，找人接替也需要时间，到时候反而会生麻烦。

3月20日，梵澄登朱偰家门。朱偰引他参观其父朱希祖留在重庆的藏书，画页，梵澄摩挲在手，赞叹不已。其时朱老先生已于去年7月逝世，那时梵澄正在滇黔道上颠沛。朱偰告诉他，他想建一个图书馆来纪念父亲，这所图书馆，拟叫做"郦亭图书馆"，坐落在西湖的边上。届时把朱家在北平、南京、重庆、屯溪的藏书集中在一处，并拟请政府补助若干，自筹经费若干，自己来做图书馆馆长。在西湖风景最胜的地方，坐拥连城，"虽南面王不易也"。这末句有点玩笑话，朱偰说，他家的藏书终归是为国家、为社会的，因为他的父亲曾说："藏书之人能自籀读以终其身可矣。子孙能继起则遗子孙，否则，可送存图书馆，犹得赅令名于不朽也。"[2]浏览完毕，二子饮酒，梵澄提出要借三本书，分别是《四

---

[1] 《孤云汗漫——朱偰纪念文集》，学林出版社，2007年，第476页。

[2] 《孤云汗漫——朱偰纪念文集》，学林出版社，2007年，第120、123页。

是：《四书五经》（三册，世界书局影印本），《先秦经籍考》和朱骏声的《说文通训定声》，以为赴印准备之用。朱偰说：宝剑配英雄，何言借耶？送你便是。①梵澄大为感动，举杯进酒，一饮而尽。是夜大雨，梵澄留宿，二人叨絮至夜半。梵澄有诗《宿沙坪坝夜雨》：

> 纸窗桦烛萧萧雨，生死人天冒梦魂。
>
> 九地杀机多鬼哭，十年文字只陈言。
>
> 藏山已觉非吾事，说剑余怀倒酒尊。
>
> 檐滴销心奈霜鬓，冷看徒手袭中原。

等待是焦急的。梵澄托蒋馆长不断地催促教育部，又托朱偰到财政部打探消息，因为在是否派学者赴印这个问题上两部意见并不统一，教育部坚持要派，财政部以经费不充裕为由不愿拨款。朱偰还给职考院院长陈伯年写信，希望他也帮助促成。4月6日，上峰传出口信，赴印事宜将作出安排。梵澄非常高兴，赶紧跑到朱偰家告诉朋友这一好消息，又是夜雨留宿，又是对酒唱和，二人的心情是欢畅的。梵澄有诗《见和坝上夜雨之作因再呈教》：

> 真常澹泊信儒门，欲起玄微振国魂。
>
> 未必雪山求半偈，强如海客进三言。
>
> 稍知象教犹秦敝，还使同文识汉尊。
>
> 独倚云霄一挥手，西风寒日下平原。

下阕首句有注："时余拟往印度讲学"。

5月1日，重庆报纸传来欧洲战场捷报，报道说，"苏军已攻克柏林"，"希特勒已经自杀"，并说，"第二次世界大战的罪魁祸

---

① 见朱元春《性情之交，世外之交》（手稿）。

首殒灭了！法西斯德国终于崩溃了！这是多么令人兴奋的消息！欧洲的问题既已解决，日本帝国主义的覆灭也为期不远了。"①5 月 2 日，盟军完全占领柏林。5 月 4 日，蒋介石分电斯大林、杜鲁门、丘吉尔及戴高乐，祝贺盟军攻克柏林。5 月 8 日晚 11 时，德国无条件投降批准仪式在柏林举行。德投降书从 1945 年 5 月 9 日零时开始生效。欧战结束。同日，全国升旗三日，以志庆祝，英王乔治六世致电蒋介石，称："今日西方战争已告结束，自将集中敝国所有之力量，以彻底击败日本。"②

　　胜利的消息鼓舞着人们，也激励着梵澄。眼前胜利曙光在望，近期天竺之行将临，整个民族的愿望与个人多年的理想一并实现，这不是最大的欢乐是什么？这欢乐是"阿难陀"（Ananda）。梵澄兴奋得不能静处，他从两路口的图书馆下至菜园坝，然后沿长江北岸逆水而上，他的脚步是那么轻捷有力，他的心情是那么欢畅亮堂：天空油云舒卷，远山绿树含烟，田地拾阶平畴，轮帆穿梭鸣笛……一切都那么生机勃勃，一切都那么鲜活可爱，这是他的土地呵，这是他的祖国，他终于可以大声地朗诵一句歌德的那诗句了——"自由的人民生活在自由的土地上，你真美呵，请你停留！"不！我们要用自己的声音唱出。梵澄疾走如风，十一首竹枝词吟诵而出。一并录出：

> 雾里看山深又深，沙里淘金寻又寻。
>
> 石榴花开红似火，芭蕉叶大好遮阴。

---

① 《孤云汗漫——朱偰纪念文集》，学林出版社，2007 年，第 589 页。

② 齐福霖等编《中国抗日战争大事记》，北京出版社，1997 年，第 685—686 页。

南风胜似北风轻，雨水争如雪水清。
几处江流随石转，几个人心似水平。

等闲铁火炼凡铅，等闲雪地长青莲。
杜鹃啼罢瞿塘峡，鹧鸪飞上洞庭船。

行过高唐神女峰，不见襄王旧梦踪。
白头三十六陂水，青山一百八声钟。

甘蔗熬糖不是甜，海沙煮水不成盐。
竖起脊梁张眼孔，大千春色在眉尖。

天上春云四面遮，洲前岩石一拳斜。
江波织就鸳鸯锦，满山开遍杜鹃花。

樱桃结子鹧鸪飞，蕨芽生笋鲤鱼肥。
高山郎自求仙去，横塘侬自采莲归。

白浪翻江雨打篷，撑船使得斗帆风。
潮生潮落洲边草，年去年来塞上鸿。

北斗天低挂一杓，黄牛石下过三朝。
听得蟋蟀声十里，记取芦花弄短箫。

一番风雨一番凉，一个弥陀一瓣香。
一回相见一回老，一步回头一望乡。

琵琶弹出汉宫秋，一斛明珠万斛愁。

明月洲前吹铁笛，浪花如雪扑船头。

见《朱偰日记》1945 年 5 月 14 日载："将诗稿全部付梵澄，请为删选。"朱诗有句："壮年忽鹏举，展翅出瀛寰。南征向沧溟，乘风到百蛮。"梵澄批语："壮年一首极佳，但自谓鹏举，则稍过，嫌直。"诗删毕，作诗《秋霖》，曰"扭成未入诗魔道否，敬请伯商方家教正"：

秋霖无处豁吟眸，隐几乾坤一捏收。

未觉坐驰飞野马，那将辛苦牧牯牛。

烟凝兰室苍云缭，雨胃苔衣宝珞稠。

已愧空山胁尊者，黄粱未熟尽天游。[①]

也许是战事未过，也许是战尾更忙，总之，赴印计划对政府工作而言为小为轻，6 月份无动静，7 月份无消息，这下梵澄可惨了，已"罗雀××，一筹莫展"，靠向友人借钱度日。他要朱偰帮他去贷款，他以自己译作的著作权做抵押，朱偰对他这个好朋友真是无可奈何，摇头说梵澄是个"书呆子"。另一友人蒋复璁两次为他推荐工作，皆被他拒绝，放出话来，说："非简任职（相当于现在的厅、局级，此为难蒋馆长义——笔者注）不就！"好在老天有眼，8 月 1 日，报告批复，准梵澄赴印度加尔各答之泰戈尔国际大学任教，行期安排在年底。9 月中旬，朱偰奉派为财政部代表，赴越南受降，临行来别，梵澄赋诗《送朱偰之越南受降》：

杨仆楼船徇海外，三军玉麈独登坛。

百年宗社余墟壤，今日威仪见汉官。

蛟乡罔象鲸鲵杂，麟阁丝纶黼宸丹。

跕跕飞鸢纵愁绝，南溟从此定波澜。

---

① 据朱元春提供的诗稿。

二子握手，互道珍重。朱偰乃诗人本色，仍不忘夸赞徐诗：极有功底，是学晋宋，有中唐风。双方依依惜别，润湿了眼睛，他们谁也说不清楚再相逢是何夕，再聚首为几时，难道真是"鬓毛催"时才"老大回"不成？其实，他们彼此也相信，诗人的心永远是年轻的，为什么呢？因为那是生命和精神。而这生命和精神，弥纶为一，无碍，无隔，已逸出时空的范限了。

同赴泰戈尔大学的还有学者常任侠，他在日记中多次提到与梵澄的会晤，如 9 月 25 日："上午候徐梵澄来，与之同赴教（育）部，接洽赴印情形……"10 月 1 日："晨，徐梵澄来，云教育部派赴印度公文已发出。"10 月 24 日："上午赴教（育）部，遇徐梵澄，邀往午餐。同访谭云山略谈。天雨，至中央图书馆休息。"11 月 6 日："晨，徐梵澄来，约通往签字，在小食堂遇陶行知，与谈国际文化中国学院事。同梵澄渡江至英领事馆，签字毕。"12 月 3 日："上午同梵澄至教（育）部，请代办机票申请书。……陪梵澄买箱子，并至新生商场小食。"[①]

12 月 11 日，梵澄启程，九时起飞。天气正好，阳光朗照。军用飞机在空旷的机场上开始滑动，跑道两边的坪草随引擎强劲的风力而顺势偃倒，几个送行人的衣裾也被吹起了，他们当中有郭沫若和郑振铎，当机舱门关合的一刹那，郭老一手捂住单帽，一手向倚门而立的梵澄挥摇，并大声喊道："要取真经回来——！"飞机离开地面，山山水水已在其羽翼之下了。如一海帆，一江苇，高跃在白云之上，太阳映射着机翼闪烁着耀眼的光芒。梵澄依窗凝望，心潮起伏：他想起德法边境上的踽踽独行，莱茵河畔的寂寞漫步，和那尼采的诗句——"还有着许多未曾炫耀的朝霞呵！"是

---

① 常任侠：《战云纪事》，海天出版社，1998 年，第 553—567 页。

的，他来了，踏着一千三百年前玄奘的足迹，亦是玄奘西行的年纪，他要欲使当时的情景在彼地的现实中重现……在我们来看，学术事业往往是这样：一个优秀人物的精神高度，也是一民族精神的代表，像我们的先圣后圣，如玄奘，如鲁迅，等等。那么，梵澄能与他们为伍吗？其时他正36岁，要做的事还多，要走的路还长。不过，于他而言，大志已早立，备战已充分。何以见得？见诗作《飞印度讲学留别诸友》：

### 其一

去国虚坛位，弥天一苇航。

衣飘云外影，花散佛前香。

后会知何地，兹游不易方。

祇园多士止，儒释待评量。

首句有注："士之去，国则为坛位，向国而哭之，古礼。"

### 其二

三宿深余眷，炎洲万里情。

啼莺犹故国，别鹤祇离声。

消息贞元会，乾坤战伐尘。

高风怀季子，观乐未论兵。

尾句注："此去不谈政治。"

### 其三

鲁叟观河汉，梁生适越谣。

旄头青海月，麈尾赤城标。

大漠应还汉，将军早度辽。

驼峰高处望，云漫路迢迢。

## 其四

十载风尘际，依然楚泽癯。

生涯原道术，身外即江湖。

水阔沙鸥舫，天长塞雁芦。

他时求妙觉，衡岳隐云孤。

# 第二部
# 别求高古觅西邻
## ——取经与传经

# 第五章　云漫天竺

## 一、中国学院

　　泰戈尔国际大学地处距加尔各答不远的桑地尼克丹（Santiniketan），属于印度西孟加拉省的地界。泰戈尔（Rabindranath Tagore, 1861—1941），印度作家、诗人和社会活动家，曾经访问中国，甚为中国人民所熟悉和喜爱，他的《新月集》《园丁集》《飞鸟集》等作品，亦为几代中国青年所耳熟能详。他还擅长绘画与作曲，他的歌曲《人民的意志》，1950年被定准为印度国歌。泰戈尔于1913年获得诺贝尔文学奖，他用这笔奖金于1921年创办了这所大学，其校园基址，在一大片树林之中，而这块土地，原是他们家族的财产。泰戈尔把它叫做"和平学院"或"森林大学"。泰戈尔办学的目的，在于对抗殖民化的教育，他收学生不分宗教，不分贫富，不分男女，对一切要求上进的孩子开放。他规定学生必须参加劳动，主张学生要接受大自然的陶冶，故不设教室，上课几乎都在树林中草地上。隔一二周，泰戈尔亲自为学生讲课，讲他关于哲学或文学的新作，评述时下的政治问题。他对学生曾说：没有异国政府盖过印戳的文凭，也同样能为祖国出力。办大学总非易事，需要经费，他曾多次为之筹款，并为此领着学生到城市去演出戏剧。这事儿有一次让甘地知道了，甘地自筹了一些经费支持他，并批评他的学生们不该让老人家过于辛苦和劳累。①

泰戈尔的教育理想是：领导一群孩子，在自然母亲的怀抱中，始终保持着天真与活泼的精神而成长。他不怎么强调受时间或规章制度的约束，比如下雨了，便马上停课休息，学生们各自走回自己的宿舍；再比如一位教师在树荫下讲课时，若有树上的小鸟啼啭得格外动听，他便依照学生的要求，合上书本，让大家静静聆听一刻。这所大学成立了各门学院，但尤以美术、文学和音乐舞蹈最为活跃，毋宁说，它是印度新兴艺术的发祥地。之所以如此，还仰仗于另外一位艺术大师，他便是阿邦宁·泰戈尔（Abanindranath Tagore），依他的地位与贡献，在中国似唯有徐悲鸿差可比肩。他的高足难陀婆薮（Nandalal Bose）亦是驰名国际的绘画大师，时任该校的美术学院院长。学校的一天是这样开始的：早晨，钟声响过第二遍了，学生们夹着书本抱着一块垫毡走向林间，在树荫下，撑着一块大黑板，他们围坐下来，在微风和疏影里淡定地听先生娓娓道来……

泰戈尔的故居坐落在校园之中，为一两层西式小楼，二楼有宽敞的凉台；小楼旁又有凉亭，为泰戈尔生前独自踱步或与友人攀谈的地方；房前的院子中有一尊泰戈尔的头像，约一米高，置放在石基座上，泰戈尔垂目冥想，白髯落胸，仿佛沉浸在自己美丽童话的构思之中。不远处，有一泰戈尔之父的纪念台，为三层石阶，上有两石栏，一石栏围一石椅，一石栏围一石碑，这是当时的民国政府监察院院长戴季陶先生访印时捐资所建的，为的是纪念泰戈尔的父亲，他老人家生前常在这里留坐小憩。戴季陶在1944年访问这里时，曾题"中国学院"四字。另有时任国民政府

① 晓云法师:《环宇周行前后》,（台湾）原泉出版社,1998年,第468页。

主席林森的题字，林森的题字像我们的方章一样排列，悬嵌在中国学院的正门之上。中国学院的办公楼亦为一两层的教学楼，院长为谭云山先生。中国来的方方面面的学者在此办公，授课时，便走出楼门，到园中去了。

梵澄初来，一切都感到新鲜，这里简直是一个诗画的世界，一个歌舞的世界，就说每月月圆之时，似乎就是一个节日，男孩儿、女孩儿丽服著身，在林中弹奏乐器，载歌载舞，好像大自然偏爱有加地赐予了他们许多欢乐似的。而在我们中国，亦不乏佳山佳水和快乐的人们，那么我们为什么没有这样一座大学呢？原因当然很多很多，但也有一个凡人都能说出的理由，就是他们有一个泰戈尔，他不仅创造了神奇的诗歌，而且也造就出了美妙的大学。梵澄赴印第一首诗，即是《皈敬诗人泰戈尔》：

> 恒河流雪山，中有太古雪。
>
> 貌古心更古，斯人自超绝。
>
> 我来寻高踪，久尔归寂灭。
>
> 仿佛余馨香，涛声听呜咽。

（注：时印度尚未独立）。

民国政府对梵澄的待遇是优厚的，薪水高出大多数教授三分之一，亦是普通印度教授的四至五倍。他请了一个厨子，一个佣工，生活状态颇为滋润。然而有一关不好过，这对所有的外国人都是一样，即水土不服。气候的湿热尚在其次，他的家乡湖南夏天也是赤日炎炎，这麻烦主要来自蚊虫，而蚊虫又不可避，草木茂盛，无处不在，一遭叮咬，人的皮肤即会红肿，不小心挠破后，伤口处会溃烂，继之发烧，重之以疟疾。数天之后，慢慢恢复，于是身体中有了抗体，第二年便不会发生了。此后蚊虫的叮咬，便同家乡的蚊虫叮咬无甚区别。梵澄初病一场后，赋诗《病起》：

> 万里投炎荒，一疟不可测。
>
> 蚊蚋偶中嘬，厥厉甚虺蜮。
>
> 冰炭交肌肤，寒热互胸臆。
>
> 支离卧匡床，辗转似荆棘。
>
> 耳聋兼目瞆，举步愁昏黑。
>
> 束书不得观，对案不能食。
>
> 一去暂如剪，倏来纷似织。
>
> 五日不镜面，憔悴惊容色。
>
> 驼坐默自伤，午夜增太息。
>
> 钟漏俨命悬，顺化意亦得。
>
> 遐想慈恩师，沙中困僵踣。
>
> 不得野马泉，直尔前路塞。
>
> 天竺古仙人，亦受阿黎勒。
>
> 终资药石功，再拜医王力。
>
> 攻之如薄寇，大战昆阳克。
>
> 顿觉天地宽，自笑襟抱仄。
>
> 由来睹贤圣，知命故不惑。
>
> 行神宛游龙，无由困沟洫。
>
> 魂气山岳定，浩然充八极。
>
> 诗成金玉声，猛志不能抑。

梵澄授课，尝讲欧阳竟无唯识学。欧阳竟无（1871—1943），名渐，江西宜黄人。早年习程朱理学、陆王心学，后因朋友桂伯华之影响而信佛，34岁时赴南京谒杨文会居士从其学佛。后游日本数月，回国后教书，又因病辞职，与朋友经营农业。清宣统二年

（1910），又从杨文会学佛。翌年杨氏去世，承其遗志，经营金陵刻经处，并附设佛学研究部。1917 年刻成《瑜伽师地论》后五十卷，并为之写序，分瑜伽行派为唯识、法相二宗，阐明"约观心门建立唯识义，约教相门建立法相义"的宗义纲要。1922 年在南京建成支那内学院，1925 年增设法相大学特科，专讲法相唯识学。抗战爆发后，率院众携经版，在四川江津（今属重庆）建立支那内学院蜀院。遗著有《竟无内外学》26 种，共 30 余卷。[①]欧阳大师的唯识思想为我国近代以来唯识学研究的最高成就，甚为后人所重视。

　　梵澄于唯识学浸润有年，当然是受鲁迅的影响。鲁迅曾经高度称赞过弘扬唯识学的玄奘大师，认为他对理想忠贞的态度，为事业献身的精神，实应列入"中国的脊梁"之列。鲁迅还曾打算写一部类似英国嘉勒尔的《英雄及英雄崇拜》和美国爱默生的《伟人论》的《人史》，其中就包括"舍身求法的玄奘"。许寿裳有过这样的评论："鲁迅读佛经，当然是章（太炎）先生的影响。……先生与鲁迅师弟二人，对于佛教的思想，归结是不同的：先生主张以佛法救中国，鲁迅则以战斗精神的新文艺救中国。"虽归结不同，然出发点不异，即以精神救人心，以自立，以自强。诚如章氏以为在"外侮益亟，民气益衰"的情况下，应"用宗教发起信心，增进国民的道德"。并说："这法相宗所说，就是万法唯心"，大"心"一立，则能"排除生死，旁若无人，布衣麻鞋，经行独往，上无政党猥贱之操，下无懦夫奄竖之气，以此揭橥，庶中国前途有益"。复又提倡"自贵其心，不援鬼神"的战斗精神。[②]

---

① 任继愈主编《宗教大辞典》，上海辞书出版社，1998 年，第 581 页。

② 转自朱晓进《鲁迅的佛教文化观》，《鲁迅研究月刊》1990 年第 11 期。

梵澄按照这个路数，讲唯识，讲因明，讲佛教在中国，并涉及中国的历史。那中国的历史可多了去了，梵澄信手拈来，如数家珍。他的幽默，他的风采，他渊博的学识，他流利的英语，受到了师生们普遍的欢迎。可能也有少许人对他有看法，他讲授的学问，强调人的尊严和独立不依的品格，推而广之，一个民族一个国家也应如此。可印度当时还没有独立，站在谋求独立对立面的人不能说没有。梵澄不去管他们，只是尽职尽分地做好自己的工作。1947 年，他从梵文译出了《安慧〈三十唯识〉疏释》，并写出了《〈唯识二十论〉钩沉》。《三十唯识》即《唯识三十论》，为古印度世亲（约 4、5 世纪在世）著，唐玄奘译，一卷，有五言四句的颂文三十首，概论万法唯识之要义，其中有二十四颂明唯识之相，后一行颂明唯识之性，最后五行颂明唯识的行位。前已说过，古印度安慧、难陀、护法等各有释论，玄奘以护法之论为宗，《唯识二十论》亦为世亲著，唐玄奘译，一卷，共有五言偈颂二十一行，最后一行偈颂为结叹，非论宗义，引《十地论》中"三界唯心"之句，论证外境是内识的显现，唯识无境。[①]就安慧之疏的版本而言，梵文原本早失，学者多借助藏文译本。1922 年，尼泊尔发现梵文本，法国学者莱维（Sylvain Lévi）得之，遂就藏文译本并参以玄奘所粞译，加以校订，修正数十处，而亦犹有未尽者，出版于 1925 年。其书旋由德国学者雅各比（Hermann Jacobi）译成德文。梵澄偶遇莱维校本，知其不易得，借来抄录一遍，并参以魏、陈、唐三译，钩稽二十论，又译出安慧疏释。是书原译稿中夹有《小引》，未明写作日期，不妨录出：

　　唯心之学，在东方昌于佛乘，臻极于唯识论。心、意、识、

---

① 任继愈主编《宗教大辞典》，上海辞书出版社，1998 年，第 839 页。

了，名之差别。其说孤深，远不能与唯物论相颉颃，必曰外物皆识所变现，此非世俗之所共许者也。其后商羯罗遮利耶倡幻有之论，说亦无以外此。虽然，此犹有其理可说，非若今世之言空悉堕恶趣，谈有则尽鬼神，丧失理性，迷信巫术，成一大敝坏之局，为祸生民而未已也。以今情度之，此天竺民族，其思想界有大待启明者已。

返观古世，虽歧说纷纭，宗派林立，亦有鱼鱼雅雅，灿然可观者矣。于诸识之研讨，即其一也。起源盖在佛陀以前，古《奥义书》已说及之。数论无知根，胜论色、香、味、触及其第二十四德之声，亦皆尝探索之。至佛陀说法，亦未能弃之也。在佛说为五蕴之一，为九因缘或十二因缘中之一支，曰识缘名色。异部分歧，举莫能外。大乘起而其说渐圆，说"唯"，谓宇宙人生"唯"是识所变现耳。至世亲创"唯识二十颂、释"，"三十论颂"，卓然自为一宗，亦又其后之十大论师弘扬之功也。入华，则先有魏、陈之译，至唐而集大成于玄奘之椟，综合诸家以编制"成唯识论"。其弟子窥基等更从而阐发之。至近世乃判法相、唯识为二宗，则欧阳竟无大师之创见也。

自大体论之，此非独探宇宙人生之奥秘以自立其说者，盖沿佛陀之教而为言，盘根错节终不离其宗，故与近世哲学异撰。主旨既立于先，理论由之衍出，则可谓有所为而为。佛陀说法，汲汲于度人生之苦，初未暇措意于思辨哲学，然亦非无其湛深之理论也。聚二千余年间之才智，立同立异，渐汰渐纯，去故取新，溃小趣大，其成就有萃于是者。观其通用因明之楷式以免堕负，密接中观而不堕两边，明我、法之双空，破实色之执着，而远绍般若之鸿绪，将求有得于"无为"者也。至若其新熏种子之说，亦有助于蒙养之功，暗与近代西洋潜意识之说有合。

世亲撰"三十论颂"，说者谓在老年，惜其未自为疏释。其后安慧从而注解之，以成此作。安慧笃守师承，蔚为"古学"，与我国汉时经师守家法相似。其说我法，皆是别无依于总无，而谓自证离言，唯佛所证。斯则截断三分，归于一体，非若护法之别立证自证分，可与梵道之"自我"相混者也。然则谨守绳墨，其功亦巨。要之不若后来之玄奘博采多家，衷成新制；譬若醍醐，则此犹然酥酪矣。

义学久已为人所诟病，分擘微细，注疏殷繁。奘制而后，举凡料简，述记，枢要，义灯，演秘，义蕴，义演，疏钞，学记，以至直解之类，陈陈相因，层出不穷，率皆逐迹迷源，守文望道。此则中、印同病，当世亦稀。虽然，其有未尝窥此学者，愚且将委宛而告之曰："此固当研治者也。"其有耽嗜此学者，愚必正色谓之曰："置之！斯得之矣。"[1]

梵澄到印度两年多了，他只身去了一次鹿野苑，便没有再做什么远游，虽然他曾计划着一一踏寻佛陀的遗迹，但是他不着急，似乎他在等什么人，或者他以为今后有的是机会。他之所以参观鹿野苑，那是因为他要考察一下名城贝纳尼斯（Benares，今瓦拉纳西，Varanasi），那是五印学习梵文的中心，位于恒河之滨。而鹿野苑在其西北之 10 公里处，传说那是释迦牟尼成道后最初说法的地方，佛教人士亦称"初转法轮"，当时有五个侍者成为第一批佛教徒，他们是：阿若憍陈如，额鞞，跋提，十力迦叶和俱利太

---

[1] 《徐梵澄文集》第四卷，第135—136页。

子。这里是佛教六大圣地之一，当年玄奘来时，此处甚具规模：台观连云，长廊四合，里面有和尚 1500 多人，皆习小乘。其院中有一座精舍，高二百多尺，有石陛数层，每层数十级，上面满是石龛，龛内有佛，黄金色，其龛密布有如蜂窝；这精舍的主佛龛为一石（以铜与炉甘石炼成者）制成的佛像，和释迦真身一样大小，作转法轮状，刻得惟妙惟肖，且栩栩如生。精舍东南有一座石塔，高百余尺，为阿育王所建，玄奘前来巡礼时，塔基虽倾，塔身仍立，塔前有一石柱，高七十多尺，石质似玉，闪闪发光。南面有石刻，西面有泉水。泉水盈池，据说乃释迦之浴池，水深且清，又大旱不涸，雨暴不溢。[①] 而梵澄来此，昔日之风景早已逝焉！残垣断壁，废础败基，仅供人凭吊了。梵澄有诗《题鹿野苑中华佛寺》：

> 二千余年不为久，阿难坐处今培塿。
>
> 佛说法声犹记否，阿育石柱擎天时。
>
> 亿万众仰天人师，刻石不异丞相斯。
>
> 即今殿址埋荒草，古窣堵坡丛似葆。
>
> 鹿苑仙人知不老，钟磬梵呗时一飘。
>
> 大唐有寺清房寮，再拜尊像心遥寥。

1948 年 5 月初，中国学院来了一位教师，她就是刚刚取道东南亚并在加尔各答举办完画展的游云山。得到云山到来的消息，梵澄无疑是快乐的，像春风入室，扬起帘幔，显得既通透又畅亮。也许又像一个远游的独行者，途中遇到了结伴而行的道合者，那心情自然是愉悦、欣慰。但梵澄不露声色，仍然是那么的平静和适度的友好，当谭云山为她介绍学院诸老师来到梵澄面前时，二人皆致双手合掌礼，几乎异口同声地说："我们认识！我们认识！"或

---

① 朱偰：《玄奘西游记》，中华书局，2007 年，第 65 页。

梵澄留意于先，在 1942 年秋的重庆；或云山着意于后，在 1948 年春的槟城。这槟城是怎么一回事儿呢？原来云山赴印的最后一站是西马来西亚，她在那里不仅成功地举办了画展，而且被邀请参加华人社团的各项活动，其中就有当地的大寺极乐寺欢迎法舫法师的节目，法舫法师在印度泰戈尔国际大学讲学两年多，为弘扬佛法不遗余力，且有相当的艺术造诣，在新马一带颇受钦佩。这一来一去者在此处相聚，当然会有许多话说，况且一个是禅法师，一个是佛弟子，则更有相见恨晚之感了。[①]法师一定说起"桑地尼克丹"这几个字，译成中文叫做"寂静之乡"：那里有一所美丽的大学，为诗人泰戈尔所建，校园中有浓厚的艺术氛围，良好的美术学院。讲授美术类者，除了本地的教师外，还有中国学者，如常任侠等。中国学院的院长姓谭，亦叫云山，湖南人，与泰戈尔亦师亦友。另有一个湖南人，叫徐琥，也叫梵澄，风流倜傥，一表人才，不仅佛学造诣颇高，而且书画技艺也了得，若与其进行学术切磋，定会裨益良多。……云山听之心领神会，那六年前山城画展的光影呈现在眼前了。

## 二、岭南女杰

游云山，原名韵珊，出生于 1912 年，广东南海人，长于广州市。入学前曾读《三字经》《唐诗三百首》《千家诗》《四书》。1918 年，入新式小学，后中学，专修文学。1928 年考入香港丽泽美术学院。1933 年毕业后，任教于香港圣保罗中学，教授美术、国文；同年，投入岭南画派开山人高剑父先生门下。1934 年，以游云山之

---

① 晓云法师：《东西南行散记》，（台湾）原泉出版社，1998 年，第 100 页。

笔名，于香港举办首次画展。1935 年，在广州创办"文风韵苑"。1940 年，任香港丽泽女子中学美术教师。1941 年，受战事之扰，离开香港做西南行，初秋，经广州往玉林、柳州，10 月抵桂林，因日军攻陷香港遂留桂林；其间，曾赴曲江南华寺拜谒虚云法师；之后，往长沙写战迹。1942 年，重庆《中央日报》刊其战迹画作，随中央文化协会经黔入蜀，10 月抵重庆，举办"桂林风景长沙战迹画展"；后赴成都，攀峨嵋，登青城，遇昌圆长老，皈依，于灵岩山寺小住。1943 年，父与两妹亡于日机轰炸之下，速离蜀返粤，举办义展，救济孤童；时受邀居于玉林静室之夜，忽触灵通，豁然心朗，得"艺与道合""道通乎艺"之真谛。1945 年，抗战胜利时，随华侨中学回广州，与母、弟团聚；在澳门举办"大陆写生名山古寺"画展，会高剑父老师。1947 年，随校迁至广西龙州。后，计划往印度，作"东南行"之旅，秋，从龙州出镇南关入越南，于西贡得中国总领事之助，随法国巴黎东方博物馆考古队巡礼吴哥窟，并于西贡、金边和仰光三地举办画展。1948 年 1 月，在新加坡中华总商会和马来西亚吉隆坡雪兰藏中华大会堂举办画展；4 月底至 5 月初，于加尔各答艺术馆举办画展，此由中国总领事与加城政要联合主办，时尼赫鲁总理莅临。

　　云山童蒙之年，体弱多病，喜欢安静，常独坐愀然，每闻大笑与热闹便避之，心生疑问：可笑何有？某日听到窗外殡丧之乐经过，不禁悲从中来，遂对生命、人生发生怀疑。及至年长，怀疑变为惆怅。忽以机缘，得闻佛法，初习《金刚经》，继而《心经》《六祖坛经》，如获至宝，时思忖夜不能寐，自觉人生最大的意义，无过于教育人才，然一室之内，一校之中，人数仍然有限，环境仍然不广，不若社会之大，众生之芸，于是萌生献身于佛教教育的理想。1941 年，云山曾拜谒南华寺虚云长老。虚云老和尚一望便知云山与佛家有缘，希望她能留下来，于门下深造。倘若云山真的不走了呢？那么也不会成就以后的另外一番事业了。当然，以下的故事也不会发生了。我们还可以说，在时间上的拉长，呈一渐修与渐悟的状态，会显得更加从容和淡定，可为常人所效法。至若慧命对艺术真谛的解悟，亦是在其过程之中的，前文所记 1943 年玉林静室"生明"，得"艺与道合""道通乎艺"之真谛，还有一个梦境：

> 昔年余于逃难中，极喜见到梅花，尤其在山岩中，但见梅花，则忘一切忧患，乃于梦中得一奇雅之境：在高岩山峰之巅，一小亭阁，有栏槛，我可依栏槛而自若，闲情中亦有寒慄悄然之感。醒后思之，思之，欲将梦境作画，然终觉将写于纸绢之境，实未能如梦中境之深意感人者。梦中所见之山岩梅石、亭阁栏槛，余可写也；而一种清奇之气，以此时之画似难表达，希于一日幽栖岩壑间，吾终有命笔之时也。偶尔思及此一梦境，又想到当时自己在亭侧山间，倚栏远望满植梅花之高山，天空，朦胧月色，一片清寒之感而非寒冷之气，古人谓清极不知寒者，余之梦境确已悟至也。此境距今八载，偶一思及，犹回紫清奇以梦境。①

"清寒之感而非寒冷之气"，我们或可曰之"苍凉"之感，前人有句"林木蓊郁而不枯之谓苍，天风吹过而不寒之谓凉"，大约是寥廓里满目益然，沉静中勃然生机，其中特以深秋为著，敏感之人会领悟到一种生命沉实的感受。末句"……清奇以梦境"，直接可说"清奇"之境。如此我们对云山这样概括：悲悯心，淑世

---

① 晓云法师：《东西南行散记》，（台湾）原泉出版社，1998 年，第 7 页。

情，苍凉意，清奇姿。

仍然是 1948 年 5 月。桑地尼克丹。早晨。

清钟破晓，林雾未散，鸟儿叽叽喳喳地在欢唱了。少男少女们已起早，在园中或活动腰肢，或练习声歌，或背诵诗句。我们的女画家已漫步在林间的小径上，她捧着画夹，一边观察，一边停下来速写，那如画的诗句也从她心中流出：

天还未明，晨钟已敲过两次。

我从芬芳扑鼻的花棚前经过，花香透过嗅觉传到心房；我得到一种"美"的消息。

晓风觌面来迎似相轻握，微笑道"早安"！

从林中望过去，学生宿舍门前一堆小朋友在谈话，或做些无计划的游戏。我信步走出树林，来到他们的面前。看到他们的天真笑脸，我也微笑。

我好像在和他们一同玩耍，但是他们没一个来瞅睬我；更莫说拉拉手。

哟！①

但是有人会"瞅睬"她的，这人就是梵澄。梵澄每天都起得很早，他要健步，走相当一段距离，他为自己开辟了一条"哲学家小路"，折返处，人迹罕至。散步归来，他要站在云山身后看她画一会速写，然后待她收拾画夹，一同走回。他们谈学术，谈艺术，谈中国，谈印度。不几日，梵澄亦为云山所吸引，当晨雾渐渐散去的时候，她偶尔停下画笔，向远处望去，有一个"白袷男儿"向她翩翩走来，这是友谊么？抑或是……

友谊微笑地站在门前，我应是客客气气地请它进来，还

① 晓云法师：《泉声》，（台湾）原泉出版社，1983 年，第 1 页。

是让它悄悄地走过；我在犹疑。

哟，就让它悄悄地过去罢！

可是，世界上任何一个人那怕是一个超人也不能遗世而独立的；——

正如宇宙间永恒没有停止流注的水源。[①]

有时候云山也对身边这位着白色尼赫鲁长衫的兄长生出一缕怜爱之情，觉得他看上去老成持重，经纶满腹，实则也不过是一个孤孤单单的孩子，自己在玩耍，在耽想：

孩子！你的家在哪里呀？他没有思量地坐在如茵的草地上，仰望着西天那碎灭的残霞。

孩子！你的家在哪里呀？他正唱着歌儿在疏林中信步而行，没有回答，只伸伸两臂在银色的月光夜。

孩子！你的家在哪里呀？他正迎着晓风，欣赏朝霞，遥指着东方。

这常独自游行的孩子，有时也偶参加另一群孩子的游戏。

有一次他坐在水边静静地想："我无法回答那多人的问——我的家在哪里！"

这时，他呆望着暗淡的暮云，宿鸟群群飞过上空。[②]

## 三、雪山之晨

不多时，二人已有如故之感。有一天散步归来，云山提出要到大吉岭去采风，梵澄欣然答应，说：一同去，路上好有个照应。为了方便起见，云山还邀请了一个女孩儿，是当地侨领陈先生的千

---

① 晓云法师:《泉声》,（台湾）原泉出版社，1983 年，第 3—4, 7—8 页。
② 晓云法师:《泉声》,（台湾）原泉出版社，1983 年，第 3—4, 7—8 页。

金，她去过大吉岭好几回，她的妹妹在那里的剑桥中学读书，在当地亦有熟人。说走就走，梵澄安排好工作，收拾罢行囊，与她们一并出发了。出发前，云山高兴并自豪地对梵澄说："康有为的女儿曾有'女子独游印度我是第一人'的说法，我则可以说'女画人站在喜马拉雅山前描写冰雪者，我是第一人'。"①

大吉岭又被称为"金刚之洲"，是印度西孟加拉邦的一座小城，位于喜马拉雅山麓，平均海拔为 2134 米。山高且坡面避风，夏季则凉爽宜人。大吉岭以茶园闻名，其产红茶，沏之可见汤色橙黄，可闻气味芬芳，上品尤带葡萄之香，口感细致柔和，被誉为"茶中香槟"，为世界三大红茶之一。茶园有如我国南方的梯田，一大丛一大丛地排列有序在海拔 750—2000 米以上的山坡上，而且大多已有上百年的历史了，传说最初的茶树是由英国人引进的，而且他们还带来了中国的茶叶技师和茶工。去大吉岭还要坐一段火车，总长 87 公里，叫做喜马拉雅铁路，建于 19 世纪 80 年代，连接着西孟加拉邦的西里古里和大吉岭，铁轨只 60 厘米宽，弯曲着沿山势而上，盘于山间的车厢因其小巧玲珑，被人们昵称为"玩具火车"。马克·吐温曾乘此火车，他谈到自己的感受时说："这是我在地球上度过的最愉快的一天。"设计登山火车的工程师是美国人弗兰克林，其初他为无法解决山体坡度过大的问题而苦恼，建设项目一度停顿下来，他的夫人安慰他说："如果无法前进，为什么不后退呢？"这无意中的一句话，一下给予他一个启发，进之退之，可沿"之"字而上。后下我国詹天佑设计的京张铁路，可谓与之同工。

由于英国人的建设，大吉岭已经成为避暑胜地。19 世纪中

---

① 晓云法师:《东西南行散记》,(台湾)原泉出版社,1998 年,第 221 页。

叶，英殖民者曾计划，如果印度南方有变，则可由此退据北方，地势上乃居高屋建瓴之势。这一片区域中几乎一应俱全，别墅林立，教堂数处，还有跑马场，学校，邮局，商店，英国人还建了一座植物园。1947年英国人退出印度，避暑者骤减，所遗空宅多由孟加拉人购得，尚未居人。梵澄一行到达此处，由陈小姐安排，下榻一户锡金人家。由大吉岭向北做两个小时的步行，可入锡金境，向西进尼泊尔境用时则稍短，闻名的干城章嘉峰，海拔8586米，便横亘于尼、印两国之间，待天气晴朗时，霞光万道，云海舒卷，这世界第三高峰屹立于天上人间，真是犹如玉宇仙境一般！而最佳的观望处，便是这大吉岭。惜乎彼时晴日无多，偶尔阳光一出，云雾四散，白带绕峰，欲露真姿，又忽然电光一闪，浓云闭合，雨雪飘起了。雪峰暂不能描绘，云山提议向锡金边境作远足，于是三人结伴，沿山路上下盘驱，时大雾迷天，目不及远，只能顺着感觉攀爬，并有时与采茶女和藏族喇嘛擦肩而过。采茶女为尼泊尔人，穿得极其艳丽，红底衣袍，金银花纹，挂珠链，戴耳环，耳环如璧，差可掩耳，双肩负一背篓，喇嘛则手持木槌，边走边喃喃自语。三人愈走愈感阴冷，只见地上多处青苔，知道是阳光短缺的缘故，而前面又弥不可测，遂决定回返。

他们终于等来了晴朗的早晨，干峰如出水芙蓉，挺拔玉立，妩媚多姿，云雾犹似乳海，在其胸间摩荡，瞬间霞光又把它们变成紫烟，升腾起来，弥漫开来。云山铺开画稿飞快地速写，梵澄则选好角度，调好光圈，对好焦距，把这奇观妙境拍摄下来。真是"由知雪藏外，奇花蕴瑶胎。惟以奉圣人，华冠象云雷。神光乍离合，霞舒锦千堆，欲撷复不忍，泫露零苍苔"。两周已过，目的达到，他们下山做佛陀胜迹游。时梵澄有诗《游灵鹫山》《游那烂陀故址》《寻禅连河佛坐处》。

归来，梵澄教学如常，云山却整日琢磨大吉岭的写生感受如何表达。在印度采购宣纸不便，况且宣纸亦无偌大的尺寸，即便拼接而成，装裱又是一件麻烦事儿。有一天她看见一位印度小姐披着莎丽，灵机一动，以为可用来作画布。于是她跑到商店买回了数丈白色的莎丽布，又买回两根木条做系缚之用，以便代替不够尺寸的大书桌。她把木条捆在窗门上头，纱布张开展平，有如一匹织机上的布带。然而困难又来了，纱布稀薄，吸墨殊少，重彩方能看到墨色，而墨色却多流渗于地上了，看来唯一的办法，就是多次着墨。这样，每天又多了一项工作，即是把地上的墨迹擦洗干净，慢慢地，才觉出有点像在大吉岭看到的雪景了。云山之试验，"闭门造车"，不愿意让任何人知道，倘使失败了呢？只是自己无奈；假如成功了呢？可以给大家一个惊喜。[①]

梵澄不去打搅她，只是每天散步时微笑着向她致以问候，她呢？则随他去走那"哲学家的小路"。他们谈绘画，艺术史，哲学，有时停下来讨论乃至辩论。也可能的，在那时，梵澄的爱意像果实一样瓜熟蒂落了，一如他译出的尼采的那诗句："葡萄的色转为紫赭的时候，一切都成熟了。"也许他还会对云山轻吟过："在这圆满的辰光，一道斜阳射在我的生涯上。"他赋诗《岭表篇》，表达了他对云山的欣赏：

> 岭表天人姿，艺事得古趣。
>
> 丹垩讵云施，灵襟启幽愫。
>
> 大月流其光，碧落花能雨。

---

[①] 晓云法师：《东西南行散记》,（台湾）原泉出版社，1998 年，第240—241 页。

尤工图山川，烟岚变朝暮。

声誉朔南暨，灿欲光国步。

十年江海客，裂石歌鸟咮。

睹兹销沉忧，如听吹朱鹭。

言登雪藏峰，朝晖独清瘦。

先民文德深，道术乃恒互。

终期树风概，苍茫指逋路。

云山呢？内心深处有否萌动？若动心，友情耶？超友情耶？她有这样的诗句：

从静里走出来吧，

去开供养的香花，

你的衣服污损了又何妨呢？

去迎接他，

在劳动里，

和他站在一起。[①]

在我们看来，凡大力者相与，其间之同、异、合、分，实乃情理中事，不若常人，所着眼多在细事，我们望过去可以忽略不计。在他二人却不同了，皆饱读诗书，皆工于书画，皆有天赋能力，然而在他们中间有一条不易跨过的沟坎儿，这就是：二人人生观所趋不同，一个是儒家后生，一个是佛门弟子。这一区别在我们不算怎么一回事，在高人那里却是一件大事。这里还有一个"减等"的问题，即二人所治领域不同，一个治哲学，一个治艺术，哲学的语言求通相，艺术的风格求别相。按理说通相摄别相，别相寓通相，对待而不矛盾。大概矛盾的只是"气"之相与吧！或者梵澄

---

① 晓云法师：《泉声》第二辑，（台湾）原泉出版社，1983年。

有这样的讨论写给云山：

> ……"故事画"又大抵是"历史画"，总归以人物为主体。风景画、山水，发展最后，是西洋艺术史上亦然。……——正在这时，可以看到中国绘画史上一个大转机的起点，社会也经过了汉末与六朝的变乱，思想渐渐脱离法家与儒家思想的传统，而为道家与释家的思想所渐濡，以养成东晋名士之放达，才真是发现了自然，认识了自然，绘画与西洋的浪漫派（Romantik）的发展差不多，在文学上也正是"老庄告退，山水方滋"的时代。……

> ……时代愈到后来，分途愈多；分途愈多，析理愈深，制法愈密，然而书画之道仍然简易、通会，也是通之于诗文，更通之于音乐（所谓 program music 便是一幅图画），更通之于人格。人之心灵，道之一体，由此出，亦由此归。

> ……（这）正是通常的一个艺术原则，即由生命的形式出发，达到艺术形式的目的。——由此出是指创作，由此归是指欣赏。——艺术形式的完成，自受生命形式的影响。凡此种种"精神""气韵""情趣""精灵"等，皆算是生命形式的抄袭，正因此抄袭，艺术形式才不致流入空虚。也皆算是生命形式的赋予，正因有此赋予，艺术形式方得到它的生命。①

信由院内的正好过路的同事捎到云山的宿舍，云山展信读过，然后回函写道：

> 刚在阳光照耀的窗下，静研著某些学理，忽由苑内的修

---

① 徐梵澄：《古画品录臆释》，载《古典重温——徐梵澄随笔》，北京大学出版社，2007 年。

士送来尊函，于是把面前的书本撮好，细阅尊意，我心中遂萌起若干意念，想要在此讨论：

中国的绘画艺术，自有若干不同于欧洲者，这是民族性所使然，此是毫无疑问的……在这东西民族之间，都含有一种可通而不可统一的现象，因为各源于种种传统及地理环境方面的因素。尤其最著者就是历史的久暂与其过程，皆可作为吾人研究人类文化艺术的最好参考。

……试问师自我的创作，与只依据于一家，或各家理论，而后能作画者比较之，真相去天壤了，因古代画家有言"外师造化，内得心源"，故宋代画风为开我画道最高之地位，而水墨画之能在世界艺术占得一席之地，亦是因宋代水墨画之高度发展。说到这里，我们不能忘记佛教禅宗的锻炼工夫，怎样影响了我国绘画的高超。

若果照来文的讨论，则一位艺术家一定要告诉人家，怎样体会内心，怎样的写到神韵（古今论气韵者，都言难以表说）方面去，才是真正的艺术。那就是中国艺术的观点来看，似乎未免做作了。至于古代画家的著论，我们现在可以观摩得到的，就多数是"口诀"（如王维的山水诀）"画诀""随笔"等，因此我们可以想像得出为什么画家不爱写理论式文章了。①

信中还有一段稍带"火药味儿"的话，她说：

虽然在近代人，论中国的文人画（多指水墨画），都说他们是不甘与一般流俗的画人为伍，故不施色彩，而以水墨玄奥为风尚，谁不知此只是一种皮外之言论：究其内因，实在

① 晓云法师：《中国画话》,（台湾）原泉出版社,1988年,第266—271页。

值得我们研究的问题尚多，也就是他们作画是没有理由的（即是已不受理限），当然也不是一般"无的放矢"的涂鸦之作，因为他们的高妙意境，早就孕育于胸次间，挥毫落纸，故有所谓"笔墨酣畅"之态，又有云"笔飞墨舞"之状者。是则前人立法如何羁缚得著天机豪迈的艺术天才呢？[1]

这个意见所指，大概是针对梵澄的一个看法，他说：

> 总归古代画家大抵是读书人，且多半不乐仕进，洒脱俗务，如果处于贵族尚可，如果是平民不能随俗，往往被目为怪放或狂痴，皆有意或无意已自处于一个孤独的境界里，自动或被动地培养出一种超世俗的气魄、灵爽、胸襟……他的"心源"。譬如很显著的有贯休、巨然、髡残，以至后代的石涛、担当、八大山人之流，简直犹蒲团上参悟得来，落纸便另外是一种意境。总之心灵中的另外一蕴蓄，在作品上有意或无意地表现了出来，成就了所谓"气韵""生动"。这是它的形容，也是它的目的。[2]

其实两人并不矛盾，只是在各"说"各话而已。或许这其中还有些隐微的消息？即岭南画派的创作思想与绘画风格与内地究有不同，可以说他们重生活，重色彩云云，然这于绘事而言，又是另外一个大的话题了。

云山把自己的大吉岭雪山之绘命名为"雪藏之家"，在琢磨和摆弄三个月以后，整个轮廓渐渐显出了，稍远一望，真给人一种辽廓尽宇，气势磅礴之感。云山高兴异常，赶紧把这一发现告诉

---

[1] 同上。

[2] 徐梵澄：《古画品录臆释》，载《古典重温——徐梵澄随笔》，北京大学出版社，2007年。

梵澄，梵澄来看，告之果然很好，看来实验是成功的，但是欲加完善恐怕还有待时日。于是二人商定，暂时秘而不宣。云山对梵澄说，莎丽布还有富余，既然她已经取得一些经验，就不妨再多画几幅作品，"雪藏之家"的主色只能是黑与白，其他体裁呢？欲用浓墨重彩了，她想淋漓尽致地表现一下他们岭南画派的意蕴和风格。题目她都想好了，一个叫做《早祷》，一个叫做《寻解》，都以自己的参禅体验为意境；至于尺寸呢？不宜小，干脆就以二人的身高为量度吧，前者长些，后者短些，宽度一米稍出便可以了。云山遂拿出自己的着色小稿给他看，确实别开生面，甚有生气。《早祷》的画面可分三部分，左上一轮迷蒙的圆月；图之下中为一背对读者的祈祷女郎，身姿修长而娉婷，她上身着一黄色的短衫，领口袖口皆以红色花边缀嵌，齐腰以下穿一白色的莎丽，裙裾和略带卷曲的垂肩乌发随着晨风而向左摆去，她的前方似水之汪洋或原之平阔，她的脚下如雪中的琼岛或云中的露台；右下是红花，绿叶和低矮的树干。《寻解》的画面可分两部分，左上占全图的三分之一，右下占全图的三分之二，右下画的是沟壑，粗壮的松树从坡面上生出，枝杈杂陈，生机旺盛；左上山径之拐弯处，一总丱小儿，红衣青裤，负一布袋，正即没影。两图都有说明，《早祷》之文字是"大地平沉后，疏星晓月前，因君寄消息，佛亦在人边"。《寻解》的文字是"总丱朱衣负书去，惆怅风窗春有语"。[1]梵澄捧起两份稿样，仔细端详后，指着《早祷》图中的女郎说："'窈窕淑女'，这是现在的你喽！"两人都笑起来了。他又指着《寻解》图中的女孩说："'婉兮娈兮，总角丱兮'，《诗经》句，这是儿时

---

① 《晓觉禅心——晓云法师书画集》，"国立历史博物馆"，1998 年，第32, 68, 69 页。

的你喽！"云山欣然点头，仿佛小孩子听到了长兄的夸奖。但是在梵澄，却有一丝不安漾起在心头，这幅画像一个谶语，一个预言，与其说它在言过去，不如说它在明未来。梵澄不露声色，脸上仍挂着温蔼的笑容，他喜欢欣赏这么一位"小妹"沉浸在自己愉快的游戏般的劳动之中。

## 四、相濡以沫

9 月中旬，梵澄突然接到家信。信中大哥告之母亲已于民国三十七年五月初三即 1948 年 6 月 9 日故去。大哥还说，世道乱离，生计艰辛，本与他通信不易，又不知他几时能回，所以不能像父亲去世那一次等待他了，母亲的后事，大哥与三哥都已办妥。这消息如五雷轰顶，使梵澄五内俱焚，悲痛不已，声泪俱下。他明明知道母亲年事已高，撒手人寰在或迟或早之间，但是这消息他还是承受不起。母亲打小依他纵他，却从未让他做过任何回报，可他自己呢？长年漂泊在外，与家人聚少离多，可以说为徐家有形的家业未有"尺寸之功"，然而母亲还是最疼爱他。她不清楚他做的事情究竟会有多大，或说有什么样的意义，但是她知道自己的儿子是一个好孩子，一个求上进并拼命努力的孩子，也许他的工作会对他人和社会有用处吧。当然会有用处，她有这个信心。梵澄是内疚的，他愧悔自己或在忙碌时或在高兴时偶尔没有记起母亲大人，而母亲一定无时无刻地不在惦念他，只是不多说起，怕他心里有负担。为祭拜母亲，梵澄决定三天吃斋，并停止散步。云山得知梵澄的不幸，过来安慰，梵澄抑制不住地啜泣，说："我还不如一个樵夫！樵夫都可以天天回家服侍母亲。"云山被触动了，陪着他一起流泪，她想起了在日机轰炸下被夺去生命的父亲和两个妹妹，如今，她的老母也在家中翘首盼望着她呵！可眼前这个大男人呢？平日里显得那么的特立独行，那么的傲岸拔俗，怎么现在却哭得像一个孩子？是的，他从此无依了，是一个孤儿了！也许，也许该为他承担一份责任吧？云山默默地想了许多。

工作与情谊平复了梵澄内心的悲痛。他帮助云山校对完英人Percy Brown 所著的《印度绘画》的译稿，这部译稿作为《印度艺术》的乙部，与甲部即云山本人考察与研究的记述合之，为阅读与了解印度艺术的入门。云山"译后记"曰："我固不工文，同样不长于译事。译这书时，多承徐琥教授及印度周都利。"[1]梵澄校罢有诗：

文成千字周兴嗣，飞白榜书萧子云。

我亦昨宵头欲白，细改新词函授君。

难陀婆薮，美术学院院长，对中国绘画甚有兴趣，他认为单从技术，材质，乃至个别作品分析，不能对中国绘画有一个全面的了解，他建议云山选出每一时期的代表作，然后加以说明，使学生有一个概括性的印象。这样，云山选出若干幅，加以排列，梵澄则按排列顺序附英文说明，究竟还算一个工程，整理出五十幅时，便拿去展览了，结果受到了师生的普遍欢迎。[2]

《雪藏之家》终于臻至完善。云山请难陀院长前来观摩，他带来几位教授，一入室，几乎被惊呆了，一幅巨画横亘于壁，整个大吉岭的风光跃然于前：干峰拔地，高巍绝域，云生壑暝，犹浮沧海，远望而无涯，可纵遨游以骋目，近观而有依，可作徘徊而

① 晓云法师：《印度艺术》，（台湾）原泉出版社，1994年，第159页。

② 晓云法师：《中国画话》，（台湾）原泉出版社，1988年，第280页。

养瞳；远之近之，皆是一个冰雪的世界，冰雪的魂魄，冰雪的精神！那晶莹剔透，那奇挺伟岸，那千军万马之势，那排山倒海之力，有如神助。那么，说为"神品"，不过分！难陀院长大悦，遂即提出两条建议，第一，开启宿舍大门，让全校的师生前来参观；第二，到大城市孟买和德里去举办大型画展。消息一经传开，各院的师生便结队而来，他们鱼贯入室，驻足，品评，欣赏，然后带着兴奋的表情走出了。这一波热情仿佛十五的潮汐，其回响长长地不能平息下来。

1949 年 1 月中旬，云山带着自己的作品到新德里举办画展；2 月下旬，又到孟买举办画展。辗转两月，暂成别离。梵澄有诗《小别》：

> 宛尔成离别，吾其感索居。
>
> 胡床坐寂寞，华发暗萧疏。

时梵澄正在编写一本梵汉字典《天竺字原》。入夜搁笔，夜风拂幔，他站起来伸展了一下腰身和双臂，走到窗前，深深地吸了一大口新鲜空气，然后又徐徐吐出。他在想云山，想《早祷》中女郎的背影，可能因其背影，观者才会对女郎的脸庞和肌肤产生丰富的联想，她的脸庞是否像月亮那样皎洁？她的肌肤是否像溪水那样冰清？是了，水与月可以形容她了，为什么她的画室不能名之"水月楼"呢？想着想着，云山笑盈盈地转过身来，在她头上好月正圆，在她脚下好花正红……梵澄记下了这一冷然之境，作诗《题梅月直幅》：

> 大月耸神霄，丹萼意自警。
>
> 窗前疑是君，寸心长耿耿。

大凡纯粹的诗人与画家皆是旅行家，前者如朱偰，后者如云山。展览归来的云山，告诉梵澄自己要去阿旃陀石窟写生，并且告诉他难陀院长的话，"要了解印度艺术么？那就去阿旃陀好了。"梵澄当然支持。她说起她的老师高剑父也去过，还有徐悲鸿先生也曾住过一些天。她知道我国公元 4 世纪的法显最早到过那里，后来去过该地的就是玄奘。《大唐西域记》有记载，她很熟悉：说是玄奘一路访问到此，看见幽谷悬崖，风景十分清雅，谷间有一条小河，淙淙流过，在一座新月形的山峰壁面上，开凿了许多石窟。访石窟须进山门，门前有两只石雕大象，玄奘拾级而上，第一个看的是第十窟，窟门雕琢华丽，门顶开有明窗，进去是一排壮丽的石柱，墙上绘有许多壁画，有一幅巨画，叙述《六牙象本生经》里的一段故事；另一幅壁画，绘有国王、王妃和侍从的行列，皆雕刻流畅有力，栩栩如生；最里面是一座"窣堵波"，就是藏舍利子的塔。对于玄奘游阿旃陀石窟的故事，云山如数家珍。梵澄吸着烟斗作着补充，说"阿旃陀"一名含有"世外桃源"的意思；这第十窟，是一座高五十七公尺，宽五十一公尺，深达一百二十公尺的大神殿；后来印度佛教在 8 世纪衰败了，这些石窟渐渐无人问津，又后来经过了一千多年的荒凉和冷落，直到 1819 年才由英国人重新发现，当时这些石窟已埋没在荒烟蔓草之中，多数已成为虎穴和蛇窟。考古学家也是根据玄奘的记载加以考订，才晓得这就是闻名的阿旃陀石窟，是由阿育王始凿的。[①]"那么——"梵澄笑着对云山说："你打算再创造一个什么'第一'么？"云山笑而不答，那意思是：做了再说。

后来云山果然"拿"了个"第一"，即滞留时间第一，一月有余。当然临摹也更加完整，有五幅壁画，第十洞一幅，第十七洞

---

① 朱偰：《玄奘西游记》，中华书局，2007 年，第 87—89 页。

四幅。可惜后来其中的三幅佚失了，那是几年后她做"寰宇周行"时，在德因川资不够拿出去抵押，结果从此画作再也未能"浮出水面"。

在印度只能见到公元历和当地历，见不到中国历（旧历），梵澄就计算出来，何时春分、秋分，何时大寒、大暑。后来有同事对他说："你算错了一天！"他未置辩，那同事因公差去香港，回来后又对他说："你算的是对的，一天不差。"这么，他算计着时日，母亲去世，小祥（一周年）到了。在此前，谭云山夫人回乡省亲，他托她带回一盒印度长香去，顺路到他长沙火后街的老宅代为燃香。这一日早晨，梵澄未去散步，他洗漱完毕，收拾停当，净手燃香，放在母亲的像前，那照片一直是摆放在书桌上的。云山也来了，他们向长辈鞠过躬后，又默默地坐了好一时。梵澄有诗《述哀》：

> 澄居天竺之三年，闻母丧未能奔赴，身心谬戾，动止俱违。明年小祥，始克命词以抒其痛，哀深弦绝弹不成声，竭力尽气竟不能继。所为一章姑录于此。

> 　　子身天地孤，郁郁中夜怀。
> 　　叩心泪已枯，啮指犹衔哀。
> 　　弥留欲一见，爱子心徘徊。
> 　　儿时阻炎洲，千驷不可追。
> 　　讯来逾百日，兆域稍已培。
> 　　从兹羁旅身，性命寄经缘。
> 　　欲归省慰母，但梦坟茔巍。
> 　　岳岳湘水滨，松楸定新栽。
> 　　悲深动灵府，顾身沦劫灰。
> 　　极视瞠苍天，欲下高空雷。

1949 年下半年，国内形势发生了根本性的转变，新中国的脚步走近了。国民党的势力虽还未从南方完全退出，但败局已定。这就是说，政府的职能已不能正常运转了，于泰戈尔大学中国学者的资助也被中断。为了节约开支，梵澄辞退了帮佣，凡事自己来做，生活暂无大碍。国内局势尚未稳定，何去何从，大家还要静观一时，中国学院的工作在谭院长的领导下，按部就班地进行着。梵澄此时的诗作多有为云山的画作所题，如《题红叶图》《题秋柳图》《题桃花蛛网图》等。其中云山有一幅画作要提及，题目为《割据山光是小楼》，尺寸 33cm×47.5cm，画面呈俯视之势，画之楼中有读书人，楼背一岩峰，嶙峋嵯峨，前眺亦山峰，朦胧若影，另有两三松杈支伸而上。左上题诗曰：

> 割据山光是小楼，西风能□不胜秋；
>
> 便可研朱点庄子，飞腾大梦等蜉蝣。

（梵澄信手题，水月楼主人画，钤印：梵澄）①

这里之所以一提，因为此画是"少年结好友，欢爱谓无衰"的见证。另有诗可以证明当时梵澄的心境，《凉雨》：

> 凉气收残暑，田园绿更稠。
>
> 我情依梵筴，风雨在南楼。
>
> 香静书衣润，花飘水漩流。
>
> 沉沉晦光景，仙侣晚同舟。

编写完《天竺字原》以后，梵澄重修梵文的念头愈发地强烈了。他感觉自己以前的学习路数有所欠缺，那是从课堂上和书本上所得。他知道：与华文不同，梵文记音的字形并不统一，而语音的统一却不能差。梵语即古印度的雅言，语音是不许变的，变了即成为各种俗语，就如同我们现在的地方话。彼邦是重字音而不重字形，与我们正好相反，因此最佳的学习途径不是在课堂上的讲授，老师带读，学生跟随，而是师徒口头传诀，所以古代印度的许多典籍都是靠背诵传授下来的。梵语为拼音文字，每一元音有短、长、引（最长音，三倍于短音长度）三种音拍，又有低、高、合（或译"中""降"）三种音调。每一元音和半元音还有半鼻音。这如何掌握？大概非得依高人传授不可。像这样的句子："半音之促，如子之生，诸文典家作如是想。"这是流传的一百三十四条说明《波你尼经》（Pāninisūtra）体例的《释读》（Paribhāṣā）的最后一条，《波你尼经》是古代印度的一部梵语语法书的通称，全书近四千句，而这句话的意思是，在经句中如能省下半个音，语法家就好像生了一个儿子那样快乐。[①]而这快乐如何获得呢？于是，到贝纳尼斯去，重新学上它一过！为什么呢？因为更大的人生计划尚未启动呢。

　　至年底，尘埃落定，海峡两岸已成对峙之局。泰戈尔国际大学的中国学者，或回大陆，或往台湾，或走海外。云山留了下来，主观上的原因，是打算同梵澄一起进退；客观上的原因，她还有几个画展要办，在新德里，还未离任的罗家伦大使将为她主持由全印美术学会举办的画展。政府的资助没有了，学院只发 50 卢比的生活费，连吃饭都成了问题，但是云山通过画展可以卖掉一部分作品，加之又有不少华侨朋友帮忙，所以二人仍然能够维系正常的工作与生活。他们商定，云山仍留在学院，梵澄则离开桑地尼克丹到贝纳尼斯去。时在 1950 年春节以后。

---

　　① 金克木：《梵佛探》，江西教育出版社，1999 年，第 8, 13, 14 页。

# 第六章　跚跌圣城

## 一、贝纳尼斯

贝纳尼斯(Benares，又译贝拿勒斯)，今名瓦拉纳西，旧译波罗奈或波罗奈斯，又称迦尸(Kashi)，坐落在恒河西岸。"迦尸"意为神光照耀之地，传说是湿婆神于6000年前创建的，又说"迦尸的每个石子都是湿婆神"，实则它与巴比伦和底比斯一样古老和显赫，在印度，它有"圣城中的圣城"之称。佛陀时期（约公元前6世纪）这里就是著名的城市，于4—6世纪时成为印度教育与艺术的中心，7世纪玄奘曾到此游访。在德里苏丹统治(始于1194)的300年间，该城被叫做Benares。城市衰退，后来逐渐复苏，至16、17两个世纪，成为全印度的梵文教研中心。此城不仅是宗教圣地，也是文化中心，是学者集中的地方，有"印度文学策源地"之称，印度历史上所有宗教和学术名人都直接或间接从这里取得荣誉，因此它被视为印度文化精神的象征。这里有好的大学，好的学院，其中最著名的就是迦尸印度教大学，不仅历史悠久，人才辈出，而且校园宽阔，建筑别致。

贝纳尼斯之所以有魅力，一是它的宗教氛围，一是它的恒河景观。这里不仅有古老的印度寺庙，而且鹿野苑亦在不远处，同时，耆那教的两位先知也都诞生在这里。对于印度教徒、佛教徒和耆那教徒而言，贝纳尼斯都是极神圣的地方，他们以人生能到此一游为莫大的幸福。这座城市中多为印度教徒，也有穆斯林、耆那教、锡克教等教徒，此外，来自国内和海外的访游者则不计其数了。恒河经过此地有六公里长，这六公里，被看作是恒河最靓丽的一段路程，河岸有"卡德"（码头）七十多个，多为历代国王、贵族、名人修建，为的是方便百姓沐浴和摆渡的需要。印度人认为，恒河之水天上来，因此被视为圣水，用此圣水洗浴，可以消灾祛罪，使灵魂圣洁，并死后升天。这是一座充满生机的城市，河岸附近的街头巷尾，到处竖立着大小不一象征湿婆神的石柱，其表象为"林加"，即男性生殖器，人们对它们崇拜有加，为它们洒香水，戴花环，还上供品。河岸上则更热闹了，在"卡德"的台阶上和沿水浅处，搭着各色的帐篷，既有做买卖的摊贩，又有行仪式的祭司，还有做瑜伽的苦行者，人来人往，熙熙攘攘。有几处台阶是火葬场，印度人认为自己的骨灰从这里融入恒河，就等于踏上了天堂之路。更壮观的是每天洒满霞光的黎明和黄昏，几乎全城的男女老少都要到河中去沐浴，届时岸上和岸边人头攒动，密密匝匝，如蚁阵覆野，蚱群蔽天，真乃诗曰：螽斯羽诜诜兮！宜尔子孙振振兮！[1]

梵澄在贝纳尼斯住了下来，他的居所叫做薛陀学舍，就在恒河边上，是专门为求学者所设的，周围亦杂居人家，或农夫，或小贩，形形色色。他每天上午赶到学院去上课，有专门的老师一对一地为他教授。后来他曾有过回忆，说："到了印度之后我才知

---

[1] 王树英：《印度文化与民俗》，中国社会科学出版社，2007 年，第243—245 页。

道我初学的梵文很不对路，不得法。于是我在贝纳尼斯重新学习，按印度人的土方法学，跟小时候读经书一样，靠熟读、背诵，然后再理解。……人家教我梵文，每日半天，死记硬背，学得苦呀！这样一年下来，我才运用自如。梵文是要背的……一天不背就生了。"①其时有诗《驱马车至梵文学院上课到稍早徘徊廊下有作》：

> 韬藏云气犹流箭，众里收身意尽迁。
>
> 论道每叹三语椽，学书如执八楞舭。
>
> 只今言议归杨墨，夙昔渊源出泗洙。
>
> 一卷虚廊候鸣铎，未妨余马正长途。

每天梵澄回到寓所，用罢午餐，稍事休息，下午温习上午所学，直到自以为熟络为止。晚饭后，他浏览一下当天的报纸或杂志，便早早睡下。第二天早起，再背诵一下昨天所学，然后赶到梵文学院去。生活一切自理，包括膳食，他早已学会了自己照顾自己的本领。至于早起，这是他的生活习惯，再说了，此地庙宇林立，整日里晨钟暮鼓，此起彼落，是最好的报时器。

三月中旬，云山自新德里来。她刚办完个人画展，在贝纳尼斯做停留，然后再返回桑地尼克丹。她除了看望梵澄并送来生活补给之外，还要完成一件大事，即：宣布二人要结为终身伴侣。不久，"徐梵澄先生和游云山女士喜结连理"的启事登载在加尔各答华文报纸上。梵澄把这一小栏"启事"剪下来，夹在信中寄给长沙的大哥，大哥非常高兴，他对三哥说：这下，母亲可以瞑目了。②

爱情在感受上赋予了一种新鲜的意味，梵澄觉得一切都那么温馨和有情，廊下的木栏，院中的水池，屋前的深井，邻家的新

---

① 周健强：《哲人徐梵澄》，《名人传记》1999 年第 4 期。

② 据徐梵澄侄徐硕朋口述。

犊，更不用说到各室去洒水祝福的老者了；爱情也给予力量，一种共鸣共振的力量，像更宏大的和声，更高起的浪头，把他烘托到了一个未曾有过的佳境，他觉得这美妙的梵音与自己那么的亲和，那远古的"见士"与自己那么的熟悉。他决定着手翻译《薄伽梵歌》。

## 二、薄伽梵歌

"薄伽梵"（Bhagavat）一名，出自 Bhaga，本义为"太阳"，引申为"光荣""尊贵"，对上之尊称义。《维示奴古事记》中，出其六义：一、自在义，二、大全义，三、正法义，四、声誉义，五、吉祥义，六、离欲义。如上六义皆为解脱之德，是皆"薄伽"，都具有"薄伽梵"义。在佛教中则以此名称如来。关于《薄伽梵歌》的成书，考史者大致推定于公元前，印度学者多以为在早期奥义书之后和六派哲学之前，约在公元前 5 世纪。作者名维耶索，平生事迹不详，时代亦不详。史诗记婆罗多大战，古信有其事，印度古有大部落，名叫俱卢，以贺悉丁那普为首都，即今之德里所在地。当时国王的名字叫逖多罗史德罗，目盲昏瞆，其子朵踰檀那失德，以阴谋逐其叔父班卓（原国王，已死）之五子流放于外，十有三年。后五兄弟回国，要求归还领土之半，朵踰檀那拒绝，五兄弟遂让步，乞五村落以自安，朵踰檀那仍不许，并扬言不与五人以立锥之地，于是双方不免一战。俱卢有友邦雅达婆，其部落君长名克释挐，欲解双方兄弟之争，初时并无所偏袒，后知一战难免，便提一公平助战的条件，即把己方分二，统帅与军队，谓得其军者，不能得其人，得其人者，不能得其军。朵踰檀那选择军队，克释挐遂尽委之，自己乃独赴班荼缚军中，为班卓三子神箭王阿琼那之御者。战事即将展开了，阿琼那看到对方的阵列中，多是自己的亲人和朋友，于是感到迷惑，充满焦虑，战斗意志也涣散下来，不断地追问生命的意义何在。在这危急关头，为他驾驶战车的克释挐，他的灵性的导师，以至高无上的真理启发他，说服他，为了在大地上建立一个正义、神圣的王国，必须拿起武器作战：[1]

> 阿琼那！迫兹危难兮，
>
> 何自而生汝此沉忧？
>
> 此非亚利安人之素行兮，
>
> 亦非升天之路由，
>
> 又适为讥谤之所投！
>
> 毋自陷于孱弱兮，
>
> 此于尔非洽适！
>
> 去尔心卑下之愁积兮，
>
> 起！起！克敌！

克释挐一说，阿琼那振作，遂奋勇杀敌，双方大战十八日，四百万余人皆尽，班荼缚胜而复其国：

> 彼外有克释挐——瑜伽主，
>
> 彼处有帕尔特——神臂弩，
>
> 是处即有吉祥，胜利，
>
> 安乐，永恒大法兮！
>
> 我思兮栩栩！

"我思兮栩栩！"系桑遮耶言，桑遮耶为盲君逊多罗史德罗之御者，以其在战场上所见所闻，一一说与其君。

---

[1] 《薄伽梵歌》，徐梵澄译，译者序，室利·阿罗频多学院出版，1957 年。

克释挈之言，非为何方作战，非为如何作战，而是讲人生无常，灵魂不死，修为之途，大梵之境，综合之谓瑜伽学。"瑜伽"之一名词的本义，是"束合""约制"。从俗谛义来说，指凡人所擅之能，所行之术，推而广之，是与上帝结合之道，为精神生活之大全。克释挈所言瑜伽，大抵有三，一曰知识瑜伽，二曰行业瑜伽，三曰敬爱瑜伽。知识瑜伽，以认识宇宙人生之真谛而圆成于学问，以洞彻超上神我之微密而臻至于解脱；行业瑜伽，以在俗世努力而奉献上帝，以有为于工作而循理尽分；敬爱瑜伽，以坚信不渝敬万物中之神主，以至诚顶礼拜万相外之太玄。后之敬爱瑜伽，无论贤、愚、贫、富皆所易为（具有普遍的适用性），故冠冕前二者。

其实，《薄伽梵歌》之撰者维耶索，欲假借一历史事迹，以抒发自己的宗教思忱和精神信念，他要涵纳众流，包括古韦陀祭祀仪法信仰，古奥义书超上大梵之说，天主论之神道观，僧佉之二元论，瑜伽学之止观法，综合而贯通之。自来世间宗教，各自有其独立的经典，而婆罗门—印度教这一经典，与他者稍异，即从一史诗中分出，而且更有甚者，所托为一战争故事，这战争故事又是至亲骨肉同室操戈以相剪屠之流血的史事。而说者呢？又常常视其为一阕庄、列之寓言故事。然则在这故事背后，是在说天神降世，克释挈，黑天，最高神的化身，在人生奋斗方兴之时，人类精神遭遇危难之际，下凡临世亲说教言。而天神降世之说，其他宗教皆概莫能外，至若我国文教，亦古已有之，《诗经》中就有"有周不显，帝命不时。文王陟降，在帝左右"的句子。

甘地谈到《薄伽梵歌》时说：她不仅是我的《圣经》《古兰经》，而且还是我的母亲。我早年失去了地上的母亲，欲得到这位永久的母亲，从此在我身旁代替了母亲的位置，她从来没有改变，也没有使我失望过，当我在痛苦和困境时，我便回到她的怀抱里。她是一切人的母亲，她的门是对一切诚信者大开的。她的信徒不知道什么是失望，并永远安居于永恒的快乐与和平之中，但这和平与快乐绝不降临于怀疑者，自负者，或自以为有学问的人，这是保留给在精神上很谦卑、在信仰上很纯真的人。她教导我们，只有行动的义务而不必去问结果，成功和失败都要作平等的看待。她还告诉我们，要将自己的身体和心灵全部奉献于职责之前，不要一味地胶着于偶然的欲望和无规则的行为，因为那样便作了心思上的寻乐者。她永远给我新鲜的启示，如果有人说我这是幻觉，那么，我的答复是，我像对待至宝一样紧紧地拥抱着这"幻觉"。[1]实则甘地，"竟以此一歌而发扬独立运动，士以此冒白刃，赴汤火，受鞭扑，甘荼毒而不辞，卒以获其国之自由"。

梵澄说《薄伽梵歌》："向者，吾游天竺之中洲，接其贤士大夫，观其人诵是书多上口，又皆恬淡朴实，有悠然乐道之风，是诚千古之深经，人间之宝典矣。"《薄伽梵歌》，乃梵语雅言，适讽诵。设使对翻成汉语，骚体，即楚辞体最为相应。我们了解到：梵语有复杂的词尾变化，而汉语却不然，可是梵语的复合词是去掉前面的词之词尾的；梵语复词越长，就越像古汉语。至于翻译，已有佛教经典为明证。[2]骚体可随声各为节奏讽诵：汉武帝时，朱买臣为其"说《春秋》，言《楚辞》"，《楚辞》为韵文，亦便于随声为节拍，故买臣"行且诵"，其妻误以为"讴歌道中"，而买臣"愈

① 晓云法师：《东西南行散记》，（台湾）原泉出版社，1998 年，第173—174 页。

② 金克木：《印度文化余论》，学苑出版社，2002 年，第 21 页。

益疾歌"，亦为有节拍之讽诵。[①]我们又知道骚体属南音，表之南方之乐，而南方之乐最与《雅》配，《后汉书·陈禅传》注引薛君云："南夷之乐曰南。四夷之乐，惟《南》可以和于《雅》，以其人声音及籥不僭差也。"南音亦即楚音，楚音又有浓厚的巫音之遗风，《吕氏春秋·侈乐》言："楚之衰也，作为巫音。"巫音有浓郁的宗教气氛，如《离骚》有云："索琼茅以筳篿兮，命灵氛为余占之。……欲从灵氛之吉占兮……怀椒糈而要之。百神翳其备降兮，九疑缤其并迎。"楚人谓巫曰"灵子"，古灵字从巫，楚大夫屈巫，字灵。[②]梵澄亦楚人，与屈子一脉，也许他最能体会其中之意味，一种强烈的自我放逐的大愿与悲情，阿琼那，屈原，在激励着他，鼓舞着他；那同是神奇荒诞的内容，同是热烈洋溢的情调，同是夸张排比的描述，同是高亢低昂的吟诵，在交融，在升腾，在大放光芒——

> 逊多罗史德罗言：
>
> 于此法田俱庐之地兮，
>
> 咸齐集而奋欲交绥；
>
> 我属与班荼缚兮，
>
> 桑遮耶！彼等胡为？
>
> 桑遮耶言：
>
> 邦君朵踰檀那兮，
>
> 睹班荼缚之聚屯，
>
> 来至阿阇黎前兮，
>
> 乃如是而进言：

① 郑文：《金城丛稿》，齐鲁书社，2000年，第87页。

② 郑文：《金城丛稿》，齐鲁书社，2000年，第99页。

> 阿阇黎！观彼班卓诸子兮，
>
> 成此大军！
>
> 是君之弟子所部署兮，
>
> 都鲁波陀子之勋。

翻译是一项困难的工作，而翻译一个古老民族之古老的经典，简直就可以说是一场艰苦卓绝的战斗了。除了梵文最佳版本之外，他还要参考其他文种的翻译，他所能借助的语种，有拉丁文、希腊文、英文、德文、法文。在当时，《薄伽梵歌》之拉丁文译本有三种，希腊文有一种，德文有九种，法文有七种，英文有四十四种（英文论疏等有九十种），而梵文原本疏释诸家有三十种，雪藏以南诸土方言译本有十五种。若古代波斯文译本不算，近代欧洲译本，始于英国人卫金斯（Charles Wilkins, 1749？—1836），译成后出版于 1785 年，之后欧洲继者接踵。大抵译者多为注、释，或为疏、论，或选译，或全译，或于译文之外，印出梵文原本，或天城体，或以拉丁文转写，或二者并用。有译为诗句，有译为散文，或文或质，各如其制，林林总总，而英文本最多，英文中亦有美国之译和印度之译。而德国人的拉丁文之译，特为欧洲人所着重。在日本人，也有一译本出版。外此还有意大利文三种，西班牙文三种，丹麦文三种，荷兰文二种，瑞典文三种，俄文二种，匈牙利文一种，波希米亚文一种。[①]总而言之，可见世界各民族对于彼邦这一古典菁华的重视程度之高。

这里，我们想起了留德时的梵澄，他曾写信给鲁迅，说："先生何不在任何山水佳处，找一所房子定居，较接近大自然。花之

---

① 《薄伽梵歌》，徐梵澄译，室利·阿罗频多学院出版，1957 年，第99—101 页。

朝,月之夕,剥一黄橙,暖半壶酒,则有山灵相访,古哲会神……"这"山水佳处",不单单是一个地域概念,而且还应有一个气候条件的要求,即是要使人宜居宜劳,如列卡河畔,滇池之涘,团结湖侧,这些个生活"氛围",既有助于人的殚精竭虑的致思,又能使人的身心得到调节,筋骨得到舒展,因为这自然之"力"是与人的生命节奏相适应,相协调。而印度则不同了,这自然之"力",气候,是我们外乡人的敌人,因之也成为我们"克敌"的对象,我这么说的意思是,梵澄不仅要在译事上"攻坚",而且还要与严酷的气候条件作斗争。斗争的结果是,稿之译竟,梵澄大病一场,后有"盖挥汗磨血几死而后得之者也"之叹。

于此,我们有必要了解一下印度独特的气候。印度地处北纬8度与37度之间,大部分地区在热带,小部分地区在温带。印度人习惯于自己的记日系统,即印度历,印度历的使用从公元前1000年便开始了,至今仍被用来确定印度宗教年的日期。它不像我国分一年为四季,而分全年为六季,即春、夏、雨、秋、冬、凉,其中夏、雨、凉为三个重要季节。夏季从三月到四月,届时高温酷暑,人畜难耐,田地因干旱而龟裂,蚊虫因灼气而不滋,就是地处温带的新德里,其热度也甚于火炉重庆,有时温度骤升到 49℃,头上骄阳似火,地面热气熏蒸,不要说外国人,就是本地人也难以消受。在上午10时到下午4时,人们很少出门,闭户闭窗,防止热浪,而室内犹如一个闷罐,虽有电扇转动,却也难以济事,人们得不停地喝水,为的是不停地出汗,夜里 12 点到 1 点,可以上床休息了,可床上的温度不比体温低,于是又得不停地出汗,喝水,淋浴,一直折腾到天明。是呀,蚊子都被晒死了,人还能欢蹦乱跳吗?我们说无所事事者尚且难熬,那么那些苦学者苦干者呢？真是可想而知了。接着，五、六月份，雨季到来了，时而浓云密布，时而大雨滂沱，草木茂盛，说明生命在滋长，河水泛滥，告之生命在毁灭；在这个季节，最幸福和最快乐的生物是蚊子和苍蝇，它们成群结队、浩浩荡荡地出来"打劫"，蚊子隔衣吮血的本领相当大，苍蝇盘旋俯冲的功夫亦不小，加之印度人多有不杀生的习俗，所以它们有恃无恐，变本加厉，猖獗横行，恣肆施虐，致使疟疾生发，霍乱流行。① 七、八月份为秋季了，天气应有所平缓了。

梵澄译完《薄伽梵歌》，当在秋季，盖"挥汗磨血"，则在夏、雨二季，夏季"挥汗"自不必说，雨季呢？被蚊子吮去的鲜血也不好计量了。这期间，他生病应是常有的，但他持以忍力，不使大发，因此没有倒下，这好比一个战士被子弹击伤了腿，稍事包扎，继续前进，否则会一卧不起，待到了宿营地，则真得起不来了。梵澄搁笔想慢慢放松，未料一下病害侵入，倒下了，高烧不退，浑身疼痛，神志不清，梦呓不止，在潜知觉中听到恒河之畔的晨钟暮鼓，又不知究竟是晨耶昏耶！幸有邻家农人听到夜半呻吟，自己并家人前来照料，喂药喂水，又服侍以流食，慢慢缓了过来。梵澄昏睡了好几天，身上仍感乏力，然神志却已清醒，他晓得此时不能怀想伤心之事，只能鼓励自己像阿琼那一样，"起！起！克敌！"他想到玄奘，在西渡流沙时，于大漠之上，骄阳之下，口干无水，视线模糊，但法师坚定信念，义无反顾，最终迎着一阵凉风，找到水源和青草，人马俱得更生；又过高昌国时，国王惜其才干，殷勤挽留，然法师不为所动，去意不改，绝食三天，生命渐微，由之感动了国王，懊悔而放行。这么想着想着，气力一点一点地又在身体之中积蓄起来。是时，赋诗《支颐》：

---

① 王树英：《印度文化与民俗》，中国社会科学出版社，2007年，第105页。

支颐对眼唯残烛，稍觉宵分透薄寒。

抵死孤呻弥海角，填膺灵气拂云端。

亲朋故国音书绝，山水奇踪暇日宽。

谁解旅人深独念，劫波瞻部正漫漫。

## 三、友情隙痕

梵澄大病初愈，心情是忧伤和黯淡的。这事又不能不从他和云山的关系谈起。云山仍在桑地尼克丹教书，两人书信往来，互通消息。我们前已有说，云山甚有佛缘，且愿力甚大，她的理想是从事佛教教育，她的道路是多在脚下行走，每遇托钵僧之游方，她都会感动地落泪，这就生出了一个问题，即家庭关系，尤其小家庭关系，反而成赘。可以推想，或许她对与梵澄缔结的秦晋之好颇有悔意了，透露出这一悔意，对梵澄的心理又是一个伤损。她很矛盾，当然也十分痛苦。从诗作《海曙》中我们可以窥到她当时的心境：

淡淡的一抹朝霞，浓浓的深深的海，

三两风帆出发，

还有那海面上忽疾忽徐的燕子，

画人何必"三担稿"！

如果是我说过的一句什么话，

虽经时很久了，

我还是要负责的。

如果做错了一件事情呢？

那种负责更重要了！①

可能还有一个问题，即对国内时局的政见不一。云山因从青年时代起就追随其师高剑父，所以与国民党多有亲和，高剑父系老同盟会会员，与孙中山过从甚密，设若高师为革命捐躯了呢？那么黄花岗七十二烈士就改写成为七十三烈士了。这就是说，云山在政治观点上是三民主义忠实的信徒。而梵澄是一个非党非帮非派非伙的人，他有"此去不谈政治"的原则，但是面对爱人，总是要有一番劝解，大约他说：中山先生的文化理想是好的，但是实现起来却要一步一步地走，不管怎么说，现已完成了中山先生的第一个理想——"民族"，外国势力不敢欺侮我们了，还要看到国共两党是有共同目标的。不用说了，梵澄在内心深处还是有倾向的，他的导师鲁迅先生就欣赏共产党人，为什么呢？因为他们是中华民族的"脊梁"，是敢于进行艰苦卓绝斗争的"大力者"；况且，毛泽东又是他的老乡和教师呢！他不说出，但云山心里明白。

梵澄继续着梵文学院的功课，并稍作休整。起居饮食，自行打理。有诗《入市》：

料量米盐成大计，入市归来月在眉。

步履无声沙径静，我心还与世低垂。

又有《还所借书》，如同替人养子，不舍分离，欲返本家，摩挲不已：

还书亦自成惆怅，宛似人间有别离。

勤拂暗尘曾共命，久依虚幌尚余痴。

缥缃贝叶栖心地，红树秋灯照眼时。

解识治平持半部，鲁论犹可压千悲。

---

① 晓云法师：《泉声》第二辑，（台湾）原泉出版社，1983年。

贝纳尼斯既为文化名城，书市自是少不了的，甚至在加尔各答找不到的书，在这里也能"淘换"到。梵澄徜徉其中，如鱼得水，并偶有收获。笔者见一小书背页有梵澄手记，其一纸多有虫蛀之洞，文字尚且清晰："此书较之成就月光论等疏释诚不足称，然初学亦有用处。辛卯客贝纳尼斯。交书店加以装订，稍觉焕然一新，喜可知也。"

友谊可为理驭，然而两情时有逾理，火花一撞，可能玉石俱焚，于是乎也就无所谓理与不理。或者有出家与不出家之愿，或者有大陆与台湾之向，总之这都是人生大事，讨论起来难以四平八稳，于是乎犹如水涨漫坝，轰然泻下了。从性情这一方面说，两人可谓针尖对麦芒，一个是湖南人，一个是广东人，皆刚烈，好强，都是不走回头路的人，俗话有说："湖南人流血不流泪，在中国近代史上，广东人革命，浙江人出钱，湖南人流血。"又有说："中国有三个半人，两广人算一个，浙江人算一个，湖南人算一个，山东人算半个。"梵澄是典型的湖南人的气性，倔强，坚韧，傲岸，刚健，行事不悔，"一意干将去"（左宗棠语），这也就是鲁迅所喜欢的"山岳气"吧！尝如杨度在其《湖南少年歌》中唱出的火辣劲头："若道中华国果亡，除非湖南人尽死！"但这种气性也常常是自伤的，自伤不怕，在这种伤痛的"炼狱"里获得一种精神的升华，何其快哉！由此更增勇力以孤独前驱，那前方是"展开着一日"，"还有着许多未曾炫耀的朝霞呵！"（尼采语）。然云山又何尝不是如此？可以设想：两人从讨论变成争论，从争论感到对立，从对立想到分道，从分道得出决绝。见梵澄《决绝词》：

> 决绝复决绝，决眦眼流血。
>
> 拗折金联环，斫断同心结。

寒芒看宝刀，丈夫生似铁。

我为君凄然，君为我呜咽。

黄河千年犹一清，雪山六月无人行。

东海涛声哀伍员，夷门老去愁侯嬴。

苊兰葽，萧艾荣，苍玉玦，琼华英。

对于那心中刻骨铭心的伤痛，是囫囵度日而使其慢慢消磨呢？还是勤奋工作以使之尽快平复？当然是后者。梵澄决定着手翻译另一部梵语古典《行云使者》，也叫迦里大萨（Kālidāsa），鲁迅叫它"加黎陀萨"，并说："厥后有诗人加黎陀萨者出，以传奇鸣世，间染抒情之篇；日耳曼诗宗瞿提（歌德）至崇为两间之绝唱。"为什么选择此诗翻译？因为它是名篇，甚为歌德所崇拜，也为鲁迅所喜爱。其实这末一条理由，已经够了。

## 四、行云使者

行云使者，印度一神话，故事非常简单：财神之侍役夜叉，因侍应失谨，得罪其主，被贬谪至南方罗摩山，囚禁一年。此夜叉与爱妻分别，思念甚苦，雨季至，垂天之云起于南海，然后向北行至喜马拉雅山，夜叉见之，遂托云问候其妻，极言相思之苦，告慰以谪限不久当满，终可相聚云云。在印度神话中，夜叉大抵皆善类，服侍财神，后起之说，有谓夜叉不善，食人。财神三足而八齿，印度神坛无其造像，所居之地在北方凯那萨（Kailāsa），园林富丽，景致如画，天帝湿婆常居其中。其诗作者名迦里大萨，从其作品中约略可知，他是中印度人，属婆罗门族姓，为湿婆派印度教徒；因其对乌长应尼所述弥详，似久居该城，观所识山川风物，好像还游览过喜马拉雅山诸胜地；他的学问涉及韦陀、奥义书、

古事记等，而且其识度高旷，天才卓越，实不愧为世界第一流的
诗人。但这第一流的诗人却身世不详，他对自己的生平了无所
述，他人亦无从记载。就其制作体制而言，不同于"大诗"，即不
像《摩诃婆罗多》《罗摩衍那》这样的史诗，故被称为"小诗"。《行
云使者》被介绍到西方，当在法国大革命之年，英国学者威廉·
钟斯（William Jones, 1746—1794）的译本已印行，后两年，德国
人护斯特（Forster）的译本也行世（1791），歌德、赫尔德（Herder）等
大文豪对此大为激赏，于是搜讨译述者继轨接武，梵文文学，因
之在欧洲大著。[①]

《行云使者》当如何评价？有何意义？与吾华之诗区别在何
处？梵澄的心中当然十分清楚："然华夏之诗，颇有异于他国者。古
者，诗言志，歌咏言。无情不足以言志，非事不足以达志。志者
心之所之，即灵之所感而理之所具也。盖缘情即事，因事托志，明
以意象，表以文辞，淑以音韵，节以格律，永以风神，而诗作焉。"[②]
就是说，为诗而诗，为美而诗，乃至专为两情之诗，在我们看来
格调非属上乘，而《行云使者》长达一百二十言，专写男女之慕，燕
婉之求，帷帐缠绵，香奁温柔……着实不算高明，矫情而已，一
种趣味而已（好像我们看印度电影一样，情节甚为简单，歌舞不
厌其烦）。哪里像我们的历代诗人，发乎情，止乎礼，乐而不淫，哀
而不伤，但凡发风动气，高唱低吟，多与民族盛衰国家兴废息息
相关。盖吾邦有德教存焉，而在彼国，诗无所谓德与不德，尽情
而已。想鲁迅当年若知此诗多讲风花雪月、脂粉簪裾之类，必不会
喜欢，必不会提起了。但是问题还有另说，要跃到一个弥纶精神

---

① 迦里大萨：《行云使者》，徐梵澄译，室利·阿罗频多学院，1957 年。
② 迦里大萨：《行云使者》，徐梵澄译，室利·阿罗频多学院，1957 年。

的大境界上去说,则不同了。《行云使者》,辞藻富丽,声调和悦,体制排场,意象恢奇,设使略其内容不论,实在是诗中之瑰宝,从古至今诸家评论,按其节奏,考其名物,稽其地志,未有不同声赞许者。其所优胜处,盖在于本质清真,写情肫挚,出乎灵感的渊源,打动所有的诵读者。诗中写拳拳悃悃、对天神的敬祀低徊三叹,写夜叉荒忘欲乐被俗世讽嘲,再如称云水树木如人,见圣人与万物一体,其想像之丰富,意境之高华,真乃令人赞叹不已。还有,我们看作者敷陈风物,图写山川,不禁感受到彼邦大士爱国土、保宗族、持世教的大情与大愿,或者诗人之深意,自在于此吧!

　　接下来的问题便是如何翻译,或者说,用何种体制译出。同是古代梵文,《行云使者》却与《薄伽梵歌》的类型不同,仅一抒情诗而已,其中未有圣人遇厄,高士流放,英雄罹难,战士蹈死,而只是久别之悲伤,如何悲伤,至多也不过是个伤悲罢了。若顾及诗作的情之悱恻,调之和悦,辞之优美,那么用我国的古诗体便够。后来梵澄说:"顾终以华梵语文传统不同,诗词结构悬隔,凡言外之意,义内之象,旋律之美,回味之长,风神之秀,多无可译述;故当时取原著灭裂之,投入熔炉,重加锻铸,去其粗杂,存其精纯,以为宁失之减,不失之增,必不得已乃略加点缀润色,而删削之处不少,迄今亦未尽以为允当也,姑存古体诗百二十首如此。"[①]《行云使者》(卷上)这样开头:

> 愁深爱侣在离居,
> 夜叉失职由狂愚。
> 神通福力既褫夺,
> 一年迁谪严咒拘。

① 迦里大萨:《行云使者》,徐梵澄译,室利·阿罗频多学院,1957年。

禅那迦女沐浴处，

水乃圣洁清可愉，

彷徨茂树密荫下，

窟宅罗摩空山孤。

此山索居度八月，

腕瘦金钏离肌肤。

情多所欢感忒别，

初秋朔日闲忧盰。

忽睹峰端黑云拥，

变化悦目留须臾。

宛如巨象戏崖岸，

撩牙抵土为嬉娱。


且为浮云立踟蹰，

激我遐慕君其由。

富神侍者久眺望，

凝思暗泪禁不流。

世间安乐人，

看云内情变；

况于拥颈欢，

道远不相见！

　　梵澄言"而删削之处不少"，为何删削？一方面，彼邦唱颂之语，不怕啰嗦，不惮"腻味"；另一方面，描写两情之辞，不怕秾艳，不惮入微。举一小例，稍可入目者，见金克木先生译一小句，曰："情郎被抱一百次，被吻一千次，略事休息又被寻欢作乐；（一点）不（觉到）重复。"①类似诗句，梵澄做如下处理：

> 清晨河上来天风，
>
> 传声悠远鸿雁雝，
>
> 莲花开处带香浓，
>
> 悦怿身体感乐融；
>
> 妇女欢极苏疲惝，
>
> 如人媚语谐耦从。

注："雝"声原义为"陶醉而美悦（不清晰）之和鸣声"。此首甚有修改。②

> 暗解襟带纽，
>
> 旋夺罗衣轻。
>
> 彩粉急投掷，
>
> 不灭珠灯明。
>
> 嬉戏尽怜娇欲绝，
>
> 是间少女唇含樱。

注：神话，夜明珠为灯，不灭，欲暗则以粉投之云。"樱"，原文作"频婆果"，常语也。此首颇有删改。③

> 命乖乃脱除，
>
> 久着珍珠串，
>
> 芭蕉似凝碧，

---

① 金克木：《梵语文学史》，江西教育出版社，1999年，第484页。

② 迦里大萨：《行云使者》，徐梵澄译，室利·阿罗频多学院，1957年，第41页。

③ 迦里大萨：《行云使者》，徐梵澄译，室利·阿罗频多学院，1957年，第93页。

左胫忽然颤。

注："左胫"云云，或眼动，或足胫动，在男子为右，在女子于左，皆吉祥之兆云。此首大半删削。[1]

两情的话题说不完，道不尽。梵澄译到下卷"三九"："我是君夫之密友，夫人知我为行云！怀持音问来存君"，不禁思念起云山了。看恒河之畔水涨水退，云起云落，逝如行者，传递音讯，那么，她怎么样了呢？梵澄自忖：也许他的情绪太过激烈了，言辞太过绝对了，其实，笃信佛教并非什么接受不了的事，当居士也能过常人的生活呀；至于倾向台湾，亦不算怎么一回事儿，他的留德好友，滕固和朱偰都当过国民党的高官，陈康和蒋复璁，则已去了台湾，海峡两岸都是中国人嘛。他想起与云山那些个分离的相思和缱绻的时光，他想起了她作画的样子，乌发垂肩，专心致志，一种深深的爱怜又不禁油然而生：

艺事良苦辛，深悲视阿妹。

我见亭亭莲，冰封立嵩岱。

灵气郁清深，煜烨光藻缋。

月白风泠泠，碧海摇波碎。

然而她又非无缺，其缺点恰恰又是对完美执著的追求：

君乎太孤高，仁者自温蔼。

日月尚薄蚀，珠玑有瑕颣。

率性傥无尤，求全竟几殆。

俗士宝康瓠，华名速訾悔。

那么，今后该怎么办呢？那就要看缘分了。也许，"相忘于江

① 迦里大萨：《行云使者》，徐梵澄译，室利·阿罗频多学院，1957 年，第 124 页。

湖"，便是我们的归宿吧？

> 悠悠叹来兹，睠然五情痗。
>
> 不如永相忘，影沉雁过塞。

二人仍然是相爱的，并且都很清楚，茫茫人海，求彼不易，也许这一次放弃，机会便永不再来。因此二人都小心翼翼起来，谁也不提起那一场带有硝烟味的碰撞，然而他们都明白，有一条看不见的沟坎仍横亘于其间。这一年年底，云山赴孟买举办画展，归途中在贝纳尼斯停留，二人商定，转过年到南印度的琫地舍里（Pondicherry）去，在那里的阿罗频多学院做短期的访问，然后，再做下一步的安排。梵澄在贝纳尼斯待到 1951 年 2 月，有诗作《春节》：

> 西历一九五一年二月十一日，值印度教春节。途人以红粉红水等喷衣为戏，学舍同人礼智慧女神（即佛教所谓辩才天），出其图书香花恭敬，因馈余酥麦糖果等，诗以记之。时在贝纳尼斯。

> 一年又是嬉春节，仕女抛红巷陌间。
>
> 独有异乡人寂寞，绿波高岸看鸥还。

> 酥果为余订懦顽，丹砂能点破愁颜。
>
> 听彻神弦祭书史，焉知世上有刀山。

> 财富犹如足上尘，镂心文字更悲辛。
>
> 福田最是前贤作，一上香花俗已淳。

> 文苑儒林老辈亲，眼中余子又谁论。
>
> 芳菲未沫玄源在，稍觉天南有解人。

# 第七章　踵继高踪

## 一、阿罗频多

我们在地图上看印度的地理形势,她宛若大象的一只耳朵,或说像大象耳朵形状的一片叶子,叶垂之端的名字叫做科摩林角。我们就从科摩林角出发,沿东海岸线向上走去,经过杜蒂戈林,吉勒格赖,阿蒂兰伯蒂讷姆,加里加尔,古德洛尔,然后到了琫地舍里。这座城市位于北纬 12°、东经 80°交叉点上,属于泰米尔纳德邦。它是座古城,在印度或许有名,在世界却不怎么特出,至少我们中国人几乎没有听说过它。这里气候和暖,终年常绿,有鱼盐之饶,有舟车之便,印度独立以前,这一海埠属于法国。殖民者在这里经营筹划,多费心思,他们立教堂,办学校,造寓所,修公路,使造访者感到此地颇有欧洲情调了。1954 年,先在法律上,次在事实上琫地舍里归还给印度。用我们的话说,叫做"回到了人民的怀抱"。琫地舍里确实是有名的,至少在西方世界驰名。因为它是一位印度圣人,室利·阿罗频多四十年隐居之所,还有一位来自法国的圣人,密那氏(尊称为"神圣母亲"),共同弘道数十年的地方。他们共同创建了一座阿罗频多修道院( Sri Aurobindo Ashram ),与全世界智识人士气脉相通,由此,不但促进了它的物质上的发展与繁荣，而且更为全世界的精神重镇，故与全世界人士息息相关。

阿罗频多冠以"室利"（Sri），表尊敬，通常"室利"加之于神名或神圣之人，在梵文中是"崇高""富足""华美""智慧""吉祥"等意思。"阿罗频多"，字义是一种晨间开放的莲花，在华文中则称"旭莲大师"，或"晓莲大师"。

阿罗频多出生于1872年8月15日晨7时，加尔各答。加尔各答属印度孟加拉省，在其城北约11英里处，有一个小镇，名格那迦，位于呵格里河西岸，富庶之区，19世纪多有伟人出生于该地，阿罗频多家族为当地望族。其祖父为学者，当地名人，其外祖父为印度国家主义先驱，全印度"梵学会"会长，卒于1899年。其父黎史拿敦葛施，留学英国，获医学博士，回国后，不为故乡所容，婆罗门众强迫其进行"净化礼"，其父不从，遂变卖故乡房舍，出外行医，并负盛名，常居科那城。阿罗频多排行第三，上有两兄长，一个后为文官，一个后为大学教授，下有一妹一弟，五人后皆成名。他在5岁时，随二兄在喜马拉雅山麓的大吉岭罗连多道院小学读书，两年后，7岁，全家往英国，居于曼彻斯特的英国友人家，男主人是拉丁文学者，教他拉丁文、英文，女主人则教他算术、历史、地理和法文等。13岁时，阿罗频多往**伦敦**考入圣保罗中学，校长嘉其拉丁文之优，亲自教以希腊文，因奇敏，旋入高班，其他功课考试，得奖多多，课外博览欧洲名著，又学德文、意大利文，并稍学西班牙文。后开始作诗。18岁时，入剑桥**"国王学院"**，因希腊文、拉丁文成绩斐然，得高级古典文学奖金，每**年80镑**。21岁时，阿罗频多回国，早已回国的父亲听到误传，说**阿罗频多所乘之船没于里斯本附近海岸**，其时已患疾病的父亲闻讯增伤，旋即离世，未与爱子一见。其父曾经希望他接受完整的英国教育，要求这孩童的监护人，严加看管，并不准他跟任何印度人接触，但是，每每与孩子通信，总是不忘批评英殖民政府不公正的措施，并剪下报端上时局见闻与评论寄给阿罗频多。据他的兄长说，阿罗频多儿时极温良可爱，但气性特别强固。兄妹五人，皆和好雍睦。他在大学时，与同学组成了一个"莲花剑学社"，议论国事，抨击时弊，但后来学社解散。

阿罗频多回国以后，被聘为巴洛达土邦文官。工作清简，他利用大量的时间研习梵文及本土诸方言。22 岁时，已熟谙孟加拉文，撰文批评本省作家邦金的著作。又为孟买报纸《印度之光》撰政治文字，言论颇为激烈，以为至诚即力量，而国民大会领袖之流，鲜有以至诚谋国者。23 岁时，阿罗频多在巴洛达大学教授法文，每周六小时，并寄资奉母及妹。27 岁时，为巴洛达大学正教授，时已完成梵文两大史诗的英文译稿，即《摩诃婆罗多》《罗摩衍那》，有著名的翻译家读到以后，怅然叹道："读了阿罗频多的翻译呀，我真后悔我的译著出版了。"28 岁时，被巴洛达大学聘为终身教授，巴洛达邦主时时向其谘以要事。这一年，革命行动开始了，他派遣巴洛达军中一少年，名叫查丁，携革命方案往孟加拉，延揽人才，募集资金，准备起事。29 岁时，他按印度古礼与一姑娘结婚，妻子名密蓝里尼，后来阿罗频多因革命奔走四方，无暇抚妻，不数年，妻随一女道师修道去了。又后若干年，有友问之："你当时自知为革命的领袖，为什么还要结婚呢？当然了，这个问题你可以不回答。"阿罗频多说："当时我尚有以学术为终身事业的念头，所以，我觉得结婚并无多大的妨碍。"30 岁时，联络革命志士，立誓结盟，在加尔各答与密悌尔联袂，后来此人召集革命青年数万人；在密得那坡，与赫乙摩昌德罗达斯携手，各执《薄伽梵歌》一本，剑一柄，发誓其不顾任何牺牲，当为祖国争取独立与自由，并暗中在孟加拉省建立革命据点六处。其实秘密结社一事，由来已久，阿罗频多的祖父，亦曾缔造过秘密组织，诗人泰戈尔尝加入之，后因功效不大，解散了。但此时情况不同，革命情绪高涨，有弥漫全国之势，然而派别众多，意见殊难统一，阿罗频多需花费大量的精力，调解诸派之争。

1908 年，阿罗频多 36 岁。因从事革命，久未修习瑜伽，正月，乃访得一个名叫李黎的瑜伽修士，同习静坐，三日而后，阿罗频多感到诸念皆寂，并视万事万物在一个超上大梵之宇宙性之中，有如幻想。4 月间，党人掷炸弹暗杀地方法院院长，未中，误杀英籍夫妇二人。5 月，居加尔各答，事机不密，被捕。5 月 9 日，阿罗频多被判无罪，乃出狱。1910 年，38 岁，2 月，暴动暗杀之风又炽，主持爱国运动者的冲动往往不能禁绝。4 月 4 日，阿罗频多乘海船抵南印度的琫地舍里，从此脱离实际的政治，终身不出。

这里大值一提的是 1908 年，阿罗频多在狱中悟道之事：他在狱中，整日沉默，唯听律师达斯为他辩护，寂然而无一语。但读《薄伽梵歌》和诸《奥义书》，精进无懈怠。一天早晨，阿罗频多忽然开悟，只见牢房内外，处处犹如天堂，一隙一尘，光明辉赫，一草一木，笑颜熙怡，囹圄中充满了喜悦，肺腑里溢出了欢乐。他开始以为这不过是幻想而已，时间一久，才知不然，这乃是高上境界，于是乎从此无疑，了然明彻。还有可说道者，那就是他偶然集中思念，自问能否升举，尔后忽觉身体上举，只略略触及地面，而浮空趺坐多时，也并不怎么太用气力。此后在入定境界中，闻到大瑜伽师维卫迦难陀，即罗摩克黎史拿的大弟子，亲为之说法，解释一修持上的幽奥问题，两个星期以后，维氏释疑之声不再响起，大概也是如李黎隐去了。于是阿罗频多又尝试辟谷，即试行绝食 11 日。绝食以后，体重减轻十磅，而心境泰然，不施膏沐，然长发甚为柔泽。此时之阿罗频多，定是已勘破宇宙之大秘密了："君王兮！睹赫黎之神变，实惊绝之瑰瑰，余记之而又记之，欢喜而又欢喜！"（《薄伽梵歌》18：7）

梵澄分阿罗频多一生为三期：第一，教育时期，从出生到 21 岁；第二期，革命时期，从 21 岁到 38 岁；第三期，弘道时期，从 38 岁到 78 岁。第三期，整四十年，隐居著述，其迹多非外表可见。初到瑃地舍里，生活异常艰苦，居室之内只有一桌二椅，跟随徒众仅四人。1914 年，"一战"起，政府颁布紧急法令，这时侨寓瑃地舍里的革命人士，人人自危，多有想逃出或出山者，阿罗频多泰然处之，不为所动，并劝阻其他人，不要轻举妄动，但有些人不听，然刚一离开此地便被逮捕，在英人治下的监狱里一呆又是四年，直到"一战"结束。这一年 3 月 29 日是个十分重要的日子，法国院母密那氏抵达瑃地舍里。8 月，所编英文月刊《阿黎耶》出版，该刊物继续八年之久，阿罗频多的诸多著作，如《神圣人生论》《瑜伽论》等，皆是该刊所发表，然而这仍属个人杂志。后来，《阿黎耶》为《前进》杂志所代替，后者为诸门人所编，发扬本师学说，持续不已。与《阿黎耶》同时发行的杂志，有法文的《大综合杂志》，内容多译述《阿黎耶》，止于第七期。

1926 年，阿罗频多 54 岁。他隐居于一楼，除了院母之外，世人皆不得见，学院大小事务皆托与院母。门人弟子若有问题，亦以书信往来。每年四次受谒，访者鱼贯过其前，行礼而退。从此二十余年，足不下楼，直至示寂，入殓归土，方可算下楼了。1934年，62岁，甘地南游，欲来琫地舍里，阿罗频多驰书谢之，不肯见，信在邮局稽迟，甘地不知，后来消息到了，甘地乃遣弟子往而谢之，但两圣人终未一见。甘地在被刺前数月，有书至某位修士，高度赞扬了学院的工作。晚年，著论多涉历史及世界局势，第二次世界大战方起，乃断言轴心国必败，及至苏俄的崛起和消歇，并明言：宗教不足以领导社会。此时有革命领袖鲍斯，欲借轴心国的力量来解放印度，阿罗频多极力反对，并叹：这个人没有希望呵，怎么能为魔鬼所役呢，不可救药了！之后鲍斯事败，在乘日机往日本时，机焚人亡。还有一个重要的大事件，可见大师之高明：二战结束，印度面临着独立，英国爵士克里普斯建议，战后选出一个大会，草拟新宪法；关于独立，可以分两步走，先由印度领导人物参加治理，然后再缔结有关英国撤出的条约。可当时的情形是，国大党要求立即允许独立，穆斯林联盟要求单独成立国家。阿罗频多派一大弟子前往德里，说服甘地党人接受"克里普斯方案"，弟子临行前，阿罗频多说："此一举乃无有希望之行事也！"甘地党人果然不听。当时有弟子问他，为什么发此种感慨呢？他回答说："你要知道，得到解放以后的印度将血流成河。"有人怪其预言不吉。后来即有印度教徒与穆斯林的相屠之乱，凡所能及处，阿罗频多则派弟子前去斡旋，尽量调和矛盾并抑制骚乱。后来的事实证明，这种宗教组织间的冲突和流血未尝间断，以至于甘地为此遭袭、殒命，"此之谓'失计'，未能听用老成谋国之言"。

　1950年，78岁，入冬，阿罗频多微微不适，将自己的长诗《萨未致》（Savitri, 此"太阳神"之名），一卷定本，口授完毕。11

月 24 日，最后一次受谒，12 月 4 日，诸病已显，起坐，有侍者鼓起勇气问道："老师为什么不用自己的力量，将疾病去除呢？"阿罗频多回答："不必了。"又问："不用自力去病，病怎么能够好起来呢？"他回答："不能说了，这不是你们所能知道的事情了。"他遂睡下。第二天早晨二时逝世。印度的习俗，人殁后不得过四个小时，即当火葬，但瑜伽师不行火葬，仍入土为安。阿罗频多示寂后，面目红润，焕然如生时，仿佛精神未曾离去。12 月 9 日暮，门人始殓而葬之院地。"于时五印摧悲，遐方震悼"。[1]印度"三圣"皆去矣。前溯三年，即 1947 年，英国公布《蒙巴顿方案》，实行印度和巴基斯坦的分治。自治了的印度政府，遂以 8 月 15 日即阿罗频多的生日，定为"独立建国日"。是日，阿罗频多献词于全体人民，他说：

　　一九四七年八月十五日，是自由印度的诞辰。这给她划出一旧历数的终结，一新时代的开始。但在我们这一生，作一个自由国家而有为，我们也能使这成为一新时代中重要纪念日——为全世界，为全人类的政治，社会，文化，及精神底将来而开展的一新时代。

　　八月十五日是我自己的生辰。在我自然是异常快慰的，这日子可擅有如此伟大底意义。这同日相符我以为不是意外底巧合，而是领导着我曾开始上人生事业的路的"神圣力量"之钤印与认可，也是事业充分圆成的发端。诚然，在这一天，我可看到几乎一切我所希望在我生平完成的世界运动，虽然当年皆好像是不能实现的梦，皆达到成就或已走向圆成的路上了。在这一切运动中，自由印度很可作一番大事业而居于领

[1]　徐梵澄：《南海新光》，载《徐梵澄文集》第一卷，第 1—41 页。

导地位。

第一个梦便是以一大革命运动，缔造一自由统一的印度。

另一个梦便是亚洲诸民族的复兴和解放，以及她之回到她在人类文明进化上的伟大任务。

第三个梦便是一世界联合，为全人类组成一更公平，光明，正大底生活之外在基础。

另一个梦，印度向世界的精神贡献已经开始了。

最后一梦是进化上的一步，将提高人类到更远大底知觉性。[①]

1948 年初，"圣雄"甘地遇刺身亡。有信士电示阿罗频多，云："甘地逝后，遍处黑暗悲伤。人们恳求一语。"阿罗频多复电：

保持坚定，度此黑暗；光明是在的，且必然克服。

第二天，2 月 5 日，阿罗频多通过无线电广播，向全印度发出了声音：

在环绕我们的这种情况下，我宁肯沉默。因为我们所能找到的任何话语，在这种事态中皆毫无意味。可是这一点点我可以说，即那引导我们达于自由虽尚未达于统一的"光明"，仍旧炽然，且将继续炽然，直到它克服。我坚定地信仰，一团结与伟大底将来，是这国家及其民族之命运。那"权能"，领我们经历这么多奋斗与苦难而达到自由的，不论更经过何种斗争忧患，也将成就这愿心，在逝去的领袖悲惨殂落之时，如此深刻萦系他的思想的；如其给我们以自由，也

---

① 室利·阿罗频多：《周天集》(续集)，徐梵澄译，载《徐梵澄文集》第七册，第 527—529 页。

将与我们以统一。将有一自由和统一的印度，而"母亲"将集合她的儿子在身边，熔铸他们为独一国家力量，在一伟大而团结的民族生命里。[①]

这一伟大的"慰言"，如法螺大吹，洪钟激越，即刻传遍了五印，震撼了人民的心灵，抚慰了民族的伤痛，给这个刚刚独立的国家，以镇定力，以信心力。为什么会产生如此巨大的功效呢？因为"圣哲"室利·阿罗频多，系"国魂"所在也！

## 二、"母亲"与修院

上面已说，阿罗频多进一步退隐，一切院务皆交给院母密那氏。她来到东方，看到这"阿施蓝"当时的情景，以为其范围当不止于此，要以西方的理想，处处立下远大的规模而听其自加发展。果然，随着时局一天一天的变化，精神或心理的寻求者，修为者，一日一日增多起来，集中在阿罗频多和她的周围，依止导师而求进步，于是修道院不断地扩大了。

"神圣母亲"或"母亲"，是加于这位老母名前的尊称。她是法国人，生于1878年2月21日，贵族家庭。她的兄长为非洲阿尔及利亚总督。她从小学到大学，皆受教育于巴黎，音乐与绘画为其所擅长，并在当时的艺术界颇有声名。她的名字叫做"密那"(Mira)，结过婚，并有一子，后来成为有名的教育家。"母亲"从小即倾向于精神哲学，凡希腊、埃及，以至近东的玄秘学术，皆非常着迷，并特为留心，游历所至，总是去访问当地的这种玄秘人物。像"母亲"这样的女性，欧洲还有几个，较闻名的有赖斯·

---

① 室利·阿罗频多：《周天集》(续集)，徐梵澄译，载《徐梵澄文集》第七卷，第530—531页。

戴维兹夫人（Mrs.Rhys Davids），深入西藏研究密宗，写了好几本书。到过印度的有安妮·贝赞特（Annie Besant），费边社会主义者，神智学者，参加过印度的独立运动，主张节育，在印度从事教育与慈善事业，还曾执掌过马德拉斯的童子军运动，童子军有《主佑国王》的歌，其中唱道："主佑我祖国，主佑我贵土，主佑我印度。"似乎是爱印度甚于爱英国了。[①] "母亲"终于要访问远东了，她先到了日本，在那里住了一段时期，日本人叫她"美良"。她特想访问中国，但当时是北洋军阀执政时期，社会动乱，因而其行未果，这是一个遗憾，因为她老人家对中国人素怀好感。有一个小例子可作证明："母亲"曾在轮船上碰到两个英国的牧师，其中一个向她说，他要到中国去感化那些"邪致"的人，"母亲"听到以后非常生气，说了如下这番话：

"听吧！在你的宗教尚未产生以前——这还不到两千年——中国人已有了很高底哲学，他们已识得到'神圣者'的道路。时若他们想到我们西方人，他们便以为是野蛮人，那么，你为何去感化那班比你知道得多的人呢？你将用什么教他们呢？教他们不诚？作空洞底仪式？而不遵循他们的高深哲学，和一种无固无必之度，足以引导他们到一高等知觉性的？"那位可怜底人便那么窒塞了气！他向我说："哦！我恐怕，我不能被你的话说服！"我便回答他："我不是试要说服你，我只告诉你这情势，我不十分见到，为什么野蛮人要去教化文明人，教以他们比你们很久远以前便知道的事。"[②]

① V.S.奈保尔：《印度：受伤的文明》，宋念申译，三联书店，2003 年，第14 页。

② 《母亲的话》，徐梵澄译，载《徐梵澄文集》第十卷，第147—148 页。

"母亲"往日本的途中，经过南印度的琫地舍里，拜访了在此避难并隐居的阿罗频多，两人论学，相应相契，但"母亲"未在此作久留。从日本回到巴黎后，她做出一个重大的决定，要去辅助阿罗频多开展伟大的精神事业。于是她变卖了自己的房产，准备了款项，乘船到东方开辟新天地了。她在1914年3月29日登岸，这个日子成了一个重要的纪念日。

修院因"母亲"的到来，起了大大的新的变化和发展，不必说这是修院了，其规模在印度境内多有，然"母亲"的理想，却是要在旧社会中塑造一个"新社会"。在海滨的住宅区，多有昔年法国人所建的房屋，房屋院中多植果树，如各种芒果、椰子等，"母亲"或购或租几百余所，这无疑扩大了修院的空间，因为修院本没有围墙。"母亲"又在近郊收下几处田亩，每年所获稻、麦约足本院之食；也有农场，专司殖禽产卵，养蜂收蜜；农场中还开辟花圃，在六季中皆有佳花供应，与此相依的是畜牧，养了许多头奶牛，日常供给鲜乳。另外，在远方的喜马拉雅山麓，还有果林，生产苹果与桃子。院中各宅的小园，也有开辟出来种植蔬菜的。

其次，是工商业：有冶金厂，不锈钢厂，木材加工场，水、电工程处，各种手工业作坊，如埏埴陶器，纺纱织布，抡毛织毯，裁革制屦，破竹编筐，编菅织席等，以至煮皂，熬糖，炼盐，制甜点，造香水，洗熨衣服，装订书籍，修理钟表等，一应尽有。还有手工造纸厂，印刷厂，印刷厂颇具规模，可以出版十五六种文字的书籍，包括印度本土的方言。这么，有工了，亦应有商，因为通商所以惠工，院中所生产的工业新产品，还有农业产品，除了本院的消耗之外，也向院外发售，尤其是图书、画册、影集等，原本就是为满足于社会之需求的。往往是这样，所售出者，皆上品，特精之品保存,中品自用,下品改造或改用。修院农、工、商皆备了。人数一天天增多,于是设有卫生处,几处诊所,一座小医院,凡西医西药、印医印药都有,另设有专门的眼科、牙科医院;疗养所有几处,按摩与电疗是合在一起的。医院里其实病人不多,因为修院人皆有心理之进,精神与物质都保养得较好,很少生起病痛。如此一来,这医事似乎只起有备而无患的作用。

修院中最值得骄傲的是教育事业,有"国际教育中心",被称之为"教育之花"。"教育中心"包括幼儿园,小学,中学和大学课程,当然还有研究所的工作,统统都是国际性的。儿童来自世界各地,在幼儿园和小学,用英语或法语,中学和大学也用这两种语言为教学的工具。这里教学的特色,便是有"自由进步班",让学生自己学习与研究,教师只是从旁边起辅助作用,也没有什么一般的标准,学生凭自己的才智自由发展,作直线进步,无须与他人比较,只注意个人的高度便够了。这样的效果反而更好,通常在他校当一年修完的课程,在这里几个月便完成了,而且会学得更好。"国际教育中心"还有一座大图书馆,馆中设有儿童图书馆。另有专门的阅览室,分散在馆外,如阅读阿罗频多和"母亲"的著作及院内出版的各种杂志,单辟一室,阅读各种语文报刊,亦单辟一室;还有一个体育阅览室。此外,修院对于体育和美育高度重视,有中小型体育场好几处,舞蹈厅、音乐厅好几处,近郊的大型体育场和游泳池乃至大剧院,或正在测地动工之中,或正在规划蓝图。

这真是沧海桑田了,想当初阿罗频多初到之际,这里有酒店五百余间,而书店却只有一间,还是法国人开的,另外有一个小规模的图书馆和一个学院,也是法国人办的。后来有人提意见说此地处尘嚣之中，不宜办修院，还有人觅到一处山林清净之所，环境幽静，风景美丽。但阿罗频多和"母亲"决定就在这海埠背水列阵，况且琫地舍里是古代名城，韦陀文化中心，近世又是英、法两国所争之地，在政治史上占过重要的地位。那么，就在尘埃中振起，将俗势力克服，使此疆场泽被甘霖，光明普照。因为人生转化，不独是少数人的事，而是大众的事，倘若不着眼于大众呢？不幸又化为一个宗教组织了，那样，对于国家、民族以至于人类的助益就更加渺茫。这些话说起来是容易的，然而做起来则困难重重，拿工业来说，不能与外界脱离关系，政局的动荡，灾荒的严重，物价的上涨，失业的增多，以至盗贼的骚扰，罢工的波及，不能不或停或续，或增或减，总之需经过若干辛苦，支撑起这一庞大的局面，"而经济上它没有固定的收入，纯靠信士的奉献，布施，那么，其情可想了。"所以阿罗频多有一句话说："这是神圣母亲一手所创造，没有任何人能从她手里夺去。"[1]

"母亲"料理全院人士的饮食起居，使阿罗频多能潜心著述，其他人能安心修为。更重要的是她和阿罗频多一样，解除人们心理上的病痛，许多医生束手无策的病人，往往前去求精神治疗，果然痊愈，其救治的不仅是心情之苦，如忧愁，哀伤、悲恸等，亦且是肉体之痛，这样或那样的疾病。若干年以来，社会上多有人若遭遇到极大的苦恼，或心病或身病，没有法子了，便叫：到"神圣母亲"那里去！到室利·阿罗频多那里去！到琫地舍里去！[2]有人问阿罗频多："我认为，作为一个'个体'，'母亲'一身具现全部'神力'，她把'神恩'导引到物质的层面，让整个物质世界有

---

① 徐梵澄：《南海新光》，《徐梵澄文集》第一卷，第17—23，47—48页。
② 徐梵澄：《南海新光》，《徐梵澄文集》第一卷，第17—23，47—48页。

机会改变和转型。请问，我的看法正确吗？"阿罗频多回答："正确。她一身具现神力，是为了让世俗意识产生蜕变，以便吸纳上天赐予的超心灵力量。之后，在超心灵力量的主导下，世俗意识将会进一步转变，但整个意识仍不会超心灵化——首先，地球上将出现一个新种族，代表'超心灵'，而人类则代表'心灵'。"阿罗频多和"母亲"的信徒们都相信两位导师身上会发出"神光"，也许这有如我们中国人所说的气象，或"和风庆云"，或"泰山岩岩"，据他们讲，阿罗频多的光是淡蓝色的，乃至他示寂后未入葬前，身上仍有光芒；而"母亲"的光则是白色的，有时候会转变成金黄。[1]

"母亲"的工作异常忙碌，每天都要打理账目，批阅文件，会见访者，讲授课程；在晚上，抽出一定的时间来把阿罗频多的英文著述翻译成法文，她自己用法文写的著作叫做《母亲的话》，甘地读后感动地说："此乃滴滴甘露也！"此外，有一件很重要的事儿，那就是她每天不忘与院友见上一面：

> 这位"母亲"，每日早晨六时一刻，必在其寓所二层临街的凉台上与大众相见。院友或路人时已静立街上仰望她，她向每人看一看，便退去了。晦明晴雨皆如此，未尝间断过一日，每日未尝或迟或早一分钟。其余每日上午每人授花一朵不论。其他工作更不必说。——这么五十年，在我辈必不免"一日科头，三朝晏起"，在她未尝有。这不能不使人钦服了。这不是什么法术，是有恒，是有道。[2]

---

[1] V.S.奈保尔：《幽黯的国度：记忆与现实交错的印度之旅》，李永平译，三联书店，2005年，第356页。

[2] 《母亲的话》，徐梵澄译，"简介"，辽宁教育出版社，1997年。

### 三、沐浴恩慈

室利·阿罗频多学院第一次出现了两个中国人。徐梵澄和游云山，联袂翩翩而来。

二人商定，春天来，冬天去，做客半年，参修数月，收集关于诸《奥义书》的各种版本资料，购置毕阿罗频多的重要著作，然后回到香港，再做下一步的打算。

然而，他们好像被一颗璀璨的明珠紧紧地吸引住了。这里笼罩着一种氛围，弥漫着一种气息，清新，疏朗，启明，鲜健，犹如一座有别于地上任何处的新村。不必多说了，这全然是因为有圣人在此！"圣哲"阿罗频多虽然刚刚殁世，但另一个圣人，神圣母亲，却秉承了他的衣钵，在她的指导下，一切一切妥妥帖帖：

> 这里没有佛堂，没有神像，没有十字架，没有法服，没有袈裟，没有任何仪法，没有戒律，无所谓清规。曾经有弟子问室利·阿罗频多：我们当守些什么规律？答复："这里没有什么规律。你只须在心中树立一警卫，凡有什么情命欲念要进来了，驱遣它。"——所共同信仰的是"神圣者"，如此而已。如说为"上帝""神"，在西文以阳性、或阴性、或中性、或多数、或单数名称为称，皆在文字语言之域，一随尊便。有些时静坐，是返观，内省，企慕，集中，各从所好，从不勉强。不立功程，没有什么克日取证之说。然既来到院里，总是作些精神修为……修道的路是颇崎岖的，不免跌倒，那么，立起来，再前进。若干年来，大众同修一"集体瑜伽"，每星期大众聚集一次，听一阵音乐，静坐上一刻钟。再一次，听听神圣母亲的广播，再坐上一刻钟。在修为上呢，一

人进步了，大众也同时进步了。大众进步了，一人也同时进步了。[1]

无疑，这是"放之四海而皆准"的自由空气。

此时的阿罗频多学院，已有了四十年的建设。皈依弟子，从四五人增加到两千人，来者往者虽无定数，但常住瑃地舍里者至少有一千人。原本为"重生"或"新生"的精神保持着，入院以后，其人的过去一概不问，只注意自己将来的发展，在这个意义上，与"出家"没有什么不同。已往的社会地位或个人财富，都不计较，因为要做的是"精神"的追求。这一追求要求原先的价值和标准皆变，将整个的人加以抟捏，重新铸造一个新的人格，或新的精神典型。这一铸造，只是剔除非是者，而不是将好的东西或真理一并弃去，相反，它要加以保存和发展。这是说，不论一个人在过去的事业为大为小，身为王子、大臣也好，凡夫、俗子也好，在原则上都得将过去完全消融，重新做起。这么将自己的心灵赤裸裸地捧出，独对上帝，直面"至真"，没有任何的虚伪和丝毫的矫饰。

这么说来，阶级的身份是被消除了。接下来的问题，便是金钱。在原则上是"损有余"，你得奉献给"神圣母亲"，而自己无所保留，让她用在学院的事业上，这样也"补"了"不足"。因为一到院中大家同在一个合理的生活水准上，而富者忘其富，贫者忘其贫，况且印度也难说有什么物质上的特殊享受，更不用说修道院了。然而"鳏、寡、孤、独、废疾者，皆有所养"，这样，院友长年囊中空空如也，但并不妨碍进修。

还有一个问题，较易引起误会，即是这里没有"出家"人的

---

① 徐梵澄：《南海新光》，《徐梵澄文集》第一卷，第 12—13 页。

苦行。其实修瑜伽不是怎么去折磨肉体，不讲卫生，而是要保持灵魂的健康。这一过程要求一种适宜的生活，不能过饥，也不能过饱，不应太暖，也不应着凉。例如静坐，作亦可，不作也行，如愿意盘坐静观默想，则坐处应既通风又适度，且地上要清洁，空中少秽气和灰尘。身体健康，才能从容办道，需要适当的营养，适当的劳动和适当的休息。这样，入院的人，都是一样"自由"，真算是平等了，但是人各有所能、所不能，这是无由平等的。人们到此来作精神的追求，然而不是毫无作为，那样也不符合行业瑜伽的精神。这便依照个人自具的才能，在有利于其精神发展的观照下，由"母亲"分配一份工作，这工作在其个人能做且爱做，不待督促，如此，学院的事业便兴起了。[①]

梵澄和云山被安顿下来，等待着"母亲"的接见。房间里为他们配备了洗漱用品，水罐，水杯，每个人还发了一个金属制成的饭盆，印度人称之为"便当盒"，在北印度则被称为"卡内·卡·列巴"。这盒分三层，"把手"竖起，盒身高 22 厘米，盒径为 11 厘米，"把手"之一端有一个小洞，小洞可上锁，为的是防止旁人起"贪吃"之念。这盒的密封相当不错，一般使用起来，下层放汤汁或茶，中层放主食，上层放菜肴。于是，他们提着饭盒往食堂就餐。学院的餐厅很大，常备千数百客食事，若在餐厅用饭，可用那里的器皿，也都是铜制或不锈钢做的，不仅形色皆雅，而且非常卫生。食品分西餐和印餐两类，供给的有米、麦、糖、茶、水果、蔬菜、香料，等等，不惯素食者，则有鱼、肉、蛋的供给。[②]这里还有南印度人爱吃的"伊德里"（idli），一种黑绿豆饼，并糅合稻米

---

① 徐梵澄：《南海新光》，《徐梵澄文集》第一卷，第 17—19 页。

② 徐梵澄：《南海新光》，《徐梵澄文集》第一卷，第 44 页。

蒸制而成；另有"多萨"（dosa），一种薄饼，由多种面糊制成，很脆，有多种填料，常配合酸辣酱和浓味小扁豆肉汤食用。[①]早餐则有牛奶、面包、果酱和小菜，淡茶和浓茶。浓茶指印度人喝的红茶，他们把茶叶放入铜壶或铝壶里煮沸，再加入适量的牛奶和白糖，呈稀粥状。水果则是很丰富了，有橘子、香蕉、菠萝、芒果、荔枝，等等。说实话，这里真是一座寄宿制的"公社"或"大学校"，比之桑地尼克丹的国际大学，多了不少整肃和紧张的感觉，仿佛一大机轮，全部在围绕着轴心旋转，这"轴心"，便是"母亲"。

什么时候谒见"母亲"呢？负责接待的印度人总是一脸得意地回答："No problem！"或许是他也不知道，因为"母亲"太忙了。那么，索性就安心等待，悠哉悠哉几日，参观一下琫地舍里。那印象是深刻的，属于学院的地盘，到处都是树木葱倩，土地平治，门户修整，檐廊清洁，而且都是寂寂无声。游客可不要以为其中无人，这里可能恰恰是修院的某一部门，而其中之人，正在默默忙于工作。散步累了，院里有咖啡馆，还有对外餐厅和旅店，在气候稍爽的季节，这里往来的游客是爆满的。此地又是印度东南部一个大埠，滨海地区，能观日出，又有长长的沙滩，依滩有成行的椰子树、棕榈树，这情景恐怕只有在我国的海南岛可以见到。每天破晓，太阳冉冉升起，海面上波光粼粼，平坦的湿沙上泛着金红色的光芒，晃得人们的眼睛都有点儿发痛。在海边上，渔夫在收拾渔网，准备出海，农人在洗涮牛只，大概是要回村。那牛瘦骨嶙峋，拖着模糊的影子，好像不堪重负似的，这时候你会想到

① V.S.奈保尔：《印度：百万叛变的今天》，黄道琳译，三联书店，2003年，第282页。

一个词儿"颤抖的贫穷"（quivering poverty），[1]因为你要随它走去，便会看到在烈日之下的另一番景观，一片荒凉、贫瘠的田野，水边的遗矢，路旁的垃圾，低矮的茅屋，菜色的面容……这就是真实的印度下层社会了，千百年来，世世代代，没有什么变化。梵澄和云山，已经见到很多了。

不几日，他们觐见了"母亲"。

"母亲"的会客室在她寓所的一楼，会客室犹如一个大厅，窗明几净，放满了鲜花，陈设一律为法国风格，沙发、茶几及茶具器皿，甚为精致，好像"母亲"把巴黎的什么宫殿移到了琫地舍里，多多少少给人以一种只有老牌贵族才会那么存心保留下来的不同一般的"奢侈"味道。"母亲"衣着的质地也十分讲究，似不经意却很用心，曾有人问她："为什么你老人家要穿戴这么华丽的服饰呢？"她回答："你赞同'神性'是象征贫穷和丑恶的观念吗？"[2]原来，"母亲"是在向甘于贫穷的观念宣战。"母亲"已经73岁了，身体相当硬朗，只是肩背微微前伛；她的头发是花白的，整整齐齐地梳在脑后，束成一个髻；她的耳朵宽大，耳垂厚实；她的鼻子稍高稍长，脸庞略瘦，脸颊却是丰满的；她的那双眼睛，大大的，当她凝望人时，嘴唇抿笑，下巴内收，双目稍抬，你可以感觉到在那目光之后，有一注渊深的源流。

"母亲"站起来迎接了这两位中国造访者，双方合十之后，"母亲"要他们在身边的沙发上坐下，攀谈起来。"母亲"问起他们的经历、打算、理想，说也奇怪，从来不喜欢高谈阔论的梵澄，此时

---

[1] V.S.奈保尔：《幽黯的国度：记忆与现实交错的印度之旅》，李永平译，三联书店，2005年，第68页。

[2] 同上书，第356页。

却滔滔不绝地讲了起来，讲他的家乡，湘江两岸，橘子洲头；讲大上海，讲鲁迅；讲西欧，讲海德堡大学里的贡多夫，雅斯贝尔斯；讲中国的抗战；讲泰戈尔大学和贝纳尼斯……一会儿纵，一会儿横，无甚次第，也无需次第，只是随着"母亲"的关切作答。"母亲"不时插话，她提到了那些赴华的传教士，如汤若望，利玛窦，南怀仁，白晋，等等，重要的是他们的"中国通信"；又提到了伏尔泰，莱布尼茨，尼采诸人，伟大的是他们的哲学思想……在这海阔天空的漫游中，梵澄初时的拘谨很快就消失了，他觉得与"母亲"似曾相识，仿佛他的过去和未来，她都知道似的，然而，虽然她知道，她还是极耐心地倾听，而且希望了解得愈详细愈好。梵澄忽然生出了一种感觉，自己那未曾披露过的心理角落，一经打开门扉，"母亲"的阳光便会铺洒进来。他想起了生母，而眼前这位老"母亲"，不仅呵护若此，而且身后多了一道无边的风景线；他想起了鲁迅，而身旁这位导师，不仅关爱有加，而且脚下多了一座偌大的蓄水池。他隐隐地觉得他的命运被决定了，或许"母亲"老早就在这里等着他，今天，他来了，"母亲"说：——请你停留！

　　"母亲"也未忘引导云山介绍自己，她饶有兴致地听云山讲到佛陀，讲到孙中山，讲到自己的老师高剑父和寡母及遇难的父亲。时间在不知不觉中过得真快，已近正午。"母亲"还有一个年轻的洋弟子陪伴，本来她是要做翻译的，可是却没有派上什么用场，自己反而被这场丰富的对话所深深吸引。"母亲"讲法语，为什么呢？一来她是法国人，二来琫地舍里的官方语言是法语，她要尽地主之谊。梵澄和云山讲英语，这其中没有任何隔阂，因为双方都有心理感应在先，而梵澄通晓法文却是在其次的了。谈话快要结束了，"母亲"柔和的眼光变得严肃起来，显然，她现场考察了他们并作出一个决定，她用她那带有磁性的婉转的法国音调对他们说："留下来吧！我们的研究院成立一个华文部，你们把中国的文化介绍过来，把阿罗频多的思想介绍到中国去！"

他们回到寓所，坐下来，喝了些水，准备去就餐。梵澄忽然惊起似的说："哎呀，忘了与'母亲'说咱们只待半年的！"云山也应道："是呵，我也忘得一干二净。"二人面对面，大笑了一刻。

第二天一早，二人散步回来，看见桌上的花瓶中插了两枝盛开的鲜花，打扫卫生的侍仆告诉他们，这花是"母亲"送的。上午，研究院有人来与二人洽谈，商讨成立华文部事宜，所需要解决的问题都备案了，诸如场所，书籍资料，中文印刷设备，等等。第三天清晨，又是散步回来，桌上花瓶中的鲜花又重新换过，侍仆说，凡学院中人，每天被赐鲜花一朵，他们已经被视为院中的正式成员了。二人兴奋异常，各有诗表。见梵澄诗《圣慈赐一花供之盛开》：

> 居南天竺无何事，我有一花供圣人。
> 花开花好花能圣，圣自无言花自春。
>
> 弹指流光物外新，千秋圣学未为陈。
> 此花此叶当前意，此是灵山悟道因。

见云山诗：

> Mother！你赐给我的花朵，我想应不是徒供欣赏。
> 从那颜色与芬芳所透露的，不过是最初的一个消息而已。
> 而那后面的潜能，证明你是深深加庇于我了。
>
> Mother！我于敬礼你时，我发现你那灵魂美丽非常，正像才放的莲花；我欲说不出你那带给每个人的美丽思想——
> 我从每个人的面上得知，朝朝如是，在敬拜过你之后，便

笑微微地捧着你所赐予的一朵犹带露香的鲜花，欣悦地慢步
回到各人的工作岗位；勤奋忠实的工作，便是他们对你虔诚
的表示。[1]

　　华文部的地点和他们的住处很快就被确定下来了。二人收拾
行李，搬将过去，既然要长住下来，那么所需生活用品，就到院
总务部的仓库去领取。他们的公寓兼工作室坐落在 Rue Dummas
街 22 号，距孟加拉湾海滨仅一条街，那是一栋包括花园的法式官
邸，有十几个大房间，占地面积约有 2000 平方米。在梵澄和云山
眼里，它好似一座宫殿，窗子大大的，几可垂地，也许是法国人
特别喜欢阳光的缘故。上三层台阶，有一座与房栋齐长的大晒
台，晒台的石栏高出地面约有 1 米，从晒台步入，正对门庭的两
室打通，扩成一间大教室,教室东边的南北房间,都被打扫出来,西
边的房间尚有一些杂物、家具和其他用品。东边向北的房间，他们
依次作了卧室、起居室、会客室；东边朝南的房间，按顺序作了工
作室、画室、图书室。西边的房间呢？向阳的作排字间用，背阴的
给作排字工和侍仆住宿。这里有些像桑地尼克丹的校园，房舍之
间相隔得较远，且都携一片不小的园地，园地生满了各种树木和
植物，有榕树、芒果树、橘子树和木瓜树等，其中有大者枝叶如伞
可蔽荫，正可在下休憩。在离台阶最近的大树下，就有石椅石桌
和吊椅，可供聊天、品茶和阅读。看来"万事俱备"，可以开始工
作了。仍然像在泰戈尔大学一样，他们要开课，云山讲授中国绘
画史，梵澄教以佛教理论。学生们国籍不同，年龄不等，有的是
本院的修士，有的是学校的学生，还有作短期访问的学者，他们

----

　　[1] 晓云法师：《泉声》第一辑，（台湾）原泉出版社，1983 年，第
142—143 页。

要来此一睹这两位高个子的中国知识分子的风采。

云山讲课，道具多了一点儿，要准备好笔、墨、纸、砚，还有画册和自己的一些作品。她的声音富有激情，且抑扬顿挫，铿锵有力：

> 西洋画，在中国人眼光中，造形方面已近于完善了。写人体在希腊艺术早已有成就。文艺复兴和近代，亦皆重人体之描写。然而却没有如中国对一切自然界加以人格化、抽象化的作品。印度无论绘画，雕刻，音乐等艺术，都是依于宗教而生长、而存在，故其艺术附丽于宗教史。
>
> 中国艺术，单就绘画而言，却另有一种环境。中国既无自身独立之宗教，无旗帜鲜明之艺术理论，以为根据中国艺术之创作，源于心灵的启示，是以中国画家多不愿发表创作的理论。不如西方中期的艺术家宣言等的表现。中国人，只有其"人生观"那是学问之修养，亦可说是"人生哲学"或"艺术"。人的思想之复杂，自然有许多旁通侧引，似乎世间上往往微妙甚深的道理，欲涵藏在最浅显的事物里，例如中国画，如在绘画史上，要考究历代之作品源流，及其作法或背景等等，皆有事迹上明显的记载，然而要探源，接触之机会，便不易知其涯涘了。[①]

梵澄讲课，一支粉笔足矣。他介绍的内容是《肇论》，即佛教理论通过道家思想传入中土的轨迹。他从容淡定，娓娓道来，像泉流汩汩而出：

> 从历史的过程来看，有些事是不能回避的，即道教为佛教的传入铺平了道路。现在我们知道，关于物质层面的真理

---

① 晓云法师：《中国画话》，（台湾）原泉出版社，1988年，第177页。

是普遍的。关于生活层面的真理也同样是普遍的。因为，无论是中国人还是印度人在古代都是具有高度文明的，他们中的大知识分子在其精神层面自然会有同样高度的发展，甚至在更高的层面上会有类似的体悟。当新法传入中土时，人们发现它与本土文化有很多非常接近甚至相同的方面，这样，它就不可避免地被人们所赏识并很容易地接受下来了。在某种意义上可以说，是因为土壤已经施好了肥料，所以这朵取自"西天"的新葩，就能够很从容地生根、发芽、开花与结果。

……从根本上说，佛教与道教都有一种弃世和克己的精神，而且两者都追求超越于尘世之上的高上境界。它们都信仰圣贤说教的权威性——在印度，圣说（Āryavāda）被当作正理之内，甚至高于正理的认识——这必须与科学区分开来，因为科学除了自身之外并不信仰更高的权威。而且，在对真理的追求中，双方都主张，最高的真理是居于名词和思想的形式之上的，不能被表述，却可以被领悟。二者都把人类所掌握的知识视为外在认识，包括它们的语言教义，而他们的内在认识却存在于另外的某个地方。道教中得鱼忘筌的寓言就是说的这个意思。佛教有一个关于木筏的经典范例，当人们渡海到达一个新的彼岸时，即须将之弃之不用。老子传授的"太虚"（不幸常被人误解），能够很好地相应于佛教中的"空"（Śūnyatā）的思想范式。根据两者重合的大致线索，我们能够想象得出，在它们相会的第一阶段，这两大体系是怎样达成一个良好的相互理解的。当然，在初始外来者遇到了某些抵触，但是很快就受到了欢迎和款待，就像兄长对待兄弟一样，而且在他们发生争执和最后分道扬镳之前，他们手携手走了很长的一段路程。①

## 四、劳燕分飞

日子快得悄无声息。这么，从夏季（3—4月）到了雨季（5—6月）又到了秋季（7—8月）。云山教书之余，认真地阅读阿罗频多的著作和"母亲"的著作，如《精神训练》和《教育论》，并且每天玩味一两节《薄伽梵歌》的诗句，正好梵澄都译出了，她正可以抄录下来。她每天都写日记或心得，谈到阿罗频多时，她这样说："……最理想的教育，不只是知识的教育，而具兼有精神的训练，成就一个具有健全心理与崇高精神的人物，以准备承担人世间那些任重道远的利群事业。"②体会《薄伽梵歌》时，她这样说："曾经一个时期，我便想藉着诗的艺术、诗的精神以补救这方面的不曾充实，于是阅读前人之诗卷、文集等，希望在这方面亦可能以高颖之性情，悠然之品格——诗的教义——温柔敦厚之风，涵养整个的自我灵明，然而这方面之经验，似乎可以说，总有了一个限度的进程，究竟'诗'便是诗的境界，而不是纯乎神明的天人之际的道理。……有缘一读《薄伽梵歌》……颇觉恍如神物……我对之沉思，有助于了解印度的精微哲理，与宗教内心的修持，能更深契佛陀之禅行与慈悲，也与源于深厚之古学有关。"③

---

① 徐梵澄：《肇论·序》（英文），孙波译，载《古典重温——徐梵澄随笔》，北京大学出版社，2007年。

② 晓云法师：《东西南行散记》，（台湾）原泉出版社，1998年，第170页。

③ 晓云法师：《东西南行散记》，（台湾）原泉出版社，1998年，第218—219页。

梵澄呢？更是在紧张地工作，他借阅图书，查找资料，遍览典籍，整理笔记，目的是为了一个浩大的翻译工程做"战前"的准备。梵澄的博学多识和高超的语言文字能力，得到了"母亲"的赏识和学院同行们的夸赞，由于他的加盟，不仅中国这一大宗文化视野参与了这精神事业的大合唱了，而且整个学院的学术水准，又迈上了一个台阶。这后者的道理非常简单，因为在印度他处，乃至欧洲，都没有徐梵澄这样一个人，这些地方，或者有通西印者，或者有通中西者，然三者贯通却未之见也。克实论之，梵澄的到来助阿罗频多学院矗立起一道景观，即一所学术的殿堂呈现在世人的面前。为什么这么说呢？因为原来学院中有三个大师级的学者，然三点架势，最终只能垒成一座尖塔；而四柱挺立，方能支撑起大厦的穹隆。至于梵澄自己，浑然不觉，为大为小，为显为隐，这都不重要，重要的是：要把印度这一宗古老而又深厚的精神智慧带回到祖国去！这念头在 20 年前就萌生了，那时他泡在海德堡大学的图书馆里苦读梵文，并与鲁迅频繁通信……而现在，这一文化使命谁来担待？在梵澄，当然是——"舍我其谁！"为什么？因为，在这里，"我"就是中国；反过来说，"中国"往往也是由个人来代表的，只是这"个人"，理应为人群中之最杰出者。

然而，另外一条命运的轨迹却尚未确定，那就是：云山何去何从？本来，她打算与梵澄在阿罗频多学院长期留下来，相伴终生。可是，她收到了家信，信中她弟弟传达了他们母亲的盼望，希望二人快快回去。她弟弟说，自从父亲去世以后，大姐就成为他们母亲的心理依赖，母亲想她想得天天落泪，后来泪变成了血，眼睛失明了。读过信的云山痛哭失声，她遗憾，她懊悔：自己常年旅行在外，只顾到自己的艺术和事业，而对家人，实未尽多少人伦孝悌，真是有愧于父母的养育之恩呵！按情理说，她应该马上收拾行囊，启程归国。但是，一走了之，有那么简单吗？她所热爱的这个人，会与她同行吗？答案是：不会的！你看他自从受到院母的接见以后，那么专注，那么热情，那么意气风发，让他回转，谁有那么大的力量？他的前半生都在积蓄和等待，等待的不就是他将要奋力迎上去的朝霞吗？——"也许后人将谓我们也向西去，是希望达到印度！""还有许多未曾炫耀的朝霞呵！……那清新的朝晨，那至今还未发现的温柔的朱红，展开着一日。"——也许云山这样思忖：在这里，年复一年，是我的全部生活吗？我的理想能够实现吗？在这里有从事佛教教育的舞台吗？但是，我若一走，就可能永远失去他了，这个不可再遇、不可重复的"他"了，我将走上一条孤独的道路……当然，"失去"，这还是未来时，我们还有时间来默想、体会，并捕捉再出现的"机缘"。

云山的两难心境，梵澄一望便知。他了解她：抱负甚大，气性极高，让她过常规性的生活和做辅助性的工作，着实太委屈她了，不如她独自离去——在我们看来，这好比双珠并陈，虽不碍异彩同彰，然时会相互掩遮，还是"独"放的好——人的一生，相遇足矣，因为幸福感太过相对。梵澄诗《拟陈子昂感遇三十八首》，有句云：

> 云构集孔雀，尾羽明丽姿。
>
> 终日鸣声悲，失侣啼饥时。
>
> 胡为去林薮，独美金碧墀。
>
> 爱尔必见伤，可以发深思。
>
> 少年好结友，欢爱谓无衰。

何意同心侣，解手永相违。

天半感停云，矫首情凄沥。

悲歌刘越石，知音钟子期。

后生多跷跷，群氓更茧茧。

云谁托末契，言念桑榆时。

云山要离开了，周围的人知道有两个理由，一个是云山的母亲病重，需要她回去服侍；一个是院母要她到香港购置中文铅字，并聘请技术熟练的排字工。离分别的时刻愈近，两个人的话愈少。云山默默地整理笔记、字画，梵澄静静地为她打理行装。云山还购买了烟草，一并与自己的笔、墨和端砚留在了画室里，那画室，将要为他所独享了。临走的头一个晚上，两人在园中的石椅上坐了很久，彼此无言，最后梵澄说话了："明天我不送你去码头了——"云山回答："好的。"

第二天一早，天还未亮，送云山的出租车到了，梵澄把云山的行李放到了车上，待车启动时，他挥手说："珍重——"云山回头，眼中有泪，也招手说："彼此——！"汽车在拐弯处一旋转，梵澄站立的身影不见了。——原来分别竟是这么的容易，哪怕刻骨铭心，时钟也决不留情地滴答而过——早晨有点儿冷，车轮掠过沾满露水的地面，向码头驶去。从此，天各一方，不再相见，云山的心情沉重起来……其实，她原本就是一个独自行路的人，只是经过这一次，果真要孤独地行走下去了，因为她不会再遇到像他这样的人，反之亦然。这一天是 1951 年 10 月 4 日，阴云，霞光一直未现，有一条叫做"胜高刺"的轮船离开了瑃地舍里，[1]它

---

[1] 晓云法师：《环宇周行前后》，（台湾）原泉出版社，1998 年，第507—508 页。

要过孟加拉湾，进印度洋，入马六甲海峡，靠抵新加坡，然后转向太平洋，向着中国香港而去。辽阔的海疆，无边的天际，飞溅的浪花，似乎在告诉着人们——前路漫漫！

# 第八章　栖神梵典

## 一、企慕"伊莎"

云山走了，梵澄又重新孤单起来。这一次，他有了些异样的感觉。课程在照样进行，包括中国绘画史，那门功课是喜爱艺术的学生们不愿意放弃的。然而一旦安静下来，他总是在想她：她乘的轮船到达什么地方了？她那么多的行李，到了码头谁去接呢？见到了老母亲，一定会紧紧拥抱喜极而泣吧？接下来便是找工作，教书，作画……她是否也在这么想着他、念着他呢？突然一阵热流从心头涌上，仿佛重重的一击，泪水模糊了眼睛，他努力克制着，让它们静静地浸渗回去，好像一张皱起的白纸，他要把它将平，因为他要在上面写字。白天，他在画室里转悠很久，用着那笔、墨，随意涂涂"鸦"；晚上，他在户外榕树下的石椅上那云山常坐的位置上坐下来，吸几过烟斗。也许，他是不愿让那熟悉的气息，一并随之飘散吧。

10 月 26 日，是梵澄的生日，他 42 岁。早饭后，"母亲"的秘书前来造访，他带来一大束鲜花、一盒精致的古巴雪茄和一盒新鲜的生日蛋糕，蛋糕上有用红颜色的奶油书写的阿拉伯数字"42"。他双手合十，鞠下身来祝贺梵澄的生日，并传达了"母亲"的祝福，只一句话——"我与你同在！"听到这话，梵澄心头为之一震，有感气血倏忽充涨起来。这是学院人人皆知的话，若干年以前，阿罗频多解释这标语："常是要那么作，好像'母亲'望着你，因为，真实是她常与你同在。"秘书走后，梵澄马上回到自己的图书室，从书架上取下《母亲的话》翻阅，是了，有这么一节，"我与你同在"。"母亲"说：

我与你同在，因为我是你，或者你是我。

我与你同在，这表示有一世界的事情，因为我与你们同在一切水平，同在一切界，从无上知觉性直到我的最物理底知觉性里。

倘若为了无论什么一理由，你写信求我的援助，而我已答复"我与你同在"，这意义便是与你的关系已活泼了，你已在我的主动知觉性里，在一时，在必需的一时期里。

而这你与我间的联系永未割断。有些人，很久以前离开本院了，可是我继续在潜知他们，眷注他们。你们永不会是被抛弃的。[①]

梵澄顿时惭愧了，为着自己的惆怅，为着自己的暂时的彷徨。其实，"母亲"知人，知在不言之前，这祝福，难道不是一个棒喝吗？如克释挈呼阿琼那云："毋自陷于孱弱兮，此于尔非洽适！去尔心卑下之愁积兮，起，起，克敌！"那么，立起，振作，当赴鏖战之场了。但是，明知觉有如阳光，也有消退的时候，这么，暗知觉便悄然潜入了，正像黑夜尾随着白昼的脚跟。他仍然在想她。也许他和她，都曾想过多少遍了：他们能在一条生活的道路上前行多远呢？他们使过"决绝"气，伤过"决绝"情——"决

---

[①] 摘自《徐梵澄文集》第九卷，第301页。

绝复决绝，决眦眼流血"，"拗折金联环，斫断同心结"；那是因为爱之深，疼之切——"艺事良苦辛，深悲视阿妹"，"悠悠叹来兹，睠然五情痗"。后来平息下来，两人相濡以沫，相敬如宾，但这关系犹如一架天平，保持着精致的平衡，可是一加外力，便倾斜了。其实外力本不重要，重要的是内驱之力，即云山一直抱有"出家"的济世情怀，她与佛家的缘分太深切了。而梵澄却不然，他是鲁迅的学生，他要跟"母亲"走！

情感的苦恼，驱除也罢，抵御也罢，谈何容易？但也有一个良法，那就是拼命地工作，直至精疲力竭，倒头便睡，第二天再重新来过。如果一天恰巧没课，刨去休息、吃饭和散步的时间，差不多有 14 个小时可以利用。如果有课，课后散步的时间也不妨长一点，到海滨去。梵澄决定开辟三个战场：图书室——翻译诸《奥义书》，工作室——翻译《神圣人生论》，画室——翻译《母亲的话》。工作不告一段落，战场是不能打扫的。作息制度随"战役"的情势而定，打"攻坚战"时，可以从入夜到黎明；打"阵地战"时，可以从清晨到傍晚。于图书资料，梵澄从一百多种《奥义书》中选择了五十种，又收集到各种版本，并拉丁文、德文、法文、英文和日文的翻译，如杜柏农（Anquetil Duperron）之译，穆勒（F.Max Mueller）之译，杜森（Paul Deussen）之译等。至于阿罗频多和"母亲"的著作，梵澄早已具备。《神圣人生论》和《母亲的话》，一英文，一法文，拿来翻译便是，然而《奥义书》从何处措手呢？梵澄决定先翻译《伊莎书》和《由谁书》，因为二书是《奥义书》之精粹，且提纲挈领，一通百通，阿罗频多特为重视，并为之做了英文疏释。——战斗打响了！

在小径，在草场，在海边，人们又见到梵澄散步的身影了，只不过已经是孑孓一人。没有云山的陪伴，出现了这么一个现象，那就是近之者更近之，因为说话方便了；远之者更远之，因为对女性的介意不必有了。所谓"远之者"，是对梵澄颇有醋意者，一个身无分文的中国穷学者，凭什么受到"母亲"那么大的青睐。有一天一个印度院友横在了梵澄的面前，不客气地发问："你来我们修院做什么呢？"梵澄不假思索地回答："我来翻译《神圣人生论》！"那院友听之肃然，马上双手合十躬下身去退到一边了。

梵澄并不计较，照样向前走他的路。他走过林间，几个院内的工人正在敲打红棉树，那树絮飘飞，宛如大雪；他走过村旁，一个村童正在挖掘松根，然后用椰络拧成的绳子捆绑起来，背回家中作薪；他走过海滨，一对渔民夫妇正在收拾鱼虾入筐，准备入市换米；……人们在辛苦地、艰难地劳作着，年复一年，世世代代。何不"凿"他一下，"混沌"死了，人却"醒觉"了，于是有了更高更远的"企慕"。《神圣人生论》就是这么开的头儿。那"醒活"的是什么？"企慕"的是什么？是"精神"！这"精神"，也叫"伊莎"。

"精神"是什么？它与迁变无常、形成现相的世界或宇宙的关系是什么？我们说，后者是"精神"本体（身）中的一运动。其万事万物的永恒性，是"永远回还"的永恒性。宇宙间每一事物，依其真元（本体），即一全宇宙，这就是说，小宇宙与大宇宙为一。由此，个体分有宇宙遍是（普遍）者的自性，为其一分，服从其律则。"精神"是运动之主，为不变易，为自由，为永恒。它是一，又是无数。同此一主，寓于总和，又寓于部分，属于宇宙全体，又居于每一有体、事物或力量中。因此，个人在真元中与一切他者为一，为自由，为永恒，为自主性。在这一意义上说，人，神圣而自由。但似乎有限，与他人有分，隶属于"自性"，受造化的作弄，奴役于死亡、无明、苦恼。然无明的症结是什么？回答：是"私我"。什么又是"私我"？这就是分别的意识，以为每个个体是一个独立人格。"私我"也称"我执""我慢"，它是在心思中形成的，能自认与运动中的其他事物为一，能洞见隐居于心思之后的"明"。这宇宙有一神圣生命的律则，即是享受此世界及其一切所涵，为世界生存的目的。但自由地享受这一切需要一个条件，就是既在世俗中又要舍弃一切。这个舍弃，不是道德的禁制，不是弃除事物，而是精神的纯全解脱。这一识度，基于"一体"之识见。进之，可说行业的正当理由，因为自由不依乎无所作为，不依乎静性"大梵"的享受，反之，要有为于物质世间，充分实践一个人生身的形寿，因为个体是圆成的一分。这就是动性"大梵"，以工作在世界中成就其自体。人在生命中，应以行业而求个人的自我圆成。

《奥义书》思想，分两个大时代，前一期，较古，仍密接韦陀根本，反映古韦陀圣人心理学体系，或可称为精神实用之学；后一期，思想与形式功效近代化，不一定依赖古代的象征和渊源，韦陀思想中的主要元素，或刊落，或失义，于是后世遁世派和反实用派的韦檀多学基础，渐次呈现。《伊莎书》属于前一期或韦陀系，直面以"一元论"观点而调和人生与行业一问题，并得以博大的解决，是韦檀多学经典之中最精彩的一章。它的关切，是在于人生与行业或说人类的命运，以及这命运与"大梵"无上真理关系中的整个问题。然韦檀多学经典的另一柱石，《由谁书》的进路却不同了，它只阐扬"大梵"为"悦乐"一义，诲人以崇拜且追寻"彼"之为"悦乐"，它的问题较有限制，即是唯从事心思知觉性与"大梵"知觉性的关系。《由谁书》成之于二千数百年前，先于佛教和诸派哲学，作者不可考。梵澄说："读此书，研此疏，亦可知唯物论为何终不行于印度。"由此可知，数论，声论，"赫他瑜伽"，法相唯识，摩耶论，皆与是书有关。梵澄说：此疏释使古之"光耀始得接于吾人目前"。

生命是"变是"，由我们的心思所决定。那么，问题从此出发：这心思工具是为着什么？进言之，这心思生命又是为着什么？是不是至上者或终极权能？抑或心思就是一切？是不是人类生存仅为一隐障，在其后有更远的东西呢？此书回答：有一个更伟大的生存在我们之后。在我们的世界，"物质"不知"心思"，"心思"乃知"物质"；同理，"心思"不知其后有"彼"，"彼"乃知"心思"。而"心思"如何超出，入乎"彼"自我，这是生存最重要的问题。心思乃是低等或现象知觉的经纪，生命力或生命气息，语言，及五知根，都是心思的工具，皆依神经之"生命力"而起作用。人们问"由谁"，即由谁人或由何物？古代宇宙观说组成物质生存者有五种元素：空、风、火、水、地。在这些物质元素中，有种种非物质的权能在运行，如"心思力""生命力"，它们被称为"诸天"或"提婆"，皆"属于神者"。在此权能以上，包涵之，大且过之者，是"自我"或曰"精神"。我们的目光，原来启对一形色世界，这一反观，一个新世界出现了，"在斯世所影像者，由彼处可得；在此世为不完善者，在彼处圆成。""彼方"非一空无，而是在此形相世界我们之为自己者的一个转变。是"心思"太上的"心思"，是"生命"之秘的"生命"，正是它支持着我们的有限诸识。《伊莎书》以综合一切存在而达到这一结论，是对已觉悟求道者而说；《由谁书》以对照达到这一结论，是为世俗的心灵而说。[1]

---

[1] 参《伊莎书》《由谁书》，徐梵澄译，室利·阿罗频多学院，1957 年。

1952年3月，梵澄的大宗译事，完成了《神圣人生论》《母亲的话》第一集和《奥义书》十几种。《奥义书》的译稿，梵澄大都写在二三寸宽、五六寸长的卡片上，有的卡片甚至只有一寸宽，每张卡片有一或两节诵文及注释，均用工整的楷体誊抄，清清楚楚，一目了然。他这么做，完全是为了"手民"（排字工）操作的方便，他们可以一手拿着卡片，一手拣出铅字，那样不会紊乱，亦能比较省力。另外，梵文转注成拉丁字母拼音，上下标示多有，都需单独用字。总之，排版是一桩艰苦的工作，马虎不得，潇洒不得。英译与法译则可以直接写在稿纸上，梵澄不用什么学院特殊的稿纸，而是领来纸张自裁，裁成33cm×22cm，摞满书架，用时写满正反面，像《神圣人生论》，译成汉文83万字，梵澄整整抄写了1400张纸，合2800页。

梵澄酣畅地劳作着，他译呀写呀，从这一室起身又到那一室坐下，从阿罗频多的宏论发阐到"母亲"的睿智道来，他沉醉于其中，又醒起于其中，好像天马行空，云中高蹈，所见全是光明，沁入心里的光明充满周身的光明……那暗夜呢？被遣去了。被遣去的还有那惆怅，恼怨，和些许的委曲。他仍然天天想到她，不过脑海里的轮廓渐渐地在变改，她的笑靥，她的声音，她的姿态，都化为也是在工作的身影。她还好吗？她很好，并且时不时地写信过来，告诉他高剑父先生去世了，告诉他自己在学校里教中文课和美术课，并准备与唐君毅筹办一个出版社，起名叫做"原泉"。

3月与4月，可怕的夏天来了，天气闷热无比。梵澄的居处虽然宽敞，窗子之上亦有遮阳罩，但因窗子较大，玻璃反光，折射得满室尽是灼热的光亮。这居所的前主人不知为什么偏偏喜欢暖调子，涂抹于墙壁的全部是粉红色，给人感觉犹如炉中加炭，火势更旺了，似乎是他为锻炼自己的意志，要在高温中默入瑜伽之静。窗户不能打开，因为室外更热，门窗烫手，墙壁灼人，只有屋顶上的大吊扇不停地转动。梵澄伏案工作，桌子上的大玻璃与身体的温度浑然不分，还有椅子、桌腿，身体触到任何一处，都是一个字——"热"，而且给人的感觉是无处可藏，只能在"四面楚歌"中束手待"毙"。他不停地喝水，然后又不停地出汗，汗水流在笔上，滴在纸上，抹也抹不去，止也止不住，无法工作了，只好先停下来。停下来也不能无事可做，消遣一下总是可以的。梵澄找来几大张包书用的纸张，在上面作起画来，他先信手画了一幅竹子，只见竹节挺立，竹叶婆娑，好像有一朵清爽的云翳飘了过来。他又作了一幅山水画，那远处是云中邈不可及的山峰，有瀑布泻下了，峭壁森立，岩石伟岸；中部是一陵丘，有松树，有人家，观者可想背处有山阶，有樵夫，有家犬；底部近处，溪水已阔，流淌尚急，故不能行舟；未画人行之迹，似是秋凉归晚，肃然人寂。梵澄把它们挂在了墙上，然后坐下来吸烟斗，静静地自我观赏起来，他想起了湖南的家乡，云、桂、黔的千里旅程，也想起了云山作画时的情景……他吐出的烟云与画中的云烟融合在一起，使他暂时忘却了"酷"热。突然有人来访，见到墙壁上的杰作，灵动飞跃，栩栩如生，便高兴地说："没想到你还会画画，而且画得这么好。我要告诉'母亲'去——。"[1]

第二天下午，那院友又来了，后面还跟着一个服务生，肩上扛着一大捆宣纸，他们是遵"母亲"之命，前来送"礼"的。他告诉梵澄，"母亲"听说自己的中国弟子长于丹青，特别高兴，特意把日本友人送她的极品纸、墨、笔、砚全部送来，并要梵澄安心

---

[1] 周健强：《哲人徐梵澄》,《名人传记》1999 年第 4 期。

工作，潜心创作。那些东西果然很好，并且都是"一战"时期的产品。好像"母亲"有意把它们珍藏起来，并让它们耐心地等待将来的主人，今天，"取经"者出现了，它们便来加入这一行程。院友走后，梵澄迫不及待地要用来一试，他取纸研墨，随手写了几个字，如"神圣人生论""母亲的话"，等等，皆为章草体。他感到心手无间，顺畅无比，有如风疾马良，几可腾云驾雾了。他心里明白，这是"母亲"对他特殊的信任和关爱，要他留下来，要他安心工作，为着所有的人们，为着整个事业。于是，他更加发奋了，他努力地教学、译书和写作，这么，经过了雨季、秋季，到了冬季，又到了凉季。

印度冬季，为东北季风时节，气候干燥凉爽下来，风和日丽，不再与人的身体感觉相搏斗了，正如我们的秋季。这也是一个浪漫和感伤的季节，游子伤怀，情理之中，不过此时并非为了某人某事，而是为了自己在贝纳尼斯的译稿《薄伽梵歌》。有诗《题旧稿》，"小引"云："发箧得旧稿未出版者，纸墨皆蔫，怅然题句。"

> 神物宜呵护，尘封只黯然。
>
> 早吹新凤管，重拭旧龙泉。
>
> 显晦有时及，安危并世传。
>
> 咨嗟莫腾去，光气已摩天。

犹之鲁论，自是"神物"，梵澄是宝重有加的。但是何时才能出版呢？云山在香港购买铅字已毕，正在挑选能够越洋的排字工人，也许很快就要到南印度来了，自己的成果也不久将要问世。然而又有一个问题，中国人怎样来阅读这一部天竺经典呢？不是所有的人都能了解其背景并解读深义的，倘使读之如一首诗歌，一阕寓言，就这么快乐地朗诵过去了，那么可真是浅尝辄止。怎么办呢？应该做一个深度诠释，写一篇长一些的序言，告诉国人，这印度的"圣经"，如何研习，如何窥透其民族的灵魂，那看似遥远而神秘的东西，其实离我们是那么切近，那么清晰。这是梵澄心境极为沉静的一天，也是他文思涌动欲待喷出的前夜，窗外已更深，花气乃逼人，梵澄端坐桌旁，凝思不动，像一尊石像。时有诗作《夜坐》：

> 寂寞方壶外，销心梵笈前。
>
> 明灯开海雾，静室绕炉烟。
>
> 虫语空阶细，花馨密幄传。
>
> 炯怀光气定，万象入玄玄。

梵澄开篇，警策居要，钤辖全文，特彰其胸襟之广与境界之大。他说：

> 五天竺之学，有由人而圣而希天者乎？有之，薄伽梵歌是已。世间，一人也；古今，一理也；至道又奚其二？江汉朝宗于海，人类进化必有所诣，九流百家必有所归，奚其归？曰：归至道！如何诣？曰：内觉。六大宗教皆出亚洲，举其信行之所证会，贤哲之所经纶，祛其名相语言之表，则皆若合符契。谅哉！垂之竹、帛、泥、革、金、石、木、叶，同一书也；写以纵行、横列、悬针、倒薤之文，同一文也；推而广之，人生之途，百虑而一致，殊途而同归，可喻已。

梵澄指出：各时代各民族的圣智者所"见"所"证"之道，都是相同的。因此，我们可以说《薄伽梵歌》之精神，"合于儒，应乎释，而通乎道矣"。

什么是"合于儒"呢？我们知道，儒家是内圣外王之学。"外王"，即"祖述尧舜，宪章文武"。但我们看历史，过去的典章制度和礼乐文为到后来无一不变。但"内圣"之道，终古不变。所谓"圣"，是"心之精神"，此心，即理。所以圣人说："穷理尽性以至于命"。在这里，心学，理学，圣学，也是"希圣希天"之学。而《薄伽梵歌》所修，也正是此内学，不过说法不同而已。这套学问说：皈依于我。这"我"，就是儒家的"天"。我们说仁义之性，他们说萨埵性，扩而充之，超而上之，都是在乎体天而立人极。梵澄指出："若求其异，必不得已勉强立一义曰：极人理之圜中，由是以推之象外者，儒宗；超以象外反得人理之圜中者，彼教。"

什么是"应乎释"呢？本为一物，不说"合""同"，前引后承，姑谓之应。佛教讲信、行、证，三者皆具，自为正法。然自韦陀教以下，此为诸宗各派之所共信，遑论佛教，就是耆那教也不例外。《薄伽梵歌》所说入大梵涅槃者，更与超上"精神"合，并度世利世，有为于人生；而大乘广利众生，等平弘慈，亦有为于人生。就印度历史而观，古婆罗门的颓废，佛教可以匡正；小乘法之不足，大乘足以补充；而佛教消歇，印度教苏起。《薄伽梵歌》之学独尊光大，盛行于今。

什么是"通乎道"呢？道家当然是宗老子。老子说："天得一以清，地得一以宁……侯王得一而为天下正。"又说："抱一以为天下式"。这"一"，是太一，彼一，无上大梵，超上神我，名异而实同。老子所谓的"德"，他们叫萨埵性。两家最相合者，曰为无为，事无事。说为无为，不是块然无所作，偷视息于人间，而是不动于欲念，不滞于物境，不着于私得，不扰于灵府；而论有为无为，两不执滞，也是歌中之胜义。而于人生观念，都重等平，庄子谓：道在蝼蚁，道在瓦甓，与歌不谋而合。再说为道之方，去甚，去泰，去奢，不敢为天下先，为学日益，为道日损等，在歌中数数见之。我们来看历史，道家显明，往往在据乱之世；而此歌之成，出于"骨肉相残"之际。两者亦有历史发生学上的呼应了。[1]

这一比较，说明一点，就是介绍这部古典不会有什么隔阂。因为这是人生之学，人心得觉悟而循乎大道，才能达至世界和平，此乃世界各种文化各种宗教努力的方向。就人生哲学，即身心性命之学而言，我们要略其形式，重其精神，取其所长，自求心得，不议优劣，不画畦町，"开后世文明运会之先端，祛往古异教相攻之陋习，则大之足以淑世而成化，小之足以善生而尽年。"我们说希圣，希天，那是一定要发乎我们内心中的事情，这又是一个历人类几千年之文明，集全世界古今之典籍，也不能罄尽的真理。然而，我们的情况究竟是怎样的呢？梵澄不无沉重地说道："奘、净而后，吾华渐不闻天竺之事，几不知佛法以外，彼邦原有其正道大法存，而彼亦未知吾华舍学于释氏者外，更有吾华之正道大法存焉。以言乎学术参证，文化交流，近世乃瞠乎欧西后尘，倘从此学林续译其书，正可自成一藏，与佛藏、道藏比美。"读此歌，阿罗频多狱中见道，奋而疾书《薄伽梵歌论》。甘地又何尝不是如此？两位开国领袖，竟以一歌而发扬独立运动，不怕困难，不怕牺牲，最后终于获得国家的自由。

冬去春来，日月轮转。1953 年 3 月，梵澄译完了阿罗频多的《薄伽梵歌论》。仍用自裁稿纸，整整 600 张，字写正反面，满满当当。译稿扉页贴一小纸，为手稿小引。云：

> 室利·阿罗频多狱中读《薄伽梵歌》而见道。此一论著，出义圆明，文章茂实，而结构宏大，审辨精微，越轶古疏，颖出时撰。然因中西文字及思想方式不同，文化背景殊

[1] 徐梵澄：《薄伽梵歌·译者序》，室利·阿罗频多学院，1957 年。

异，与吾华读者，难免隔阂。不得已辄全部删篇，篇中减段，段中略句，句中省字；于是有合并之篇，有新编之节，有移置之句，有润色之文，至若精义本旨，初未敢增损毫末也，至后二部近于直译。虽其如此，或仍不免窒塞，则有赖乎读者深思细玩之。于今英文原本，求之不难，明通英语之士不少，读者若取原文校对，初睹或见乖离，若委宛寻绎，且将如其毕合原谊，而述者苦心孤诣之处，或稍见焉。倘其入学林而无阂，则他年再版，书据原文直译，或更有助于读者，亦事之较易耳。

（唵！）附志时在一九五三年。[①]

手稿封面，字写竖行分三，从右上至左下为：室利·阿罗频多撰，薄伽梵歌论（三部），徐梵澄述。"述"是何义？一是有取舍，二是加案语。尤其是第一部，即前六章，本应二十四节，梵澄编为二十节。在第一系第十一节"神圣行业之原则"，梵澄案语：

保世滋大，吾华之所重也，佛入中国，然后多出家修道之士，逃空虚而归寂寞，往往见道一面，而未得其全，在个人之蠲忧患为有功，而世则愈敝。唐尊佛法，而五季之乱为史所罕有；元崇密宗，亦八十余年而止。皆其明验也。汉尊儒术，成光武之中兴，其末犹成蜀汉鼎峙之局，宋彰理学，其能保偏安，且二百余年。保世滋大之效也。其理固皆辨之于是篇。吾愿当世苦于尘俗厌倦人生而有意出家之士，三复是言，必犁然有当于心者。

此末一句，难说不是受当时情绪的影响。但是意见正大，不独对云山，而是为了所有人的。

---

① 《徐梵澄文集》第四卷，第24页。

## 二、中国图片展

1953 年 8 月 15 日，阿罗频多八十一周岁诞辰，印度独立建国六周年，中国抗日战争胜利八周年。在上半年，"母亲"告之梵澄，要办一个"中国历史文物图片展览"，在 8 月 15 日开幕，"母亲"将亲自剪彩。介绍自己的祖国，介绍自己的文化，梵澄兴奋异常。他打算分为五个部分来进行准备：建筑与石窟艺术，礼器与宫廷文物，造纸与印刷技术，陶瓷与烧制工艺，文字与书法绘画。这些资料，有的可以到学院的图书馆里去查找，因为欧洲各大博物馆都有中国文物的收藏部，而且所藏全是精品，并已制成了精美的图册；有的可以由云山在香港收集，因为大陆在 1949 年前出版的书籍，在那里都有，比如朱偰的《金陵古迹图考》《金陵古迹名胜影集》等。要选择图片，进行翻拍，并配以英文介绍，还要有一个展览"前言"，最好再加一个"跋"。这工作不难，只是费些精力和时间。"母亲"早想到了，给梵澄派了两个助手，皆洋姑娘，一个美国人，一个德国人。这美国姑娘金发碧眼，身材高大丰腴，性格十分爽朗，她是学习文学的；这德国姑娘比较安稳，甚至还有点忧郁，身材适中，面貌亦姣好，只是高鼻梁上架了一副眼镜，她是学习绘画的。

他们的合作是愉快的，或者对姑娘们来说，简直就是享受。每天早饭后，梵澄坐在工作室里吸烟斗，不一会儿，那美国姑娘的笑声便传过来了，他从窗里望去，见二人从树丛中走来，像两朵飘忽的彩云。她俩并不进屋，而是在石椅上坐下来，等他，等他衔着烟斗出来，与她们打招呼，并在对面的石椅坐下来，和她们聊一会儿天。这高个的深沉的中国人，对她们来说有点神秘，她们想知道他究竟是怎么一回事儿，"母亲"为什么那么倚重他？于是这美国姑娘就问这问那，梵澄笑吟吟地回答，不一会儿，他站起来说：开始工作了。他要她们分头去查找资料，两人领命，各自去执行任务。这德国姑娘总是比较迅捷，她早早做完事，回来在梵澄的画室里盘桓一会儿，看看这，看看那，因为她是学美术的缘故。这时梵澄就用德语和她交谈，谈柏林，谈德累斯顿，谈海德堡，谈波恩。还谈到了法兰克福，她的家乡，也是歌德的家乡，他曾去过的。那是在 1931 年 1 月下旬，受他的木刻老师瓦德博教授之邀，也就是这枚烟斗的赠与者，一同乘船到那里去。他们由列卡河驶入莱茵河，北上，到美因茨，又转入美因河，向东。在法兰克福，他参观了歌德故居，同时拜访了她曾经就读的施台德尔艺术学院，学院博物馆有不少藏品，有一幅画甚有名，提施拜恩（J.H.W.Tischbein）创作的《歌德在罗马平原》。他还给鲁迅寄过当地的报纸。这是 22 年前的往事了，如一缕轻烟，好像梵澄刚刚吐出的，散去了，而眼前兀兀地又立起了一代青年，如这两位助手，活泼，漂亮，向上，充满着朝气和生机。

云山按梵澄的要求，做好图片，寄过来，随寄还有一幅自画的梅花图，并题句："惟有一枝堪耐冷，月明寒夜照冰魂。"梵澄回信联句："系心天地开春色，此意当前是圣源。"云山又有信来，回应联句："系心天地开春色，犹有余寒伴此花。"梵澄复对："一自孤山人去后，是谁吹笛倚明霞。"虽然，不失挂念，不少温馨，然毕竟还是清寂与孤高的意味多。而以清寂与孤高自勉与他勉，颇是有点自放他乡而彼此不回头的心思了。

一切工作准备就绪。图片钉在若干块黑板上，倚放在依教室四壁而立的课桌上，展览的"文字与书法绘画"部分，则布置在画室里。8 月 15 日，上午 9 时一过，院友们簇拥着"母亲"来参观了。两个女孩站在华文部的庭院门口迎宾，看上去亭亭玉立，楚楚动人。她们的衣着格外引人注目，那是由梵澄手绘出尺寸，寄到香港由云山设计并定制的。这德国女孩青衫黑裙，布扣左系，恍惚全然一个中国女子；这美国女孩着一浅蓝色的沙丽，胸前佩戴了一块大玉，玉片雕琢为一个"寿"字。"母亲"停下来，与两人攀谈了好一会儿，时而手摸一下中式纽扣，时而又捧起玉坠观赏，遂引起了院友们的一阵掌声和喝彩。梵澄恭手站在门口，等着"母亲"，他要亲自为她老人家讲解，要在不长的时间里概括地介绍一下中华文明，这内容，在他脑海里已经演练过好多遍了，可以说已烂熟于胸。其实，他真正的意图，是要让印度人知道，他们临近还有一个伟大的亚洲文明，而且她的历史从未被谁、也不可能被谁打断过，她的命运犹如她自己的河流——长江、黄河，一往向东，向着海洋，向着太阳升起的地方。

展览获得了"母亲"的高度评价。人们对这个高高瘦瘦的中年华人有了进一步的了解和尊重。因为他们知道他背后有一个古老的民族和灿烂的文化；反过来说，他这么一个人，只一个人，就能代表他的祖国和他的文化。这正是学者魅力，尤其是人文学者的魅力所在。

十天后，展览结束。两个洋姑娘不忍离去。美国姑娘说："我还能常来看你吗？"梵澄和蔼地笑着，说："当然了，我们是朋友了。"德国姑娘说："我能来跟你学习汉语么？"梵澄耐心地回答："我家乡口音太重，再说，学习汉语是需要环境的，将来你可以到中国去学。"二人还在踟蹰，梵澄早已想到了，他说："我送你二人每人一份中国式的礼物，一首诗，一纸书法。"二人受礼，皆大欢喜，快快活活地去了。诗名《赠友》，如下：

一九五三年八月十五日，余在修院遵圣慈指导主办一中国历史文物艺术图片展览会。会后书赠助理其事者，一德国友人，一美国友人。

莱茵自古多佳气，收拾山河破碎衰。

莫效西台挥恸泪，朝霞能起响能回。

大邦柔婉自堂堂，韬略能搴圣苑芳。

记取天青裳玉佩，寿人寿世好平章。

两个洋姑娘后下如何呢？这是个题外话了。

这美国姑娘不久因练瑜伽损伤了身体，回国治疗去了。

这德国姑娘离开南印度，当在 2000 年以后，那时徐先生已经殁世。2002 年夏，徐先生曾经的院友，新加坡阿罗频多学会的帕托先生访华，与笔者谈到徐先生的中文译著，想运回中国。因为在印度能识华文者毕竟很少，所以留下了不少副本。那些书籍由南印度转道新加坡运抵天津港，又送至北京，整整 37 大纸箱，毛重一吨半。在拆箱整理的过程中，有一个小问题让笔者费解，这就是书籍内放了一叠补书之用的金色花纹浅绿色底的卡片，尺码6.6cm×14.6cm，用一条牛皮纸缠绕，上面用红铅笔重重地写着"（44）"的字样，我拆带一数，纸片正好是 44 张。什么意思呢？若是补书之剩余而随手放之，数字可以不必是"44"，也不必用括号圈之。无疑，这是一份心思，而且一定是出自女性的手笔，因为每一套书、每一本都经过了精心的处理，破损处细致补过，又用塑料纸一一封好，如同一个妈妈呵护婴儿的肌肤。后来，南印度那边有华人朋友来说，徐先生回国后，一位德国女画家怕当地人不爱惜他的作品，遂全部购置下来存放在家里，这一守候，就是二十多年。她倾慕于梵澄，却从未敢说出，每天只是站在远处，看着梵澄散步从路口经过，然后，才匆匆回去工作。不必说了，这就是梵澄当年的那位德国助手，1953 年，梵澄正 44 岁。而她心目中的他，或许永远是 44 岁吧！笔端到此，已无言语。正是梵澄诗云："本无言语随人圣，自有灵明见性天。"

译事工作如旧，仍在紧张地进行。至年底，《爱多列雅奥义书》和《考史多启奥义书》译成。《爱多列雅奥义书》引言末记："一九五三年十一月二十日清晨译竟徐梵澄识于法属印度室利·阿罗频多学院。"《考史多启奥义书》引言末记："一九五三年冬至前七日译竟叙"，"冬至前七日"是 12 月 15 日。梵澄译后书时，实颇费了一番周章，此书四章单行本，有商羯衍那本，有考托摩（Kauthuma）本，文字有同有异，而梵文丛书所收的本子，则文多互异，这样，梵澄不得不采集原书数种以参校，这其中没有两个本子是全然相同的。此书的梵文注疏，以商羯罗难陀著称，但此商羯罗非彼韦檀多大师商羯罗（阇黎），而是约 1350 年的人。还有若干西文译本，自古波斯文一译之后，名家甚多，但是出义未有悉同者。于是梵澄说：

> 后者未必胜前，是丹自然非素，而皆争鸣胜义，自铸新词，溯彼渊源，本相承籍，然皆不掩他长，辄标所据；集百余年诸氏研究之成果，乃为斯注，故谓之"集注"，然辄意原文本义，犹未尽出也。

这工程着实不小了。梵澄必须把参考资料搜罗殆尽，然后一一参究，方可字斟句酌地缓缓译出。他这样评价该书：

> 就全书结构以观，层阶上叠，显著趋于微密，相外直达性天，是诚古梵学中宝典之一。是学也，古不在以道术自任

之婆罗门族性中传，而在于以政治为务之刹帝利族性中得。世变无常，成坏相待，即今《奥义书》有求之波斯文译本者，更就佛法入吾国之往事以观，倘国人珍之如大藏也，安知天下后世不返求诸汉文译本也！余辄珍其原本，校诸本而录之。[①]

## 三、南海之声

1953 年 10 月 5 日，梵澄又为已译完的《综合瑜伽论》之《瑜伽的基础》"题记"。他说：

> "基础"，原字多数，皆修为之事，瑜伽究竟是实践之学，据阿氏乃摄人生之大全。既以人生全部为一瑜伽，则无事不是修为、进展。也唯有由实修然后能证实，不隐于巢臼、陈言，于"上升""下降"这类事方可明白。大致必有这样的基础建立了，然后能向上做去。这皆是经验之言，所说如"平静""平和""平等"……皆具体底精神真实。明此，于了解这全部修为乃可无阂。

转年，梵澄着手翻译阿罗频多的另一部著作 *The Human Cycle*。这部著作阿氏写于 1916 年 8 月至 1918 年 7 月，发表在自办的杂志上，取名《社会发展的心理学》。是书单行本于 1950 年在纽约出版，改名《人类循环论》，凡二十四章，三百页。梵澄以为二题名在华文皆颇生疏，以书之内容论之，皆言社会进化之事，于是径题曰《社会进化论》。他在前言中写道：

> （阿罗频多）论撰于世界局势之成败利钝多所豫见，然其

---

① 《五十奥义书》，徐梵澄译，中国社会科学出版社，2007 年，第 12—13，23—25 页。

时轴心国家及苏俄尚未蹶起，故读者宜约略回溯该时代思潮及世界事势，然后于书中之理可更了然。第二次世界大战结束及印度独立，犹撰者所及见，凡诸后来变化与其学理相应者，皆经略加注明，见于原书每页之末，译出则附于每章之次。其中事义有非通俗所知者，更由译者补注数事。

译文脱稿于 1954 年，飘摇风雨，又值法属海圻多事之秋，盖度置六年然后出版，殊非旦夕造次者。书原为神圣母亲而译，徇知感德，未尝不覃思尽虑为之，倘竟有动于天下后世耶，必同此一慈光蔼彻，景从神会，可以忘言。

在此，稍作提示：

阿罗频多的精神进化论非同达尔文的物种进化论，后者是回溯的，即由今返占，就人类过往的痕迹建出理论；而前者似凭空预言，由现在推测未来，如尼采的"超人"理想。这基点是什么呢？是我们的寻常"心思"或"理性"。然而我们这"心思"或"理性"，是在局部中看待整体，在破碎中把握大全。由之返观自己，好像我们是在不断地进步，但那只是思智的动作，而我们的心灵却仍在原地踏步，因为人类进化至今，其人性的本质没有多少变化，所以，我们应超出自己，这便是精神哲学的信仰。信必有"内入作用"（involution），然后有"进化发展"（evolution），"信仰有太上者存在，则前进只是还转，进化终极是要与太上合契。这便是今之所谓瑜伽哲学，它超出宗教以上了。譬如是一条蛇，身体旋转，口可以衔接尾巴。"（《苏鲁支语录·缀言》）阿罗频多指出，近代科学迷惑于物理的伟大发现，以为从此可以解释宇宙万事万物的一切，其中也包括了人们的心理乃至精神，至一战以后，德国学术界对此兴起了一个小小的反动，"第一个心理学的历史理论孕蓄了"，这理论家就是蓝普列希德（Lamprecht，1856—1915）。蓝氏假定人类的进化，经过四个心理阶段，它们依次是：象征（宗教）期、典型（性灵）期、因袭（成俗）期和主观（个人）主义时期。这真是一个大胆的形而上学的臆测！阿罗频多说，这若干"提示性的名词"，为我们投下了光明。其实，它与韦檀多学的知识的四重品级相对应：原始同一知（同一知——象征）、直接接触知（同情知——典型）、分别接触知（推理知——因袭1）和完全分别知（识感知——因袭2），最后超出之者是"进化同一知"（主观主义）。不独如此，它们还与历史四期和族姓四等相对应。由此可知，印度这一套概念，几乎都与心理与灵性相关。

所谓"历史四期"，内涵十分丰富，一方面，它非是指一条直线上相续的四个阶段，而是指一条弧线上的不同位置；另一方面，大弧线套着无数的小弧线，也就是说，它于人类全体、民族国家和集团个人皆有效。这里，无论是人类全体，还是民族国家，直到集团个人，都是被当作个体来对待的，故阿罗频多说，一人一"心灵"，国家一"心灵"，人类一"心灵"。我们说，作为个体的生命，一时间节点总是在旋转的某一线段上，其视景必得重复，而其视点与过往的视点却是同在一垂直线上，或高或低，高者上升而进步，低者下降而退步。而这大写的"人"的命运，就是要往高处走，希圣希天，跻入自己的主观主义时期，也即"超心思"之境。这是"大自然"（Providence）为人类昭示的使命，个人完成者，成圣成贤、成楷模典型，国家达至者，文化繁荣、社会安足。这里，可能有一个小问题，就是：那以往的努力都被截去了吗？如僧佉（数论）者然，如华严宗者然（"缘理断九"）？不是！而是携第二、三期的有机质素向第一期的目标迈往。阿罗频多指出：这一幕精神运动，实则乃"从原始底超心思下降，擅有进化底超心思"，而无论是"原始底"还是"进化底"，其"超心思"的真元性格即一体性无改。所谓"原始底"，非蒙昧义，而是源头义。于此又生一问题，那就是：就个人修为而言，我们后人能逾越得了孔圣人吗？当然不能！但是，我们今人如果各自进步，那么合之于集体、民族和国家的品质，不就可以"芝麻开花节节高"了吗？这难道不是从孔子到鲁迅的"君子国"的理想吗？这理想乃为"同一知"。

如是，四论译竟。后学可能会问：这少分是否能够概全呢？因为阿罗频多之著述，可谓煌煌大矣，全之乃有三十巨册。我们说：菁华已摄，枢要在握了。四论若按翻译顺序分别表之：世界观、人生观、修为观和历史观。如果我们依学理分判，可将四论划为二汇，一精神哲学，即敷陈本体之发用，流行于世间与人生之方方面面，《神圣人生论》者是；一精神现象学，即由体显用，描述从寻常知觉性进展到高等知觉性的矛盾过程，《社会进化论》《薄伽梵歌论》《综合瑜伽论》者是。而二汇实则一系，即理则学。让我们来略调顺序，以便检索各论末章：《薄伽梵歌论》之"'薄伽梵歌'之使信"，《社会进化论》之"精神时代的降临与进步"，《综合瑜伽论》之"向超心思的时间之见"，《神圣人生论》之"神圣人生"。四论一以贯之，仿佛有一条精神的引线伸向天际，这难道不是"天道"勾画出的一幅先验（a priori）蓝图吗？——"使信"天人师（克释挈）携来了远古黎明的火种，开启了人类"精神时代的降临与进步"，这其中之人（阿琼那）的内中醒觉就是开启对"向超心思的时间之见（永恒性）"，它昭示着有生者应走向上一途，即"神圣人生"之路。这确乎有点儿精神童话的意味！然而，它与康德"永久和平"的理念有什么不同吗？它又与孔子"大同理想"的愿景有什么两样吗？或许，它不仅强调了此世间，而且更瞻望于彼世。彼世，乃神圣存在，是"真、智、乐"，是"大梵"，是"上帝"，是"太极"和"道"。

1954 年 10 月 1 日，梵澄所撰的《阿罗频多事略》由香港的阿罗频多学会出版，只二十八页。附有阿罗频多和"母亲"的照片。云山写了一个小引，说道：

> 印度当代三位精神学术的巨人，一是圣雄甘地，一是诗圣泰戈尔，一是圣哲阿罗频多，前面的两位在二十年间已有不少华文的译本介绍了。惟有这位早在中年的盛期便退隐到南印海滨的圣哲，比较具体地介绍给华人认识的，就以这本小册子为开端第一页了。

10 月 26 日，是梵澄的生日，他正四十五周岁。"母亲"照例差人送来了鲜花、蛋糕和烟草。他把蛋糕分成四份，送给仆侍一份，并遣这仆侍把另两份给两个洋助手们送去。他要放自己一天假，在画室里，他一边品尝着蛋糕，一边用毛笔在宣纸上写写画画。他想起了一诗句，随手写下来："送迎人自老，新旧岁无痕。"可不是么，鬓已微霜，人生倏忽而过半矣，可要做的事情，竟然还是那么多，自己虽然用力不少，但望之所行还不够长远。他想起了鲁迅，想起了翻译尼采，他觉得眼下的工作，总是开荒之意重，雕琢之工少吧。倘使有一个小团体就好了，小团体里有朱偰，有冯至，有滕固，他们可以切磋，可以争论，甚至可以吵架。想到这里，他又信手写下了一句诗："路逢剑客须呈剑，不是诗人莫献诗。"可剑客何有？诗人何在？整个阿罗频多学院只有他一个中国人。当然，云山在就更好了，虽然，那会少了一分孤往的悲情，却会多了几许进步的欣喜。难道真是空间上的隔离，会造成时间上的永诀么？他有意无意地画了一两株芝兰，脑海浮现出了一些词汇乃至箴言：升沉聚散，音尘若梦；不必人知，本自己明；不必广被，自足传远；……于是乎不禁吟诵成诗：

### 写芝兰一幅忽怅平生遂为长句

生丁乱世婴百罹，年少碌碌长不奇。

不耕不织非寒饥，盗天岁月将奚为。

二十域外求新知，始酌学海酬一卮。

超人鞮译留厕剂，乃好玄言书画诗。

草圣卓绝宗羲之，汉响晋格力莫追。

爱写乔柯郁虬枝，纸上谡谡松风吹。

翛然庭院花药披，每逢佳兴听黄鹂。

凝睇修竹时支颐，淑以荪兰闲灵芝。

大道何损天何亏，践履笃实高不危。

精诚所至通千遐，一上岩墀恢平夷。

远窥天界浩无涯，姑射山人冰雪肌。

光风霁月延朝曦，混接太始苞两仪。

元气氤氲来百厘，下歆燔燎焯群牺。

殷雷震电象明离，开阖万古恒若斯。

藏虚合漠君为谁，我心熙如向阳葵。

委宛遂脱世网羁，不觉逸气冲庞眉。

古圣达节故不疑，余事乾坤振纲维。

恩仁广大六合弥，请为苍生疗金痍。

圣慈赐福颜色怡，再拜皈敬天人师。

1955 年雨季以后，云山在香港挑选的两个排字工人来到了南印度，一中一少，两人是师徒关系。房间空在那里，正等他们的到来。他们安顿好以后，布置整理好排字间，开始工作了。他们排印的第一部分书稿是《母亲的话》第一辑和"母亲"的《教育论》。两人都操粤语，并略略讲一点儿英语，因此工作尚能胜任，与梵澄交流也无障碍。秋、冬季过后，至凉季，这中年工人因家母病重，请假回香港了，留下这少年人陪伴梵澄，他把梵澄当作父辈来对待。梵澄呢？也心疼这么一个孩子，小小年纪，为了谋生，漂洋过海，远离父母，也真是不容易。他父母呢？亦是普通的劳动人家，他每月挣到的钱，大部分都要寄回去，他的弟弟和妹妹们上学要用。每天晚上，梵澄工作完毕，都要到他的房间里来查看一次，帮他掖好蹬开的被子，整理好乱扔的衣服，然后悄悄关上他的门，回去继续工作。

1956年5月，《母亲的话》第一辑和《教育论》出版。

1957年2月，《薄伽梵歌》的第一个中译本出版。5月，《伊莎书》出版；7月，《行云使者》出版；9月，《由谁书》出版。

《薄伽梵歌》出版以后，并《母亲的话》第一辑，梵澄将其寄往香港云山的住所若干套，由她指派分送同行和友人。时云山正在作"环宇周行"，每到一处，都要拍电报告之家人和出版社，如果在某一处待的时间较长，她也会给梵澄写信，并告之她下一站的行踪，她希望到那里可以看到从印度漂洋过海的"飞鸿"。有一套书送到了云山的友人唐君毅的手中，唐君毅读后大加感慨，即刻给梵澄回了一封信。信是这样写的：

> 二十年前友人杨荫谓兄即为弟道及先生，并为介尊译尼采之书。比来港后又由游云山居士处知渠与先生共在阿罗频多修道院共学修道之情况。久慕高风，惟惜无缘晤教为憾

耳！……日来匆匆，惟拜读尊译《薄伽梵歌》译序一篇。先生平章华梵之言，一去古今封蔀之执，感佩何似！弟在昔年亦尝有志于道，唯皆在世间知解范围中逞臆揣测，旧习殊难自拔。视先生之栖神玄远，又不禁为之愧悚。①

又说到云山。在我们后辈人想来，她欲削发为尼，似"环宇周行"的最后一站当在印度较好，因为伊拉克的文化背景与我们太不搭界。我们猜测，她是尊重了梵澄的感受，因为梵澄不愿意看到她出家。又有一个问题，译罢梵典的梵澄为什么不离开印度呢？这，在他是想过的，并向"母亲"透露了这念头。"母亲"不予理睬？或是这想法一出，就知道"母亲"肯定不许，因此也就默不作声了？总之，是最后一个机缘流失了。那么，云山的决心，似乎便没有什么不好理解。只可惜的是，常写日记和作诗的云山，把两人交往的记录隐去了或删掉了，她要开始另外一番伟大的精神征程，她已更名为"晓云"。过去忘掉了吗？当然没有，只是把它藏在了内心深处，也许更深，渗透到潜意识的海洋中，和光同尘。

梵澄的若干中译本出版以后，立刻在海外，尤其是南亚、东南亚的华人中引起了反响。阿罗频多和"母亲"本来就享有盛誉，但因无有中文译本，读他们著作的，为数不会太多。而这些书发行之后，海外华人学习与了解便容易多了。他们都知道，在南印度的阿罗频多学院有了一个华文部，华文部有一个中国院士，名字叫徐梵澄，他不仅学问深湛，而且文采斐然。这么，四面八方的信函便像雪片一般飞将过来了。他们请教关于奥义书的学问，讨论阿罗频多和"母亲"的思想，然而询问最多的，还是有关瑜伽的修为。那时候的印度，自诩为瑜伽师的满街都是，他们甚至还

---

① 孙波：《一角虹影忆斯人》，《社会科学管理与评论》2006 年第 3 期。

跑到南洋一带和美洲，有的自命为"精神大师"，号召徒众，并多有身着黄衫者，肆行黑法，惑众欺愚，招摇撞骗。有随众者起了疑虑，有修炼者落下毛病，于是，纷纷写信咨询健康的方法和途径。这都是梵澄不能推卸的责任，在阿罗频多和"母亲"都是有求必应的，因为这是精神的事业，阳光应照到每一个所需要的角落。这样，每信必回，就占据了他的大部分时间。有些疑难，比如修瑜伽的具体方法和如何进阶，乃至生了疾病的救疗之法，他需请教院内的专家，他先将这些信译成英文，再把专家们的英文回函译成华文，给这些侨胞们寄出。他告诉他们：

> 静固生明，终亦因人而异；"不如学也"。这是主旨。倘是求神通，或想得到什么身体上的好处，则起步便错。那样的静坐准会出毛病。

> ……譬如美好的玻璃器或瓷器打破了，无从补缀。精神受了损伤，害及肉体，终身不救。……说者或归于遗传，是先天的染色素中的缺陷。但其家世既未保存任何病历，亦难谓其与修瑜伽无关。理论上是有些人身的隐患痼疾，可以修瑜伽而治好。要之，瑜伽是条危险路。[①]

的确，这现象也发生在身边。院内一个瑞典女士，修为未得其法，完全疯了，后被送回国去，不知下落。一个美国女士，修瑜伽发病而死。自己的助手，那个金发碧眼风姿绰约的美国女孩，精神也失常了，刚由父亲带回去不久，她父亲来信说，其在印度的历史，在她脑筋里全是一片空白。对于这类事，阿罗频多是明白的，深知倘修为不得法，病害会多端，于是将各个系统分别研究，一一将其真价值重新估定，而成其"综合瑜伽论"，告诉

---

① 室利·阿罗频多：《周天集》，徐梵澄译，"译者序"，三联书店，1998年。

人们，要工作，无论高低，空心静坐不为功。又特表"超心思瑜伽"，是至极向上一路的契入，并视人生为一整体瑜伽。梵澄把这些道理写成文章，发表在南洋的主要华文报纸上。这样做的好处是，一方面省去了一一回答的繁琐；另一方面，得点稿费，可以购买一点儿上好的烟草。

1958 年—1960 年，梵澄的部分中译本陆续出版：《母亲的话》（第 2 辑），《瑜伽的基础》，《瑜伽论》（1，2，3），《瑜伽论》（书札集 1），《社会进化论》。

# 第九章　发隐华章

## 一、圣人通义

1960 年，阿罗频多逝世十周年。"母亲"决定在 12 月 5 日举行全院学术报告会，以为纪念。届时院内四大院士都要讲演，他们各自从自己的文化背景去阐述阿罗频多毕生所追求的人类精神的方向。梵澄的题目自然是中国传统文化，他要讲的内容是中国古代关于"圣人"的通义。他这样写在纸页上：

孔孟老庄之说圣人及其于春秋战国时代之通义

——为室利·阿罗频多逝世十周年纪念作

（这不是一哲学论文，而是一篇语文学的研究报告）

作为一个中国学者，这是顺理成章的事。然而，梵澄也早想有这么一个机会，让院内的多数印度人和西方人对中国文化有一个更深入的了解。对于他，人们自然是尊重的，因为他有学问。可是对于他背后的祖国和文化，他们的态度就是另一事，他们只知道那个古老的东方国家的贫穷和落后，甚至认为她在文化上无甚可说，"中国有什么高上的宗教追求呢，除了我们传去的佛教？"这真是人或民族度量相越之远、无可计量了。当然，我们亦有不足，以为印度只有佛教。他要用力猛击一下，穿凿并洞开这中印、中西文化心理上的障壁，明圣人的理想殊途而同归，让精神的清风吹拂而无碍。而且，他要告诉院友们，中国人鄙视崇洋媚外的心态，更重要的是，她的文化与学术的重心从来就在本土，无有外移。西方人翻译中国的东西，中国人以为很正常，那是他们在向中国学习，不会怎样的惊扰，甚至欢呼雀跃，因为外国人高兴而高兴。他想起了若干年前，有一个西友告诉他，陆士衡的《文赋》已译成英语了。他当即回答："这是我少年时也熟读的一文，至今也还能背诵几句。没有什么。"要是在印度呢？"必然又大举提倡熟读此文了。因为外国人好尚！幸而中国还没有染上这恶习。"

这讲演的内容如何展开呢？应该是由"人"开始，由"人"而"圣"而希"天"，这是中国人的文化心理，即由人理而达天理，"极人理之圜中，由是以推之象外者，儒宗"。那么，中国人所推重的第一个圣人就是孔夫子，而孔夫子甚少言说"圣人"一词，他只说过"圣人，吾不得而见之矣"（《论语·述而》），也就是说，他不认为自己是圣人。庄子有一个故事，在《德充符》篇，说是鲁国有一个失脚者叫王骀，他的学生与孔子学生的人数相当，孔子的弟子常季问老师："他立不施教，坐不议论，学生们空虚而来，满载而归。这是一个什么样的人呢？"孔子说："他是圣人呵，我落在后面，还没有去请教他呢"常季又问："他是一个残疾之人，他又是怎样运用自己的智慧呢？"孔子说："生死不能影响他，天崩地裂不能毁灭他，他并不随外物的变化而动摇，因为他进入了道境。"在儒家，道境为宗，也就是人的内在性，即体"道"为"德"，而"德"的充满，也是精神力量的充满。[1]而儒家另一个圣人，我们称之为"亚圣"的，就是孟子。孟子以孔子为榜样，发阐儒家思

---

[1] 陈鼓应：《庄子今注今译》，中华书局，1985年，第148页。

想精义，他论述"圣人"的地方较多。其实，他所谓的"圣人"也就是印度人所谓的大瑜伽师。这圣人或瑜伽师，既要有"萨埵性"的光明神思，又要有"剌阇性"的济世热情，还要有改造自身"答摩性"的韧性意志。

梵澄深知，印度人所理解的"圣人"是降世的天神，在他们眼里，佛陀是圣人，甘地、泰戈尔和阿罗频多都是天神降世的圣人。因此，他们对"大梵天"的理解就是一个无所不包的绝对的具体，而孔夫子对天的描述："天何言哉，四时行焉，百物生焉，天何言哉！"在他们来看，就觉得不十分过瘾，好像不那么热乎，不那么亲切。那么好吧，我们还有另外一个圣人，老子。老子的"道""一"，也是一个无所不在的绝对的具体，与"无上大梵""超上神我""超上自在主"，名异而实同。老子五千言中，提到"圣人"二字者，有二十余处，随意选几例，就能讲很多道理。然而，如此说来，就颇有些玄学味儿了。他是这样与众人道来：

> "圣人"究竟是什么样的人，诸家的说法不同。老与释各自尊其圣人，其说相异；即儒家本身，宋明理学家往往各自成说。但我们无妨极粗浅说："圣人是一理想的完备人格。"这当见乎其大。我们于今仍推尊周公、孔子为这民族中的圣人，但不说这民族只有此二圣人。周公的父亲文王，也被推尊为圣人；还有孔子的祖先。如孟子被尊为亚圣，而孟子中推许伯夷为圣之"清"者，柳下惠圣为之"和"者，而孔子乃圣之"时"者。总之，圣人之著名者以及知名者而不著者，有许许多多。——于此不妨说一极简单的道理：人可以修身，道德几于圣人境界，而不学文，则终不能文。周公、孔子之事业，仍在乎文，而赖其文章以传于后世。推宋儒之意至极，则

孔门只应有德行一科，只可尊颜子，而事实是德行一科之
外，尚有言语，文学，如前已说，子游、子夏之徒，皆可尊重。①

梵澄的讲演引起轰动。这成功，还不独是他学识高超且会讲
故事，而是他所介绍的圣人、帝王、将相，都曾是有血有肉的历史
人物，那些箴言，那些情节，都是中国史家的记载，斑斑可考。而
不似彼邦那诗思的国度，动辄便是歌舞和神话。

报告会过后，想进一步了解中国历史文化的院友多了起来，又
有人提出要初步地学习一下汉语的阅读和书写。这时的梵澄，心
里有一个计划蕴酿成熟了，他要有步骤地向印度乃至西方介绍并
传播中国学术菁华，主要是三个方面，即语文、儒学和佛学。至于
道家，早已有传教士把《老子》和《庄子》译成拉丁文了，然后欧
西各国争相迻译，已有多种语文和多种版本。他打算用英文写出
或译出五部著作，依次分别为：《小学菁华》《孔学古微》《周子
通书》《肇论》和《唯识菁华》。《小学菁华》，旨在引领外国人
步入华文词源学的门径；《孔学古微》，是说明中国文化慧命的源
头活水；《周子通书》，指出新儒家的复兴和对中国近世社会的影
响；《肇论》，讲述佛教如何借助道家思想植根中土；《唯识菁
华》，阐释由中国僧人带回并翻译的唯识学，是如何被完整地保
存并不断地加以丰富的。《肇论》与唯识学的材料，梵澄有比较系
统的讲稿，只要稍加整理，便可成书。那么，第一项任务，就是
做出一部字典，《小学菁华》。梵澄把自己的想法呈报给了"母
亲"，"母亲"大加赞许。

---

① 徐梵澄：《异学杂著》，浙江文艺出版社，1988 年，第 136—137 页。

## 二、寂寞烟波

选常用字不难，他正好从祖国带来了一本朱骏声的《说文通训定声》。但是此书的原则是"舍形取声"，每字下除本义外，分列假借，转注，别义，声训，古韵，转韵等项。[①]外国朋友学习华文实不必这么复杂，而要紧的问题却是字形。字形之古，可以小篆代表之；字形之今，可以小楷代表之；若印刷体，用仿宋体即可。何以要重视字形呢？因为我们的文字是象形文字，它"起源于图画"（孙诒让），比如"人"字，是从人（个体）之立走而来呢？亦或是从雁行（群体）之阵势而来呢？要之都是沉默的画面，也是沉默的语言。然而，汉语历史久远，上溯先秦之甲骨卜辞，下逮近世之汉字简化，时空跨度如此之大，欲将其中衍变熔铸于一册之内，必得寻出一条脉络，方可通澈时间的隔碍。而此"脉络"就是词源学。

有两个问题。第一，外国友人或初学汉字者如何来理解这词源学呢？第二，为什么选小篆而不是其他如金文之类的字形为标准呢？第一个问题，梵澄告之，词源学会帮助我们认识汉字何以这般或那般书写，从而在源头上避免"别字"的出现。他举例，如"工""土"和"干"三个字，从字形上看，它们的区别仅在于竖划两端的位置，初识者极易混淆，如果结合字源记忆则会十分清楚："工"字之形即是矩尺之形；"土"字之竖划表示植物破土而向上"出头"；"干"字则表插入某物，自然是向下刺入。知晓了这些词源上的释义，汉字的理解和记忆就会事半功倍。第二个问

---

① 朱骏声：《说文通训定声》，"出版说明"，中华书局，1998 年。

题，我们学习汉字要回溯多远呢？秦统一以后的小篆即可。盖六国之时，"言语异声，文字异形"。两下皆异，文化便无由发展。许慎认为小篆是由古文省变而来的，并且小篆的形体以由笔意变成笔势，这笔势可以推其迹而知古文，由此笔意才"可得而说"。也就是说，小篆去古不远，它是成熟的汉字之源头处，如果我们取法，必得汲汲于这"神圣之泉"。

这么，梵澄在字典正文中，给出了小篆体、小楷体和印刷体（仿宋体），一目了然；同时，小篆体又多有异形字，如"子"字七种之多，"马"字五种之多……一一排列，赏心悦目。但是，在无形中，工作量是大大地增加了，原本在学院，中文铅字就难说齐全，而这书又颇涉及古文字，如甲骨文、金文、石鼓文、大篆等，这需制作。于此在普通人便为难了，因为他不是一个艺术家或书法家，而在梵澄却是"重操就业"。他在海德贝格修艺术史期间，曾研习过版画，这些活计自不在话下。他先将字摹写于纸，而后反贴于木，再用刀刻出模，然后合成铅字。此一过程繁琐、耗时，加之印度天气多酷暑难耐，那劳作的辛苦只合想象了。全书共收录 744 字（除形声字只举少数例外字），姑且每个字以四种字形计算，则需刻出大约三千个汉字的模型，而这又是出自他一人之手，着实令人惊叹！让我们来欣赏一下这些汉字吧：真是各个沉着娴雅，形势流畅，且风度凝远，余韵绵长……这其中必有贯之以一的"渊默而雷声"的精神力，这是"恒"，这是"道"。

让我们再来鉴赏一下译文。细心的读者也许会发现，梵澄在处理文字细节上颇为用心。如"巫"字，《说文解字》释义云："祝也。女能事无形，以舞降神也。象人两褎舞形。"如果翻译成白话，即巫祝，女人之能奉事神祇，并能凭藉歌舞使神祇降临的人。此字像人甩动两袖起舞的样子。"起舞"二字非常生动传神，译文要传递出这动姿，却非易事。他这样译出：The picture represents a man with two long sleeves twirling in a dance in oder to induce the descent of spirits. "两褒"并未直译作 two sleeves，形容词 long 点明了中国古代服饰为长袖的特点。同时，英文注释使用了动名词 twirling，道出了长长的衣袖如何随着舞姿的旋转而飞扬起来的样子。若非如此，英文读者尤其是今之读者，是很难想象出那衣袖是如何在空中嬛嬛飘动的（因为现代服饰乃短袖、紧口）。

他酣畅地译呵写呵刻呵，忘我地沉浸在劳作的"阿难陀"之中，他那颗炽热的士子之心和文化命运的担待感，在鲜活地跃跃跳动。他要告诉英语世界的人们：我们的汉字自有其优胜处，它有一种统摄作用，即统知，统情，统意，或一言以蔽之，统精神。而拼音字母"们"，则随机性较强，它们与时俱变，虽增丰，却有失；我们的文字呢，却是在变中不变，可能有失（不用），却仍存。同时，他也为读者透露出这样的意图：这本书"初衷并非作为汉语字典或教材使用"，也就是说，识字或可为一"谋生"的"初步"，然其指归，却是"治生"的向上一路。他希望读者能由"字"而"文（化）"而"精神"，通过学习汉字，进而能阅读和了解中文古籍，尤其是中国的古典哲学，这才是"本书真正价值所在"。[①]

末了，他在"序"中深情地写道：

> 根据过去的发展来判断，基于一种文字形体的语言，延续的时间更为长久。一个不断向前行驶的永恒的舟楫所传送的牢靠的知识——无论是物质的还是精神的——可以是人类最伟大的保护者。我这么说的意思是：我们要赢回我们昼夜

---

① 引贺佳《徐梵澄<小学菁华>译后刍议》，手稿。

流失的朋友——时间。

1962 年中印两国发生了一件大事，即边界之争。这场冲突在 1962 年 10 月 20 日达到高潮。在 11 月 21 日，中国方面宣布停火。转年春，梵澄身体偶有不适，后遇暖而愈。时有小诗《春回》：

一九六三年春奇寒，忽一夜转暖，余适小病亦霍然而愈，行吟海滨得句存录。

一夜春回二月寒，温风初善客衣单。

小园应律苣芽圻，大国休兵宇宙宽。

待访山川谁旧主，久忘文字是新欢。

书窗翠入梢云竹，胜向桐江把钓竿。

两国息戎，和平相与，这是天大的好事，梵澄为此高兴，欣慰。可是在这场冲突中，印度处了下风，因此诸多人们的民族情绪激动而不能平息，他们痛恨中国，及中国的一切。那么梵澄所做这部字典的命运可想而知了，但是他似乎未有多少察觉，仍然是一鼓作气地干下去，因为他从来都认为文化和政治是两回事。

果然，这部字典被搁置起来了。梵澄和他的排版工友，花费了那么大的心血，现在却只能等待"安排"。他又不能为这一件事情去搅扰"母亲"，因为她老人家太忙了，而且每天处理的大事又是那么多。至于有些人，大概是看这些方块字有刺儿，印刷出来以后会扎痛他们的喉咙。"母亲"手下有一个秘书长，原来在孟买经商，到了修院以后，改名为纳华贾达（Navajata），意即"新生儿"。他每天总是忙忙碌碌，行色匆匆，好多院友都听他说过："1962 年是个坏年头！""1963 年肯定也是个坏年头！""1967 年，印度会打赢这场战争，取得最后的胜利！"[①]我们想，这么一个人，是很

---

① V. S. 奈保尔：《幽黯国度：记忆与现实及错的印度之旅》，李永平译，三

难对中国人乃至中国文化产生好感的。

如果一开始只是心理上的排斥，那么到后来，也确实遇到了经费上的困难，而有理由不开印了。1965 年初，印度发生了经济危机，米和其他食物的价格涨到了空前的程度。煤油紧缺，工厂关门，被裁的员工多有自杀者。甚至连工程师和医生都找不到工作了。西孟加拉发生了大暴动，人们抢劫了违法囤积谷物的粮库，示威者放火烧了公共建筑和车辆，警察开了枪，政权则显得脆弱无力。后来，人们称那场运动为"食物运动"。[①]这场动乱也波及了瑻地舍里，梵澄有诗《挈榼》：

一九六五年二月之乱，工人皆散，因徒步携榼往食堂取晚膳。

馈粥循墙走，兹心故不违。

投林知鸟集，托钵见僧归。

未是忘天下，终然恐昨非。

悬絚君子念，在昔首阳薇。

其实，在此之前，梵澄又萌生去意了。他着实不愿看某些人的嘴脸，也不乐意这么憋屈地受到那些个刁难。他给"母亲"写了一个报告，说自己的任务大致已经完成，应该回国去了。"母亲"不高兴了，传过话来："有我在，你不能走！"怎么办？那当然是遵命，听"母亲"的话。"不愿看"，可有回避之策，到郊外去散心；"受憋屈"，亦可有舒展之方，写字画画，自得其乐。见诗《荷马》和《写四君子题句》：

### 荷马

联书店，2003 年，第 359—360 页。

① V. S. 奈保尔：《印度：百万叛变的今天》，黄道琳译，三联书店，2003年，第 336—337 页。

休暇出游，见村人瓶瓮汲自来水，时在南印度远想古
希腊。

> 荷马诗史海国传，只今文物丽西天。
> 早输灵火来初世，见说群神誓九渊。
> 月桂冠宜苍玉佩，木兰船泛竖琴弦。
> 篑轮镞矢吾何辨，留与新词唱井泉。

### 写四君子题句

此等诗题前人为之已尽，余以为不必计较前人，自画自
题其空白而已。

### 梅

> 寿阳妆好额黄新，处士孤山鹤料贫。
> 独占风流推阁部，扬州明月冷千春。

### 兰

> 幽谷寻春不厌深，会心人与结同心。
> 芳馨纫佩徒延伫，海水群飞寂玉琴。

### 竹

> 拂障炎熏傲雪霜，琅玕青佩翠刀长。
> 虚中达节君能圣，玉粒端宜引凤凰。

### 菊

> 柴桑漉酒采霜窠，楚客餐英衣芰荷。
> 花自寿人人寿世，澹于秾艳解愁多。

1966 年春，有香港饶宗颐来访。二人互有留诗。饶诗为《别

徐梵澄次东坡送沈达赴岭南韵》：

> 海角何来参寥子，黄帽青袍了生死。
>
> 知我明朝将远行，携酒欲为消块垒。
>
> 宿昔读君所译书，君名如雷久阗耳。
>
> 相逢憔悴在江潭，无屋牵舟烟波里。
>
> 罗胸百卷奥义书，下视桓惠蚊虻矣。
>
> 嗜欲已尽心涅槃，槁木死灰差相似。
>
> 劝我何必事远游，中夏相悬数万里。
>
> 我言雪山犹可陟，理胜胸无计忧喜。
>
> 赠诗掷地金石声，浮名过实余深耻。
>
> 凭君更乞竹数竿，便从寂灭追无始。

饶诗"乞竹数竿"句，注云"君能写竹"。①

梵澄诗《某教授游欧洲道出南印度枉驾见访出示其和阮公咏怀之作钦叹无已因呈俚句越数日叠前韵为别》云：

> 南国词林最胜流，诗篇灵气郁清秋。
>
> 排空欲下高云鹄，掷地应翻碧海虬。
>
> 未许步兵成独往，早于中散得良俦。
>
> 琴心画理知谁会，指点沧溟几白鸥。
>
> 何处烟霞访道流，天南佳菊未经秋。
>
> 稍传寒色翩劳燕，突荡洪波绕逸虬。
>
> 索居难寻高士传，岛夷犹见寓贤俦。
>
> 深杯且莫辞今夕，明日云帆澹海鸥。

1966 年 8 月 15 日，阿罗频多诞辰九十四周年。鉴于修院人

---

① 饶宗颐：《固庵诗词选》，北京图书馆出版社，2006 年，第 5—6 页。

数日益增加，"母亲"计划向外拓展，她在离本市不过八英里处购进了一块地基，这地方东濒海而西临小湖，海拔一百五十尺至一百八十尺。整个地面作圆形，由法国工程师设计，分为四个区：住宅区，文化区，国际区，工业区，还拟建立一个国际大学。"母亲"要在这一天，8月15日，宣布她的理想和《约章》。梵澄将其翻译出来，并说：

　　……那么，将她所发表的论言译出，最为合理了。其他一切浮言杂议，以讹传讹，只合不论。

　　（附带说，若将 Auroville 翻为"阿罗城"，三字皆属下平声，声调颇哑。在西文 Volle 合乎去声呼，无问题。称曰"阿罗新村"，后二字在上平声，较响；何况它事实上也是。称"城"则似乎又与我们隔别了，称"新村"更觉亲切。近代"新村"建设，自与寻常乡村或城市异撰。）

"新村"《约章》如下：

　　一、阿罗新村不属于任何人。阿罗新村属于人类全体。但住在阿罗新村里，应当是志愿服役于"神圣知觉性"的人。

　　二、阿罗新村，将是永远的教育园地，恒常的进步场所，青春不老之乡。

　　三、阿罗新村，要成为过去和未来的桥梁。利用一切内中和外在的发现，它将勇猛跃进到将来的种种实践。

　　四、阿罗新村，将是物质的和精神的研究场所，使人类大同，得到具体的实现。

同时，"母亲"还有这样的讲话：

　　人类不是大地上的创造物的最后一等级。进化继续着，而人是得被超上的。在各个人，是得知道自己愿参加这新种性之来临。

对已甚满意于现在这样的世界的人，阿罗新村明显是没有什么存在的理由。

阿罗新村要成为一世界之城，一切国家的男女，皆能在和平与进步的和谐中生活，超出一切教派，一切政治，和一切国界。

阿罗新村的目的，是实现人类大同。[①]

## 三、儒学一脉

梵澄照例要做讲演，他的题目是：儒学的微言与大义。他的英文著作《孔学古微》已经完成，学院答应在 8 月份出版，以配合每年如常的纪念活动。是书的封面由他本人设计：白色的底子，"孔学古微"并"述"五个字，草书，"述"字上面印文曰"梵澄"；还有两簇兰草，他亲自手绘的，淡绿，青墨和浅褐参差相间，仿佛散发着素雅和清逸的气息，又好像告诉读者，这是一本关于君子品格的书；扉页，有梵澄草书"仲尼云五十知天命七十随心"。

说到儒学，在我辈的脑海中立刻会跳出一个命题，即它是"为统治阶级服务的"。是耶？非耶？梵澄要读者这样来待问题，他说人文原则与物理法则不同，如说某物以一种方式起始，也必然会以这种方式结束，那么儒学依靠政治力量传播自己，它也会随着政治力量的兴亡而生灭吗？这问题一转，可问：因为两者关系密切，所以政府就主动地采纳儒学作为自己的原则吗？他指出：

> 而儒家并不会将某些信条或教义强加于任何现存的政治

---

① 徐梵澄：《南海新光》，《徐梵澄文集》第一卷，第 24—25 页。

力量，并依赖其传播自己的思想。历史已经证明，几乎所有的中国朝代都多少采用了儒家的学说来治理国家，只是程度不同而已，而儒学没有因为任何一个朝代的消亡而消亡。

我们可以从另外一个角度来看待这一问题，儒学中有永恒不灭的真理，其合理性和持久性经得住时间的考验。然而，儒学并不是这世上的新福音。孔子在中国被誉为圣人，这缘于他伟大的综合事业，将三代文化的精髓进行了完美的复合，并赋予了新的生命。……我们可以在这伟大的成就中发现儒学的中心原则（"仁"）。孔子正好处在中国文化史上的一个连接点上，在他之前是大演绎，在他之后是大归纳。譬如一匹漂亮的丝绸束结于中间，所有的丝络都汇集于此，又以此为起点，完好地发舒出去。[1]

有论者将儒学目为宗教，因之将其划为唯心论的一边而予以否定；又有论者认为儒学只是世俗教化之学，故此缺少了神圣性或宗教性。梵澄于这两下都不能同意，并以为他们所持乃是知识论的偏见，他则视儒学为精神论，且具有无限和永恒的价值，这源于圣人爱人之心，而中国文化的根系便深植于此。我们的国度一向又被称作"礼乐之邦"，其中自有非常丰富的诗、乐、礼的内容，诗可歌，与乐相连，乐与礼相伴，舞蹈又在其内，诗、乐、礼实为一体，它们是以人的深层心理为依基的，其目的是为了培养人的良好品格。那么，浸润在这种文化中的人怎能不是温柔敦厚、仁民爱物之人呢？这样的人乃至民族，又怎能没有敬畏之心和庄严之感呢？他们懂得，自己的生命与神圣的"天道"有关。梵澄让读者想象关于我们祖先的这样一幅生动的场景：

---

[1] 徐梵澄：《孔学古微》，华东师范大学出版社，2015年，第46页。

在中国的大地上，一个寒冬的黎明前，宽大的庭院内燃起一堆篝火，四处燃着明亮的火把，成排的蜡烛和灯台照亮祭坛，并投向了黑暗中的一切。由贵重金石制成并绘满几何图案的祭器，犹显神秘。被宰杀献祭的各种动物，连同食物和醇酒陈列于前。不同等级的贵族和官员，身着华丽的深色礼服，或沉默伫立，或深深鞠躬，连同地面都装饰得十分斑驳。主祭高声引领整个仪式过程，反复诵读颂词，不断咏唱赞歌，器乐间隔奏起，舞蹈的男童身着制服，手持礼兵器。天子祭拜在上帝之侧的祖先，祭祀仪式延续若干时辰，在平静和谐的氛围中，依次抬出所有祭器。这庄严的景象与天主教的弥散或世界上任何其他宗教仪式有什么不同吗？中华民族之魂确乎是在这一刻以其完备的荣耀之感和壮美之姿呈现而出，古代人民因此文化（动词），以此而转入人之神性境界。这亦即是周代礼制真义。①

《孔学古微》出版后，在东亚、南亚、东南亚，在欧美，受到欢迎，一售而空。

11月，建设"阿罗新村"的计划，呈报于联合国教科文组织，此组织通过这一方案，并介绍于各国政府。越二年，即在1968年的奠基之后，各国的代表来了，都是青年人。地面上建起一高耸的圆围，中间竖立了一个莲花苞形的大缶，由混凝土制成。每一对青年男女执着本国的国旗，捧着从本国带来的泥土，投入此缶，同时以其本国的文字，宣读"母亲"制订的 Auroville《约章》。有远道者未及带来泥土，便捧着食盐倾入。然后各国代表演说，间歇时有音乐悠扬。典礼甚为隆重，那天天气也够清佳，气氛不用

---

① 同上第，97—98 页

提了,自然是充满了和谐,喜悦。到会者来自一百二十一个国家,当日还有纪念邮票发行。"母亲"的若干箴言,已刻于石上并立于莲花池上了:

乞丐在阿罗新村是不容许的。在路上行乞的人,会被这么分配:儿童进学校。老年人进养老院。病人进医院。健康人往工作。

阿罗新村必得服务于"真理",超出一切社会的,政治的,和宗教的成见。

阿罗新村是在诚实与"真理"中向和平努力。

阿罗新村是一大企图,趋向和平,友谊,胞与之情,人类一体。

最后,终于有一个地方,人可单是想将来了。

阿罗新村,是一安稳处,为那班人建立的——急要往"知识","和平","大同"的人们。①

1967 年 5 月 4 日,梵澄在"母亲"的支持下,举办个人画展,展出凡四天。"母亲"选择这个日子,独具匠心,因为按照英语的表达习惯,开幕的日期写为"4 5 6 7"。海报图案为梵澄所绘的四朵荷花,分布在左侧和右下角,衬托着"母亲"的题字。她说:"这些画出自一位学者之手,他是艺术家亦是瑜伽士,致以我的祝福。"开幕当天,曾任阿罗频多秘书的 Gupta 先生和"母亲"的儿子前来祝贺,Gupta 先生呈献鲜花,梵澄躬身致谢,展厅里响起了参观者们的掌声。展厅正中,悬挂着梵澄白描的阿罗频多和"母亲"的画像,四壁则是山水、树石和花鸟图,大小不等,错落有致。如果鉴赏者是一内行,可知画者既熟谙宋、元时的"三远(法)"之

---

① 徐梵澄:《南海新光》,《徐梵澄文集》第一卷,第 25—26 页。

意境，将那青山表现得既巍峨又缥缈，层峦叠嶂，涧溪蜿蜒，山麓之下，若隐人烟……又深契齐梁时的"气韵（生动）"之况味，将那松竹凸显得峻拔挺立，卓卓耸天，从容淡定，好像生命只为高洁而生为名操而死一般。[1]其实，所有这一切，都是他自己的内中的写照，他的理想，他的衷情，他的依傍，他的人格……一现而为一热烈的多情的艺术家。多数人多少年以后都只知道他是一个画家，而不晓得他的真正的"战场"在哪里——那是一个"渊默而雷声"的阵地呵！

1969 年，梵澄花甲。这是人生当中的一个重要年头，照理说，已是步人老年之龄了。然而，我们并未在《蓬屋诗存》中寻得那种感念流光、弥增怅触之情绪的诗句，有的却是对黎民百姓的伤怀，对弱小孤寒的惜抚。见诗《茅屋叹》，时国大党正分两派斗争激烈，于水灾给百姓带来的苦难，置若罔闻：

> 余常散步海滨，观村人起居，大都在空旷之地，屋皆卑小，伛偻出入，上以茅草层叠或以椰子树叶交织为盖，稍累泥土一二尺为墙，初无砖瓦，比大雨数日夜，近想斯人，心颇危之。

> 猛雨兼天失昏晓，倒挂恒河倾未了。
> 名园花卉尽披离，茅屋人家没泥沼。
> 悬知无处安釜鬲，庋架檐端愁屋燎。
> 炊烹已断连几朝，寝水卧湿忧浮莩。
> 不如上树栖一枝，自在安禅学巢鸟。
> 仙人外物理致绝，等观万事超世表。
> 辟谷枕流皆可为，奈尔愚氓知者少。

---

[1] 朱璇《徐梵澄本地治理二十七年纪略》，《国际汉学》2013 年第一期。

峨峨廊庙不动尊，破漏秋空耐淋潦。

正统滔滔穷舌辩，衡举矿移争忽秒。

左右偏袒果谁是，名法烦苛纷缴绕。

水旱饥荒年复年，祸乱方滋札瘥夭。

国家避债台可筑，楼阁凌虚入冥杳。

飞轮但苦水没轴，细民鹄俟日色皎。

椰浆一醉增蠢顽，蹲踞海滨观浩淼。

"椰浆"系村民自酿的椰汁酒，粗制劣造，有毒性，饮之必头痛，如同深度麻醉；"蹲踞"而"观"洋兴叹，实无可奈何又麻木不仁也。

1969 年底，学院给梵澄派来一个少年仆役，这孩子又瘦又小，看上去远不足实际年龄，因为没有念过书的缘故，薪水比旁人更微薄。梵澄油然而生怜悯，也起了一番人生的感慨，他想起了自己的父母，若是依他们之愿，自己也早就儿孙满堂了，而孙辈当中，也有与这孩子年纪一般的。他又想起了一个寓言故事：一棵老树，把自己的树枝送给了未带斧柄的樵夫，樵夫的老娘还在家中等待。而眼前这个孩子，恐怕连把树枝扛回家的能力都没有。他记下了这份感受，见诗《教学》：

修院遣一僮来执役寓中，悯其年轻失学，工资仅足以糊口，似此数年之后必无所蓄又无所能，已难学习他艺，则终其身为一厮役而已。语文等事远而功不易致，独算学可深可浅，尚或于彼有益，暇时因授以代数几何等。怅然为诗。

伻来小慧非椎鲁，稍使从余习算筹。

倘识乘除辨阳马，佳于辛苦牧牸牛。

方田粟米开初步，圆角星辰测上头。

赐也由斯多亿中，儒门一艺永千秋。

转年，1970 年了。梵澄要给自己已译好的《周子通书》作一篇序言，可能是因为他的思乡之情太浓郁了吧，一开篇就夸赞他们的湖南山水，就像当年他在鲁迅面前炫耀的那样——"真是好啊，是自古有名……"

湖南是位于中国南方的一个大省。那里有四条河流注入洞庭湖；它的土地含有丰富的铁质并呈红褐色，当被绿色的森林覆盖时，便展现出鲜明的对照。那来自南部山脉清纯的溪水倒映着蓝色的天空，连同河中偶见的黄色沙丘构成了旖旎的风光。

在中国历史上，这是一个伟人迭出的地方。近百年来的多位革命领袖也出自这个省。它简称为湘，因为自古以来，域中那条最长的河流被称之为湘江。周敦颐（1017—1073），这位《通书》的作者在十一世纪建立了哲学的湘学学派。在过去的九百多年的时间里，这一湘学学派对全中国的学者产生了重要的影响。

周敦颐是宋学或新儒家的始祖。当宋王朝（960—1279）的权力在经过长期战乱之后最终得以巩固时，中国学者把他们的注意力转向古代典籍。因为时代已是和平年代，对于他们的研究来说，环境已变得十分有利了。在这一新的时代里（这一时代的文化繁荣程度已远远超过了前代），他们以不同于前辈的精神气质处理古典文献，因为他们再也不是仅仅为了稻粱薪俸和在朝廷中谋求一官半职而治学了。相反，他们是为了寻求启示，为了寻求真理而治学。正是因为他们如此勤勉地寻求真理，所以他们发现了真理。他们之中多数人在深层次上研究《周易》和由孔子的孙子子思所写的《中庸》。在这个新的时代来到之前，佛教已有很长一段时间处于衰退的状态，好像一只绽放之后的花朵一样，眼看就要凋谢了。作为一个宗教的道教也正步入式微。出于历史的必然性，某种新的东西一定会产生出来。因此，儒家出现了一个新的发展，它致使这一古代体系返老还童。

五位大师启动了这一复兴。第一个是《通书》的作者周敦颐；其次是程颢（1032—1085）和程颐（1033—1107）两兄弟，他们两个都是周敦颐的学生；第四个是张载（1020—1077）；第五个是朱熹（1130—1200），他的《四书集注》和《朱子语类》使他在当今仍闻名天下。

从根本上说，这些大师的教义是否可以被称之为哲学——虽然在本质上是形而上学的——仍是可以争论的，因为它们主要是内部认识（内觉）的知识，并不是智力层面的纯粹思想。在社会中，这些哲学家都是些学者，教育家，政治领袖，而且更重要的是他们都是称职的和有能力的官员。所有应该做的他们都有能力实施。他们之中没有一个人是宗教领袖，也没有任何一个人自称是宗教领袖。每一个人都有学生，这些学生又依次有他们自己的学生。凭着这种方式，这一学说延续了七百多年。这些弟子连续的师承关系被清楚地记录下来，回溯并止于周敦颐。

如果人们心中固执于西方的哲学概念，并以挑剔的眼光看待这一学说，那么这些学说很难被称为哲学。不可否认，这些大师比起孔子及其稍后的诸子略有逊色，他们缺乏先秦学者们的独创性。但是，如果人们也思考一下印度的瑜伽，尤其是室利·阿罗频多的瑜伽大全，人们就能看到它们之间的许多共同点。无一例外，每位大师都是把"诚"作为寻求真理（道）的起点，把"无欲"作为入道的手段，把"无我"作为更高的追求，把变化气质作为目的来传授给学生。然而，必须指出，他们之中的任何人都对印度的瑜伽一无所知。"诚"的概念，虽然至今仍然不断地被注释着，但是却不能认为他们（五位大师）有什么印度瑜伽的观念（他们必定听说过瑜伽这一术语，因为在公元七世纪中叶已有《瑜伽师地论》的译文。但是这本书只在佛教一个派别中流行，而新儒家是极力反对佛教的理论和实践的）。让我们惊异的是，被喜马拉雅山脉分开来的这些学者或圣人，在互不相识的情况下，竟然能够在许多方面沿着同样的道路为着一个相同的目的而努力。[①]

久客南印，乌发换素，虽人物有情，山水多意，但终不是故园，终未有乡情。况且花甲以后，古稀之前，告老返回祖国，也是常理，"母亲"一定会理解的。不是说事情做完了，而是要做的还很多，不过，那是回去也可以做的，而且还要划一个大的蓝图。梵澄把自己的想法写下来，又呈报于"母亲"，这时"母亲"已届九十高龄以上了。他万万没想到"母亲"生气了，对他说："你不能回！你回去了，你会后悔的。我也会后悔的！"这是"母亲"对他的爱惜和保护，她知道中国正在闹"文化大革命"，她这位弟子一旦回去，便会立刻被"淹没"，什么事情也做不成。那么，不如等待，等待这一波涛平息下来，消失得无有踪影。梵澄只有遵命。

---

① 《古典重温——徐梵澄随笔》，北京大学出版社，2007 年，第102—108 页。

## 四、比勘创通

1970 年，农历庚戌年。上半年，"母亲"为梵澄派了一名助手，担任英文校对，她是一名美国姑娘，秀外慧中，名字叫玛丽斯（Maris L.Whitaker）。两人合作了半年，默契无间，待任务结束时，她要回国了，前来与梵澄道别。她手里捧了一只大蟾蜍，要梵澄替她养护，她说她走了以后，新的住户可能会把它杀死，其实这生灵要求的条件并不高，只需在花园草丛中占不到一英尺的地方即可，若有矮墙把它围将起来则更好了。她眼泪汪汪地"托孤"，姗姗不肯离去。梵澄说了一些宽慰她的话，并保证一定善待这个"朋友"，因为在他的花园里也有不少蟾蜍，它们正可在一起做伴。在这里，我们需要作一个跳跃，即三十年之后，1990 年，她写信告诉詹志芳，梵澄是她一生之中最为惦念的人，"遇到了他，我才知道世界上还有这样的人，他是我衡量自己的标准。我希望人们都能与徐先生这样的人生活一段时间，这样他们就能认识到许多事情是有可能存在的。"当时，她一有疑问就向梵澄请教，而所得到的解答总是非同一般且溢出常理之外，她晓得他是一个得"道"者。回国以后，她常想起那分开时的情景：在花园里，他带着一顶旧草帽，脸上透着一种难以形容的高雅。[1]

这一年的旧历除夕，即 1971 年的 1 月 26 日，大年三十入晚，整栋房子里只剩下梵澄一个人。排字工友回港度假去了，僮仆自四月份南印度新年不辞而别后，服务人员一直未固定下来。他在院子中踱踱步，抽抽烟，然后回到书房中翻翻自己的诗作，他打算把它们整理一遍，正好过节，他要放自己两天假。远处隐约有喧

---

[1] 见玛丽斯 2000 年 9 月 21 日致詹志芳信。

闹声、爆竹声，但这一刻还是显得那么清寂，那么宁静。他记下了《除夕》：

> 褐衣聊卒岁，厄难屡经过。
>
> 历是年除夕，人如晋永和。
>
> 入门无债主，隐户有琴歌。
>
> 世乱忧方大，添筹数劫波。

那夜他睡得格外深沉，在梦中他回到了少年时代，蓝色的天空，绿色的田野，柔柔的清风，清清的流水……他和小伙伴们去野泅，爬树，掏鸟蛋，捅蜂窝——然后呢？家母带着他到邻居家去道歉，说自己教子不严云云。母亲只是温和地申斥他，从未动过一次手。还有他的父亲，兄长，姐姐……第二天，初一，一早醒来，重温梦境，诗已吟成，起床，未洗漱，先记下诗作《湘流》：

> 湘流如镜碧波澄，翠巘丹岩映万层。
>
> 斑竹泪滋红豆结，木兰香远素珠凝。
>
> 云飞隐现山河壮，地转升沉日月恒。
>
> 人自多情天莫问，沧浪渔父棹歌应。

早饭后，他开始检别诗作。自 1945 年底出国，作诗也着实不少了。1948 年雨季（5—6 月），曾为诗存题名曰：《天竺诗草》。为什么是在这一时段命名呢？因为云山来了，而这以后，必会因谊或由情，有更多的诗句作出。不用说，也确有不少两人唱和的诗作，应一并隐去，或取出成一辑，秘不示人，仍可为"删"。况且，也有很多诗句自己也是不满意的，那么，一同做一个小结。《删诗》一诗，记录了当时的感受：

> 一集欲写定，手录又自删。
>
> 为诗四十年，未出李杜间。

从入砌佳句，绮靡描烟鬟。

恐伤格调卑，迷离非盛颜。

振起师二陆，拟议魄力屏。

陶谢千古新，高远焉能攀。

自顾无适可，温柔渐追还。

掇拾大历余，韩白推雅娴。

宋贤罕所慕，沟涧深潺湲。

转美龟堂翁，清胜曾茶山。

前后明七子，古色纷斑斓。

渔洋绰风神，亦足缨花鬟。

岂可流涕泗，哀怨传人寰。

叹老更嗟贫，戚醮生民瘝。

但吐性灵语，敦厚祛痴顽。

吾宁怢浩歌，金玉声天关。

印度正月，时值春季。新月初上，有似镰弯，清风拂来，宛若霖沐。此刻梵澄的心情是愉快的，畅亮的。不过几刻又是黎明了，那时，一幕文化与生命交汇的华彩乐章将要奏响：他要翻译与疏释阿罗频多的一本小册子《赫拉克利特》（*Heraclitus*）。

这部小册子，别看文字不多，分量却极重。在是书中，阿罗频多以印度精神哲学的眼光，来看待希腊这么一宗古学，旨在穷其两大文化乃至人类文化的精神源头，并举之，会通之，超出之，这隐然就是两大哲学王的对话，无碍于时空，双超于古今。然而，说到人类文化精神的源头，难道能缺少我们中国这一维么？她有五千年的文明史，而且从未中断，她的哲学思想，不是启明了欧洲启蒙运动的巨子们吗？她的四大发明，不是推动了整个世界历史前进的步伐吗？而且，中国文化不像西方，发展到外学独大，又不似印度，恪守着内学孤彰，她讲求的是"内外交修"，用学术的语言来说，她是以德性为本，以知性为用，此取向正与西哲康德同工。那么，中国文化，与两者之间的理解和沟通还有什么不可逾越的鸿沟吗？问题不存在了，只是需要有人来做，而且非大力者不办。梵澄迎难而上，一个精神上的孤胆英雄，携一大文化背景而来，与两个哲学的灵魂照面、对话。引言如下——

> 我们说世界古代有五大文明系统，近世以来，只存其三，古埃及，古巴比伦，灭没了，只余古印度，古中国，古希腊。后三者，各有其深厚的精神哲学。我们今天所谓的精神哲学，不是通常所谓的精神哲学，与物质科学两分，对举；而是精神将物质包举，以成其一元与多元。这就是说，它是之顶，之源，其主体甚且超出思智以上。

> 那么，可谓凡哲学皆摄，即一切哲学之哲学，它立于各个文明系统之极顶。其盛、衰、起、伏，实与各国家、民族之盛、衰、起、伏息息相关。

为什么呢？因为它的主旨是探讨宇宙和人生的真理，搜求至一切知识和学术的根源。一言以蔽之，它探讨人生之本。那么，我们说古印度、古中国和古希腊：

> 以三者而比勘，思惟，值得我们警惕、振起。学术生命实与民族生命同其盛衰，互为因果。器非求旧，惟新，学术则无论新、旧，惟求其是。科学不必说，任何旧理论，新发明，实证即是，无时、空之碍限，因为物质真理是一。精神真理本身亦无新、旧可言，则有待于哲学上的比勘会通了。其间地域、时代、语文、体系之殊异，往往成为障隔，乃大费参

稽；何况其所凭藉不徒在于思智和推理，则更有待于创通，互证。但无妨假定其有会通之可能，因为这真理原是由内中修为省悟而得；可说凡人自知或不自知，皆多多少少生活于此真理中，而人人皆禀赋有此灵，此心，此性，此情，此体，此气，中西古今不异，则可谓只有所见之方面和所表之形式不同而已。

当然，精神哲学属于内学，而内学重的是证悟。悟入了精神真理的某一个方面，那是思智和语文之事所不能及的，这早已成为常识。我们以内、外对言，可以说内、外都不能偏废，这也是说，我们的证悟仍需讲明白，有表现，那么语文和思智便不可遽弃了。事实上，这应当是一个内外交修之局：

> 求之于外自当广开门户，容纳他山，然后可以别异观同，挈长度短，进达其所未至，增益其所不能，恰是此三系统特色判然，各自有其原始性和独到处，乃使比勘增其意义，参会更有价值了。

> 虽然，以言三者之比勘会通，这工作是留待读者自己作的。比勘以观其异，则重分析，分析不厌其详；会通以见其同，则重综合，综合不妨其略。综合不是强将多个事物置一处，或显然成一大笼统而为混沌，而是宜成一和谐的有机的整体。

梵澄有一个康德式的理想——永久和平。用我们的话说，叫做世界大同。然世界大同如何可能？它的先决条件是什么？梵澄说是——学术：

> 末了，请于此更赘一言：现代人士盛言世界大同，理想实为高远。然求世界大同，必先有学术之会通；学术之会

通，在于义理之互证。在义理上既得契合，在思想上乃可和谐。不妨其为异，不碍其为同，万类攸归，"多"通于"一"。然后此等现实界的理想，如种种国际性的联合组织或统一组织，方可冀其渐次实现。那非可一蹴而至，但无论道路多么悠远，希望多么渺茫，舍从此基地前进，亦别无其他途径可循。然则此书虽小，意旨亦远。[①]

梵澄以为，若以华文翻译此书书名，一般读者必觉陌生。就精神哲学之理我们可称为"玄理"，而参考和参会三派学说之相同我们可曰之"参同"。他翻译过来并加以疏释，就内容而径改书名，叫做《玄理参同》。让我们择选圣哲谈到的几个问题，来看梵澄是如何应答的——

阿罗颇多：希腊古哲赫拉克利特，比其他希腊思想家更富于刺激性，与后来的智伦师（sophist）相比，虽然也有理性主义的倾向，但他多是少保持了一点儿古代"神秘者"（mystics）的心灵与直觉的视见和语言，这与古印度韦陀见士特别亲和，其名相（概念）是象征的，其认知是直觉的，其语言是诗化的，一言以蔽之，这是精神哲学的特征。

梵澄：以希腊和印度的哲学相提并论，在华文，是容易区分的；一个是哲学，一个是玄学。但在西方，philosophy这一词，是将二者都包括了。在印度，玄学或说精神哲学，在性质上与哲学又迥乎不同。玄学是纯凭灵感和直觉，而哲学虽在高境上凭灵感，但重概念。重概念则重分析，重方法。而玄学且则不然，它以较高的灵感代替较低的灵感，使用的概念也是多象征而少直指，多概括而少分析。玄学与哲学的目

---

① 徐梵澄：《玄理参同》，"序"，崇文书局，2017年，第8—9页。

的虽同为追求宇宙的"真理"，但玄学重直观，重体验或实践，论到精神上的证悟和受用，则可说是实际的了。

　　然而或幸或不幸，在中国未尝有希腊似的哲学发展也没有印度似的精神哲学，亦复没有西洋的宗教。就中国的学问来看，我们笼统地称之为玄学，然而道家哲学可谓之玄，儒家又不好全谓之玄，魏晋间称周易、老子、庄子为三玄之学，则儒道皆摄。①

---

① 参徐梵澄：《玄理参同》，崇文书局，2017年，第10—12页。

# 第十章 归路迢迢

## 一、待返之中

工作生活如常，时光流逝如常。因眼前物是而忽略了人非，那是因为变化在潜运默行。当你从沉思中惊起，发现周遭已有些明显的不同了。有一天梵澄到郊外散步，一个女孩儿遇到他，追呼问好且彬彬有礼，他认出来了，这孩子在襁褓之中时，他还抱过她，转眼间，已经出落成亭亭玉立的大姑娘了。他不禁感慨起来，赋诗《他年老境至》：

他年老境至，行杖挂锦囊。

囊中贮果饵，尔辈皆分将。

宽绰大布衣，身瘦影亦长。

翛然无一事，阡陌游徜徉。

有时携一壶，醉饮松花香。

有时袖一卷，酖醇味玄庄。

遇我必欢喜，天真灿心光。

伯叔俱俗称，呼舅情渭阳。

途人笑指目，仙翁对星郎。

1973 年 8 月 15 日，《玄理参同》出版。

1973 年 11 月 17 日戌时,"母亲"逝世。享年九十有六。同月 20 日巳时下葬。梵澄作诗《荣哀篇》,以志纪念。其小引云:

……澄依于法座二十有二年,三觌遗容,泪陨如泻。夫志结六合之外,形役百年之内,神无峻而不翔,明无幽而不烛,契合至真,潜移世运,而乃委蜕同尘,遐功未集,超心道成,光华靡被,斯则忘天,终莫之胜,而大易卒以未济者耶。至若受恩于莫报之地,兴哀于缘累之场,托辞于实色之空,回诤于有相之执,撤瑟辍音,治任对哭,凡俗毕同,独所悲微异耳。爰命芜词,以存实录,非徒志其私恸,亦以备异日东西方史家之采择云。

一个人就是一个生态,只不过为大为小罢了。在阿罗频多,在"母亲",那是一个神圣的生态,光明的生态。可是,"母亲"这一走,修院的环境颇有改观了,至少在梵澄感觉是这样。他失去了保护人,有点像断了线儿的风筝,虽然一切照旧,待遇不变,但总仿佛是一名散兵游勇。他想,这也正是回国的时候了,而且他们也巴不得他赶快回去,或许华文部的这幢大房子他们可以作其他用途。这时,正有香港朋友来南印度,告诉他不能回去,国内的"文化大革命"尚未结束,时下正在大搞"评法批儒",而像他这个"孔老二"的信徒,回去可有"好果子"吃了。那么,只好留下来,等等再看,运动总会过去,正如生命,有"始、中、终"。

恰在这当儿,友人在香港为他购得一套《鲁迅三十年集》,他如获至宝。这套集子八卷本,布面精装,深蓝色的封面,封面上方有机轧的鲁迅侧面头像,"鲁迅三十年集",六个银字嵌印在封背,见封底商家为新艺出版社,印出时间为 1970 年 5 月。书中所有的文章,梵澄都是读过的,而且大部分篇章,读过还不止一遍。但是，他还是爱不释手地一页一页翻了下去，好像不期然而遇到一个少年的恋人，久久促膝而不肯离去；又仿佛真有定海神针被寻回，风波止息，海面上又见万里晴空了。那逝水韶光，清晰地浮现出来，他记起了第一次见到鲁迅，在江湾中学……当鲁迅讲道："凡是老的，旧的，实在倒不如高高兴兴的死去的好。"听课的学生们顿时哄堂大笑起来，随后热烈鼓掌。鲁迅接着以俄罗斯文学为例，说："待到革命以后，文学上便没有什么大作品了……因为他们已经失掉了先前的环境了，不再能照先前似的开口。"但是他老人家期待"新的声音"出现，他也相信"将来也一定会有新的声音出现"。

那么亲切和温暖的场面，仿佛就在昨天，就在眼前。他了解他的老师，一个觉悟的先行者，一个命运的担待人。何人使之然耶？天将降大任耳！何人期之然耶？"悬精结念，宇宙自期"耳！一方面，他发出"新声"，另一方面他整理"国故"。在这里，我们可以这么理解，所谓"国故"，也包括古典小说，要还其本来面目，保持其中精神而不使流失；所谓"新声"，特指"故事新编"，要阐释时代精神，接续一脉传统而不使中断。鲁迅实在是立足当代、面向未来的先驱，他热烈地期盼并呼唤——"女娲……醒来了"。这么说来，工作是沉重了，因我们是文教大国，不独有高上的哲学或玄学，我们还有文学，那是绝大的一橛，百姓日用而熟知。若依俗语"礼失而求诸野"，又何尝不能从这些小说中获得教益呢？也就是说，印度人、西方人，单单是了解我们的哲学或精神哲学是不够的，他们还应知道一些我们的文学，只有那样，才会显示出一个君子之教的古国之有血有肉的原初风姿。

关于中国古典小说，鲁迅涉猎广泛而且整理系统。他有《中国小说史略》《小说旧闻钞》《故事新编》《唐宋传奇集》和《古小说钩沉》。梵澄从后二者之中选出若干故事，然后循序渐进地用英文译出。看他那精神抖擞的劲头，大概是很高兴完成老师给他布置的作业。这里，让我们暂跳出当时的时空，自己来斟读一下这些前人小说，可知若把它们译成西文是多么不易。比如唐之元稹所作的《莺莺传》，说莺莺如何动人，"则娇羞融冶，力不能运支体，曩时端庄，不复同矣"；又说夜色如何美好，"斜月晶莹，幽辉半床"①……然而，笔者确信，梵澄有能力传达此中的生趣和神韵，他要告诉彼方人士，我们古代的这些东西，不像他们的某些作品，一触两情，不是入微而流于猥亵，就是热烈而只保片时。我们的故事是美丽而苍凉的，是温润而绵长的，因为我们是中国人的缘故。

1975 年与 1976 年之交，印度发生了一个大的事件，这就是纳斯察邦矿难。这矿开采在湖底，因隧道顶层力有不支，忽然塌方，湖水顿时注入矿道，数百名正在作业的矿工全部溺死，无一生还。矿主与地方当局匿情不报，而且没有任何排险寻人的有力措施。后来，有外国企业提供了十几部抽水机，每分钟可排出一百万加仑积水，历时二十天昼夜不息，可所及之处仅在第二层水面，而探测者和施救者又死数人，亦有数人速逃才得幸免于难。这悲惨的一幕让梵澄触目惊心，并为之深痛。其时赋诗二首：

### 矿坑叹

森林亿载成焦煤，百丈隧道湖底开。

忽然土弱断支柱，湖水下注山崩颓。

---

① 《唐宋传奇集》，载《鲁迅三十年集》第五卷，第 121 页。

疾如闪电声轰雷，千夫尽溺无生回。

讳情匿数不敢报，人事未戕非天灾。

此邦新建失纲纽，四姓又恐沦舆台。

舟车飞轮覆败踵相接，水旱饥馑疾疫重生哀。

爇炉火，光熊熊，映照血泪山花红。

他年君嗣倘如此，过眼富贵同飘风。

### 后矿坑叹

豺狼当道狐狸唉，鸱枭啄人白日叫。

前尸未出矿坑深，后人真疑鬼相召。

东家哭其父，西家哭其子。

南村北舍哀未止，又见八人矿坑死。

呜呼此事诚可已。

雨季里的一天，有法国友人来访梵澄。这位法国友人是"母亲"儿子的同事，也从事教育事业。恰巧梵澄散步未归，他便在梵澄的工作室中浏览起来，在靠墙壁的书架上，摞着梵澄一部一部的手稿，大都没有印刷出，有一部稿子，让他眼睛为之一亮，马上从书架上捧到桌子上，翻阅起来，他不住地点头并连连叫好，这部书稿，就是《小学菁华》。不多时，梵澄散步回来了，天下细雨，仍需撑伞，这法国友人看到梵澄的伞面已经破了，好在有未破的一面，还可凑合着用。"有朋自远方来，不亦乐乎！"二人见面，甚是高兴，紧紧握手，互道问候。刚一坐及，这法国友人就急切地发问了："我在你这里看到一部好稿子，《小学菁华》，为什么不让它尽快出版呢？"梵澄点上烟斗，无奈地笑答："都已经十三年了，而且版式早已排好，可是他们就是不予理睬。大概是他们不喜欢我吧。""我去说，我去说，而且现在就去。"话一落，这友人马上起身到院里找人去理论去了。

理论是成功的,院方答应出版这部书。理由大概有二,第一,有法国人来求情了,他们得给这个面子;第二,这法国人向他们保证,这部书在欧美市场肯定会有很好的销路,并且,他可以负责来联系经销商。这真是何乐而不为! 不过,院方还有另外的一点心思,而且要梵澄明白这未尝不是一种"交换",似乎在说:"我们为你出书,这应该是最后一次了,你呢,也要配合我们一下,那就是华文部的一些房间由我们来做安排了。"这很合理! 梵澄完全同意。房子是院里的,况且排字工因无事可做早就返回香港了。至于能出版此书,当然不是坏事,因为自己的心血总算没有白费,而且那内容实实在在对社会有用。梵澄很平静,既无欣喜,又无曲怨,只是略略无奈而已,他把十三年前写的序言再检视一过,在一处,加了一个注释,在我们看来,这不仅是"画蛇添足",亦是把反面当正面来理解了。他说到:"不必要的考试制度与附加的标准(这一附加的标准是相当任意武断的)可以一起被废掉。"后面加了一个括弧,说:"当这本书出版(1976)的时候,我们已经得知普通的考试制度在中国大陆的大学已经被取消了若干年,而这似乎并没有降低那里的学术水平和质量,这一做法的结果大概是相当有效益的。"①当然,他在说中国古代教育即私塾教育的优点,那是一个相当贵族化和自由化的教学方式,可是对于快节奏的现代如何可能? 1976 年,中国大陆的"文革"已近尾声,正常的考试制度还未恢复,而且学术水平和质量也无从谈起,因为十年以来无从进行,至于"效益"则是更谈不上。可见,他与祖国

---

① 徐梵澄:《小学菁华·序》,孙波译,载《国际汉学》第十三辑,大象出版社,2005 年。

相隔太久了。其时他思乡心重，只想回家。

《小学菁华》出版，旋即销售一空。院方十分高兴，因为他们大赚了一笔。

这一年，周恩来，朱德，还有梵澄的新学蒙师伟人毛泽东相继过世。之后，"四人帮"——这个他从来没听说过的名称——垮台了。朋友告诉他：再等等看。

阿罗新村依然在建设之中，已颇具规模，标志性的建筑已经建成有半。梵澄每天散步都要经过这里，他在此驻足一会儿，他想,待到竣工之日,全世界各国的青年男女又会来此祝贺,届时,那一天将是鲜花和白鸽的海洋呵——见诗：

### 游阿罗新村见圣堂建筑未半

苦海波澜无尽时，斯民终古有深悲。

经天永夜姮娥影，落日秋风圣母祠。

轮奂欲成神未降，星辰暗转物潜移。

华严楼阁何当现，为祷甘霖澍悯慈。

等待，但是在工作中；工作，仍是重温古典、会通精神之事。院方收回了大部分房间，暂做仓库之用，三套中文铅字呢，熔化掉另做他用。这一概都属正常。中文作品不能在此处出版，可以写些文章，发表在南洋各华文报纸上，况且，他们频频来信索稿，说写什么登什么，并且稿酬优厚。稿酬优厚当然不错，可以购点上等烟草。可写什么好呢？还是温习一下古代希腊吧，拟一个名字，叫做《希腊古典重温》。梵澄遂以优美的笔调，叙述那久已逝去的苍凉而感伤的故事，使读者如临大幕启升，屏住了呼吸：

历史的发展未尝如此，基督教的兴起也不是偶然，有其必然之理，学人自可讨论。新旧之兴替随时代之推迁，那结果使人感觉苍茫得很。雅典人讲学的檐廊，早已化为尘土，雕花石柱头和柱础，以及出土的一些破缺大理石像，于今散在各处博物馆里，竖琴歌声早消歇了。在哲学方面，至少公元后四世纪，希腊人已完全退出世界剧场。不妨假定那整个文化起始自公元前一千年。譬之于一日，曙光微启，渐次黎明，哲人讲学时代，渐近于日丽中天，光明盛大不过三百多年。残阳之美见于新柏拉图学派之兴起，以后呢？渐渐沦入黑夜了。①

他有点儿像他的老师鲁迅，也是一个讲故事的能手。那些不断被重复的画面，一经他的描述，却还是那么新鲜：

风信子是百合花的一种，这在希腊诗人的想象上编出了一故事，说从前一位美丽的王子，甚为阿波罗，即美艺、医药、诗歌、音乐、辩才之神所爱，又为切斐乐斯西风之神所爱，但那王子不爱此西风之神。于是阿波罗负责教育他。切斐乐斯当阿波罗教他掷铁饼时，便将铁饼一吹击到少年头上，少年便头破而死。阿波罗甚悲哀，便将他的血，化为这么一种百合花，将他的身体安放在天上为星宿之一。

每年，斯巴达有三日之节，纪念这少年和阿波罗。第一日表示哀悼，男女少年发上皆无装饰，也不吃面包，只吃糖果。第二日乃开始唱歌、吹笛、弹竖琴，有盛装骑马的游行，做一些表演。第三日乃有盛大的比赛了，竞技、驱车赛等等，其时市民竞往郊外看运动，街巷为之一空；遍处是欢乐空气弥漫，奴隶也受到自由客待，种种牺牲，供品，堆上了阿波罗的祭坛——其始也哀而终也乐，古代许多节庆多如此。

少年名洽菁妥士，百合花即以此名。西风之神在造像上常是一温文少年，怀着许多花，与"春神"结婚很幸福，有时造像有双翼。这节庆里，只有对美少年的哀悼，没有怎样对他的责难；阿波罗也没有其他表示；也没有谁诉于宙斯要以过失杀人而定谳。说神话之荒怪这便是一例了，这中间有什么伦理教义？

如果这故事是意在禁戒，向体育场上的人物说明铁器等等的投掷要小心哪！有伤人的危险……此一说也，则又是以偶然为常然了。

这问题的重心在于青春生命力。哀悼青春生命力的摧折，欣美青春生命力的柔美、鲜健、纯洁、天真，哲人创制了这一神话和节庆，正是使人的热情有所寄托，起一度大的激扬和净化，其间之仪式节奏如音乐舞蹈等，处处皆是生命力之奔流，同时是其约束，由是而可趋于圣洁、崇高。常常经过这种洗练、导扬，整个民族生命可趋于向上一路了。在这种境界中，很容易明白中国古代所谓"喜怒哀乐之未发，谓之中发而皆中节，谓之和"的道理。其所得也常是一中和。在希腊之数学上、音乐上，很早对于"中""和"已有过研究。其发于人事者，正在这些地方，通常所谓文化之优美，也正在这些地方可见到了。

至若美少年的纪念，要点仍是在生命力上。我们无妨将形躯之美，与生命力的动态之美即其原有之光辉分为两事，后者通常我们称之为"标格""姿致""风裁""风神"。这不论是少年、中年、老年，皆有，只要生命仍存便有。假定有洽菁妥士是形表风神俱为美好，这中间便有极大的亲和性与违拒性。他喜欢阿波罗，不喜欢切斐乐斯，及阿波罗喜欢他，这里皆没有思想上的志同道合的问题，也不是异性之相爱而落入造化之另一机巧，更无由说人神之间有何同性之爱，这中间几乎无道理可讲；三者皆受同一力量之支配而或自知或不自知。在希腊神话中人神的界别极微，时常在同一水平，天神也不是个个皆不死，所以亦复无由说格位不同而少年凡人可随意为天神所杀的问题。是这生命力三者同具者间之亲和、违拒，造成了这场不幸。亲和，差可说为生命力的震动之同调，或其旋律或韵律或格度之同符，以及相交换或取与之均等，违拒则是与这相反。亲和则有其快乐、发扬、创造，违拒则有其痛苦、压迫、毁灭。这几乎可说是生命力上之原始律则，三者皆未能脱出。①

无道理可言的亲和与违拒，多表现在精神活动的气性一面，实际上，人与人之间的矛盾与冲突或友谊与合作，常常是在这种情态下发生的。毋宁说，这是一种精神经验或曰心理经验。比如他本人，自认"乖张"又喜欢开玩笑，而他的好朋友们如朱偰、冯至、滕固就能理解他宽容他，但旁人就不一定了。举一例：1944年蒋介石访印，答应双方互派学者交流，第一批可去二学者，后来被选中的是徐梵澄和常任侠。金克木先生回忆说："……但二人一下飞机后便反目了。常是左倾，徐无党无派，但决不向左，于是各奔前程。"②笔者以为或许"左倾"还在其次，应该还是话不投机，而梵澄那种"孤傲"兀立的劲头，别人一下子很难接受。结论是：梵

① 《古典重温——徐梵澄随笔》，北京大学出版社，2007年，第154—155页。

② 扬之水、陆灏：《梵澄先生》，上海书店出版社，2008年，第8页。

澄有些不对。这里我们可以顺带讨论一个问题，也是我们常遇到的现象，我辈在回忆或记录师长时，总是把他们看成榜样或楷模，说他们学问如何精湛，品德如何高尚云云，可是当他们那一代人或一拨人在一起时，不也是像我辈一样"打打闹闹"吗？也许梵澄还想起了抗战岁月中的国立艺专，想起了滕固与傅雷的"争冲"，傅雷耿介且大有才华，他以提高教学质量为己任，主张对师生加以甄别并做出不同的安排，滕固不同意，他认为非常时期要"平衡过渡"。结果呢，二人吵翻了，傅雷拂袖而去。还有教授西画的方干民和常书鸿闹了矛盾，双方都有学生的支持，以致后来发生到了大打出手的地步。我们看这些人物，都是 20 世纪上半叶中国文化史上响当当的角色，还有艺专的其他老师，如雕塑家江小鹣，批评家李宝泉，留日艺术家刘狮等，亦非等闲之辈。[①]可为什么国难当头，他们不能团结起来而拧成一股绳呢？大约是因为他们太自由了，太率性了，故而必然相激、相撞，合则成就，分则毁弃。在"天神"尚不能免于冲突，况且凡人了，哪怕是凡人中的优秀者。也许，希腊神话的寓意正反映了人类这深刻的理实：

> 诚然，倘没有生命力便不会有任何成就。然生命力过于奔放，在人生必然造出许多过失，于己于人之损伤在所不免。而神话传说天神界亦已有多少荒谬丑怪之事了，通常人之不幸而为恶或犯罪，尚不到那种程度，这对于其人便是一极大的精神治疗。以神话之流传而"无道"已视为非非常，在天神界已有之，似乎已将其半神化了，则在后世基督教化中所视为"跌倒了"的人，极容易重新立起，减少了内咎而恢

---

① 沈平子：《从傅雷和滕固的一次争吵说起》，2008 年 6 月 11 日《中华读书报》。

复其精神上的健康，继续其人生之正当奋斗。姑舍希腊神话中深邃的含义不论，至少在这一点上已可见其原旨仍在于"善生"。天神已与人类同群；建立在一异常宽容博大的精神中，其道德已是"超道德"而仍是人间的道德。[①]

文章载于新加坡《星洲日报》。友人剪报寄来，梵澄马上发现了因编辑的疏忽，把他的名字弄错了一个字，即"梵"写为"焚"，意思大变，这真是由"静"趋"动"、由"生"至"死"了。梵澄初觉滑稽，忽而又觉此中颇有点儿不经意的歪打正着的理趣，遂大笑起来，同时想到了嵇康《琴赋》句："留连澜漫，嗢噱终日。""嗢噱"，大笑也。时有诗《改名——三绝并序》：

承友人剪报寄下，乃知拙文《希腊古典重温》刊出，续完之次，赫然署名曰"焚澄"。嗢噱竟日，曰：善哉！此等文字，焚之可也。夫"日"报不云"月"报，"星"洲自异"皇"洲，"凡"夫岂必"火"夫，"文"化殊非"大"化。"焚""梵"同一声之转，义不相通；"火""水"成上下之分，卦名未济。手"氏"无意之"矢"，当从恕道原"清"，校"封"半字之"羞"，应觉内心有"鬼"。沉吟久之，漫成三绝。燎除业习，打油以助燃烧；还复灵明，添水以救心火。由此改名，聊当启事。

一

天城梵字书难读，尽可随人一概焚。

终有道心焚不灭，吹嘘灵气已成云。

注：现代梵书，号天城体，与古代梵文字母大异，而文则同。若通佛教大藏经中之梵书，仍无由读今之经典。愚尝

---

① 《古典重温——徐梵澄随笔》，北京大学出版社，2007年，第156页。

迻录西方学者"布勒"（Georg Buehler）之所考证，参以大藏
中之悉檀，汇为一巨册，题曰"天竺字原"，以视香港某学
者（乃饶宗颐——笔者注），颇遭漠视，而鄙人固亦早已淡然
置之矣。

## 二

浩劫湘城化赭烟，孤身从此去飘然。

一瞑随处茶毗可，沧海曾闻亦变田。

注：昔年对日作战，当局实行焦土政策，将长沙城全部
焚毁，旧家财产房屋，荡然皆尽。祇今托余生于海外。若一
旦溘逝，焚之可也。

## 三

醉月迷花事可曾？铅华眼缬两模稜。

凡情未尽君难改，千顷波涛一汎澄。

注：昔年修院印刷所工友，有因长醉而死者。致工作如
此疏忽，或排字工友生活有当改善者耶？故初二句及之。"铅
华"亦可谓"铅字之光华"。[1]

# 二、呈书大使

1977年底，香港朋友来琫地舍里，告诉梵澄：邓小平先生复
出了，你可以回国了。1978年正月，梵澄将自己的履历、在印证
件并一封信函致中国驻印大使，要求签发一护照以备回国。二
月，大使馆回信，要求当面晤谈。三月，梵澄动身往新德里。

---

[1] 朱璇《徐梵澄本地治理二十七年纪略》，《国际汉学》2013年第一期。

自从 1951 年来到这海滨之地之后，梵澄未再出埠远游。这一待，28 年过去，人非而物是，这所谓的物是，乃指印度社会的变化不大，车站依旧，车厢依旧，人们的精神面貌依旧。他要从古德洛尔上车，然后北上，倒两次车，再到目的地。这算是一次艰难的旅行，酷热，混乱，乌烟瘴气。在像烤箱般的候车室里和月台上，乘客、脚夫和乞丐的人流拥挤和吆喝着，地上躺满了无家可归的老人、妇女和孩子，他们一个个伸出手臂去，要求"施舍一卢比"。梵澄所带行李不多，绕道而行或从人群中挤出，总算来到了车厢。车厢名为"冷气车厢"，却只有车顶部的电风扇不停地旋转，让热风回来并再过去。在他们自己的国土上，人们都显示着友好的态度，在车厢里，在餐车上，总是有人问他："你打哪儿来呵？"梵澄回答："阿罗频多学院！"人们立刻双手合十，态度极为恭敬，也许在他们眼里，这个与他们一样着装的气宇轩昂的高个子的人，正是一个学识渊博的婆罗门族姓。

列车慢吞吞地行驶在广袤的土地上，在黑夜，在白天。印度着实无甚变化，也许原野和河流是美丽的，但这美丽已缺残，被玷污，铁路沿线遍地遗矢，满处垃圾，还有在田埂上出恭的农夫快乐地向车窗里的乘客招手……真是有点不堪入目。梵澄想起了很多印度人爱说的一句话："我们是最爱干净的民族！"或许是，因为印度天气太热，不能不随时冲洗，但是，环境清洁与否似乎与他们的关系就不大了。他知道甘地曾经反复呼吁本国的人民：不要随地大小便！可是他老人家这句话，犹如山风过耳，去无踪迹。在我们中国会怎么样呢？那将是一番不同的情景，一个圣人或一个领袖，号召什么并以身作则，人们会响应并且跟上，而且人会越来越多，然后蔚然成风。梵澄知道，在中国大陆，扫盲运动是成功的,爱国卫生运动是成功的……总之,政府有力量,移风易俗,立竿见影。一想到即将回国,他内心中充满了喜悦之情,他梦牵魂绕的祖国呵,变化一定是巨大的。"是的,'人道是沧桑',山川佳胜皆渐重修,险峻之地也该平坦了些吧!"

会见是在极其亲切和友好的气氛中进行的,梵澄有如沐春风之感。大使和工作人员们对他格外尊重,他们知道他是毛泽东和鲁迅的学生,那真是无比的荣光。而且他们都读过他写给使馆的信,工整的小楷,正可以做字帖来用,只是文言而不断句,竖行自右向左,让大家读起来颇为吃力。对他们而言,眼前这位老侨胞,可能有点像一个"出土文物"。大使告诉他先回去耐心等待,他要向中华人民共和国外交部汇报此事。

烈日高照下的新德里,活像个大蒸笼。这个城市正在发展,正在建设。道路还算宽阔,却挤满了各色的车辆和闲荡的牛畜,犹如一个盲目蠕动的集贸市场;环路一圈一圈地扩展开来,杂乱无章的工地正在盖房,因为闷热无风,烟雾弥漫而不能散,尘土飞扬而未能驱。梵澄坐在开往火车站的汽车上,看到沥青路上印出了一道一道的轮辙,那柏油路稀软得有点下陷。他想起了他的家乡,他的家乡长沙也热,不过比起这里来,可算是清凉世界了。是的,他要回去了,离开这里的"苦夏",他要先到父母大人的坟头,清理一下杂草,点燃几炷长香。

一个月后,大使馆还没有回信。梵澄有点着急了,写信询问:"……谓待上级之命,上峰舍钧座其谁为是?摅其愚忧,再度申请,倘蒙垂鉴,幸甚幸甚。"正好上次与大使交谈,大使向他介绍了中国政府的侨务政策,如鼓励当地华人申请彼国国籍云云。梵澄对此颇有看法,那么,再致一函,将中国侨务政策之得失,学术交流之意义，印度文化之菁华，及个人"施工"之轨迹，一并道来。这信 4 月 20 日写成，文言巨制，仍用毛笔佳纸以工整的小楷书之，读来悦目且铿锵：

微闻执事者言，晚近国家政策，乃鼓励侨民与土人合作，奖其入他国籍，长为所在地公民。三复斯论，意其有未之尽者，以常情度之，侨寓而不与土人合作，则必为当地所不容。若操鞭箠驱策之于上，挟资金奴役之于下，传宗教而劝诱之于其间，此皆畴昔帝国主义者之所为，于今罕有不败者。若恃武力征服，则印度已脱离英国；凭经济侵略，则伊民多退出欧洲；言宗教靖绥，则印回之相屠其事未远。我国家世界新兴，人类新希望之所寄托，必不蹈此等覆辙，为可知也。然则鼓励侨胞与土人合作，乃政策之得宜，初无可议。顾居印度华侨情实颇有可矜者，率操贱业，制革染皮，所擅技能，镶牙医齿，人数不为多，财富不云厚，未闻铁奇磊落之英，罕睹时物文理之哲。中国从来未有任何具体政策施行，听其自生自灭而已。当其投身炎瘴，白手营生，经历艰危，备尝险阻，斯时无政府之指导，罕同胞之救援，求活草间，寄人篱下，磨折幸而不死，辛勤久亦成家，生子长孙，早同化外，问丁字而不识，访祖贯已如忘，固已服习土宜，沦为异族。汉道实有未融，印人之所鄙视，无德无施，何恩何报，弃我已逷，云胡式好，空言鼓励，不其晚欤。

宜乎博大怀柔，劳俫匡直，奖其返国还乡，不重其投身隶籍也。原所贵乎与土人合作者，冀其不生衅隙，主客相安，尤贵乎不忘其本也。若裾已绝于当年，鬓已改于胡服，狐死不首其悲，落叶不归其根，直异类耳，何政之施其有？衣祸怀璧，处囊脱颖，科学蜚声，他邦所重。不得志于有司，思耀奇于异域，在昔则南走越而北走胡，于今则西去俄而东去美。楚材晋用，虎啸风生，阳魏阴燕，纵横捭阖，初无故宇之怀，俨若敌国一士。至若亡命之徒，潜踪域外，贾季在狄，中行入胡，刑法所不能加，宪令所不能及，为殃作祟，鼓浪兴波，交涉引渡，事功辽缓。亦托辞于同化，实漏网于吞舟，幸也斯类不多，吾华尚少，在今天竺此患弥深，其在藏胞端绪稍见矣。倘言大陆人口过多，不得不迁居域外，资生太俭，亦有利于汇通，此特沧海之一粟耳！亦何补于民生大计哉？此则譬如游览，事业分明，有利可图，而无形之患实深，同为有识者所不与也。然则宜乎教泽滂施，存济弘远，内诸夏而外夷狄，先邦国而后身家，多士则俱收并蓄，夹袋无遗，抟合则善贷且成，胶结不解。若招携之礼尽，则人怀感激之忱，譬浸灌之功勤，则稻无枯槁之患也。倘亦节下之所轸念乎，故曰有未之尽者。

又前月善愿团体访问斯邦，形式备受欢迎，精神谅亦相接，或倡技工合作，或言货物贸迁，此皆所以裨益今时，维持大计。然窃观其闾里平民之所欣，领袖贤达之所重，盖有逾于此者。概自两国交谊，垂二千年，但以佛教为媒，初与政治无涉，梯山致其贝叶，航海贡其昭琛，联络縻，时离时合，乃至回教盛而蒙兀兴，痕都复而耶教入，迄今此土早无佛法。吾华别创禅宗，其所谓二千五百年佛诞者，史籍难稽，姑为假定真确，考据不下十说。而印度政府为之纪念而不疑者，意在耸动东南亚洲，侈一时之荣观耳！瞿昙可作，必不谓然，其实印度朝野人士亦无信之者。言氏辄以佛法为和平之福音，邦交之系带，紫色蛙声，乌灵闰位。例如欧西人人信仰基督，其共同宗教，何尝遏止国际战争？然则假名义曰弘扬大乘，藉宣传曰宁静边疆，当轴固明其售欺识者，早知其无谓也。请言其闾里平民之所美者，讴谣一曲，风动路人，针灸一壮，蠲祛顽疾，望绣缋而兴叹，睹织造而咨嗟，驯至茗荈之甘，参术之效，陶瓷之美，烹饪之良，技击之精，拳勇之捷，皆足以启其欢心，增其欣慕也。皆缘生活繁简不同，文化程度殊异，涓流之水汇以为潮，好尚之风浸而成俗，斯由国家之宠灵，侨胞为媒介，通怀彼我，混俗和光，无形已深入社会，无意而感动人心，实物胜于空言，明谊信逾誓约，亦非一朝一夕之故矣。

揆新政之倡言合作无间，殆亦谓此，此又无俟乎鼓励者也。夫思虑深则优倡诎，女谒盛则铁剑销，举凡声色之娱，珍奇之玩，纷葩靡丽，害亦随之，而生民自趋，贤哲难废。要之立身立国之大经大本不在于是，宜其领袖人物别有所重也。观乎大经有一曰尊师，大本有一曰为道。彼婆罗门不自振作，破落顽鄙，固无论矣。然亦或间气所钟，挺生豪杰，如巨灵甘地，开国英雄；如室利·阿罗频多大师，人类先觉；又皆本乎婆罗门道。亭亭莲植，秀出污泥，灼灼星辉，丽出幽夜，旷百世而一遇者也。大师远追希腊先哲，东土罕有比伦，孔墨庸可搒其心，老庄或足通其意。惜于吾华所知殊少。自有真宰，会其极归，其学出于韦檀多，理论则奥义诸书皆具矣。

夫人不我知，于我何病，己不知彼，斯乃患焉。此澄之所以夙夜勤心，孳孳象寄，亘三十余年而无懈者也。良由民族有依，以不忘之教义，学术有因，而可久之真元，得其本乃明其末，知其子复守其母，大体若持，枢要在握，义理深而必究，事功远而弥彰，使为我用，乃巨细靡遗，以视斯人，且表里俱澈，将见道理融洽，风云会通，邦交大和，人类蒙福。此与夫佛经回译，削椠言功，互市双开，一时称利者，不可同年而语矣。往昔帝国主义侵略，其学者必于经典施工，主旨庸或乖张，立事固为知体也。惜乎愚生末学，只手空擎，于此邦之史诗文法等，望洋兴叹而已。观其邦人君子，大布之衣，粝粱之食，而敬教劝学，尊师重道，闻瑜伽则肃容而变色，见圣母乃拜手而皈心，盘根错节，亦可谓知本矣。大师之名，五印既家喻户晓，等身著作，多已翻成各种语文，其修院分布诸都，学会散立欧美，大概可以想见。而院母法国密那氏，精神事业尤世界驰名，其语录华文译本十册，今已出版其三。今岁值百年诞辰纪念，尚拟出版其余之七。凡所译著，至今行世者十余种，已各以一册奉呈使馆。其犹未出版者，数量略同，负荷重大，工作浩繁，瞻望前途，心焉如瘄。其所以请求护照者，为此工作不能为之于印度也。

执事者谓言，当澄出国之时，值抗日战争终结，此后革命更张，风腾云蔚，进步飞跃，社会改观。惜其域外孤居，见闻壅塞，亲戚之音书久绝，友朋之声问不通，譬若求仙忽返，化鹤空归，城郭人民，俱非旧识，指黍稷而寻故宅，望松柏而谓君家，贫且老矣，不亦愈乎。意谓与其回国而茕独无依，不若栖而饔飧犹继。恺恻之情，溢于言表。然以愚所见，颇异乎此。缘当年入道之始，志切求真，未计身家，情同出世，桑三宿而无恋，瓢一累而犹多，遂以半生精力，尽萃于斯。诚欲假此桑榆景光，付之枣梨剞劂，自谓其身可弃，其书可传。如或上海商务印书馆、中华书局，或其他图书公司允与印行，以其人力物力之弘，其事嗟咄立办，既无事乎筹款，亦不劳于校雠。如或我国出版界审其无可，则海外印刷亦复唐劳。

　　且澄年少尝游于周豫才先生之门，前后有十年之谊，因此亦劣得为当世所容。常思琼笺瑶简，或可搜寻，苦语深言，犹存记忆，程门暮雪，歇浦朝霞，謦欬如闻，琴书无恙，抒怀旧之蓄念，刊略感伤，发孤愤之中情，弥存景行，且当有回忆录之作。至若艺术史、美学等，或断或续，用力凡数十年，自有创获，当成新论。居沪上遂可著笔，长此土，果何为哉！如其著述有托，事业稍成，亦可随地观光，委心任命，或迟回桑梓，或游历南洋，或重来天竺，或再访欧洲。究之何惧何疑，必顽梗自外，入他国籍，终身为逋播之民哉？自来学术盛衰，颇有关于运会，人算必有不及，天意亦复难知，端在于大雅含容，奖掖学者，努力竭诚，提挈扶持，后先疏附，正其谊以谋其利，明其道不急其功，成之于无形，靡之以岁月，及乎明通公溥之学术普被，则雍熙叶洽之时会新开。太阳不独耀于东方，景运亦遍周于环宇，毕同毕异，相辅相成。深惟节下恢弘素念之仁慈，实启后世无穷之福利。始简毕巨，事远功深，非独澄一人之私幸，谅亦两国胜流之所同善也。谨因邮驿，妄贡刍荛，仰恃覆帱，不胜翘企，伏希裁詧，并颂崇安。四月二十日。[1]

大使回信了，告诉梵澄不要着急，他递交到外交部的报告尚

---

[1]　见徐梵澄呈中国驻印度大使信手稿。

未批还，这程序大概还需要一些时间，随后，一切都会办理得妥妥当当的。可不是吗？一涉及外交及其他公干之事，哪有快速突击而得结果的，像他本人一样，"一天应当工作十四个小时"，那倒是进度加快了；不然，再如他和他的排字工人，两人合作，加班加点，书籍如期出版了。那是制度的事儿，得整齐划一，公事公办，犹如一架机器。其实凡涉及制度与政策之事，都得讲点规矩，如春华秋实，夏雨冬雪，合着规律的节奏，默默地等待吧。这种等待，或这种等待的心情，在梵澄早习以为常了。五月、六月，雨季来了，他作诗《听雨》，此诗后缀于《蓬屋诗存》卷三之末。末诗何思？仍是想念祖国：

> 迁居一宅，水电时缺，夜常秉烛，适值雨季静夜听之，觉心情不异昔年居重庆时矣。
>
> 银烛孤花一室清，低檐疏雨砌蛩鸣。
>
> 国殇山鬼堪垂泪，齐物逍遥似解酲。
>
> 巴峡昔听秋夜永，天涯今起故乡情。
>
> 暗添华发成无寐，惯是心斋识此声。

迁居是在年初，因为院方知道他决计要回国了，不妨到一方便的地方去等待。他们是大度的，作为一份送客礼，他们出版了梵澄的英文作品《周子通书》。为此，他们觉得挺够意思。他们"欢迎"他回国，也乐意取消这个自"母亲"去世以后孤零存在而有名无实的华文部。梵澄不以为意，他了解他们，更知道自己。他憧憬着新的开始，写下了《浮槎集·前记》：

> 《浮槎集》古近体诗三卷，第二卷以下，皆澄一九四五年（乙酉）出国以后之作。间尝发表于海外报章杂志，部分昔尝单印行世，题曰《天竺吟草》，兹汇为一集，所删者几半，第

一卷中乃十存一二而已，仍以《天竺吟草》之序附于卷末。后此有作，当入第四卷矣。一九七八年正月识于南印度。

## 三、缄封光阴

迁居的住处是一所小公寓，面积不大，上下两层各两间，梵澄将上层的一间作藏书室，一间当工作室，下层的一间作卧室，一间勉强当厨房使用。此处临近市区，阴暗潮湿，人车嘈杂，梵澄的工作受到了很大的干扰。他于是写信给院方谈到了居处的诸多不便，其中最主要的问题就是藏书无法有效地保存。他说："对面的操场和学校于我无碍，当我集中注意力时便并不觉喧闹，我也乐意看他们玩耍，碰到学校开讲座，我就关上窗门……华文组工作停罢，汉语教学和绘画教学也停罢，我唯一能留给修院的就是我的书，书代表未来一代，更不用说，我从未从这些出版书中赚过一个卢比……"其实，这些话也只是说说而已，他心知肚明，再待下去毫无意义。那么，该留下的留下，该带走的带走，留下来的是已逝去的美丽的略带惆怅的光阴，要带走的是将到来的鲜健的充满生气的春天。

他把所有物件分为三个部分，一者留给修院，二者寄存使馆，三者随行携带。随行携带的无甚家什，只是尚未出版的书稿，其中有《五十奥义书》《神圣人生论》《薄伽梵歌论》等等；寄存使馆的也未有零碎，只是一套已出版的书籍和必用的工具书；留给修院的可多了，这需要数上一数，其中仅字画而论，就将近三百余幅。书籍和稿件，在 1979 年 9 月 27 日梵澄写给档案馆负责人 Jayantilal 的信中说到："至于我的四个盒（箱）子，我个人收藏的书籍皆在此。这些珍贵且成套的书籍都完整地赠与了图书馆。这只是我的一点收藏而已。"检点图书,有中华书局出版的《十三经注疏》、台湾出版的《中华大藏经》、香港出版的《大般若波罗蜜多经》、仁寿本二十五史和台湾出版的八卷本的《清史》等;还有台湾《国立故宫博物院藏品选目》《故宫季刊》《吴派画九十年展》《元四大家》等,以及英文版《中华文物》《中国文物图说》和《国立中央图书馆善本书目》(上、中、下),以及若干佛学大师的著作;另有字帖和拓本若干:苏东坡书《醉翁亭记》(大楷)《虚云老和尚手迹》《王羲之正楷百家姓》《柳公权金刚经》《柳公权福林寺》和尚古山拓本《明拓大成殿记》等。

已成书的手稿亦在其中,如《母亲的话》《神母道论》《澄庐文议》《谈"书"》《希腊古典重温》等,《小学菁华》及《周子通书》的打印稿;还有不少学术手稿的散页,如读《左氏穀梁传》《淮南子》《列子》《抱朴子》《荀子》《史记》等读书笔记,一纸笔记每每先摘录原文数语,后引旧注释,如"何注""杜注"等,然后写"徐疏"或"澄案";外此尚有关于中国诗歌的手稿,谈五言、七言的音韵格律,关于天文地理的册页,自算阴历及天干地支;另有若干不完整的手稿,如谈禅宗,谈文辞(鸠摩罗什、玄奘佛经翻译),谈古文、谈通假和《薄伽梵歌教典》等。还有一些小撮的纸片,其中有摘录航天以及灾祸的消息,如1971年美国登月,1975年苏联火箭降落金星;又有在1972年至1977年间世界各地发生的地震、飓风等天灾,如尼加拉瓜、意大利北部、缅甸边境、印度尼西亚、中国唐山、东北以及日本、美国和菲律宾等地。就末者而言,他不是简单地记录一下而已,而是在考察天象。如一卡片记:

　　考宇宙坏灭之说,希腊、印度皆有之,《古事记》与佛书中所说,大致皆是说若干万年为一期,期满则宇宙大毁灭,由于火焚。其说想象丰富，与人以浩茫之感，有同近代人之以二十万万或二百万万光年计宇宙之远程。当然未尝举出任何证明……在公元前六世纪，我国的春秋也记有这类事——如昭公十八年（524B.C）"夏五月壬午，宋、卫、陈、郑灾"。似乎是从太空降下了某种气体，而在各地同日燃烧；这庸许与前年"冬，有星孛于大辰"有关……

又一卡片记:

> 古史如此悠远，实难使人作何肯定。倘不是如此，则羲、和数传之后，其学已废，天象未变，人事已乖，故有胤征之役。然于此假定有天象之变，较合情理……据维里科夫斯基以上统计，则全世界皆尝有三百六十日之年。直到公元前七世纪，方加上了五日又四分之一日。（据中国史，则时代已近春秋，是周末了。）上推则或至十九世纪（则约当商代祖辛之后）……古代之以六十表甲子，似乎也是由分周天三百六十度而来。"天有四时，五行，九解（八方与中央为九解），三百六十日。人亦有四支，五藏，九窍（窍敷），三百六十节。"（《淮南子·精神》）这么由天时配合人事，颇同于后世以人身为小宇宙而天地为大宇宙之说。这么便建立道家或神仙家二修持原则。时常我们从古代典籍中，遇到三百六十日之说，我们总以为是"举成数"而言。易系辞:"乾之策，二百一十有六，坤之策，百四十有四。凡三百有六十，当期之日。"则仍是举其大略言之。

缄封的还有友谊，与一拨一拨成长起来的孩子们的友谊。他们天真烂漫、活泼无邪，伴随着梵澄在修院二十七年的悠悠岁月。他们有时会给他带来些许的搅扰和烦恼，但更多的却是快乐与欣慰。全世界的孩子几乎是一样的，调皮、好奇、爱动，且精力无穷，梵澄提挈这一"通相"，为他们写下《荳子朋友列传》：

这篇文字，不好题"本纪"，也不好题"世家"，只可说"列传"。这不是某一位朋友之传，写"别相"；而是一班朋友之传，属"通相"。

荳有几相？总是那么小；精悍，而且总是三五成群。此其所以为荳子也。

琫地舍里地方很小，街道颇宽，住宅区人烟不甚稠密，没有站岗警察。我每晨出门，归寓，总是走同一条路。必定在学校或教堂门前，遇见同一班荳子，神气飞扬，仿佛宪兵把街似的。那么，有几种普遍现相，永远不变。

必定三、五、六、七以致若干，聚成一小群，讨论某事，空气紧张得很。

必定有乘自行车者，而必定车少于人。所以一个稍大的乘一车，必定再堆上两人，前作一个在横梁，后轮再堆上一个。

必定有某甲搥某乙一拳，或踢一脚，便一跑，随之以一追之类。

遇见鄙人呢，或有某荳叫一声"早安"，鄙人也答一声"早安"；十有九是鄙人走过，一时会议又大家寂然，望望我，或者做一怪脸相，走过之后，会议继续。

此则街上之一群也。有一两位偶尔到鄙人寓所来，是节庆日，要摘园里的花，去庄严圣坛。那也颇客气，道一声谢，捧一把花走了。

至若本院一群则不然；不要摘花而要摘果。可以升堂入室登楼上屋顶，以至爬树，概不在禁止之列。

"这是'母亲'的房子，也就是你们的家，你们好好玩那；我不陪你们了！"——

或者要糖，或者要盐，或者要刀子剥果实，我将他们引到厅里，给了他们之后，便走开了。

事实是这么样的：园子里有一大芒果树，两大橘子树还有几棵木瓜树；凡遇假日或星期日，来了；或三，或五，或还多；客气，则在书房门口问一声："我要一个芒果！"

"你去摘一个呀！"

他便去摘了；这是最老实的。不然，便不问。我总只说："爬树要小心那！怕跌坏了你！""不会的！"但从来没有孩子跌下过。有时为摘橘子，径直爬上树去也好那！不然，要在一低枝下一跳用手搭上，再用两脚翻上树去。那么浓密叶子遮住了，等一会儿，便从上面掷下橘子来。

有时候我在低头写文字，忽然耳后觉得有鼻息嘘嘘，一回头，两只圆眼睛在瞪着，这是熟识的朋友了，但总归无论熟识与不熟识，都无分别；他叫"Da—da"，要看图画，只好给图画看了；有要亲自画；这时无论作什么千古不朽的诗文，只好停下笔，收开一切，援笔挥毫，乱画一通给看了。我的茝子朋友们居然也甚为知道世故，称赞说，"好看那"。

当然，又是分糖果一枚，或者写一个梵文给认，或者出算数题目一个给作，紧张的很，算对了，或说对了，我便夸奖说"对呀！好那！"皆大欢喜！偶尔提一大手巾冰块来，知道食物厨里有糖，有柠檬，或者自己摘来的橘子，便榨汁和水加糖加冰，先敬主人，请我喝一大碗。当然桌上地下随处是水，是果皮；而且不论主人是早茶刚过，胃里不必需那么一碗冰水，总归要请喝，我便好好喝完，说"多谢你呀！"便大家欢喜；于是呼啸而去。

一位波兰太太，管理花园之事，偶尔来了，看到树枝也攀脱了，枝叶果皮核子狼藉，便问"儿童又来过那！"

"来过了！"

"你为什么不禁止呢？"

鄙人闷然无以应。久之曰："不禁也！入——我只叫他们不跌坏！"

"嗯！"

"我们不皆经过这时代的么？"

"要管教呀！"

"我不那么想！……不需也！"

偶尔我在街上遇到一位，便猝然问他说："你打你的哥哥吗？"

"我打！"

"为什么呢？"

"我们打架！"——诚实可嘉。

苣子朋友们的传略如是：悠悠岁月，鄙人十年形貌略无变化，但他们长大很快，看看有些只有桌子那么高，旋忽书架那么高了。这时彼此客气起来；但称谓还是如旧，他们仍然叫我"Da—da"，"达达"者，哥哥也。[1]

---

[1] 朱璇《徐梵澄本地治理二十七年纪略》，《国际汉学》2013 年第一期。

## 四、归心似箭

　　在秋冬两季之交，梵澄收到了大使馆为他办理的中华人民共和国护照，号码是：04600。但他自打新中国成立以后从未入过国门，因此还需要签证，这就是说，还需要等待。使馆的秘书来信告诉他，十月底应该会有结果。他通知了早已回到美国的玛丽斯，玛丽斯在纽约为他订好了新德里往香港的飞机票。十月下旬的某日，他来到了新德里，使馆的工作人员告诉他，签证未到，是否再多等几天呢？梵澄回答："我哪能等？飞机票作废了怎么办？只好你们慢慢办了，我是非走不可了。"待到第二天就要起飞了，突然有印度警察来访，说："你明天就要走了，把你所有的证件，手续，拿来给我们再检查一次，看看是否齐全。"梵澄以为这不过是例行公事，不假思索地就交出了全部证件，等警察走后，他才缓过神来，这是在敲竹杠！可是他哪里有竹杠可敲？身无分文，只有一张机票。于是他赶紧去找当地的朋友，要朋友到警察局通融一下，这朋友马上前去呈上一百卢比，第二天一早，他们把证件全部送回，态度很好，一副尽心于公干的样子说："一切都齐全了，您可以走了。"梵澄随后登机，此程，无有诗作。

　　飞机在香港落地，有朋友来接他，引至家中，安顿下来。因为没有签证，立于国门之前，却不能进入，梵澄颇为心焦。朋友对他说："您老人家几十年都过来了，何必急此一时？先在香港玩玩吧。我去交涉。"的确，与五十年前他乘船在此停泊时相比，香港有了很大的变化，这变化倒不在于基本建设的规模，而在于民众们脱去了许多的劳苦相、麻木相，也就是说，精神面貌有了很大的改观。然弹丸之地，无甚好游，又值英人管辖，梵澄提不起走马观花的兴致。其时，又有冬季广交会开幕，他的朋友有生意上的事情需要前往，临行前，塞到他手中几千港币，说："我知道你身上没钱，怎么出门？先拿着这些路上用吧。到广州提前告诉我，我给你买好到长沙的车票。"梵澄没有办法，只能像小孩儿似的接受他人的帮助。好在他这个朋友知道修院的情况，朋友的名字叫邵嘉猷，时已届不惑之年。

邵嘉猷出生在香港，年轻时往来于欧美做生意，因笃信"母亲"，也时常在修院小住。他人在修院时，中国人的人数就增加到二位了。他曾为出版中文本《母亲的话》捐款一万卢比，又为《小学菁华》的刊出纳资集资。他手头上保存了一些梵澄写给他的信，有一封 1978 年 1 月 29 日的信，其中有这样的话："诸人（院方）于此——Chinese section，向例无有兴趣。若诸书皆一一出版，并且畅销，使阿罗频多和'母亲'之学术，遍漫东土，终归于诸人并无实利，亦不乐也。"这就是梵澄在修院的尴尬处境，"母亲"去世以后，院中一些人开始排挤华文组，后来其铅字也被盗去了五六百磅，颇有"明火执仗"的味道，不用说，梵澄的工作愈发困难起来了。于此，嘉猷是了解的，他也希望老人家快快回家，回到已阔别三十三年的祖国去！另有二件事，劭嘉猷记得特别清楚：一是有一次聊天，梵澄谈到他曾对章太炎说过，中国几乎不了解印度在释迦牟尼诞生之前的学问，应该尽快弥补上。二是某一天梵澄告诉他，近期要多收购一点儿黄金，以备看好。这后一件事，嘉猷当时甚未以然，心想，你又不是生意人，怎么能指点我呢？可是没过多久，国际股市黄金大涨，嘉猷只好望洋兴叹，后悔未听老人之言了。也许，这是梵澄为了报答朋友，真诚地占了一卦，结果成真。要之，梵澄精通这门古老的"艺术"。

不几日，海关通知：可以回国了。此期，梵澄无心作诗。

# 第三部
# 更增心力挽蹉跎
## ——挥麈之论道

# 第十一章　阐幽奥义

## 一、重返桑梓

1978 年 11 月 9 日，梵澄从广州入关，双脚踏在了祖国的土地上。自从 1945 年冬离开故土，整整三十三年过去了，此时的他老泪纵横，心潮犹如提闸放水，轰然一倾而出，他嘴唇喃喃有词，内中却是大声地呼喊："祖国啊，我离开你三十三年了，今天我终于回来了，回来了！"

朋友邵嘉猷已为他买好了往长沙的车票，按照他老人家的意思，接来再送往。这样，他马不停蹄地抵达长沙了。一下火车，便先在湘江宾馆安顿下来。休息过后，他去寻找老屋。长沙当然是起了很大的变化，但是老街和老屋依稀仿佛，只是这旧址作了其他用途，政府在此办了一所幼儿园。幼儿园有一小老师看见一个古怪的老人在这里东张西望，上前探问，一搭讪，原来是乡音，他道出了他三哥的名字，问她应到何处去寻找。这女孩儿也机灵，马上猜到他是海外游子，于是说："找我母亲去，我母亲知道很多事。"于是他尾随这女孩到了她家里，她母亲果然知道，带着他找到了三哥。兄弟二人见面，百感交集，相拥而长时啜泣，想当年遵义一别，倏忽三十四年，如今都是古稀老人了。门口和窗口围观的邻居们多了起来，因为梵澄这身打扮让他们觉得很好奇，他们只在周总理访问印度时的纪录片中看到过，莫非这老头儿和尼赫鲁认识？印度很远吧，要翻过珠穆朗玛峰？听说那里人人信佛，那里的人没见过雪，那里的人皮肤黝黑，光脚而不穿鞋……坐下来的梵澄友好地对他们微笑着，显然没有回答这些常识性的问题的意思。看热闹的人是不能被驱走的，因为一来那样会挫伤他们友好的态度，二来这房间也是太小，站起来走几步就出门了，而那些邻居们，也只是在外面驻足而已。这房子实在是太简陋了，没有自家的厨房和卫生间，他三哥就这么住着，住了许多年，如今他老了，习惯了，以为很不错，他体弱多病，政府有救济，度日无甚问题。

当晚，三哥在家中备下简单的小菜，兄弟二人对酌。梵澄心疼他三哥，二人因为年纪相近，小时经常玩在一起。三哥极孝，父母之言必从，年轻时放弃学业，遵父命助大哥经营家业，管理生意。在那么兵荒马乱的岁月，居然一直维持，未成破落。可新中国成立以后，买卖，房产和田亩，皆一风而吹散。他和大哥靠变卖家产及鬻字过活。因为那是一个大时代，于大时代而言，个人命运显得不重要了，毕竟，一个民族立起了，一个国家新生了。这道理，梵澄了然于胸。三哥又告诉他，大哥卒于50年代，二哥卒于70年代，还有一个姐姐随夫去了台湾，不知所终。母亲的墓与另一个早夭的姐姐埋在一处了，因为母亲怕她孤单。

第二天一早，他从宾馆出发，去拜谒了他的父母，在他们墓前，独自呆了很长的时间。下午时分，他驱车去了少年时悠游的地方，入夜回到宾馆，赋诗三首：

### 毛故主席像下作

云霞蔚起赤城标，禹鼎黄书未寂寥。

功盖九州人绝世，湖湘终古激新潮。

### 湘江桥上

往事湘城血泪多，况经焦土贼频过。

星移物换都非旧，楼阁参天虹卧波。

### 岳麓山爱晚亭前

白头生入国门还，四十年来忆此山。

犹向山前访红叶，早随流水去人间。

接到电报的三哥之子，当时还在江西某企业做技术人员的硕朋，赶回来看望他的叔叔，他与他叔简直如出一模，这般的相像，同是瘦高瘦高，一表人才。在北京工作的叔侄崇善，也取道来看他海叔，并陪他在长沙逛了两日，参观了马王堆博物馆。

朋友给的钱是不禁花销的，宾馆是住不下去了。长沙市外办不知道怎样对待这位老侨胞，他们只能呈报省府，省府又转报告至北京。他们把梵澄接出来，安顿在市委招待所，再等待上级的批示。这时候，已定居昆明的长兄之子世泽来信了，说海叔不妨到昆明来过冬。这也是个暂时过渡的办法，梵澄同意了。可招待所的费用怎么办？外办想了一个折中的法子，即以劳代酬。那时国门已稍稍开启，外语热已悄然而兴，长沙的英语、俄语、日语人才都有，唯缺德语人才。那么，让老先生教授一下德语的发音和简单对话吧，录音需费两日。梵澄同意，两下欢喜。

梵澄于 11 月底到达昆明，真算是故地重游了。侄子与侄孙辈白天都去工作，利用这安静的时间，他整理了一下自己的手稿。他工工整整地写下了《神圣人生论·篇章分题》：

此乃印度当代精神哲学大师平生唯一杰作。译文都八十二万余言。大致自韦陀以下，印度诸派学理及佛乘皆所收摄而加批判。以其奥衍弘深，世界各国竞加研究。原著英语，英、美哲学界多表崇尚，迄今无异辞。德文法文皆早有译本。似去年亦已译成俄文。此华文译本，成于1952年3月，已校阅数过。因篇幅衰大，未能在海外出版。就内容而论，非普通人所可读，亦难望其在书坊畅销。只合携归祖国，贡我学林，俟大雅诸君子鉴定，或弃或取。倘作内容提要，则文字浩茫，既嫌剥截，反失端绪，此原著出版时所尝试而中辍者。兹仅将篇章小题分别抄出，以见一斑。

译稿分订成小册，而其中页数有前后误置或倒置者，大概是此用作微小影片（microfilm）时，不得不将其拆散，及至将其重订，工友有此差失。幸全文无缺。未再拆散重装。

星期天，世泽侄的家人们都回来了，梵澄倒有时间出外郊游一番。这座城市他是熟悉的，翠湖，圆通山，滇池，大观楼，黑龙潭，金殿，筇竹寺……在他的梦里不知出现了多少次了。是呵，三十三年，弹指一挥，它们还是它们，等人识，待人归。梵澄郊游有诗：

### 昆明黑龙潭唐梅宋柏

唐梅铁干如犹在，千载孙枝亦报春。

贞观应曾盛花事，只今烟月属何人。

森森宋柏久讹传，往古风流记五贤。

苍翠不知星纪换，崖山波浪尽滔天。

物景依旧，而故人何在？崇善侄来信了，告诉了他冯至和贺麟的地址，并说原来的中国科学院哲学社会科学部改名为中国社会科学院，院长是胡乔木，冯任外国文学研究所所长，贺在哲学所做研究员。梵澄马上给二人去了信，告知自己已经回国，并征求他们的意见：自己何去何从？不然，回湖南去搞湘学。后来，二人来信了，都是兴奋异常，说他们已经呈报了乔木院长，要求他到社科院来。冯至还加了一句话，说："你即便是要搞湘学，也要到北京来搞！总之，在昆明别动，等待消息。"

这段时间，崇善在北京，一方面为两边沟通着消息，另一方面还沉浸在与其海叔论诗论学的愉悦中。他谈到学习毛主席《沁园春·雪》的体会，谈到参观马王堆古尸不忍看的感受。梵澄回信了，说：

两接来信知深关注。又读所填之词。甚为欣慰。

博物馆"古尸"，以艺术观点视之，诚为骇怪之物（grotesque）；然此所重者"科学"处理。如将来有好事者，以纱或绢掩盖其面，则观者亦可无忤，正不必如来示所云焚如弃如也。古埃及王后之头面则纯金铸彩绘，故传至今世，艺术价值仍高。然则金缕玉衣，黄肠题凑，较之木乃伊尚差一著矣。

信中言及"蜡像"云云，乃从实际生活中体会得之，甚是。此乃诗人词客之所取材，亦如顾亭林治学之取材铜山，非熔铸已行之钱而为新币者也。抒情写景，莫不如是。若徒从书卷中求之，则极难于推陈出新，不落窠白。然不先稍擅词华，又难着笔。虽有灵境，无由出之。此中巧妙，有不可言传者，要以处处从实际生活中得之为上。至若所填之词，似是东坡稼轩一路，以豪宕胜。微细处尚可修饰（如"残阳"句中之"如"字，与来作中之"带"字，一虚一实，相去多远！）愿继续多写，稍集成卷。俟愚居处已定工作得闲之时，当抽出一段时间，细加商订。其间犹当稍作书画，可以分赠。如书店中有万树红《词律》可得，望采之深玩。

前晤谈中曾拳拳嘱以与冯君联络。又得知其通信处。然阅报知此君开会广州。前亦已去二信，尚未得复，或者尚未回北京。另有旧友（贺麟）则开会黄山，去信亦或尚未收到。今春必北上然后皆可晤面。顷正整理旧稿，觉多不合时宜，然终亦出版数种，亦意中事。[①]

1979 年 2 月中旬，梵澄在报纸上看到了一条消息：中国宗教学会第一届会议在昆明召开。他决定赶赴会场，旁听会议。当他出现在会场门口时，所有目光都惊奇地投向了他，这个身着白色尼赫鲁长衫手执拐杖的高个长者是谁呢？凛然而挺拔，疏朗而飘逸，一派仙风道骨的样子。梵澄知道会有这片时的尴尬，他不待旁人发问，便做自我介绍："我叫徐梵澄，刚从印度回国。得知你们在这里开会，我来旁听，不知方便与否？"协助主持会议的黄心川副所长马上迎上去，热情地握住他的手说："徐老先生，知道，知道，您是大名鼎鼎呀！欢迎参加我们的会议。"黄副所长治印度学，当然听说过徐梵澄这个名字。主持会议的世界宗教研究所任继愈所长也站起来，和梵澄握手，并欢迎他加入会议的行列。"徐梵澄"这三个字，他常听冯至说起过，那时他们一同在西南联大。"任继愈"这个名字，梵澄也知道，他在重庆时编纂《图书月刊》，有评《十力语要》文（第一卷第四期），其中记有熊先生"答任继愈，解释尊德性，道学问，为朱陆异同""答任继愈，释仁爱""答任继愈，辨儒释之我义"三处。梵澄顿时有如归之感，他

---

① 徐崇善：《怀念吾叔徐梵澄》，《新文学史料》2003 年第 1 期。

知道，他是到"家"了。

冯至来信了，要他快快北上。信中说乔木院长非常欢迎他到社科院来，院长还谈到自己在重庆时曾领略过梵澄授课时的风采，早就知道这么一位有名的尼采翻译者。至于具体工作，到北京以后再商量。

叙事至此，我们对主人公的称谓该有个变化了。因为以上我们是在讲述过去的故事，而现在，介绍的却是我们其中的一员。尽管这岁月亦已流逝，但是因着我们的亲历，所以温热还在，音容笑貌还在，或者说，精神还在。犹之他老人家谈起鲁迅，说："今之青年，多未曾见过鲁迅，只从照片或雕塑等得识，这是其生也晚，倘为木刻，与曾亲眼见过一面留有甚深印象者不同。"[1]这"不同"处隐含：人虽故去，仍在昨天。鲁迅在梵澄的昨天，梵澄在我们的昨天。昨天，我们称呼他为"徐先生"或"梵澄先生"。

## 二、定居北京

1979 年 3 月 16 日，梵澄先生抵达北京。

见冯至先生长女冯姚平的回忆文章：

> 忽然有一天，父亲乐呵呵地告诉我："你徐叔叔明天到北京，我得去听一个重要报告，不能去接他，你去接他吧。"我高兴极了，请了假，早早地到了车站，激动地等待着他的到来。他下车了！瘦高的个子，穿着一袭尼赫鲁式的浅色长衫，提着一支手杖，一副超凡脱俗的样子，我一眼就认出他来，走上前去自报姓名"徐叔叔，你好！我是冯姚平"，他

---

[1] 《古典重温——徐梵澄随笔》，北京大学出版社，2007 年，第 60 页。

莫名其妙，我忙补充"我是小乖！"他才恍然大悟，"啊，小乖呀！你爸爸呢？"可不是，他离开时我才九岁，这一晃三十多年过去了。①

当天接站的还有徐崇善和他的外甥女姜丽蓉，社科院人事局的一名工作人员，贺麟先生因年纪大了，由他的学生薛华陪同在站口迎接。梵澄一出站口便看见贺老，上前即打招呼："老兄仍健康如昔，记得比我大四岁，也该七十有三了吧？"②其实七十有三的是冯至，贺麟已经七十有七了。寒暄之后，贺老和薛华陪同梵澄先生在社科院人事局同志的引领之下，驱车到了和平宾馆。事隔多年后，薛华老师对笔者说："那一次送徐先生到和平宾馆，我印象非常深刻，因为我从来没有见过贺先生对一位同辈友人这么在意和尊重。"

徐先生安顿下来，所有膳食与住宿的费用，一概由中国社会科学院承担。一室虽然不大，但是他老人家的东西也不多，而且最重要的是，他可以就手头的材料工作起来了。有两个问题需要解决，一个是关于他的待遇，一个是他究竟被安排在哪一个研究单位更为合适。根据他过去的学术成就和经历，院里决定将他定为一级半研究员。为什么是一级半呢？因为院里无权任命一级研究员，那是国务院的事，但当时这项工作国务院还尚未恢复。这以后，又过了一些时日，因为他的华侨身份，月工资被定为 500元人民币，可谓是社科院的"首富"了。这样，他在职称级别上虽逊于他两位老友半级，可工资却高出许多，他一下子变得很"富裕"。接下来的问题是，他要去哪儿？院里有关人文方面的学术机

---

① 冯姚平：《怀念徐梵澄先生》，《鲁迅研究月刊》2000 年第 5 期。

② 徐崇善：《怀念吾叔徐梵澄》，《新文学史料》2003 年第 1 期。

构,有三个单位他可以选择,哲学所、外文所和宗教所。贺老说:"我们三个好朋友不要扎堆!"他的意见是,梵澄去宗教所比较合适,所长任继愈先生,与他和冯至在西南联大是亦师亦友的关系,况且,任所长正十分欢迎。入宗教所,这也很合乎徐先生自己的心思,因为所里的图书馆有成套的《大藏经》和《道藏》。正式入所前,徐先生向任先生提出了三项要求:第一,不参加政治学习;第二,不带研究生;第三,不接受任何采访。任先生一概应允。

初访冯至家是件大事。1944 年底他离开昆明时,冯家只三口人,这之后,冯姚平的妹妹出生了,这又过了多少年,两女儿成家,有了子女,于是乎变成了多口之家。冯至夫妇和冯姚平自不必说了,其他成员,一下子就喜欢上了这位叔叔或公公。徐先生的光临,给这个平静的大家庭带来了喜悦的波澜。晚饭后,女儿和孙辈们散去了,冯先生夫妇又和这个阔别多年的老朋友攀谈了很久。徐先生讲到了泰戈尔大学,阿罗频多学院,法国院母,还有他短暂的婚姻;冯先生谈起了反"右","文革",学部下干校。双方时有沉思,时有静默。末了,冯先生嘱咐老朋友,要认真地读些马列的书,不然,会与这个社会太生隔膜。梵澄回答:马列的书自己在以前也是读过一些的。冯至说:那时读的态度恐怕不一定妥当。冯至答应给他开一个书单,并要求,回来后写的文字最好先拿来讨论一下,免得惹出不必要的麻烦。冯夫人只是关照他的生活,要他做几件衣服,可叫冯姚平去跑腿,别就是这一身印度大袍,怪里怪气的。梵澄诺诺点头,真是小老弟的样子。

入所就要填表,这是一件郑重的事情。梵澄先生把表格带回宾馆,仔细琢磨一下,再认真填写。名字:徐梵澄;曾用名:徐琥;性别:男;民族:汉;出生年月:1909 年 10 月 26 日。政治面貌：非党员。冯至告诉他，人是有政治面貌的，如果填表，可以填写"党员"或"群众"。而梵澄未填"群众"也有其道理，因为他觉得"党员"与"群众"无异，一名党员不就是一名群众吗？又不是一名领袖，一个圣人，所以写"非党员"较明确。在旁人看来这"非党员"无甚光彩，在他自己却是一生恪守的原则。至若"进步"与"不进步"之类的评价，在他这里是不生效的。接下来一个小栏目："成份"，他对这个概念颇有不解，还用填吗？人的成份不都是一样的吗——碳水化合物！其他还有"出身""财产情况"云云。说出身：工商地主；说财产情况分到个人名下者："解放前有房一栋，旱田 100 担，水田 150 亩，在长沙有账号"。于今，在我辈看来，这真是有点傻得出奇！财产多少，那纯属"纸上谈兵"的说法，若无时代大变迁，这结果便是属实的，然中国社会已天翻地覆，所有细流已无从计算了！况且，梵澄旅欧归国以后，几乎再未花过家中的一分钱，经济情况好时，还要贴补家用，加之去国三十几年，度日几同"出家"，早已"沦落"为一个彻彻底底的无产者了，或者叫他"非党员"无产者。设使说他因精神而富有，这是不错的，但是，我们是唯物论者，我们划分阶级或阶层，是以他们物质财富的多寡而为依据的。

　　冯姚平来宾馆看望，商量制衣之事，并带来了冯至先生为他开的书单。制衣图梵澄先生已画在一纸上，怎么看怎么像一件尼赫鲁式的长衫，不同的是加了一个立领而已，或说像一件解放前职员们爱穿的棉袍也无不可。各部位的尺寸清清楚楚地标明：领高 5.5cm，领长 42cm，袖长 78cm，袖口围 34cm，胸前围 60cm，衣长 87cm；并注明："仅背部棉絮宜稍厚"，"最好领子钉扣子数枚，能拆下换洗。或有易拆下加工之裹布，可以换洗。"图纸反面记："附二百元，请冯姚平买衣料，饬成衣工制作。"接下来的事情就是如何学习马列，这是冯至先生反复叮嘱的，细数书目，不算《列宁选》集的文章，就《马恩全集》提出的篇什，有84种，并马恩通信96封，其中我们所熟悉的有：《黑格尔法哲学批判导言》《费尔巴哈提纲》《德意志意识形态》第一卷第一章、《政治经济学批判导言》《共产党宣言》《哥达纲领批判》《反杜林论》《在马克思墓前的讲话》《自然辩证法》《费尔巴哈论》等。梵澄不敢怠慢，也着实读了一阵子，留下了若干笔记：

马克思：评普鲁士最近的书报检查令。写成于1842年一至二月，1843年方发表。道德的基础是人类精神的自律；而宗教的基础则是人类精神的他律。

所有这些道德家都是从道德和宗教之根本矛盾出发的。（如康德，费希特，斯宾诺莎）皆道德领域内的思想巨人。

恩格斯亦认定一生命原则。（P.253）

死亡或者是有机体的解体，除了组成有机体实体的各种化学元素，什么东西也没有留下；或者还留下某种生命的本原，即某种或多或少地（的）和灵魂相同的东西，这种本原不仅比人，而且比一切活的机体都活得更久。因此，在这里只看恩格斯之论生死。

借助于辩证法简单说明生和死的性质，就足以破除自古以来的迷信。生就意味着死。

谬说

1.人类和自然，灵魂和肉体的对立。

2.天命——命运。（斯大林）

达尔文学说

这本书我可以用来当作历史上的阶级斗争的自然科学根据。……（马克思）

……可以解释其发生的背景。如希腊之奴隶社会而生希腊哲学。以经济背景解释。但就其哲学之本身论，必就其本身指出缺点，如不合经验或事实等。①

学习总是有收获的。历史唯物主义谋求社会的进步，态度是积极的和光明的。况且，阿罗频多之学之所以谓"大全"，亦是在于他不否认物质的存在或"还历史本来面目"，他只是不赞成"唯物质"（进步）论。梵澄为自己提出了这样的问题：

阿罗频多，由马克思唯物论观点如何或能否容纳？

并有这样的心得：

今为之哲学界及普通思想着想，更于当今之局势下，充分发挥唯物论思想至于其极，是唯一路途，而且在这基础上建立新底更深远底哲学，由于以此观点而研究而考验以往东西诸派哲学，正大有发挥余地。

……

这是扫除一切牛鬼，蛇神，迷信，宗教，以至种种偏颇哲学的妄信，谬见，出落一宇宙间的大方磊落纯洁遍涵的神圣性成为一精神哲学。②

又回到精神哲学了。当然，我们可以说马克思主义的历史指向与阿罗频多之学并不矛盾，都是为了有一个美好的人类未来。或许马克思的理想社会之经验成分的幸福多了一些，如"各取所需"之类，而阿罗频多的理想社会之精神性又高出许多，乃至高

---

① 见徐梵澄笔记手稿。
② 见徐梵澄笔记手稿。

出康德的"伦理团体"了。然而，这何尝不是殊途同归呢？所谓殊途，是起点不一样，源头不一样，如达尔文的进化论，说自然界的生命，从无到有，从低等到高等；阿罗频多反其道而行之，说生命原在物质中，心思原在生命中，超心原在心思中。人们或取前者，或取后者，依凭的只是个人的识见和自由，谁也不能让阿罗频多这条河流先注入达尔文这条河流，方可入于大海，因为那不合"生命的理实"。还有一个问题值得警惕，即是我们的学术研究不能采取判教的方式，凡属"唯物"的——保留，凡属"唯心"的——摒弃，因为一宗学问，是一有机体，而二分切割，则生命不存。那么，我们应该采取什么样的态度呢？梵澄以为：

> 治此一古学譬若开矿，入山采开，必须辨明矿脉。——然后采集，加以冶炼，去其渣滓；即是拣选其不与时代精神尤其是科学方法相违的，视其对今世及后世有何裨益，将其采纳，表扬，或存置，搁下。然存置或搁下，亦不是将其毁灭，因为倘其中有些真理的东西，终归是毁灭不掉的。现今许多不合时宜的事物，我们只合将其保存给后人，毁之可惜。将来也许在废料中，又可提炼出其他物品，作新的用途。[1]

可能真是旁观者清，这好比一个人从凛冽的户外入一温室，他首先感受到的不是暖和，而是气味。然而，求气味不在于"香"与"臭"，因为即便是香味，若使"重浊"，也会令人昏昏欲睡。正如颜色，满眼都是"红海洋"，仍属单调。若是蓝天白云下金色原野上，跃动着一个红袄绿裤的村姑，那才是美丽、和谐。但求当事者清，又如何可能？回答：打开窗子便是。让四面八方的清风穿堂而过，也不妨把屋里的家什拿出去晾晒一番，因为太阳的光辉总

---

[1] 徐梵澄：《陆王学述》，崇文书局，2017年，第21页。

是在自由地照耀，不应该有什么允许不允许之事。总之，人文学术就是要求其大，求其通，广阔天地，海纳百川。而这又如何可能？首先，就要立足于自己的文化，做到知己知彼。如何"知己"，即"重温"自家的传统学术；如何"知彼"，即"拿来"彼邦的思想菁华。那么，可做之事就太多了，于"知己"，关涉国学各脉；于"知彼"，连及韦檀多学和欧西各家。

检索梵澄若干手页，他曾信手写下过许多题目：如"拟讲庄子""拟讲商羯罗""如何从梵学背景研究佛学""声论与真言与瑜伽的发展""婆罗门阶级的形成""韦檀多学之五大与中国的五行""禅宗与瑜伽之修为"等。有一页纸，正反面皆有记录，正面中为横行，两边为竖行，横行依次为："宗教与哲学的关系（Max Mueller 语）——东方的哲理：1.唯识之功过；2.宋明儒者的理学。——超心思的建立——科学的基础——由法相唯识及宋明理学论超心思的转化（转识成智）——进化的一特点（利弊同异）。"竖行左为："法相唯识与超心思哲学"，右为："周易与韦檀多学比较观"。反面横行，依次为："据辩证法的唯物论，物质充满能力为第一性，精神与知觉性属第二性。据 S.A（阿罗频多）之观点如何。——K.Marx（马克思）扩大达尔文之物竞天择之说，而代以阶级斗争之说。——S.A 又补充达尔文之说，其说如何？"另有一纸记："唯物论说'心思'不能是外乎'物质'的能力——此为一端；印度思想说，心思与物质皆同一能力的不同格度而已，乃唯一存在的力量之不同的组织。"还有一纸说到尼采："尼采的个人主义（和）现代的集体理想（——）调合于一超上真理中。尼采思想是十九世纪中必要底果实。"

## 三、南天一莳

其时，党的十一届三中全会开过不久。科学的春天已经站在了中国历史的门槛。那么，人文的春天还会远吗？是否会接踵而至呢？当然，科学与人文的前行总是不同步的，但是，两者总不应该相距太远。而人文繁荣的标志是什么呢？毛主席说过了：百花齐放，百家争鸣。梵澄正携南亚次大陆之一莳，欲植入我国学林，这岂不是为新时期备下的最佳礼物么？他怀着激动的心情，动手写《五十奥义书》出版书议：

我国家值此"百花齐放，百家争鸣"之时，遂徕远道南天竺艳丽之一花。盖一民族文教之菁华，传世数千年不渝，至今犹其所宝重，亦全世界所瞩目者。

原作梵文。总数约百二十种，计今民间犹或有藏而未出者。篇幅大小不一，小者数十颂亦成一种。（一颂不过二行）兹译出五十种，其最重要者皆备于此。即以为书名。字数在百万左右（非精计）。亦无从作精确统计。字数与篇幅相差甚巨。

考诸书之内容，皆属印度自《韦陀》以后之精神哲学。制作时代不一。其少数古制，先于佛教。为婆罗门之正统思想。其时各派哲学未起，其所谓宗教乃摄人生之全。韦陀不可译，其以后诸婆罗门书，森林书之类，皆无思想可言。独至诸奥义书乃理论灿然。然亦非哲学论著体制而多文学体制，故阅者无有枯燥之感。其中辉辉诗颂至今镌刻于各处庙堂，触目皆是。而古代民情风俗社会生活，亦可见于其间，与现代不甚相远。而诸家各派学说之种子，皆具其中。[1]

---

[1] 见徐梵澄笔记手稿。

梵澄先生回来就是要出书的。他把自己的心愿，不，应该说是理想，分别与贺麟、冯至和任继愈三先生恳谈过，三先生或以书面或亲谈于乔木院长，乔木同志当然是大力支持的，拍板说："这种情况，赔钱也要出！"[1]但是在当时出书有一个规矩，必得同行评议，出版社才能接收。于是中国社会科学出版社委托北京大学的季羡林先生审稿。5 月 22 日，出版社来人把《五十奥义书》的稿子拿走了，整整一大提包。[2]

住在宾馆，虽然省却了一些生活上的麻烦，但也有散步不便之问题，因为一出门就得上街，街上正是王府井闹市。崇善常来，陪他穿过人流，或到天安门广场，或到故宫，或到景山公园去，叔侄二人一路谈诗、谈史，倒也其乐陶陶。《蓬屋诗存》卷四前两首诗，就是这一时期作的：

### 毛主席纪念堂瞻礼

千秋大业起农工，山立师干遂总戎。

胜算善能恢武德，韬钤余事整文风。

史书开国元勋定，人唱东方晓日红。

遗貌深宁犹照世，玄堂光气已摩空。

### 春分

春分已过近清明，残雪犹留古禁城。

略无消息梅兼柳，尽有迟回燕与莺。

却冷渐能忘酒盏，养空才得去心兵。

---

① 冯姚平：《怀念徐梵澄先生》，《鲁迅研究月刊》2000 年第 5 期。

② 《五十奥义书》，徐梵澄译，"黄燕生后记"，中国社会科学出版社，2007 年。

百花齐放应非远，待听新鹂杂凤笙。

一日，崇善同他走出午门，经劳动人民文化宫后门，他们坐了下来，在一条长凳上稍息。梵澄先生说自己感到不适，要回宾馆。崇善赶快要车，把他送回宾馆，又打电话给自己的内弟解放军304医院的大夫，前来为徐先生诊病，初步检查为肺炎，发烧已达39度，当即决定马上住院。住院期间有一个小插曲：有一次，护士推门访察，见徐先生正背对房门坐在床沿上往便壶小解，一小时之后，这护士复访，见他仍在小解，姿势未变，这护士颇惊恐，马上唤来大夫询问究竟，结果是无事，虚惊一场。老先生收拾好以后，叫他们别走，要为他们讲一小故事："某君从巴黎起飞到伦敦，上飞机时，天正大雨，未想到了伦敦，天亦大雨。他自言自语道，这场雨可真大呀！一直下到了伦敦。"什么意思呢？医生和护士颇感蹊跷，一脸不解的样子，梵澄先生笑着说："那是两场雨呀！"二位白衣战士听后大笑，于是这笑话亦在医院传开了。[①]人们一下子就喜欢上了这位和蔼可亲、学识渊博、风趣幽默的老头儿。

又一日，贺麟先生携弟子洪汉鼎来。徐先生甚觉二人有仆仆风尘意，于是劈头就问："贺先生，你们是从哪来的呀？"贺先生回答："我们刚从中央党校讲课回来！"徐先生马上就说："贺先生，你是始终抓住党校不放啊！"这话听起来稍有微词，但又是玩笑话，然玩笑话又是正经地说，此中尺寸实难拿捏。在场的洪汉鼎不免替老师尴尬一回，多少年后还不忘再辩解一番："这句话你们可能不理解，我是深有体会的。为什么呢？在1949年前，贺先生就被蒋介石多次约见，并在国民党的'党校'讲课。1949年后，因

---

① 徐崇善：《怀念吾叔徐梵澄》，《新文学史料》2003年第1期。

为讲黑格尔，毛泽东接见了他，又在中央党校讲黑格尔。对贺先生来说，关键是传播他的学术，他讲求'经世致用'，这大概是这些老先生们很重要的观点。朱熹、王阳明，可能都是这样一种观点。"[①]无疑，这道理是正大的。但在徐先生可能有不同的理解，他会认为精神哲学讲的是原则的原则，是实践、证悟之事，若果到处宣讲，不期然地就变成了知识学，这么，原则的原则便减了等，只为原则了，也就是说，很可能只为一外在标准了。学者，尤其是贺先生这样的学者，不如多留下文字，让读者去揣摩、体会，这是其一。其二，贺先生见蒋介石是他推荐给蒋复璁的，因为他自己不乐意去，结果把老朋友当成了"挡箭牌"。毋宁说，他多少是有点儿在奚落自己了。

　　10 月 5 日，是农历己未年中秋节。这是一个极具象征的日子：团圆。冯至邀梵澄到家里来用饭，一干人其乐融融。晚饭后，梵澄带着冯家为他备好的月饼和水果驱车回到宾馆，时间还不算太晚，夜色也不是很深，然那皓月已当空了，旁边有几缕若有若无的云翳……他或许又想起了杜甫的诗句："飘飘何所似，天地一沙鸥。"那么，他可以自问：吾人还是那漂泊不定的游子吗？自答：当然不是！吾人的家很大很大，有九百六十万平方公里。他吸完一斗烟草，兴犹未尽，脑子也十分清爽，于是捻亮桌灯，为《五十奥义书》译者序作结尾：

　　　　虽然，请于翻译旨趣，更赘一言。窃为此种著作，五印奉为宝典，吾国久已宜知。文化价值难量，象寄菁英稍见，其可隶之《杂藏》，博我书林。原其文辞简古，时有晦涩，与后世经典梵文不同。贝叶传钞，历世不歇，讹夺衍文，间尝

① 《中华读书报》2017 年 1 月 18 日版。

可见。且字少义丰,训释靡定;举凡文法、修辞、思想方式,在在与汉文相异,此出义庸或不渝,而精圆概难乎臻至也。顾吾国籀译天竺古典,权舆适自西元,名相可因,知闻已凤,传承有自,非如欧西近世始凿混沌。既历史负荷如此,自宜出以文言,使前后相望,流风一贯,绍先昆而不匮,开后学以无惭,初不必求售一时,取重当世。自惟较之内典之佶屈聱牙者,尚远过明朗通畅。以其本非甚深奥义,亦必不肯故为深奥之辞也。梵澄中年去国,皓首还乡。值景运之方新,睹百花之齐放。念凡此所存旧稿,庸或不无可观。爰付缮写,遂施剞劂。献诸明哲,所希教正。傥可悦诸心而研诸虑乎?未之尽者。

我们说,我辈或后学欲要研读诸《奥义书》,梵澄先生之译者序不能不参会在先,此为指路门径。其要义在如下四段,于此,可窥幽微,能穷底里:

进者,当寻此诸书之大旨。辞非华也,而著;义非显也,而彰,宜若其传世两千余年而未灭。其时初无哲学与宗教之分,于今治此学,则不能不分判。然分判必不得当。治哲学者必用逻辑思维,在印度亦有其因明,与逻辑同用而稍拙,其成就时期在后,而此学固又超乎逻辑者也,虽有利器而无所施。以今之尺,量古之长短,可也;然有非长非短者,无可量也。何也,原出乎思想以外,非心思所可及,在学者犹当恢弘其心知以证会之,然后明其真,此则不得谓之哲学,无怪乎今之治西方哲学者不许其为哲学,断断而未已。然又难谓之为宗教理论,诚如庄生所云,"天地与我并生,万物与我为一",是则尚何有于宗教哉?

虽然，非无其理也，其主旨有曰："大梵"也，即"自我"也，宇宙间之万事万物皆在大梵中，大梵亦在万事万物中，大梵即是此万事万物。在彼为此，在此为彼，此即彼也，万物一体。故其口号曰："汝即彼也"，而一而万，推至数之无穷，还归太一。是已有矣，万物皆真，真曰存在，存在曰智，智，知觉性之谓也，万物皆本于一知觉性。在"是"为有，为有即乐。故说宇宙人生之真理，不过三言，曰"真，智、乐"，而三而一，而一而三，即体即用，即用即体。

此理何由而明耶？曰：亦信之于始，行之于中，证之于末而已。其始于信，犹假定之陈于前也，而后推论，则转而为知，此非闻见之知也，必自心证知为"同一知"，则期于与至真合契。于是而从入之道万殊，诸《奥义书》尚未以一宗派之行为自囿，要其所教之理，归极于与至真合契。即自亲证与"真、智、乐"为一。

于是由身而推至于生命气息，至于心思，至于性灵，外而推至于"梵金胎"之为世界心灵，又由心思以上，推至于毗若那，由是乃达乎"真、智、乐"也。其分析身体中之气，以及心思以上诸等分，皆近代西洋科学之所未至。其探讨睡、梦、熟眠境等，科学今始及之；其声音之能力说，犹待研究。转眼到了新年，《五十奥义书》审订之事无丁点儿消息。梵澄先生着急了，打报告给出版社，要求索回译稿。

……盖彼之所宝者，我亦得之，而我国家开国之规模气象，弘大深远，海涵地负，初非彼等所料及也。即梵澄一微末之学人，数十年精力所萃，能不见弃于斯时，彼等亦遂知中国之识者大有人矣。澄于去年南亚学会开会之时，已将此意公诸大众，佥以为然。自思忝立名场，四十余年，至今犹从事文字之役，其所审定者不少。于此《五十奥义书》之内容及文字，自可全部负责，不劳更加审订，转费珍贵之时间。计全部稿件，总括为一大手提包，已于去年（1979）五月廿二日，呈交季美林同志审订。于今全稿皆存彼处，如承贵出版社同意出版，自当将稿随即奉上付印，且当负责阅看全部最后校样。出书之后，循旧例译者当得一十五册，此不必哓哓者也。此外亦不欲订任何契约，请约略规定若干时可以问世而已。

一九八〇年元旦

徐梵澄谨议[①]

译稿被取回了。果然一动未动。

1980年春，梵澄先生搬到了中国社会科学院分给他的在崇文门的寓所，两室一廊，不大，但总比宾馆宽敞一些了。这时候，他寄放在新德里中国驻印大使馆的木箱，也被赴印开会的同事们带回，运费乃由宗教所支付，共 777 元。任继愈所长为了支持他的工作，特派所内的一位中年研究人员来做他的助手，这位助手毕业于北京大学东语系，学习梵文，正好派上用场。助手的主要工作就是把这一大提包纸卡抄录在稿纸上，以便于印刷厂排字之用，这是出版社的要求。因为出版社已把《五十奥义书》列入出版计划了。他们希望于是书有一个更深入的了解，所以要徐先生写个说明，通俗一点儿最好，大家就此学习学习。于是乎他就写了这"说明"：

　　《奥义书》五十种，是印度哲学的渊源。在近世工业革命

---

[①] 见徐梵澄手稿。

以前，全世界的大事大致只有两种：一军事，一宗教。这合于春秋传说的，"国之大事，在祀与戎"。中国之"祀"，与外国之宗教颇有不同，但对象亦不是在物质世界。从宗教中要讲出一个道理，便是所谓宗教哲学。用谎话欺骗人，乃是西方的神学（恩格斯语），然精神哲学不同，所讲皆是天道观，宇宙观，随之必建立人生观。自有史至今，人类生活的一部分，倘若不是最大一部分，皆为宗教所占据。

随着文明的进步，宗教里面许多迷信皆渐消灭了。西方是自希腊罗马世界起，已有理性论的大潮流一直灌到如今。如希颇克那帖斯，说"中风猝倒"，没有什么生理以外的原因。亚里士多德已反对说作梦有何预示。启克罗反对巫卜预言。耶毗鸠鲁斯及路克列耶乌斯，皆论世界程序，无需神力。中国则是自春秋时代以后，当时如季梁，子产诸人物，汉世如王仲任之流，皆可说是理性论者。究竟理性论在历史上救正了许多事。宗教迷信在西方史上所演的惨剧，笑剧太多了，到现代人类精神总算解脱了许多束缚，近于科学的世界观了。

理性论在人类文明发展史上的功劳不小，救正了许许多多错误与歧途，但它是有局限性的。倘若将其扩充，将所谓"良知""良能"皆纳入它的领域，而出乎其外与超乎其上，仍有广大底精神领域，是它所向往的。以之为上达的初基，进一步乃是精神哲学的探讨。

这里首先作出一个分辨，即精神哲学不是神学，更不是神智学。（以英语表之，Spiritual philosophy，不同于 Theology，更不同于 Theosophy）恩格斯早已指斥西方的神学为谎话欺骗人，不必论。俄国早已有陈旧底这笑话了，讨论主题是"一个针尖上究竟能站立几个天使？"是那么一套。宗教本身亦不能与精神哲学相比，竟可说是大、小、高、下悬殊。所处的知觉性水平不同，实际底方法亦异。其关系差可比于伦理与宗教之关系，宗教当然是高于且大于然亦可采纳伦理。"神智学"则至今所处理的是超自然底心灵现象等。有重术而无重学，而重术仍有可于近于牛鬼蛇神了，更不必论。——而精神哲学的渊源只可求之于诸《奥义书》。[①]

梵澄与贺麟、冯至频有书信，若得便，他会去登门拜访。三个老朋友时不时地聚一下，这以后成了一个不成文的规矩。贺先生在他刚到北京之时，曾劝他多参加会议，要写入党申请书之类，可是后来发现他无动于衷，便不再说起了，只是默默地支持他，把自己成套的线装书和德文原版书借给他，家中的一台德文打字机也让他拿去使用。

是年，冯至被聘为瑞典皇家文学、历史、文物科学院外籍院士，赴斯德哥尔摩与会的讲演题目是《歌德与杜甫》。他委托梵澄为他译成英文，因为在他看来，若使译文达到"信、达、雅"的水平，非梵澄莫属。

崇文门交通便利，向西走不远就是前门和天安门广场，东去乘地铁只有两站就到建国门。贺麟住在干面胡同，冯至住在永安里，从社科院做步行都不算远。身居已安，工作启动，朋友和洽，同仁敬重，可想梵澄先生的心情是非常舒畅的。这一判断，可从诗中去寻找。

---

① 见徐梵澄手页。

## 归来

归来胞与倍情亲，处处琼花笑老人。

乡梦已圆仍作客，古怀难遣况伤春。

仰观太白光常大，再抚朱弦调并陈。

踽踽独行狂变狷，柳丝飘絮看成尘。

## 斗室

斗室居如小洞天，似闻高树尚鸣蝉。

自从海外初归国，又到秋深已隔年。

道藏佛经新义谛，清风明月旧山川。

重温古典通鞮译，仍许南华是散仙。

渐渐地，梵澄先生回来的消息，许多人都知道了。最早注意他的，是一些鲁迅研究者们。因为他们正有许多问题想向他询问并与他讨论。1980 年 12 月 2 日，人民文学出版社鲁迅著作编辑室来信。信文如下：

> 我们在注释鲁迅的《野草》时，有两个问题要向你请教。
>
> 一《墓碣文》中的"抉心自食"，有些同志认为不一定是鲁迅的单纯创作，而可能出典于外国古典或佛经故事，但又无法提出具体的根据来。我们曾就此请教过一些比较博学或专门研究佛学的同志，可惜至今没有解决。不知您是否能帮助我们解决这个问题？
>
> 二、关于《失掉的好地狱》，鲁迅在《野草》英文译序中说过："但这地狱也必须失掉。这是由几个有雄辩和辣手，而那时还未得志的英雄们的脸色和语气所告诉我的。……"对这里所说的"地狱"和"英雄们"迄今也有不同的说法。不

知您的看法如何?

上列问题，或复示，或约谈，丞盼能尽快告诉我们。《鲁迅书信》中与您有关的问题已经向您请教过，如有新的补充，亦盼一并示知。为免耽搁，复示请寄鲁编室何启治。谢谢您的支持和帮助。

梵澄先生即刻复信，时在 12 月 4 日：

启治同志：

二日来信收到。抱歉之至，承问及二事，亦皆无从确切奉答。

一、"抉心自食，欲知本味"，鄙意以为鲁迅先生之单纯创作。佛经如鄙人所过目者，未有此事。蒲松龄之《聊斋志异》中似有"抉心而食"之故事，但与"自食"无关。

二、《野草》英文序鄙人尚未之见。《失掉的好地狱》，题名或取意自但丁之"失掉的乐园"。

虽然，愚见以为皆不妨存疑。待将来或有人寻得较明确之答案。

书信中有关鄙人问题，请俟明年于各种有关著述尽阅之后，再草其一回忆之文，一并修改答复。

答复是必要的。因为就在去年，他看某日的《人民日报》，有人写文章谈鲁迅事，说"像徐诗荃那种人……"云云，他当时惊了一跳，不知作者用意何为？几年后，他对友人说："后来穷究，其作者是根据师母的一篇文章，那么，被师母打了一鞭，只好忍痛了。"[1]他知道，他需要写些什么，尽量还原当时的历史"现场"；他也明白，文字终不能还历史之本来面目，因为人的一部分心思和

---

① 姚锡佩:《梵澄先生给予我的教诲》,《鲁迅研究月刊》2000 年第 5 期。

情感是隐秘的，自觉或不自觉的，而以文字无从表达。那么，进一步的理解如何可能？只有同其情，或曰"同一情"，因为"同一知"的要求太高，做不到。这不仅对个人亦对众人，不仅对活着的人亦对故去的人，不仅对今人亦对古人，都应该作如是观。

然而，谈何容易？特别是在刚刚进入 20 世纪 80 年代的中国，人们还未从一种固有的精神氛围当中走将出来，具体地说，就是对非无产阶级的思想、言论，乃至作派，保持着足够的警惕。也许这就是助手与梵澄先生合作得不愉快的主要原因之一。梵澄治唯心论，自不必说，一落笔便是"之乎者也"，也有"成心"让人看不懂的意思，更"可气"的是他还叫司机同志为"车夫"，称办公室的年轻人为"庶务"，这真是瞧不起工农兵，看不上劳动人民了。或许怀着这种成见，这助手怎么看梵澄的译稿怎么不顺眼，在抄写当中，竟然擅加移字。梵澄先生知道以后，非常生气，与任继愈所长提出中断与其助手的合作。助手也感到委屈，写信给出版社，说徐译《奥义书》"不佳不妥"，意指文言费读，看起来吃力得很，如此，怎么服务于广大群众？若是像郭沫若那样，以白话诗译《离骚》，才算佳路正途。

梵澄先生不能不抱怨了，直接写信给该出版社哲编室，说："改原稿者似欠高明。举例：'韦陀''韦檀多'——其'韦'字皆改'吠'字。殊不知 Ve 音不作 Fe, phe 读。因此又当改照原稿作'韦'。'断断'改为'斷斷'，此为误改。……诸如此类。"其实，平心而论，助手的错处不算怎么严重，"吠"字乃国内通用，至于"斷"改为"断"，可能是看走了眼，因为此同仁眼睛颇有近视。于是出版社打圆场了，来信对梵澄先生解释，说该助手"并非多事，乃受我社之委托而为之。若言有误改之咎，则咎其在我"①。后来出版社向院领导汇报《五十奥义书》的出版进度以及遇到的问题，梅益同志批示说："这部书比较深奥，对他的译文，如果认为不妥不佳，最好和他商量，不要自行修改"；于光远同志也批示道："同意梅益同志所说的意见。系梵澄同志的作品，译文应全由他决定。要尊重本人意见，以快出为主。"②这么，在院领导的大力支持下，出版社加快了工作节奏。这里有一事需要提及，几年后，这助手命途多舛，故去了，所里的有些人以为这位仁兄该负其"责"，故而对于他的际遇，默然以为无有不可之理。然而梵澄先生是伤心的，以为助手正值大好年华，就这么枯萎了，也未有了重新"回还"并"立起"的机会。他在给友人的信中长长地感叹——"良可伤嗟"也！③

## 四、拂拭书箧

但是，无论如何，学术研究在步入正轨。它开始不免有些摇摆，甚至晃荡得很厉害，然而慢慢地就会平稳下来，而且路子会越走越明确，越行越宽敞。因为它明白了自己只有一事可做，便是不断地追求与探索真理，而不再受希腊神话中那张"普洛克路斯忒斯之床"的束缚，以至弄出"评法批儒"这种荒唐的事情来。梵

---

① 中国社会科学院老专家协会编《学问人生——中国社会科学院名家谈》（上），高等教育出版社，2007年，第314页。

② 《五十奥义书》，徐梵澄译，"黄燕生后记"，中国社会科学出版社，2007年。

③ 中国社会科学院老专家协会编《学问人生——中国社会科学院名家谈》（上），高等教育出版社，2007年，第314页。

澄很高兴地看到学子们的求知欲望和晚辈学者欲夺回自己青春的热情，加之时有英语热又升温了，所以，他决定把旧稿英译《肇论》发表，为着作他们学习与研究的教材。这好像自家的旧物，每每重新拂拭，都会熠熠生辉。书序作于 1981 年 2 月 15 日：

逻辑和辩证法都能够导致清晰的思考。以逻辑和辩证法为基础并包含修辞学的诡辩术（一种似是而非的艺术），首先是在希腊，后来又在希腊—罗马世界兴盛起来。客观地说，它在相当的范围内，促进了古代哲学的发展。在它发展的最后阶段，专业诡辩家把这个已被滥用的诡辩术发挥到极致，以至于使任何一个命题——无论这一命题对于良知来说是何等的荒谬和自相矛盾——都可以找到合理的依据。在与此大致相同的时代，即在中国的战国时代（约前 475—前 221），也出现了相同的情形。

人类的生活实践证明，寻求真理的意义在于帮助人们合理地生活。而且，一旦发现了真理，它还必须被我们的内心所领悟并在我们的外部活动中得到实现，否则，就正如现代一位思想大师所说的那样，在生活中无法实现的真理，就只能是一个思想困惑的答案，或一个幻相，或一种已死的文字。常识性的哲学也许因其范围的有限性和狭隘性而受到某些人的责备，但是，对于人类的生活来说，它仍然是一个良好的支柱和基础。

当然，唯名论者在历史上所取得的成就仍然是不可小觑的。因为在宇宙中的任何事物都有其名和形（梵文是名色，nāmarūpa），所以正确地处理名和形的关系，仍然是一件重要的事情。他们在法理学领域中，为法学家提供的服务是巨大的。但是，如果把他们的这些逻辑推理（这些逻辑推理有可能导致对真理的理解，也可能于真理无助）引向极端的时候，它们就变得无比荒谬了。客观地说，这些荒谬或可笑也只是逻辑上的，对实际生活无甚大害。值得注意的倒是现在有那么一些貌似高妙的推理，它们在性质上看来是形而上学的，思想似乎也是深刻的，其论证也严谨，对真理的表述也正确，在形式上你对它们说不出什么，然而，它们虽不荒谬，却极其有害。

也许古代的诡辩家应对希腊文化的衰落负有部分责任，因为他们的误用，从而贬低了逻辑和辩证法。然而，相形之下，自商羯罗（Sankarā carya, 788—820）以来的印度的虚幻主义（Māyāvāda），以及早先的虚无主义（空论，Śūnyavāda）的发展，其消极影响更大一些。因为两者都长期迟滞了社会的进步。与佛教传入中国同步，空论的蔓延势如森林大火，而且给中华民族带来了很大的损害。在印度，这一损害更为明显。自佛陀时代以来流行的空宗和幻论，逐渐地侵蚀和削弱了民族的创造力与生命力，而且使衰老的心态潜入了其民族的心理肌体。持守这个信条的皈依者和许多剃度的信徒，曾在一个特定的历史时期，错误地理解和运用了空论与幻论的人生观，并将其推向反面，从而导致了不顾一切的世俗享乐主义的大泛滥，随之而来的又使人们径直堕入极度的悲观绝望之中。个人如此，民族也是如此。造成这种荒诞现象的潜在逻辑是：如果尘世间存在的所有事物都像梦幻或水流的气泡那样不真实或空虚的话，那么去做反自我和反社会的坏事会有什么害处呢？而取得任何确定的成就又有什么好处呢？也就是说，生活本身是空虚的，据此推论，生活中的每一个事物也都必定是空虚的。即使业报轮回信仰，也无法有效地阻止人们生活的荒诞行径和间歇性的精神沮丧。可以说腐败深入到社会的心脏，颓废潜入生活的各行各业。即使有些充满希望的事业后面也都紧跟着破坏性的失败主义情绪。虽然令人遗憾，然而，我们还必须说，所有这些人类的不幸，在目前的印度，仍旧不同程度地存在着。这不是偶然的，而是有其深刻且久远的文化渊源的。

提高道德原则虽然不是翻译及注释《肇论》的意图。但是我们却不可否认，如果将那些高妙的玄学推理毫无界限地滥用，就会把社会上最残暴的罪行也视为"虚无"，因为从他们的逻辑上说，只有现世的完全虚无才能换得来世。但是，我们深知这些理论不是无可辩驳的，而且可以根据他们自己的理由驳倒他们。这里，我的意思只是说，如果人们沉溺于高妙的推论之中，那将是何等的有害和危险。纵览全部的世界历史，它的过失远远大于它的成绩，虽然它肯定是有成绩的。公元 5 世纪初一位中国佛教高僧所写的几个有关玄学命题的讨论即《肇论》，我将它译成英文。在我看来，它是一个非常好的智力或"思想技巧"的游戏例证。①

1981 年秋，梵澄迁居，至朝阳区团结湖北里 6 号楼 1 单元的302 室。究竟是比原来宽敞了许多，三室半厅，使用面积 60 平方米，他用带凉台的南屋做寝室，另一间南屋做会客室，不大的北屋做工作室。所里又给他配备了几个用旧了的书柜，一个铁书

---

① 《古典重温——徐梵澄随笔》，北京大学出版社，2007 年，第109—116 页。

架，一对淘汰下来的沙发，还有桌、椅，足够使用了。在这个小区的南面，不到二百米处，就是团结湖公园，公园不大，但有水，有假山，有凉亭，有儿童游艺场，真是个散步的好去处。读《蓬屋诗存》卷四，诗作《团结湖畔》应是乔迁之后第一首诗，大概写在1982 年春：

> 冰结湖水死，冰泮湖水苏。
>
> 微风舒柳芽，影漾涟漪清。
>
> 樱苞缀颊颗，待吐争新荣。
>
> 迎春咲著花，异卉呈初英。
>
> 芳馨吾肺腑，耐可听流莺。

此诗之后的一组诗，是《排球》。按说梵澄家无电话，又甚少听广播，只是看报纸，一份《光明日报》、一份《参考消息》及一份英文版的《中国日报》，这感兴由何而发？原来他是接受了邀请，到邻家看电视，观女排决赛。邻居家廖秋忠与詹志芳夫妇，皆台湾籍人，带着一个小女儿，廖是语言学家，毕业于美国加州大学伯克利分校，在社科院语言所供职。那一场比赛是异常精彩的，全国都沸腾了！北京大学的学生们自发地在校园内集合游行，第一次喊出了"振兴中华"的口号。梵澄先生也是激动的，他起身回到寓所，写下了这几首绝句：

> 闻女子排球在东京竞赛夺得世界第一名。限七绝七首[①]用七阳韵因其七胜也。
>
> 女儿身手不寻常，炉火纯青百炼钢。
>
> 真积力深年月久，初时辛苦泪千行。

---

① 《蓬屋诗存》只存其中六首。

中权后劲互低昂，机变神锋未可量。

妙用在心心系手，虺虺霆击自难当。

冉冉旗升向日飚，五星辉处丽而庄。

锦标夺得欢声动，电讯须臾遍八荒。

九衢风动喜如狂，爆竹声殷冷巷墙。

东亚病夫除恶谥，不书青史亦难忘。

齐心合力气昂藏，此役球迷引兴长。

旋奏凯歌同振旅，真如大战胜昆阳。

小技居然蹈大方，劳生多苦仗身强。

可知抛却红楼梦，立事立功始健康。

"不书青史亦难忘"句有一尾注："此细事尚不能载入国史"。这叫什么话？若在当时，我辈甚可说他迂腐，不谐，可现在我们来看这"注"，揣摩出他自有深意在后焉！体育当然是张扬精神，如古代希腊然，但极处还只是美的气化的光彩，难表高等知觉性之全。

《五十奥义书》的排版是一项艰苦的工程。那时候尚无电子排版，要靠排字师傅（"手民"）一个一个地拣出铅字安排，可想而知，他们做这部书如同对待"天书"。先不说文言繁体改简体，就是以拉丁字母转注梵文，上标下标，还有少许的梵文，都得单独刻字。这个流程不可能快起来，要多次校稿，多次改动，每出一次校样，他的新助手出版社的黄燕生女士就为他送来审察，他不惮其烦，绝不疏忽。《尼理心诃奥义书》（上篇）"第五书"就有一个"大圆轮"，是他亲自手绘的。书版的样式，也是他设计的。他多次给印刷厂的当事者写信，有这样的记录——"致印刷所请饬手民注意者"：

A.以排字而论，此次 269 页之书，错字极少，此为可称道者。工作精细。其改过之处，自然已标出，请照改不误。何以有若干字待改？此其咎不在手民，而在抄原稿者。抄原稿者无过，其过在原稿上用铅笔改字而发抄写者，于是凡其改处又当改回，所以工作加多。

B.凡音译在本文或注释中注明者，向例写出原文已足，如"提婆"（Deva），此乃通例。而改稿者则必曰："提婆"是 Deva 的音译。增加三字，似为解释明了，而不知其不合体例。又如"天"是 Deva 的意译，"意译"与"义译"不同，此改稿者或不明白。此又所不必注明者。故此次校对时，只合将其删去。

C.凡标每节之数目字，如今置于中心，嫌大，又觉太拙。请皆改作与本文同大小之字，前后加括弧，而置于本文每节之末。——此乃较雅观，亦稍存梵文原本风格。

D.似此将诸数目字抽出，文中必余空白，则不必再更动。多留空白，则眉目清醒。

E.凡本文与"注释"之间，再多留一两行空白更好。

F.凡前页之文字仅余数字或一行，最好即排于该页之底，不必另提至下页为开端之第一行。——此有多处当调整。

G.注释之数目愈少愈好，此后绝不可合并至篇末或数节之末，以致推至七八十数，如 55 页，已至 79 数。此在读者难以检寻，且数多容易混宄。此后请照原稿样式，贯于每节之后，眉目比较清醒，读者容易检寻。

H.凡华文与西文字母之相联处，总宜稍留半字之空白。似此次校样中者，太觉拥挤，难辨。

此后之稿：

A.请分多次将校样致下，则倘有少数改正处在先，不致有连续诸版皆当修改之事，可省工力。

B.绝不可再发抄写。如有繁体为手民所不识者，留下空白，俟校样时填补。

C.如罕用之字而有缺，则于校样时当思其代者，若无，则只好请新铸一、二字或请人新刻一、二字。如此次之"囟"字，此无代者，亦无可从旧字中改造者。大抵此类不多。全书不过三数个而已。[①]

这一时期，徐崇善举家调往江苏泰州，他把关照梵澄先生的任务交给了外甥女姜丽蓉。他不能常来与梵澄先生谈诗论艺了，但是他可以写信，如此一来还颇有收获，因为文字不似声音会不翼而飞，它确然在，可以反复揣摩，多方领会，就像当年梵澄珍爱鲁迅的信函一样，那一行行的话语，记忆深刻，几乎可以背诵。崇善与其叔谈论最多的还是诗，当然，有时还有身边发生的小事。有一次，崇善坐火车被盗，他写信时顺便提及了此事，梵澄先生来信了，说：

接连两信，知瞷令孔殷，弥感关切。又知夜车熟寝，六丁六甲，不翼而飞，为之蘧然。自富者观之，其失甚微；自贫者视之，其损亦钜。然倓处于不贫不富之间，则此事亦在

---

非休非戚之类。虽然，其置之不问，是也。不然，扰攘寻索，鄙
夫之态耳，亦不可得。适尔人之局度，于此可窥。此类事常
遇于人生极盛之时，所谓日中则昃，月盈则食。亦适逢于至
蹇极否之际，所谓讨饭逢荒年，行船遇逆风，屋漏遭霖雨，比
比皆是。然倕又在于不盛不衰之际，则正可置之于不论不议
之列，而自处于无怨无悔之境矣。①

之后崇善又有信，对自己所受的不够公平的待遇发了几句牢
骚。梵澄先生劝说：

昨接……信，知颇有不平之怀。易曰："乐天知命故不
忧，安土敦乎仁，故能爱。"此语可深玩也。休养家居，逍
遥无事，岂不是福？较之终年风尘仆仆，舟车劳顿，相去远
矣。天下事多不可料者，不可料而强料之，妄也，安心在家，默
求进步，智也。②

## 五、星花旧影

要做的事情当然很多。但萦绕在心头又放却不下的事情，就
是要尽快完成一篇回忆恩师鲁迅的文章。头绪也多，需要采择，那
些斑斓的往事，无比的辰光，一幕幕地映现在他的心头，仿佛就
在昨天，那样清晰，那样温馨：他向鲁迅介绍他们这个家族，从
清末到民初，实因社会变化太大，转向破落。军队南来北往，抢
劫一次又一次，抽捐抽税，忽然纸钞化为不值一文，忽"金库券"又
废掉了。如此一来，虽富家也不得不破。他为鲁迅举了一个例子：郭
嵩焘的儿子郭焯莹，一生致力于研究《楚辞》的人，有所疏释，可

---

① 徐崇善：《怀念吾叔徐梵澄》，《新文学史料》2003 年第 1 期。
② 徐崇善：《怀念吾叔徐梵澄》，《新文学史料》2003 年第 1 期。

惜稿本毁掉了。民国革命后，家中穷下来了，郭焯莹的儿子要钱用，便暗地里将其父的明本《史记》卖掉，而空柜子仍留在书房里。某一日郭焯莹要翻看《史记》，找寻书柜的钥匙而不得。后来发现书不见了，大闹了一场。那次聊天稍晚，他在鲁迅家用了夜饭。还有一次，他听鲁迅对某调解人说："据他（李小峰）自己说，他欠我七千几。……"李小峰是一个"多眨眼而少开口"的北大学生，自认崇拜鲁迅，在当年上海那种纸迷金醉的环境里，未免挥霍，结果是将资金（其实是利润）花完了，付不出稿费。但那事未上法庭，终于调解了，当然是鲁迅吃亏。[①]关于这些个小故事，他记得的是很多的，但是没有必要一一录出，因为回忆鲁迅，所着重仍在精神，而细入生活琐事，有时候反而会失本求末。

不久，题目拟好了，叫做《星花旧影》，副标题——"对鲁迅先生的一些回忆"。全文十二节，读者定会从中得到一些新的领会，因为这种写法前所未有，即认为鲁迅是革命者不异，但这革命不是说政治倾向，而是指精神之力。善悟者可多识文字中的"精神经验"：

> 人的记忆力，是可以训练而增强的。若神志清明，将心思集中在忘掉了而想记起的事上，往往可以记起。许多印象，保存在潜意识中，如同摄制成的影片储在仓库里。久后将其取出，有些或已模糊，有些可能是非常清晰。有时几十年前的事仍可记起，如同昨日一样。但这颇需要相当的修习，决定的因素颇多，结果也甚为相对。

> 似乎鲁迅先生说过，使精神的丝缕，牵着已逝的寂寞的时光，又有什么意思呢？并且说"一个人做到了只剩了回忆

---

① 见徐梵澄手页。

的时候，生涯大概总要算是无聊了吧，但有时竟会连回忆也没有"。——这一伟大时代中一伟大人格，如是说出了一点他的心理经验。对于往事的追忆，憧憬，眷念，乡愁，实是人生上的一种巨大力量。有人曾说北欧哲学，从莱布尼茨到叔本华尔，是日耳曼人对往古希腊世界的怀旧、乡愁，欲追往而莫及。但从古代到中古，那道路中断了，只剩下不可践踏的一道彩虹，犹如精神上的一架桥梁。就整个人类文化史观之，回忆曾起莫大的作用。无论其性质是纪念的或怀古的，它成就了历史而为人类所保重。

鲁迅说的"有时竟然会连回忆也没有"，这现象是真实的，是一种冥漠的心境，即古人所谓"忘予之天"。这得归功或归咎于生物的本能，在大自然中是如此的。譬如身体各部的感受性不同，倘若遍体皆像手指端一样敏感，人便不能生活下去。人不能且不应将已往的一切事皆保存在表面知觉性里。如身体上若受到大痛苦，或感情上受到大打击，往往人便失去知觉而昏迷。如是便感觉不到痛苦了，仍算是自然对生命的一种保护法。在身体为昏迷或麻木，在心思便是失记或遗忘。渐渐时光消除了伤痛，或泪水洗去了血痕，生命渐渐恢复正常，让痛苦的印象深深没入潜意识的海洋深处，都不记起，人便再能平安生活下去，此即所谓"忘予之天"。"忘天"于人生是大有用处的，但这必须是于此"忘天"并不知觉。若又明觉这是"忘予之天"，那心境是异常惨淡的。

遗忘是救治，由此可知记忆不必定真实。文学家写自传或回忆录等，往往很难处处皆是真实。几乎不自觉地，人总是将自己的错误或不可心意的事漏掉了。何况虽或未曾忘记，又可以因种种缘故不写出来。若写他人的传记，更难处处真实。因为我们既不懂到自己，更不懂到他人。常时我们自以为了解他人，其实是未尝了解。尤其于自己所敬爱的人，若写其言行等，便不免有所偏袒、隐讳、夸张、粉饰。治史学的人，必知道通常写史而秉直笔，是难得的事。

　　如是，可想普通回忆录并不容易写，它有工作本性上的碍限，在撰者自己未必有十分把握，自信不诬，在读者又应十分谨慎加以采择了。何况是写关于这一伟大人格，其精神，思想，又如此博大、多方、深不可测——鲁迅先生诞生又已是百年纪念了。于情于理或说于恩于义，我皆应说出一点往事，以表寸心之不忘。这里，只从我的记忆里极忠实地检录出一些明确的印象，大部分是对我在青年时代的一些教言。这皆有如星星火花，时时在我的眼前闪烁。一些关系，有此由此从此因此以此，对我平生的影响是大的。一切所受的明里暗里的创伤皆不必说了，因为已是经过大牺牲而进到大创造的时代。有些细事说出似乎是在扬诩自己，其实我毫无这种用心。四十年前我已不能受此责难，因为我的态度一贯是尽可能避免显露，何况现在！也许有些人猜想我所记得不止于此，还应当说出更多。对此，我不妨做一个明确答复，我想只能这样。

是文第十一节，谈鲁迅于佛学和道家的修养，言旁人未言或不能言者，启发犹深：

　　先生在日本留学时，已研究佛学，揣想其佛学造诣，我至今仍不敢望尘。但先生能入乎佛学，亦能出乎佛学。记得和我讲起几个禅宗的故事，当时只觉得有趣罢了。我至今尚未听过一次参禅。后来看些语录之类，于身心了不相干。但在先生似乎不然。是得力于那一长时期看佛经和抄古碑的修养呢，抑或是得力于道家的修养——因为先生也深通老、庄——胸襟达到了一极大的沉静境界，仿佛是无边的空虚寂寞，几乎要与人间绝缘。如诗所说"心事浩茫连广宇"，外表则冷静得可怕，尤其在晚年如此。

这冷静境界，在思想上成就了精辟的见解，看事物异常深透，所谓"静则生明"。在另一方面，于健康也有了大帮助。晚年方查出久患肺病，医生说在西人则五年前已应去世了。又查出曾患肋膜炎而不治自愈，竟不知不觉度过了多个险关。大致平生遇身体有病痛则就医生诊治而已，不甚求药，无动于衷。方寸间没有营营扰扰如庸人怕病畏死而求治之不遑，则身体听其自在，是有其抵抗力的。稍加调治，便易恢复正常。可说能外其生，有时竟如视自己已死，真也到了庄子所谓"尸居而龙见，雷声而渊默"的地步。常时静处如尸，使神气完足，体力增强，一动则行气如龙，如所谓"龙见"了。

上面那句诗下面的一句，是"于无声处听惊雷"。这句可解释为革命爆发于不觉之处的期待。意思未必直取自"雷声而渊默"这语，然恰可相通，或倒过说"渊默而雷声"，更切合先生个人的境界。不知道晚近研究鲁迅思想的专家做过一机械的然颇有趣味的统计没有：鲁迅毕生写过多少字？那数量必然颇可观了。在性质上又是什么样的文字！如说文字是声音的记录，又是多么弘大之声！岂止"惊雷"可以为喻？其成就，表出沉雄博大的魄力，这魄力不是无所从来。其冷静、"渊默"，不能纯粹是对辛亥革命后的许多事情的失望造成的，必亦是由于一长期的修养，即内中的省察存养而致。换言之，在自己下过绝大的工夫。显然，这必是受了佛经或老、庄的影响。这只偶尔在文字中透露一点。最初对我的教言，已是不可"肆志"了。如说自己冷静，也以此冷静驱遣了旁人，或说解剖他人，先解剖了自己之类。经过在广州（或在厦门？）过多社会活动后，便说"装死"，这中间也透出了一点消息。当然，"雷声"可闻，"渊默"便无可闻。没有人能窥透那渊深无底的心灵，一现则表为一时代的热烈的伟大革命者。

《神圣人生论》的出版工作也在紧张的安排之中。见梵澄先生给商务印书馆有关人员的信函和是书简介：

维勤同志：

兹奉上《神圣人生论》校样 568 页。校前工作，或者犹有未到处。请饬排字工友细加修改，然后再加勘定，乃为妥善。鄙人目前仅提议二事：

一、版本宜于鸿大，天地头宽绰。以便读者作眉批夹注。且装订宜精美。所以视外国读者也。

二、印刷数量不宜多，因此书非广大群众可欣赏者。数量少则不妨定价稍高。另一纸请致意手民同志者，希转致。尚此并颂敬礼！

徐梵澄上　1983.7.27

附简介：

室利·阿罗频多（Sri Aurobindo, 1872—1950），印度近代三圣人之一。（另一为甘地，另一为泰果尔。）

氏平生隐居著述，著作丰富。以此书篇幅最大，亦尝自谓为其杰作。（纽约版千余页）

内容几乎收摄印度哲学全部而成其抉择，撷其菁华。于《黎俱韦陀》以下直至《奥义书》，阐释无遗。标宗在"超心思"，期于人生之转化。其间分析心理，远驾乎近代心理学而上。于唯物论亦有其正确之见解。于因明逻辑皆有批评，而谓其多有不足也。观其大事功，（释明神秘者之不复神秘）即由精神哲学之启明，扫除宗教之部执，如破商羯罗等古师之偏见。指出佛法大乘诸说未圆；拟之西洋近代哲学，则康德、叔本华所止之处，在此乃其发轫之端。宜乎其美国学林，有"近代柏拉图"之誉。盖其欲起沉沦之学术，救印度之衰颓，用力至深且远。

于今西洋多成立室利·阿罗频多学会，美尝有其二，英亦有其一，法有其二，德有其二。在印度本土，则研究者多矣。此书原著英语，稿成于1914—1918年，为其个人杂志之文，其后总集成书，亲加修改在1939—1940年。迄今则重版多次，以1972年百年诞辰本最华赡。德文法文，皆早有译本，其他文明国家，大致皆有介绍矣。此华文译本，脱稿于1952年，初次校改在1956年，其后时有勘对，再全部校对于1979年。终之据百年诞辰纪念本勘定而抄出全书，成于1982年。①

1984年1月，《五十奥义书》出版。1984年5月，《神圣人生论》出版。

《五十奥义书》后又再版于1996年，三版于2007年；《神圣

---

① 见徐梵澄手页。

人生论》后又再版于1996年。二书问世，销路不错，反响寂寥。若非专业人士所购者，也许会感到奇怪：竟有这等书？还有这等人？克实论之，即便是专业人才，能够通读下来的人也不多。这需要耐心，需要亲近，需要时间。试想一块巨石落入水中而无声响，真是让人匪夷所思，除非是"不明飞行物"，人们一下子没有缓过神儿来。其实，这"不明"，只是陌生，不熟悉罢了，因为我们了解的是另外一套东西。梵澄先生购下若干套，有送单位者，有送个人者。检索便条有这样的记录："送《五十奥义书》——梅（益）公，贺（麟）公，冯（至）公，任（继愈）公，赵（复三）公，黄（心川）公，杜（继文）公，孔（繁）公……"又有给季羡林先生信：

> 羡林道长先生侍者：
>
> 久违教言，近想雅况增胜，杖履多佳，为祝。兹由宗教所转奉《神圣人生论》五十册。此书原名 *The Life Divine*，五印度固视此为当代唯一宝典，欧美亦殊尊重之也。拙译虽不足观，然此书一出，对国外之影响颇大。以知我国思想界正尔涵纳重流，如海广渊。思想之现代初不后人，非以一、二派哲学故步自封者。请饬科研处分赠南亚所诸君子，或稍留存部分，以贻来访之西方学者。未能一一题名，鉴谅为幸。[①]

过了三年零八个月，《五十奥义书》的第一个书评，也是迄今笔者见到的唯一一篇书评，由金克木先生在1987年第9期的《读书》杂志上发表。题目是《读徐译〈五十奥义书〉》。有这样的话：

> 译者徐梵澄同志早年研究德国哲学，由德回国后又在四十年代去印度研究印度哲学，在印曾翻译印度古典。七十年代末回到祖国后，出版了《五十奥义书》和现代印度最有影

---

[①] 见徐梵澄手页。

响的宗教哲学家阿罗频多的《神圣人生论》两部巨著译本。两书的印数不多，读者大概也很少，但可能产生的能量却未必是可以轻易低估的。两书一古一今，相隔两千多年，但是一脉相通，其中奥妙总是关心世界文化思想史的人所不应忽略的吧？

……

现在徐梵澄同志用汉语古文体从印度古雅语梵文译出《奥义书》，又不用佛经旧体，每篇还加《引言》和注，真是不容易。没有几十年的功力，没有对中国、德国、印度的古典语言和哲学切实钻研体会，那是办不到的。当年我不过是有点直觉感受，等到略微在大门口张望了一下之后，就以为理想的翻译，佛教经论似的翻译，现在不可能，至少是我办不到。稍稍尝试一下，也自认翻译失败。因此我对于梵澄同志的功力和毅力只有佩服。

文末指出一点小遗憾，说译者在全书中都译"韦陀"，为何在序言中独改为"吠陀"，因而不能一致。其实理由很简单：编辑的疏忽。

# 第十二章　扬微道术

## 一、老子臆解

讲《肇论》，不能不讲道家；讲道家，不能不讲"老子"。这些学问，在梵澄那里是融会贯通的。他在印度授课时，要回答各种各样的提问，有的提问甚至古怪刁钻，他要给出入理而贴切的解释。即是说，他对"老子"已揣摩久矣，自己已有着诸多的心得。回国返乡后，他参观了马王堆博物馆，欣赏了帛书"老子"甲、乙本，还购得一本文物出版社在 1976 年 3 月出版的《马王堆汉墓帛书：老子》。他如获至宝，兴奋异常。他决定把自己的心得写成一个小册子，或许对学术界不无裨益，他自知他这个"远来的和尚"是应该"念经"的，而且要念出不同的意味。这个念头源于一个直接的刺激，就是此书附有三篇评论文章，皆为 1974 年与 1975 年的作品，那时候"批林批孔"运动正自走向深入。第一篇文章的题目是《〈老子〉是一部兵书》，有这样的说法："'道'经作为《老子》的下篇，把军事、政治斗争的规律通通囊括进一个虚无缥缈的'道'里面，尽管其中具有不少朴素的辩证法因素，在认识论上具有一定的价值，但从本体论上看，实际上已陷入了客观唯心主义的泥坑。"①"但他毕竟是剥削阶级的思想家，要真正认识人类社会和自己所属的阶级，又谈何容易！……'胜人者有力，自胜者强'……这句话说得很对，但他自己却无法战胜剥削阶级的偏见。这就是历史的辩证法。"②他读过之后，觉得莫名其妙：或以为《老子》是一部兵书，无不可，正如我们说毛泽东是一位诗人一样，这是一个分析判断，宾词是被包摄在主词中的。但彼时不同，这"是"乃为一个等号概念或独断的结论，那样才显得"革命"。以这种态度对待自己的一宗古学，我们能有所收获吗？我们今天说，当然不能！因为我们的心太"实"，气太"实"，觉得已经占有了至高真理，别的，不稀罕。

利用断断续续的时间，梵澄一章一章地写下来。仍是用他的老方式，一章写在一页卡片上。1985 年正月初七，即 2 月 26 日，他写完了序言：

　　《老子》一书，自古为之注解者多矣。《韩非》而后，著名者无虑数十百家。其见于《汉志》者，如邻氏、徐氏、傅氏等之书早佚。至今存之河上公、王弼等数家注解，乃学人所熟知。近代欧西稍知此学，译者如林，英、法、德等文字皆有。而为博士论文者，又指不胜屈。凡此皆有专家为之著录，书目稍衰然矣。

　　建国以来，地不爱宝，鼎彝碑版，时出于山椒水涘。多历代学人梦想而未之见者。一九七三年，长沙马王堆汉墓中出《老子》帛书二种，尤为可贵，一篆一隶，皆西汉初年抄本，可谓学术史上之一大事，与汲冢竹书及孔壁古文之重要

---

① 《马王堆汉墓帛书：老子》，文物出版社，1976 年，第 97 页。
② 《马王堆汉墓帛书：老子》，文物出版社，1976 年，第 108 页。

相若。既已有编印本发行矣，取以比勘通行诸本，见编次不同，字多通假，而大体无异。然帛本一字之殊，固宜珍若璆琳者也。综合观之，实堪叹美。在昔名注疏之仍多疵者，未有此西汉初元本故也，惜夫！

梵澄学殖浅薄，自愧读书不多。时值艰虞，遭家多难，自放于域外者，三十余年。以一九七九年归国，闻《老子》有帛书本，亟求得而读之，以惊以喜。遂就诸本斟酌，写成一定本，而亦未必定。越数年，以为说原文应是如此如彼，盖有其由，亦当说明之，遂就全部《老子》哲学为之解。文字既有拣择，句读稍异寻常，义理遂可批判。未肯全袭旧说，间亦稍出新裁，根据不丰，只名《臆解》。

虽然，亦非造次而为之者。尝以谓俗儒诂经，道士宣教，多说废话。尤以倡儒、释、道三教合一者，捃扯牵合，遂成"同善社"之谈。而自来口义、语录、讲章之类，一发议论，策锋便起，徒快语言，羌无实义。凡此皆心所不以为然者，不敢效也。故每章撮其大意说之。疑难处释之，其原自明白无需解释者，略之。析理参以《周易》及先秦古说，不废《庄子》；偶见颇同西洋哲学者，标出之，意在点染以时代精神；无所发挥，盖非论《老子》哲学也。隶事，多取《春秋传》，间有取后世者，皆历史大事。音义多本之《尔雅》《诗序》《说文》等，以古字义解古文义，亦时有涣然冰释，怡然理顺者。要之，求以至简洁浅显之文字，解明书中之义理，恰如其分，适可而止。

乙丑人日　徐梵澄序于北京

看待老子，梵澄先生仍是用了精神哲学的眼光，超别异，求会通，因为物理之真是"一"，精神之真亦"一"，他将老氏思想称之为"超上哲学"。他的解读，皆出自家手眼，探赜索隐，仿佛有一束光亮作导引似的，就连"经文"的句读也令人耳目一新。

见《道经》首章，与通行本不同，与帛书甲、乙两本亦有别。开篇便置四疑问句，曰："道，可道也？非恒道也？名，可名也？非恒名也？""也"字通行本无，帛书两本皆有，他以为"也"可读作表疑问句的"耶"（"邪"）。第二句之"可"为"何"之省文或略语，"道"则可训为"语"。于是可问："此道也，何道耶？非恒常之道耶？"答曰：是恒常之道！他说："就文字而论，则作连续之两疑问句，声调振起，其所以第三句仍当作问语者，乃就全书之大义勘得之。"第三句若以白话文问之："（这）难道不是恒常之道吗？"回答：是！结论明快，音色响亮，且钤辖全篇，以为警策。又，"恒常者"是道，道即"一"即"精神"，在梵澄的语境中，也即"知觉性"和"力"。见"版本校勘"有曰："'眇'通'妙'，皆训微细。'噭''微''窈'，皆同音通假。训'空'。有空斯可通。喻道至极微细，亦又遍漫通达，故下文有'可名于小''可名于大'之说。""遍漫通达""可名于小""可名于大"都是在说"遍是"的宇宙知觉性，尝如阿罗频多说："知觉性便是伟大的基本事实，遍是的证明者。"（《神圣人生论》第 21 页）之后，梵澄在《道·六》之"臆解"中谈到"力""气"，在《道·十》与《德·一》之"臆解"谈到"知觉性"。

"序"中有言："然帛书一字之殊，固宜珍若璆琳者也。"如《道·十四》的"古""今"之别，甚为醒目，此通行本作"执古之道，以御今之有"；帛书两本皆为"执今之道，以御今之有"。梵澄说："此帛书之殊胜处"。他指出，若作"执古之道"，下文"以知古始"则为赘文，即多余，此在白话文或可，古语应无。儒家乃"祖述尧、舜，宪章文、武"，为法先王，但后世不能尽守，因为后世典章制度礼乐文为无一不变，而人只能"以今世之理，治今世之事"。"理"，终古不变者也，"今世""往世"和"未世"，同然！这样，"由今而返推至古，古可知也。"也尝如欧阳大师所言"现在法"，其曰："由现在法有酬前相，假立曾因，对说现果；有现在法有引后用，假立当果，对说现因。"（转自《五十奥义书》第3版第95页）盖缘古今之世殊，古今之人心不殊也。故"'是谓道纪'，纪，理也"。一气通贯，顺理成章。况且，"执今之道"者，"因任"者，"法后王"者，更符合道家的精神气质。

其次，《道·十五》有句："夫唯不欲盈，是以能敝而不成"。通行本作"故能蔽不新成"，任继愈《老子新译》解"虽然保守，却能取得新的成功"；朱谦之采景龙本作"能蔽复成"；陈鼓应则作"故能蔽而新成"，其解"去故更新的意思"。三者大致不异。梵澄以为非是，他说："'能''耐'通假。义是'耐旧'或'耐损'，今言'经久'，凡物既耐久可用，故不必重新制作也。故曰：'不成'。'新'字必后人所加。"（《老子臆解》第21页）关乎此句，他曾对友人说起："梁启超也没有解释出来，'能'是什么意思。你把这个'能'解成'耐'，不就通了吗！将一个旧房子修一修还能住，就不用造新的了。"另有王船山解此句为："其弃故喜新而不能成也！"义已衍出，或过曲。则应是"能敝（耐）者，长久之道也"。这解释依乎学力，识力，不仅能出乎其大，而且能入乎其微。后下梵澄撰《蓬屋说诗》，举黄晦闻句："未开梅在盆中活，已敝裘施韎外缘。"裘，毛皮大氅，韎，去了毛的兽皮，在破旧大氅的袖口和下摆之边缘，缝一绺皮子，经久耐用且美观大方，故"是以能（耐）敝而不成（不必重制）"。此充分体现"俭"之精神。

其次，与"俭"之品行有关的还有《德·十八》，其言："夫唯啬，是以早服，早服是谓重积德"句，其中"早服"，任继愈、陈鼓应皆注"早作"，谓之勤勉，义不错，然间接。梵澄释为"卑服"，古说皆有之，今言虽官吏亦公仆，如焦裕禄然。他说："俭啬之道，唯墨家倡之，师大禹之菲饮食薄衣服而致孝（敬也）于鬼神，盖欲挽当世厚葬等敝俗。倘求民生不匮，则莫如重稼穑而崇俭朴。'卑服'，谓卑其衣服，俭于身，示知稼穑之艰难。以此而治人、事天。"（同上第 86 页）"能、耐""早、卑"，还较属外在，那么内中何为？见《道·三》有云："……虚其心，实其腹，弱其志，强其骨。恒使民无知无欲也。使夫知不敢弗为而已。则无不治也。"梵澄解释"弱其志"，是"损其志欲、志甚、志泰"，若然则"能体纯素，谓之真人"（庄子）。又指出："'恒使民无知无欲也'，非谓使其蠢如鹿豕人肉视息者也。谓无知于其所不当知，无欲于其所不当欲。虚心为谦柔，则不争。实腹谓温饱，则不盗。志弱谓无所妄冀，骨强为气力沉雄。要之使人不为乱事。心既不敢，力亦不为。"（同上第 6 页）"实腹""骨强"，为劳作，"劳则善心生，故农业社会多淳厚朴质，而罪恶少。"（同上第 86 页）"不当知""不当欲"，与孔子四"毋"同。

《老子臆解》分"道经"为 37 章，"德经"为 40 章，少于通行本 4 章。帛书甲、乙二本以"夫天道无亲，恒与善人"为结末，通行本作第 79 章。"版本校勘"指出本章"无德司徹"句，说其："旧注：伺人之过也。谓'徹'假借为'辙'，车迹也。车迹即行迹也。而'司'通'伺'。意谓无德者专伺察人之行迹也。兹取《诗公刘笺》'徹田为粮'义，即'什一而税谓之徹'。《孟子滕文公》上：'周人百亩而徹'，谓什一而税。《广雅释诂》二：徹，税也。"于是，"臆解"文便顺理成章了：

> 老氏小国寡民之理想，以谓治国者'司契'而已。无德者乃如'司徹'者之徵取于民，取必于其什一之税收，必不能'不以责于人'者也。《晋书刘惔传》："惔叹曰：'古之善政，司契而已'。"同书《王坦之传废庄论》："先王知人情之难肆，惧违行以致讼，悼司徹之贻悔，审禧带之所缘，故陶铸群生，谋之未兆，每摄其契，而为节焉。"是则解"司徹"为争讼之端，"司契"为善政之节。大致古代农业社会，争讼者土田经界税负之事为多。故契约立于先，凡田畴之界，浸灌之源，罚锾之数，皆立文明，著之竹帛；或有铸在彝器者，欲其子孙永宝，杜绝争端。后世称曰"约剂器"者，如今存之"散氏盘"犹可见也。陵谷变移，年月浸久，其有侵耕、引水、伐材、遗赋诸争，悉凭契约为断，可以息事宁人。

最后："全书以'夫天道无亲，恒与善人'一语作结。'天道'与卷首之'恒道'无殊。思绪亦由争讼之义衍出。则谓人心同然之理，不能阿私，犹讼狱之不能偏袒。'皇天无私阿兮，览人德焉错辅'，屈子之辞，同此传统思想也。'善人'谓有德之人，《德经》之终以此语也，宜。"（同上）我们认为，其"'善人'谓有德之人"，"德"即谓"性"，"天命之谓性"，此于儒家不异，但似乎更强调了天命的赋予（恒与善人），即是"光明"自上而下的倾注。所以，其与韦檀多哲学特别契合，故梵澄说：《薄伽梵歌》之奥义通乎道！

1985年3月初，中华书局派人来取走梵澄先生的《老子臆解》手稿。整整三年以后出版。出版以后他给友人的信中写道：

现在又出难题，请写一篇《老子臆解》的书评，限《读书》杂志一页以内的字数。我想知道其中胜处发前人之所未发者，大妹看到没有？又有当补充与修改者一、二处。

这是"狮子搏兔"的工作，是用过全身气力的，几十年来断断续续，不知道费了多少工夫。想知道读者了解到那种地步。[①]

后来果有一篇书评，载于《读书》杂志 1989 年第 9 期上，名曰：《"道"之"臆解"》。文字不多，一页有余。不过看文章，作者似乎是主要在说自己对"道"的理解，而且用的概念是"能"与"式"，显然此出于金岳霖先生《论道》的观点。克实论之，未能入乎梵澄先生之精神畛域。外此，仍是一片寂寥。此话，稍已在后了。

## 二、曼谷会议

1985 年 3 月 20—22 日，世界佛教大会在泰国首都曼谷召开，我国受到邀请。这是改革开放以后，我国学术界、宗教界第一次参加这种国际性的学术研讨会，可以说彼我双方都十分陌生。在充分考虑到与会情形的复杂性之后，任继愈所长决定请梵澄先生加盟。事实也是这样，往往有关学术的对话，一个人便可以扭转乾坤。大会的主题为 "Buddhist Perceptions of Desirable Societies"（合理社会的佛教观）。此一题目涉及两个问题：一是佛教的理想社会为何者？二是佛教在现实社会中可何为？第一个问题较虚，第二个问题较实。从与会者这一方面来说，中国代表团的到来无疑增

---

① 见徐梵澄手页。

添了新鲜的气息，人们也很好奇，一个"闭关"了这么多年的国家，会有怎样的表现呢？大家期待的心理当然也有不同，有友好的，有冷淡的，甚至还有想看笑话的。大会组织者好像有一种倾向，那就是比较倚重印度代表团，他们的人数不少，团长是一个梵文专家，叫室利·兰迦，冠以"室利"，肯定是名望很高了。大会所使用的语言为英语，在他国，不是问题，对我们，十分吃力。这一切梵澄先生都看在眼里，他知道自己该做什么，怎么做。

大会进入了热烈的讨论，问题集中起来，即：对于一个理想的社会而言，佛教有何作为？如何作为？梵澄代表中国团发言，为了照顾更多的听众，也为了充分表达中国学者的见解，他用英语演讲。他说：科学与知识不能救治心灵，而心灵属于信仰之事。他举例：在西方"大犯罪者多聪明，是受过高等教育之人，有知识，有学问。故此事根本，仍在人性的转化，此非易言之事，要修为，改善生活……"听到这里，主持会议的兰迦教授连连点头。梵澄先生又说："另一个问题，我以为佛教徒不当参与政治。教会活动与世俗活动应当分开。我们不妨以希腊的毕达哥拉斯为喻，他开了一个教派，教成了一班高明的弟子去参政，在 Grotona 曾有学会，弟子们都是极佳的行政长官，但是一传即灭。中国古代信佛，不减虔诚，如六朝的君主，不止一个愿意舍身而献佛寺，然而他们的国祚都不长，多则六十年左右，少则二十多年。当然一个朝代的灭亡还有许多其他原因，但在当时佛教是其主要原因。所以，佛教应与世俗之事分开，这是上策。而佛教徒若受权力的诱惑，是极易导致堕落的。"那么，佛教或佛教徒应充当什么样的角色呢？梵澄指出："于今世界需要精神领袖。佛教徒应自度然后度人，自悟而后悟他，此为主旨。"他还讲到关于真理的问题，说："真

理终于必胜。世间没有恶法是能够长存的。'八正道'等，都是真理……'友谊中亦有真理。'" [1]

他的发言受到了热烈的欢迎。国外学者踊跃提问，因问题中涉及某些术语和概念，他就不得不以梵语或德语来加以说明，如此一来，招致的提问就更多了。梵澄从容不迫，对答如流，众人深为其渊博的学识和潇洒的风度所折服。主持人兰迦，似有意不节制时间，让大家讨论下去，及至占用了最后一个演讲人的时间。这个演讲人是一名藏僧，他也听得入了神……是日午膳吃中餐，在一所华侨所开的"海天楼"。梵澄先生几乎是被簇拥着挤进饭馆的，讨论尚未结束，人们不能放过他。直到 22 日大会闭幕，用过晚饭以后，兰迦才在一静处等待着梵澄路过，好像偶遇一样，两个人大谈印度文学，并用梵文背诵《薄伽梵歌》，仿佛一对久未谋面的老朋友似的，"大相契。彼此大笑数场。彼（兰迦）言余（梵澄）为'坚强之唯识论师'"。[2]梵澄被外人看作了"明星"，凡一露面，即获掌声，甚至举手投足，也有人拍巴掌，因为他们以为梵澄先生有话要说，而他的那些话，是那么到位，入里，不同凡响。不用说了，此次大会，因有中国代表团的参加——气氛高涨，中国代表团因有梵澄的加盟——光彩照人。

回到北京以后，任继愈所长致函徐先生：

此次会议，我们有机会向国际学者阐明我国重视佛教文化近况，并得结识海外学者，讨论时气氛和洽，已达到与会目的。会议期间，先生挥麈纵谈，不亢不卑，处置得宜，是为取得成功之主因。大会席次安排以我国学者居前列，足见

---

① 见徐梵澄手页。

② 见徐梵澄手页。

彼方对我国的重视。诚如先生所言，皆国家强盛所至。

在此前，梵澄先生有一报告交到宗教所里，有这样的话：

> 此前出国，事前未有充分准备，于 UNU 等活动未能详悉。然亦处处虚心请教，于泰国之礼俗（入境从俗），如随众合掌礼佛等，略无违背。而绝口未道及政治一字。与会者亦皆老成不提及政治。故空气颇为和洽。而新识学者数人，所见相同，亦为投分。此个人之所得者。揣想与会者于此中国来宾之印象，必颇不恶。因余谦谦不敢失礼。大致皆对中国恭维，因我国正当兴运，有其尊威也。——呜呼！一切皆仗我国家之强，藐尔一学人何可算耶？

梵澄先生给任所长回信：

> 闻开大会事忙，想诸理佳胜，为祝此曼谷之行，本无若何使命，既无成功，亦无失败。以二十六日遄归，理应拜一书面报告，故此寄呈，亦望转呈梅秘书长，因隐隐代表社科院也。此报告是否应公开与同人递阅，悉听尊裁。但澄以为不宜。宜于此事保密，以免将来悠悠之口，横生是非。若作讲说报告，更不必矣。

他又给宗教所科研处作了一个财务上的汇报：

> ……余以为虽以学者身份出国，亦不可不稍顾世 [法] 人情。而多得百余美金归国，亦觉微失礼统。因在清付诸账之后，取一百元，往邮局挂号函寄大寺之一美国比丘。遂留少许泰币在行囊。登机前在机场又有行李运费当付，幸未竭窘。——故此一役也，实未能带回何种礼品分致同人。亦买得数卷书，将来归之所中图书室。此外无账可报，因随处用钱，未能随处制取收据也。

## 三、乙丑流光

五月末，梵澄有信给贺麟：

自昭学长兄道鉴：

　　大驾发北京前，曾闻电话示知，归期为在五月之末。于今五月末矣。则仍在蜀，或已回京，尚难考证。虽然，奉此一问，若已回也，即请示知，以便走候。并请以电话询问君培安否。因其在家偶遭小恙，今尚在某医院中，然不久亦必无恙。弟则下月十四将往无锡，随院中人前往一观太湖之胜。然则谋一聚谈之会，当在此二十日中。

　　老兄以书生而离三峡，以名德而归故乡，留情旧里，桑梓增辉，回首华年，琴书无恙。想虽风尘劳顿而乐事已多，纵岁月不居而健康道上也。（声誉早驰于九州，教化已殷于域内）（山川未改服色更新，〔一周甲子之中〕，天道已五十年一小变，大寿八秩以外……）

至八月，又有信给贺麟：

自昭学长道右：

　　数日前大会中见，阁下赫然在座，精神奕奕，未敢惊动，而私心庆喜。该会适宗教所中人误会，以为在院中开，遣车将弟送至院中，问知乃在近代史研究所，又搭他人车到会所，是以迟到。散会后又忙于找车回院中，则阁下之车又杳矣。

　　往访君培，则是伤已愈，此为可喜。

　　然此公近日，因住医院颇有时日，甚感 depressed（抑郁）。因力劝其振作，往任何处避暑一时。我兄想从蜀游回京，此夏未必他适。然似宜劝彼稍游览山水胜处，怡悦心神，此乃友之责也。

院中组织各所人士游无锡，而不幸值雨季将临。初到后天气尚佳，因急游宜兴，苏州二地，皆一日往返，匆匆一看而已。亦有小诗，寄上……

诗名《南游纪行》，有小引：

乙丑初夏，随院友十余人同以休假，南游无锡宜兴苏州杭州，为时仅十五日，各分道归，未到之处甚多，已到之处觉其可记者，各识数语，征轮辗转旋律似之。

有诗注：

拙政园有"三十六鸳鸯馆"与"十八曼陀罗花坞"，考曼陀罗是有毒有刺之植物，花无可观，印度土人剥其干为食，如莴苣，在印度教神话则称为珊瑚之花，此十八曼陀罗不知所谓。

朱子尝谓岳飞为"横汉"，而以秦桧为"有骨力"。"誓心无地尚令稽首以秣藩"乃岳飞表中语——入佛殿则香炉匾联等乌烟瘴气，入岳庙则空气为之一清。

秋瑾烈士墓有孙中山先生题"鉴湖女侠"四字，甚为得体。

英文版《肇论》于1985年11月中国社会科学出版社出版。此前，是书编辑希望徐先生能写一篇文章，即以马克思主义的观点对这一古代典籍做一个批判，并附于书中。梵澄写信，婉拒此议。他说：

……尊意以谓不无可采，则愿绍介而即成一小册子单行（或附原文于后，则于华侨及西人之学华文者有益）。

此译纯为海外读者着想。缘吾华思想方式与印度不同，忆此事昔年陈寅恪先生已著论明之。（而僧肇则古之了解印度思想方式者也）印度古今之思想方式不甚相异，而肇论意与之契合。示以一例，稍达其情，譬犹侨札缟纻云赠，颇有深意存于间。而亦明指其病痛之源。

阁下以云译成近代语文，而以马克思观点立论，批窾导窍，于当世自无间然，愚虽非于马列绝无所知，然未能深造自得，若径采尊论入之，则于己有抄袭之惭，于读者反将格格不入，故只就其可解者说之。于今倘若能挽印度人入常识哲学或理性论一过，已是大胜利。此中情实，想为大雅所鉴谅也。

……尊言中不无□苦之辞，若尊意以为于当有所忌讳，则不标宗教所或社科院之名亦无不可。要仗大力介绍出版，并当亲自校对。此稿译成之后，得德人利本塔尔之译文，读之觉拙译远不如其奥晦，而平易过之。大致该氏之治此学，尚恰如分际，略略等而下之，则必有"开中药铺"之弊。今其人或已作古，惜不能与之讨论也。所谓"衣败絮行荆棘中是已"。①

9 月 8 日，白露。梵澄先生写信给鲁迅博物馆姚锡佩，为去年春天另一鲁迅研究工作者包子衍之问作出答复。包子衍集 1934年《申报·自由谈》98 篇杂文（含诗），问是否为梵澄手笔，若"是"者，打一勾，"非"者，打一叉。梵澄当时给转递者姚锡佩写信，说："缘旧日文字笔名等，尚待搜寻，记忆，审查，确定。究竟是否可入散文学之林，及是在今时尚有意义，皆成疑问。"他还引述了鲁迅的话，"我以为凡对于时弊的攻击，文字须与时弊同时灭亡。"在这封信中，他说：

---

① 见徐梵澄手页。

近闻昔年"自由谈"之拙文多篇，有好事者将其汇集出版。我准备"不认账"了。——目前，极难在青年界及一般知识分子中，养成一种敦庞笃厚之风，使人人皆有一种开国之豁达光明气象。用于摧挫旧社会之尖锐刻薄冷嘲热讽之文字，不宜用于现代了。倘若昔年之故态不改，则亦证明几十年毫无进步。"亦已焉哉！"①

又有这样的话：

《鲁迅研究动态》杂志，接信始知由尊命寄下者，皆从敝宗研所转到，甚为感谢；内容可观。若当付杂志费，则承寄下收据即付。目前风尚，总多赠阅，此鄙人素所反对者。

想看看海婴大弟，其实没有什么事。或者十一月中天气好时，再当来博物馆奉访，先一、二日电话通知，同去。

近来在寓中颇闷头忙于一长稿，拟出一不太小之册子，二百页以内而已。总之，不管鄙人工作如何，十一月中旬可以相见。其前与其后若有何学术上之困难揣想鄙人或者明白者，不妨下问，所知亦当尽言，只此一点，乃承鲁迅先生之余风，其他一切，皆遥遥望后尘而已。②

9月12日，梵澄先生写信给崇善侄。崇善喜爱金石，自刻一章，寄给他的海叔。梵澄与他娓娓道来：

前后两接来信，稽迟作复为歉。

先论刻图章事：大致先习斯、冰之篆书为第一要义。此即《说文》或字典上常见之体，求其笔划正平，横平竖直，等于画几何图案。其次当玩味周、秦之钟鼎彝铭，细观其分行

---

① 姚锡佩：《梵澄先生给予我的教诲》，《鲁迅研究月刊》2000年第5期。
② 姚锡佩：《梵澄先生给予我的教诲》，《鲁迅研究月刊》2000年第5期。

布白揖让进退之处，再参考汉印——由此乃不落入小家数，虽技巧不到，终不失大方。

近人则宜师法完白山人，所谓"皖派"者，即邓石如为开山祖师。而"浙派"次之，以赵㧑叔为代表。前者浑厚苍古，后者流利美观，学前者不到则拙，学后者不到则俗。宁拙毋俗，故无妨从前者取长。

解放后出土古图书甚多。而有见于楚器者，惊其卓绝。此叔所欲橅仿而未得分毫者也。

大致从古体中选择其最当意者，再三研虑，然后在纸上写之又写。此准备工作不厌反复百遍，写至满意然后再写之于石。后用经历多焠之利刀（油，花生油芝麻油皆好，焠胜似水淬）刻之。绝不可性急，初学必不求一气呵成，要之当细细施工，表现神完气足。岂有留半字不刻之理，或故作破阙之相？要笔笔清明圆到。迨技巧渐渐到家，再讲究风神韵味。始则依乎多看多刻，久久自然明白也。始知方寸几微之间，又大有文章，非徒为刻字匠之能事而已。在明眼人一目了然，鉴赏亦非易事。

老年目力不可太耗，字细或笔画细皆不仿，可以消遣，不宜太劳而已。若心灵手敏者，则如此用功半年，必有可观，基本在于大、小篆。

桂林之游亦二周。颇单调。然食物较好。乘船游漓江一日，午后三时到阳朔。换车回。印象最深者，则月牙山龙隐洞之"元祐党碑"也。八月四日抵京。归途于三日午后二时过长沙，在车站稍作徘徊瞻眺，感慨系之。（梵澄的三哥已于 1984 年 11 月 9 日逝于浏阳——笔者注）亦觉无可眷恋。——近年来闻湘中各方面发展皆落后，民气犹不甚开通，远不如江、浙，可叹也。

回京后始知院中人事皆稍有变动。皆非叔所与知者。又闷头在从事述作，终日矻矻。期于年内草完一中型小册子，在二百页以内，稿成而国内又当久待也，则迳寄国外。——以为期待受惩罚也，不若如此。

来信似甚有不自得之情。时时返观内省，亦必无甚不满意者也。叔则总觉时间紧迫，趁目前尚能工作之时，努力成就少少事业。有问则知无不言，言无不尽，因来日无多也。赶紧了一事，算一事。

此间近来天气甚凉，多雨，保重健康为上。

即祝多福！

冬日的一天，梵澄先生来到鲁迅博物馆，邀请姚锡佩同往，去看望了周海婴夫妇，赠译著《五十奥义书》和《神圣人生论》，并留影。

时间过得真快，新的一年又开始了。梵澄检点行箧旧作，未发表者数数有之。《安慧〈三十唯识〉疏释》，译出几近四十年了，唯识学的英文讲稿，也该整理一过以求出版。重新翻看了1984年秋自己为《安慧〈三十唯识〉疏释》写的"小引"和"跋"，觉得过于简略，是否再稍详细地介绍一下呢？或许对多数学者有益：

昔治希腊哲学者陈康，尝谓哲学之分为唯物唯心，是大不幸。愚亦谓然。虽然，或幸或不幸。唯物唯心两家判然，各守其分野，而彼此多昧然。不相知而互相责，彼此不受也。然则宜乎二者俱研，穷其底蕴。要之两皆未足以弥纶宇宙，亦各有能与不能者。

唯识之说，至近世嚣然矣。以近代史事观之，三百年来吾国学林，成就于朴学者大，然求一原始思想家如陆象山如王阳明者，了不可得。其言理学者，循故辙而宗程朱，无新启发，晚清佛学丧亡之典籍，出于东洋，然后学者乃皇皇然求之，又皆落入窠臼。加以西洋学者盛研印度之学，而日本方硁硁然守其而有余，理之以科学方法，张之以宗教信仰，于是国人乃勤勤于法相唯识之学矣。佛学繁若，唯识苛细，创获盖唯独一支那内学院砥柱中流，为功不细，然其学亦不能广也。至唯物史观入华，风靡当时，学者又□斐然矣。识者心也，盖唯心之论，至此而极，亦至此而穷。穷极而变，则密乘□心之说皆起矣。（说谓心，意，识，了，名之差别。）以谓唯物论以前学者皆属唯心，斯固不然，对于古之哲学，唯物论从来远矣。而西土近世目唯识论为"无妥协之唯心论"，亦自有其由。兹揣其本而略言之。

唯心之学，昌于佛乘，臻极于唯识论。其说孤深，未能光大，远不能与唯物论相颉颃。必曰外物皆识所变现，此非世俗之所不许者也。其后商羯罗倡幻有之论，说亦无以外此。此犹可谓有理可说，非若今世之言空悉成恶取，谈有则尽鬼神，丧失理性，徒恃巫术（谬托瑜伽），成一大败坏之局，为祸生民而未已也。以今情度之，此天竺民族，且为人类文明一大负担，吁可慨也。

反观古世，虽歧说纷纭，教派林立，亦有鱼鱼雅雅，灿然可观者矣。于诸识之研讨，即其一也。其起源盖在佛陀以前。古奥义书中已涉及之。数论说五知根，胜论说色、味、香、触及其第二十四德声，亦皆尝探索之。至佛陀说法，亦未能弃也。入佛法为五蕴之一，为十二因缘中之一支，曰行缘识，识缘名色。异部分歧，举莫能外，大乘起而其说渐圆。至世亲创唯识二十论，三十论，而自立为一宗，则又其后之十大论师补苴阐发之力也。

世亲为三十颂，说者在晚年，惜未自为疏释。观其远绍般若之鸿绪，倚法因明之楷式，破实色之执，明我法之空，密接中观而不堕两边，虽依教为说，可谓有所为而为，其立义固有可取者矣。安慧从而注解之，此释是也。墨守师承，蔚为古学，有是多者。其新悉熏种子之见，亦有助于蒙养之功，迄今西洋之潜意识说，正有相通者也。……①

## 四、重温玄言

春节过后，有商务印书馆的同志登门。他们想再版《苏鲁支语录》，便在北京图书馆复印了一部，带来要梵澄先生亲自校对一下，并写一个序言。梵澄自然是高兴的，拿到这本四十年前发表的译稿，好像是遇到了故人，印象一下子清晰起来，他记起这部书的封面，纸本硬精装，图案中间的花朵为八瓣，看上去很考究。同时收入的还有《宗教生活》和《启示艺术家与文学者的灵魂》两篇译文。他这样描述了当时的感受和一点看法：

这使我的心情回到少年时代了。倘现在要我翻译这书呢？我必然迟疑而又迟疑，谨慎到不敢轻易下笔了。

今兹再版，工作必须更加入细者，因为时代改变了。三十年代，着眼在绍介西洋思想入中国，只求大旨明确，不必

---

① 见徐梵澄手稿。

计较文字细微。今兹不同。青年学德文者，要取原文为进修之助；而且西洋读华文者已多，又要取此译本为学华文进修之工具，便要顾及其华文根柢皆不深，要使其易于了解。那么，一些惯熟的文言词汇，只合改成更浅显的白话常语。

这里不妨附带略说一个永远讨论不完的问题，便是翻译。据文字记载，我们是自公元前二年已有了西书翻译，到如今也近两千年了，中间在唐代之"新译""旧译"，闹过不少纠纷。我现在只想贡献一个意思：一个译本无疵可指，处处精确，仍然可能是坏译本，不堪读。正如为人，"非之无常也，刺之无刺也"，仍往往是"乡愿"，不是"圣人"。这仿佛是一有机的活事物，不是电子机器能操纵的。

其次，郑（振铎）序中有一句过奖之言："这部译文是……从德文译出的。"——这是事实，我承认。但随着说："他的译笔，和尼采的作风是那样的相同。"——读者稍研原著，便可知道这话是溢美。我真想改他这句话为疑问句，"和尼采的作风是哪样的相同呢？"那本是不可能的事。[1]

梵澄放下了手里的其他工作，将原文与译文逐字逐句地校对了一番，发现几处误笔，改正了，凡欠精确处又加修饰，也换去了现在青年人所陌生的词汇，如"齑怒""诪对""长怀""牂牁""阿芙蓉""泊夫兰"等。接下来，他要告诉读者如何欣赏这部著作：

尼采，诗人，哲学家，是以文章自信的。他明通好几种语文，生平对德国的一切，几乎皆不满意，多贬词，独于其语文，特加认可。尝以谓路德（Martin Luther）与歌德（Goethe）而外，在文字方还有第三条路是他所履行的，便是

① 尼采：《苏鲁支语录》，徐梵澄译，"缀言"，商务印书馆，1992年。

他之撰这部《语录》的文章。……而尼采自信他这部著作，当与前二者媲美（路德所译之《圣经》和歌德所著之《浮士德》），有德文之阳刚性，灵活性，与和谐之声。

这是一部散文诗。

……

单从语文学看，这部书里出现了一些新字，及以二、三字相结合而成新词，皆夐夐独造。全书未尝用一个外国字，以德文论，极为纯洁。有些名词及其铸造，近于文字游戏了，然表现力强，也非常生动，必然是精心出之的。……

虽然，诗是有韵有律的。——华文与西文结构基本不同，这使译者无从刺手。从华文角度看，这里是双声与叠韵皆用。用韵是两行或多行末字音同，这在其他西文诗亦然，与华文诗不异。但在遣词或多字连贯中，始以同一声即同一子音（alliteration），在华文谓之"双声"，亦古诗中常见。这可以三叠、四叠，姑可名曰"声头"，与"韵脚"相对。这在印度日耳曼语系中，可算文字之胜处，如迦里大萨（Kālidāsa）的梵文诗中，时亦运用这技巧，很动听。而且同此"声头"，又可再见于下一行（Stabreim），正是德文古体诗之一律。诗人之匠心独运，于此可见。凡此一加朗诵，声调或刚或柔，有如按谱度曲，睦耳娱心。所以尼采自己，对这作品有"交响乐"之称。但译者的心思运到这里，如追逐敌人到了桑驼海，于此路穷。[①]

重要的还是对尼采哲学的认识。梵澄先生刚回国时，在某报纸上看到有人把尼采指为"反动派"。其实，更有甚者，把尼采说

---

① 尼采：《苏鲁支语录》，徐梵澄译，"缀言"，商务印书馆，1992 年。

为法西斯思想的先驱，已妖魔化了，因为这"反动"一词，太为严重，如灭顶之灾将至，让人不寒而栗。后来我辈看到这序中释"反动"为"反对"，又言"说不上……正动反动"云云，顿时大爽，如释重负又哑然失笑，原来那"反动"的"帽子"是不存在的，是人为的，只要个人自信循理尽分，恪守正途，实不必整日惴惴不安，杯弓蛇影。当然，这种心态已经是翻过去的一页了。徐先生告诉我们，把尼采目为反动，并不是起于我们（马克思主义者），而是与他同时代的一位哲学家，叫韦兴格（Vaihinger）——《如是哲学》的著者——他分析尼采思想，指其反者有七：一、反悲观论；二、反基督教；三、反民主制；四、反社会主义；五、反男女平权论；六、反唯智论；七、反道德论。梵澄先生又加了三条：八、反资本主义；九、反国家主义；十、反瓦格勒（音乐家）。合之十反。在我们看来，这其中"反民主制""反社会主义""反男女平权""反道德论"，比较严重一点儿，可是要作同情的理解，又实没有什么，在当时的历史阶段，反"民主制"，只能是反资本主义的民主制，这又颇合我们的口味；反"社会主义"，大概只是一句空话，因为第一个社会主义国家的诞生是在他殁世以后的第十七年；反"男女平权"，这也是当时的一个实情，因为妇女尚未参加公权利的活动；反"道德论"，这恐怕又有点像我们，因为我们在过去从来都是反对抽象的道德的，"人道主义"这个字眼在我们听来极不顺耳，盖在它不讲阶级性。然而我们这都是经验主义的说法，还需以理服人，来看一下梵澄先生的分析与批评。他说此十条，除最后一条反瓦格勒的音乐之宗教色彩，稍见于事实以外，其余九条都是"倾向"，未有任何实际行动，而其中亦有显有晦。而这"倾向"一词，也是韦兴格说的。梵澄一一加以论列。

比如，关于反悲观论：叔本华是著名的悲观论者，他的名著《意志与想像的世界》，尼采是很钦重他的。但又如韦兴格说，尼采的"基本原理，是叔本华尔派哲学，受了达尔文主义的熏染，转到了正面或积极方面"。尼采积极肯定人生，教人忠实对待我们生活其上的土地，这是人世或保世情怀，不是出世道。他常说对远方或彼土之企慕，在此译本中则曰"遥情"，但那远方或彼土仍是在此世间，不是彼岸世界。因此反对悲观与离世的主张。痛苦，人自然希望其立刻过去，消灭；快乐，则希望其长存，所以拟喻其情人为"永久"。克实而论，这乐观论是悲观论的反动了。

再比如，关于反民主制："民主"，总是与大众有关，反"民主"，似有瞧不起民众之嫌。尼采就有"呆目的民众，不知'精神'为何物者"之说，但在这里尼采并非要放弃民众，而是要说教民众，《苏鲁支语录》中第一句话，便是向着太阳说："伟大底星球！倘若不有为你所照耀之物，你的幸福何有？"这象征意义是明确的，倘若太阳表真理或主义或人物，"所照耀"者便是民众了。一般而言，民众的知觉性往往低于个人，这也是个事实，而至上真理亦需要民众认识或接受，也是一个事实。两个事实境界，一个世俗，一个超上。"这里只有层次之异。说不上自相矛盾或正动反动。"亦与"资本主义的民主"与"社会主义的民主"无涉。因境界有其超上性，亦会说出另一种真实的语言："对群众的兴趣较于自我的兴趣古老：如良心为群众，则恶心为自我。诚然，狡狯底自我，无爱的，于大众的利益中求自己的利益的：这不是群众的起源，却是群众的末路。"——这里群己、公私之辨已很清楚。凡人皆有其自我意志，知觉或不知觉皆是向上求其"生命"之圆成，即完成其有"生"之使"命"。在群众中知觉或不知觉地成为各式的模范，英雄，这是个人主义，不是自私自利；反过来说，一个优良的集体，必由这种先进人物所表率，所引领。

论尼采的思想，不能求解于一个思想的平面，而是出自一个精神的渊源，高出普通智识水平一个头地。梵澄先生说：这"精神"姑可谓双摄其理智与情感。又说：但也不算高极，决非如其自己所云，一足踏在"人类和时代以外六千尺"。他的创作，多倾于感兴，即他自己所谓的"灵感"。如此说来，尼采的"反社会主义""反男女平权"，便不必特别正面地理论了。我们看百年来的社会主义文字，很少有反对尼采的，大致二者有其共同处吧，都是提倡伟大的革命，不过前者着重于政治，后者在意于精神。尼采主张生存之上升，即人生精神的发扬，由个人之升高，而转为一般普通之高起。大约在一战以后，有人在工人阶级中做过调查。结果是，读尼采者不多，但凡读过的多会加推崇，有某矿工说："对于有远见的人，是经过社会主义，乃达到尼采的个人性的可能。"又有某工人说："人应在尼采和马克思的基础上提高文化。"或"《苏鲁支语录》不是为无产阶级而是为高出的众人写的。"而"高出的众人"者，单指精神而言，他们不是"众人"的反对者或反动者。

其实尼采的"超人"是特立独行的人，并且不重种种小德。特立独行，便是个人主义的端绪；以譬喻说，只培异花，不植常卉，如可生特种奇花，虽牺牲凡卉亦所不惜，尼采便是这么一个园丁；不重小德，特出某一大德性，掩盖住了种种寻常德性，其善与恶，罪与罚等，许多观念都改变了，好像起了一大的激扬与涤荡，廓清了世界。

那么，尼采哲学有何不足呢？梵澄写道：

究竟说来，尼采的文化哲学，未尝深透入民生根本之经济基层；观察到了一颓败建筑的上层破阙，而未涉及此建筑之已倾或将倾的基础；而且，着眼多在个人，小视了群众；见到了阶级划分，忽略了劳动生产；见到的暴君专制是在政治方面，未见及大资本家之压迫在经济方面甚于暴君；见到了大规模阵地战，未见及小规模游击战；见到了钢刀利剑之杀人，未见及如鲁迅所云"软刀子杀人不觉死"。深透西方社会，欠了解东方文明。所以在东方的影响，远不若唯物论之落实。甚者，其思想时常披了诗化的外衣，在理解上又隔了一层，虽其效果比较悠远，然远不如质直宣传之普及大众。所以在推翻旧时代事物而创造一新时代，在东方以后者较容易成功。

"绪言"的结尾与《星花旧影》几乎相同：

鲁迅晚年转到了马克思主义，却未尝抛弃尼采，所重在其革命精神，同向人类社会的高上目标前进。[1]

在接近整个校订旧译尾声的时候，他接到了姚锡佩的信。信中说恰有一位尼采研究者作了《〈苏鲁支语录〉诠解》，希望能得到梵澄先生的审订。3月27日，他给姚写信，表示了他的"不便"：

请你将这事细细一想，便知道此中的道理。作《诠解》者，已是参考多家，作其批判或拣择，则是如同法官，而我是在受检查之列，则何以又替法官去裁判？此事任何人可作，而我不当作。我亦当看其已出版之作，不当于此时看，因为我正修改好而未付印，这有盗窃《诠解》之可能，攘取他人脑力劳动的成果。如我看到《诠解》无可取而劝其不必出

---

① 尼采：《苏鲁支语录》，徐梵澄译，"缀言"，商务印书馆，1992年。

版，恐怕又是罪状，或者是我忌讳已过，阻挠青年进取之心。——总归这事我必定"随负"。倘若其《诠解》仍可等待一段时间出版，见《苏鲁支语录》经我修改后再版行世，取此以为根据，乃更妥善。不过这是不得已而一说，这话又不应该我说。

我还举一例：我游山玩水，支着一伞或一杖，有时乘危履险，亦复稳妥泰然。其时偏有人担心我跌倒要来搀扶，那么，使我更增困难，我自支持重心不失，一扶便往往两人皆同倒了，那是不如不扶。

6月22日，梵澄先生的英文著作《唯识菁华》整理完毕，并作序言，为之画上了句号：

从某种历史观点来看，古代希腊、古代印度和古代中国是产生各自哲学流派的发祥地，这些哲学流派是原创的、本真的和独立的，它们决定了人类的命运。在一定意义上说，如果没有这些哲学作为基础，无论是现代的东方文明，还是现代的西方文明，都是不可想象的。在上一世纪，康德及其之后的大陆哲学的发展，被生动地描述为日耳曼民族对古代雅典之辉煌荣耀的怀念与向往。可是除了凭借一条壮丽的彩虹——它宛如一座可以连接以往两个时代的桥梁，然而人们却不能在其上行走——之外，没有一条道路可以返回那辉煌荣耀的古代雅典。倘若把这几个国家各自的历史分别加以考察，我们会发现它们各自都存在着许多空白，尽管几百年来人们做了大量的研究工作，然而填补这些空白的希望亦微乎其微。许多哲学学派与它们的重要著作一并都无可挽回地消失了，留下的只有它们祖师的不可靠的年代，以及含糊的叙述和空洞的名称。西方的情况是如此，东方的情况也是如此。而印度的情况尤其如此，因为在印度，历史从来不占有重要的地位。一个民族对于它的过去是无知的，这固然可以使它在前进的道路上没有任何心理负担或障碍，这也可以说是一件幸事，然而这一无知却总是被证明为灾难与不幸。

就目前的状况来看，我非常遗憾地说，由于内部的冲突，印度的情况并不是很好，并且所有宗教似乎都对其有害而无益。然而，在评价一个民族真正价值的时候，一个人不应把他的视域仅仅限于眼前。人类既应该回首于它的漫长的历史，又应该放眼于它的无限的未来，正如古诗云：欲穷千里目，更上一层楼。无论如何，一个民族可能暂时被世人所忽视，但是他们过去的光荣和对人类的贡献是不能被否定的。对一个伟大过去的认识意味着对一个伟大未来的希望。在经过火的洗礼之后，一只新生的凤凰从它前身的灰烬中腾空而起，它甚至比过去更加美丽。印度次大陆的伟大希望就在于此。

如果学术确实意味着为人类提供某种切实的服务，那么，学者的任务就是深入地研究过去，以便为了伟大的未来做好准备。不然的话，他们所有的艰苦的研究工作就没有什么意义。[1]

7月13日，中国社科院副院长赵复三告诉他此稿已交新世界出版社。

7月23日，还图书馆杂志及书。又借得《欧阳大师遗集》四

---

[1] 徐梵澄：《唯识菁华·序》(英文)，孙波译，载《古典重温——徐梵澄随笔》，北京大学出版社，2007年。

册。有给友人的信谈及：

> 案头《欧阳大师遗集》，前有"传略"，不甚佳。全部四
> 册，无《跋龚秋秾元明以来书法评传墨迹大观》之文。此全
> 部可从何处得见？惜材料不足，俟将来征矣，或为之撰出一
> 篇文字，然尚不定。

7 月 28 日，还所借书《明儒学案》《瑜伽师地论》《摄大乘
论》，有一大捆，差孙波取去。

8 月上旬，随中国社科院老专家团作山东半岛游。下旬，写
信问候贺麟。

> 自昭我兄学长道席：

> 前日嘉招，适逢盛设……感谢曷已。

> 尊集文言诗与白话诗宜分两汇。汇中各以时日先后为次
> 第，则不更分古体、今体或五言、七言。版式仍以此原稿本形
> 式为宜，直行朱丝，颇为雅观。惜稿本涂抹太多，不然，径
> 以此手抄本影印，字体虽非绝佳，亦自可爱。较之熊十力，徐
> 旭生诸名流字体，高明多矣。

> 每日午睡过久，似亦不宜。普通人以十五分钟为限。长
> 年则一小时可矣。

> 电视最伤目力，每日听七时之"新闻联播"为佳，余多
> 无谓，且趣味未必高。九时后未必能睡，但闭目养神，则如
> 今之耳聪目明，更可长保。

## 五、辨析"杂文"

1986 年 10 月 17 日，是鲁迅先生逝世五十周年纪念日。纪念
活动的筹备工作，从年初就开始紧锣密鼓地进行起来。鲁博的同

志们频频登门，有写文章事，审稿件事，辨疑难事。梵澄先生也以饱满的热情参与其中，他有活儿可干，他有话能说。

春节刚过，他就写信给《鲁迅研究动态》编辑部，为着自己的恩师"打抱不平"。这是怎么一回事儿呢？原来，是为了一篇文章，此刊去年第 7 期登载的《郭沫若对鲁迅运用语言的一个批评》，文中引郭氏言：

> 鲁迅生前骂过我一辈子，可惜他已经死了，再也得不到他那样深切的关心了。

> 鲁迅死后我却要恭维他一辈子，但可惜我已经有年纪了，不能够恭维得尽致。

明眼人一看，便知道郭沫若说的是情绪话。梵澄说，鲁迅未尝骂过郭沫若"一辈子"，鲁迅只是批评创造社，而创造社的主脑，便是郭沫若。创造社在当时颇有气焰，不可一世，所以鲁迅笑之为"创造气"。其实，郭氏才华之高，鲁是知道且欣赏的。

其次，就是关于鲁迅的文字，郭沫若认为有欠亨者，在《故乡》中，为我们所熟悉的一组排比句："……辛苦辗转而生活……辛苦麻木而生活……辛苦恣睢而生活……"郭氏认为"恣睢"表"放肆""凶狠"义，通常总是与"暴戾"连用。梵澄说：

> 我们细读原文，这里是"恣睢"与"麻木"对言，皆助动词，形容下面的"而生活"。——克实言之，"辛苦辗转"，"辛苦麻木"，也皆不是平行连贯语，如"暴戾恣睢"。"辛苦"与"恣睢"，更不相联属。——深求其义，"辗转"未必即是"辛苦"，虽非不相干，"麻木"亦必即是"辛苦"，因为"麻木"已是感觉辛苦不到了。"恣睢"则又与"辛苦"之义相反，更不能牵合。

这症结，是我们在看书的时候，不是将文章念下去。若将此文一念，则在此三"辛苦"之后，皆当一顿，在印本上加一逗点于"苦"字之后，在行中加一芝麻点，或在行外加一蝌蚪点，皆无不可。那么，一切皆无问题了。

人生总是辛苦的。往往是经过一番辛苦之后，人是由贫穷而至于富贵了，这时外在生活一变，内心情绪亦改故常。多是"要酬平生之不足也"，这种人物，古今随时皆有。特著如汉之主父偃，唐之段文昌。后者是当其富贵后，用黄金作莲花盆，盛水濯足。因其困乏于前，乃成其侈汰于后。奴才辛苦，及至自己成了主人，对其下属往往苛酷，远过"阔少爷"或生来富贵之主人。总之是激变而成的心理，是一很普通的现象。宋之赵普为相后，睚眦之怨必报，太祖时时加以宽解，总不免有怨言。亦是"恣睢"之一例。由"辛苦"或至于"麻木"，或至于"恣睢"，义贯。

鲁迅的文字是精深的。凡其著作，自初出版至汇为全集，我皆曾看过若干遍，从来未尝发现有任何语句上的疵病。这被指摘的一处，绝对不是不亨。还有其文章上音调之和谐，乃成其独特作风之一大因素，却少有人注意到。颇闻欧西文章家撰文，倘用拉丁，也重讽诵时的音调，于多个同义字或辞语，乃作其适当的选择，求其音调节律之恰当和谐，同样是高等修辞技巧。可惜近世此道渐渐失传了。鲁迅的文章中，随处可看出这点。这似乎尚未经时人详细分析过。[1]

----

[1] 徐梵澄：《有感于〈郭沫若对鲁迅运用语言的一个批评〉》，《鲁迅研究动态》1986 年第 5 期。

2月23日，正月十五，元宵节。梵澄完成文章《略说杂文和〈野草〉》，副标题为"为纪念鲁迅先生逝世五十周年作"：

> 鲁迅先生逝世，已五十年。同人举行纪念，征文，要出专刊，要我也写点什么，因为我从先生受过教育，在先生晚年，也因曾在欧西，稍稍为先生服务。在我，则时间观念薄弱，几乎过去等于现在，现在亦等于将来。但每一怀念那一伟大人格，往往生起愤懑。我觉得纵使现在树立若干铜像或石像，建筑若干纪念馆之类，皆不足以补偿那惨淡奋斗的平生。简直一团固结的悲凉，凝冻在胸中而难灭，"不忘"。而先生对国家民族以及世界人类贡献之伟大，诚亦不可磨灭，"不朽"。……

> 大致托之于文词，普及群众且传于后世，仍是较能悠久。研究则因研究者的立场和所取的观点而异。我们通常为空间所限，若观一对象，见到立体，仍然是照相似的，只能摄取一面，见到前面不能同时见到后面，相反亦然。凡伟大人格，其方面是多的，如钻石每面辉耀着光芒。一位大师尝如此影响当世以迄如今，其方面之多且广，是历史上少见的。

梵澄论及鲁迅的杂文，说：

> 集中全部杂文，范围颇为广大，所涉及的问题繁多。文章简短，专论一事，意思不蔓不枝，用字精当；而多出之以诙谐、讽刺，读之从来不会使人生厌。——这渊源，说者多以为出自唐、宋八大家和桐城等派，因为先生是深于古文的。这，很有可能。但更可能的，仍是出自治古学或汉学的传统。治古学，如编目录、作校刊、加案语、为注解等，皆须简单明白，有其体例之范限，用不着多言。此在用文言与白

话皆同，文章技巧，已操持到异常熟练了，有感触便如弹丸脱手，下笔即成。即可谓此体出于治学。

"他的文字，是不能多一个字少一个字的"。这是蔡（子民）先生在会葬时说的。蔡先生碍于当时的地位，不便说出其他许多应当在那场合说出的话，但所说的这一句是中肯的。这是我所亲闻，无异词。比同时代而稍前的康（有为）梁（启超）之为文，下笔则鸿篇巨制，策论翩翩，便大不同了。却皆是出自"时文"（即八股）根底，没有经过一段治朴学的辛劳，道路亦大不相同。那皆是其文出于为文。再比时下的文体，多长句、繁文、难读者，又不同。这皆出于马、列著作的译品，无形中受了德文文法的影响。

鲁迅精神当然是前后一贯，但就三十年的创作而言，梵澄仍把它分为三个时期：前期，北京时代；后期，上海时代；中期较短，为在厦门、广州之执教岁月。前期，北洋军阀之黑暗，南北战争之祸殃；后期，国民政府之混乱，华洋两层之压迫。最后又逢"九·一八"与"一·二八"诸役，"内乱加以外患，中国早已成一大崩坏之局了"。

大致凡所讲说与写作，皆出现于这种时代背景。其特出者，于前期多指军阀之昏庸暴戾，官僚之腐败，学者之虚骄，于后期则直斥洋场之恶习，当局之乖谬，流氓之横行。一般是激醒平民的麻木，尤寄希望于青年。在那些昏天黑地的岁月中，有似乎掀天巨浪间，时时辉射其光明，指导危如一叶之民族舟航，使之不致迷失而漂没。多次预言过"一伟大的时代是要到来的"。最后乃指延安星座为定向。

这便是其毕生事业的主旨。可懂到凡其文字之"所为作"。在世未过一日太平日子，可说完全实现了中山先生临殁之言："和平——奋斗——救中国！"后下伟大的时代果然到来，却已身殁而不及见。尝有句云"我以我血荐轩辕"，亦可谓毕生实现了这诺言。

今日纪念而称先生为一伟大的革命人格，不是溢美。实际是推翻了许多旧物，廓清了大道，开辟了一个新时代，其伟大为何如！

明白了这主旨，乃可深透其一切创作，因为皆是从此一革命人格源出。那么，嬉笑怒骂，皆成文章，至少可知其不是"为艺术而艺术"了。

梵澄指出，鲁迅的创作有甚高的技巧，臻其极诣，便是灵感的唏嘘。凡所描写的人物，一个个栩栩如生，说话则闻其声，姿态皆跃跃于纸上。这不能完全指为写实主义，只可说在对象上多写实。"此外亦多象征，多理想，不能囿于一派别"。

虽然，若从整个看，则前期和后期的作品，在表现上亦微有特性之不同。前期多写"通相"，后期多写"别相"。这分别亦颇微妙。国民性的普通"现相"，是一种惯性或惰性，多传统如是，亦极难改变，几乎人人皆有。前期的文字如谈辫发，说胡须、缠足……或雷峰塔的倒掉……或麻袋档案……或街头人物，无谓聚观无谓之事……诸如此类，看了无不使人发噱。文词皆生命力充沛，其内容却是若干痛苦经验酿成的。

这里又当先作一分辨，然后全部可较明白。读先生的文字，皆有趣味，觉得好笑、滑稽。滑稽原自有其深义，读过《史记·滑稽列传》的人是知道的。有此粘质性的人甚好滑稽。在日常辛苦工作上偶尔开开小玩笑，可以弛缓心情的紧张，有益于工作，不可废。正如演讲时不妨插入一有关的笑话，使大众哄堂，精神皆振作起来了。但讲演必有其主题。为文亦然。大致所有的杂文中皆有嘲笑，然嘲笑与讽刺甚有分别。——"冷嘲"却又是另一事，"无情的冷嘲与有情的讽刺"，先生提到过。这里不论。我以为先生有嘲笑与讽刺，然没有冷嘲。二者皆是有意，却没有恶意。两皆出自"和平的心"，皆有所是，以表其对象之非。因此也得到大家的同情，功效也最大。

梵澄说鲁迅晚期的作品，与前期有所不同，即讽刺多于嘲笑。这与在上海的遭遇大有关系。尤其到了晚些时候，各方面的压迫越来越加重了，投枪放箭者多了起来，亦有人成为"王之爪牙"，遭到了他们的袭击便不免还击，于是写"别相"多于"通相"了：

　　文章多直指，气较粗，篇幅较短，出义当然一贯是鲜明，而嘲笑有时自嘲亦所以嘲笑对象的笔名也多起来了（如"且介亭"表租界亭之类）。有时简直是"嘘"，或呵斥几声了事。较之前期诙谐之文，委婉、曲折、清隽、深长之意度减少了。只余了两个字，曰"峻洁"。

鲁迅当时所处的环境是困难的，先是柔石殉难，如失左右手，其次是杨杏佛与史量才相继被刺，使鲁迅在精神上受了很大的打击：

　　在这种情况下仍保持了平素的冷静，不失其"和平的心"，主持了正义，发愤参加了许多活动，随时给青年辨析了正轨与歧途，到了末期的奋斗，不可谓不惨淡。

梵澄提出一问：现代，中国社会改变了，那么，那些个杂文是否还有价值呢？鲁迅自己也说过："我以为凡对时弊的攻击，文字须与时弊同时灭亡。"这就是说，鲁迅未尝做"名山事业"之想。梵澄说："然这话只是善愿。"

> 大致灭亡是一定要灭亡的，然不必由于所攻击的对象之消灭。因为文艺皆自有其存在。

> 总之，宇宙间万事万物无时不生生灭灭。纵我们称之为不可磨灭，仍是极为相对。时事的变迁速，文字的存在长。唯有其精神必世代相传，此之谓"不朽"。这却是可预言的。

文章的第二部分是介绍的《野草》，颇觉沉重，因为鲁迅的文字本身就沉重。而结尾几乎是叫人有点透不过气来了，不像呼吁"革命"，累了还可以歇会儿：

> 如是，表其内心之"不忘"，随大众纪念此一伟大人格之"不朽"，我总算也写出一点什么了。我自己，自先生逝后，不久即离开了新文艺界，直到最近，方对"杂文"与此"散文诗"重温了一下。我想，我们如今仍在一"大时代"里。那么，不妨抄出一段先生自己的话，即作此冗长的文字之结束："在我自己，觉得中国现在是一个进向大时代的时代。但这所谓大，并不一定指可以由此得生，而也可以由此得死。"(《尘影》题辞)诚然，我们早已"由此得生"了，但是……①

春天里，有鲁博四同志登门求教，姚锡佩、江小蕙、张苓华、左瑾诸人，正在整理馆藏的章太炎致门人钱玄同的五十九封信件。钱玄同被称为章太炎门下"五大天王"之"翼王"，专治文字语言学，于是我们想起来了，在日本时，章氏反复摩挲一部朱骏声的《说文通训定声》，将里面的通假字取来换过，让大家辨识，结

---

① 以上载《鲁迅研究动态》1986 年第 10 期。

果是多数人认不得。这若干封信中当然也多涉及文字的讨论，找梵澄求解，正是找对了人。大家希望他审订之后，写一篇《校刊记》。他写信说：

> 愚以为不必作《校刊记》，至多由《动态》编辑先生加一《附注》，略一提名，表示有人校阅而已。则请将此《附注》见示。

他谢绝酬劳，但要求自费复印一份章太炎的信件，为的是"自加宝玩"：

> 因为我于小学，久已荒疏了，只看我在上次稿上写出而又涂改的，便可知道。然则将来难免又记起来了或恍然大悟，补充或修改某处。[①]

随信特附诗作一首，五言八句，《为鲁迅先生逝世五十周年纪念》：

> 血荐轩辕魂，革命自先觉。
> 挥斥造化才，文字江汉濯。
> 倏忽五十年，世已崇山岳。
> 尘绝邈难追，奋起期后学。

## 六、寻常时日

时光有如沙漏，可计算，难知量。他的生活习惯没有特别处，抽烟，饮酒，喝咖啡，吃红烧肉。他会自制烟丝，买来农民的烟叶，用红葡萄酒浸泡，然后掺和些许上好的烟丝，这样抽起来很有味道；他喜欢喝点酒，但通常适量，而不论种类、品牌，白酒，黄酒，葡

---

① 姚锡佩：《梵澄先生给予我的教诲》，《鲁迅研究月刊》2000 年第 5 期。

萄酒和啤酒皆可；他爱喝自己煮的咖啡；像大多数湖南人一样，他爱吃红烧肉，有些肥的更好，因为那样对肠蠕动有宜处；他还发明了一种不会把花生炸煳的方法，把油烧到八成热，倒入花生，使油没其顶，然后将火关掉，油凉了，花生正好熟。大概除了吸烟之外，其他都算不上什么嗜好，可有可无，有了可与人共享，无有亦不怎么盼望。隐隐之中是一种"瑜伽师"的态度，因为阿罗频多说过了："……人能吃所给的任何食物，不固执，不寻求，而在其中得到平等的味药，不是为了食物的缘故，而是为了遍是的'阿难陀'。"（《瑜伽的基础》）梵澄先生专心工作，未尝着意去与旁人打什么交道，然而，邻里关系却极为融洽。年长者尊重他，年轻者仰慕他。年长者如中国社科院副秘书长孙耕夫，日本所所长何方，语言所元老丁声树，哲学所蒙登进等诸先生，年轻者如对门廖秋忠、詹志芳夫妇。其实，他们与徐先生交谈并不很多，一则是大家彼此都忙，二则是他的长沙话颇不易听懂。同楼道的邻居还有翻译家董乐山——《西行漫记》和《第三帝国的兴亡》的译者——有一天，他去拜访徐先生，入门落座后，谈了几个来回，两人都感到有点莫明其妙，原来董先生也是一口浓重的家乡话（上海话），徐先生听得也不十分明白。后来两位先生改说英语，于是聊得十分愉快，可能亦是"大笑数场"。董先生之后常说："徐老英语真好！"徐先生的家门总是对孩子开着的，对门廖、詹夫妇，得一小女儿，不足二岁，甚是活泼可爱，常来玩耍，她爬高摸低，东躲西藏，把徐宅当作了"游戏场"……这时候的梵澄先生不工作了，坐在沙发上吸烟，笑吟吟地看着她即兴"表演"。有短句二首，为她而作：

### 邻宅岁半小女孩入室打破一瓷葫芦

白瓷烧似玉葫芦，贮酒常宜不数沽。

闷想其中有丹药，怜渠打破始知无。


世上娇娃谁不爱，翻天打地尽由渠。

他年吉礼观新妇，好向翁翁敬一壶。

很快，除夕又到了。这是他回国后的第八个除夕，也是在北京的第七个除夕。春节的气氛总是来得稍早几日，空气中已弥漫着喜气与安逸、富裕与满足的味道了。各家各户早早备好年货，也为孩子们采购了鞭炮，单等夜饭以后"亮相"。梵澄家室内如常，未有什么变化，在他，过不过节都是一样的。这一日天将擦黑，他在茶几上专心致志地自摆围棋，门被叩开了，原来是冯至先生的两个外孙来请他到家里去吃团圆饭。梵澄先生和蔼地谢却，并说："鸡兔不同笼呀！告诉你外公外婆，我改日登门拜访。"两个孩子悻悻而归。晚饭是丰富了一点儿，有小时工准备了一块豆腐，切好放进旧冰箱里（冰箱是友人置换下来强制他使用的），他从一个破了瓷的大茶缸里夹出几块红烧肉，又掰了些许白菜叶，连同豆腐一同倒入锅中，再掺和少许开水，煮将起来。一会儿，香味出来了……窗外，又有雪花飘飞。一碟花生米，几只干辣椒，一大碗炖菜，一小碗米饭，很好了，还有二锅头，很滋润，很惬意。吃一口菜，呷一口酒，不禁有些飘然，自觉身处庐中，颇有"山灵相访，古哲会神"之感。当然仍不免有些疏落，但又同时平添了几分旷达，"'使我有身后名，不如即时一杯酒'，时人贵其旷达"（《晋书·张翰传》）。又有司空图《诗品·旷达》可从心中吟出了：

生者百岁，相去几何。欢乐苦短，忧愁实多。何如尊酒，日往烟萝。花覆茆檐，疏雨相过。倒酒既尽，杖藜行歌。孰不有古，南山峩峩。

窗外已哔哔啪啪地响起来，孩子们耐不住长辈长时的饭局，已纷纷拥到院子里或跑到街道上去了。这是一个无法安静下来的夜晚，即便他用棉花堵住了耳朵，但是那声浪的冲击也无法使他平息。他有点儿微醺，知道做不了什么，也不必做什么，干脆就随便涂抹点什么。他一手拿着酒杯，一手端着花生米，在北屋的藤椅上坐了下来，干点什么好呢？写字？画画？他心头一动，想到既然在喝酒，何不写点什么与酒有关的文字游戏呢，题目就叫《醉论》吧。他展开一张白纸，工工整整地写将起来：

人之醉，一也；而有体有用，有情有信。体，酒也。用，饮也。情，实也。信，托也。体用同而情信异，视其所以为醉者也。三军之命寄于之帅，军败矣，而甘阳縠竖之进饮，此醉之该死者也。日合尊促膝，男女杂坐，闻芗泽而心欢，饮可数斗，此醉之谲谏者也。立奸雄之朝，亦唯有纵饮以自晦，辄张目曰"中圣人"，此醉之悲者也。饮三百杯未有不腐胁而死者，然温克之容终日无怠，此无他，必玄酒耳，此醉之庄者也。一醉六十日以自免，此醉之逃者也。饮而使人荷臿以随，曰"死便埋我"，此醉之诡者也。因系所爱之阿都而结怨，饮尽，顾日影而弹琴，此醉之艺者也。渡江唯三日醒，此醉之顽者也。志歊干戚之舞，对菊则陶然，此醉之隐者也。挂壶牛车而游里巷，戒其子之拙而不知他人已笑己拙，此醉之疏者也。论武侯曰应变将略非其所长，大醉以就东市，不悲其子而悯其妾之同尽，此醉之痴者也。钱凤何人，温太真行酒而敢不醉，此醉之剽者也。适得三百铜钱，遂欲沽一斗，佐以水晶圤，亦得诗百篇，无论其为仙为圣，皆醉之穷伧者也。巢饮囚饮以作达，此皆醉之颠狂者也。饮必有所托，而意在山水之间，则又托其所托，此醉之远者也。"春江有佳句，我醉堕渺莽"，此醉之忘者也。然子瞻而后，中国遂无酒人。至于一杯而止者，亦不能醉矣。

梵澄先生边饮边写，不觉酒酣耳热，醉意渐深。于是乎行书变成了草书，字迹也舞之蹈之起来：

酒，所以醉人者也，饮酒所以取醉者也。酒而不能醉人，奚用酒为哉！故酒欲其旨，饮欲其醉。揆其情，亦有说焉。曰焉用圣人，我将饮酒而已，则其饮也，虽圣人不能止，非独圣人不能止也，饮者亦不能自止。何也？圣人，人敬而畏之；酒，人亲而乐之也。比德，敬则远之，亲则近之，圣人不如酒。可亲可近可乐，又何能自止哉！当其觞之举也，必颦焉，未知酒之为温为厉为甘为苦也。入乎唇，浸乎舌，润乎喉，然后有辨焉。轩眉矣，必其甘温者也。蹙頞矣，必其苦厉者也。其人皆君子也，谦让之礼存乎其间，其所嗜为甘为苦者亦可睹。于是乎一觞而再，再觞而三，三觞而至于无算，而渐入乎醉之乡。其始也，若双翼长舒，旋于地而渐起，浮游于空，翱翔乎九天之上。视有睹也，渐若无睹焉，听有闻也，渐若无闻焉，触有觉也，渐若无觉焉，而皆有意存其间。若有怪焉，若有诧焉，又若有疑也，又自怪其视之不审，听之不明，触之不实也。阳秋起于心，谵言出于口，斯时也，君子小人之性辨矣。温恭者君子，狂乱者小人。君子闻金石丝竹之声，睹妙倩靡曼之色，色愈庄以和；小人则拊缶击节而歌，或失拍顿足而舞，而色愈荒以乱。倘其浩歌悲吟，挥毫云烟，犹然君子也，而小人喧呶，则不能。思深而愈精，身端而愈默，容庄而愈敛，神静而愈寒，此小人之所以不及也。其末也，则飘然落地，顿止乎九地之下，坦坦荡荡，君子小人皆忘，一皆入乎无何有之乡，无老少男女之分，无喜怒哀乐之异，无揖让进退之节，颓然不知有人，废然不知有我。春雨之润，不若是之泽；秋云之高，不若是之旷。斯时也，诚与造物者游，过此以往必入于睡乡，睡乡则别一天地矣。①

写毕，梵澄感到暖意融融，浑身通泰，同时，倦意也袭来了。此刻，子时过半，爆竹大作，光亮染红了北京的寒夜。1987 年，丁卯兔年来了。明天要做的事情还很多，他得抓紧，他得支撑，他得等待。正如他给侄信中所说：叔要"为国家学术稍撑持局面"，因为"后起多秀，然深造尚遥，俟其大成而已"。

---

① 见徐梵澄手稿。

# 第十三章　落叶归根

## 一、着意湘学

四册《欧阳大师遗集》仍放在案头。梵澄先生把它借出，不独是欲重温大师的学术思想，而是想从之人手，整理湘学。大师是江西人，何以从之人手？大师所撰有《散原居士事略》。而陈散原（三立）又是浙江人，与湖南何干？这得了解近代史，尤其是十九、二十世纪之交的历史。毋宁说，陈氏对湖南的贡献是很大的。欧阳大师所撰《散原居士事略》的开端是：

> 改革发源于湘，散原实主之。散原发愤不食死，倭虏实致之。得志则改革致太平，不得志则抑郁发愤而一寄于诗，乃至于丧命。彻终彻始，纯洁之质。古之性情肝胆中人。发于政不得以政治称，寓于诗而亦不可以诗人概也。

梵澄先生说，这开篇二十三个字，包含了至少五十年的历史，得容细加分析，所谓"发愤不食死"，是有事实根据的，欧阳大师必不会作虚构之言，否则亦未必作如此一篇大文章。1937 年"七·七"事变后，散原老仍居北平未出，而欧阳大师撰此文时，已将其支那内学院迁往四川。后来梵澄到了重庆，也听到了关于这方面的一些事。1945 年日本投降后，陈寅恪有诗："国仇已雪南迁耻,家祭难忘北定时",下注云:"丁丑八月,先君卧病北平。弥留时犹问:'外传马厂之捷确否?'"但注文仅言"发愤",而未言"不食死",为其先君讳。以八十余岁的老人,而至于"发愤不食死",物议或当责备其子孙"侍奉无状"了。但时方大乱,举国沸腾,事有至难,无可挽救,其子孙正不忍言。但在其友欧阳竟无,则可以直言不讳,昭告国人。其时国人亦皆救死扶伤不暇,不免将一位大诗人忘却了。梵澄说:

> 世变沧桑,距诗人辞世,又已半个世纪多了。那么,在我们现代以及后代,不必讳言这历史的真实,有弥思反省而且纪念的道理。

梵澄打算先从诗人的角度出发,进而介绍他的家学、背景,然后再说那一段辉赫的历史。这是一个大的计划,是否能够完成,梵澄先生也没有什么把握,所以并未命名,我们倒可以把它叫做"湘学刍论"。这部草稿未满万字,而且多是择引史料为铺垫,我们只能看作是一个蓄势待发的准备。

然而,仍有可撷取观赏者:

> 清代末年,中国出生了一位伟大诗人,在"诗人"这名称的古代和今代的义度下。自 1919 年五四运动起,新诗勃兴,但旧体诗仍然没有消失,因为诗,性质总归是一,不论体制之新或旧,文字之为中为西。然结束了有清二百六十余年的诗坛,亦即是自周秦以后中国的旧诗坛,有这么一位巨子;同时也是文章家,即古文作家,也结束了千多年古文传统。其前,尚有人在某方面可以媲美;其后,从三十年代,直到于今近九十年代了,没有任何诗人可说上同其伟大。由于本是一完满的人格,或诗或文从之辉射而出者,如夜空一大

明星之光，辉射八极，同时也实支配了一相当长久时期的人心，受到旧社会的崇拜。大星从高空暗淡了，诗人陨落，可说也同时结束了往史，要开一新时代了。然其人之声光气象，所表现于诗、于文、于行事者，正自有耿耿不可磨灭者存，可供新时代及后世人研究，参考，取法。而且，诚所谓"神明华胄"，在乱世有如此伟大人物出现，正是华夏的光荣。

当代佛学大师，宜黄欧阳竟无撰，撰有《散原居士事略》[①]。——在佛学界的人，称外界人往往曰"居士"，是讲礼貌，表其与佛学有关，同时也隐约表出自己的身份，是佛学界中人。于此取"散原"即其别墅之称冠于"居士"而不称姓，很客气了。同代章太炎则称之曰"义宁陈翁"，与其称王湘绮曰"湘潭王翁"同例。则称地、称姓而不名，也是表尊敬意。但亦是因其人声名甚大，当时提及则几乎尽人皆知，所以从简。附带说，"精舍"之称，即题《散原精舍诗》，与佛学无关。"精舍"自东汉已有，是学者构置的宿舍，以便从师，属儒家，亦指书院或学院的前型。后世佛徒亦往往称其居曰"精舍"，袭其名，然异其实。——总之，或儒或释，这些名称久已变到含混，通俗泛用求其稍别致而已。如散原诗中，亦曾称张之洞曰"居士"。邬波索迦，upāsaka，佛门古称"近事男"，亦即"居士"，与张之洞究竟毫无关系。

……

乙未（1895）年，在湖南人的记忆里，是大旱之年。五六十年前，湘中父老，还时时谈及"乙未年的干旱"。……就此记事而论，大旱严重，但不是缺米，民间仍有储粮。而

---

① 见《欧阳大师遗集》第三册。

是商人囤积居奇，运往邻省去卖。得急加禁止。（后）米商知道偷贩米出境必被杀，也不敢了，所以将米船驶回上游，供应充足了，免了一场大乱。浏阳之土匪不敢动，因慑于新抚台的威望。清制巡抚是总揽军事、吏治、刑狱、民政等权的，兼兵部侍郎衔，有权调动军队镇压叛乱。

附带说，天灾无代无有，然大抵是人祸。皆人事之不尽所致。预防于先，又善其后，虽是灾害，也大可消减。在清末茸阘衰败的旧官僚政治中，这算是一番振起，是新政。而其果行新政，规模宏远，以及因之致祸之由，尚大有所在。此乙未乃陈氏父子生平关键之一年。其时父年六十五岁，子年四十一岁。皆正是从政之盛年。

……

……欧阳氏所说"改革发源于湘，散原实主之"。——有这么一大段史实。我国有这么一传统习惯，所谓"父兼子业"，易历"三"圣，将周公之业并归文王，事实就说易历"四"圣。《清史稿》中，散原无传，仅在其父之传中举出一名。湘中当年之新政，其事浩大，多少经营策划，帷幕密筹，出自英年奋发有为之公子，在外人实无由知之，这是修史之先天缺憾。《清史稿》诚然仍算史稿，将来有人修清史，将散原归入《独行传》最妥。或者自立一专传。[①]

## 二、周易西行

春节之后，梵澄先生写信给原宗教所图书室主任李富华，其

---

① 见徐梵澄手稿。

时富华正在助任继愈先生编辑《中华大藏经》。信中问及译稿《安慧〈三十唯识〉疏释》：

> 富华同志：敬启者，拙译"安慧三十唯识疏"，辗转所中二年余，闻终落尊处。窃以为此疏之译，可藉以窥见古印度论师制作之原型，奘糅基释中皆不可见矣。其可宝玩有在于此。今世诸家选译，多失此旨。是亦一佳物也。故盼能早日刊行，拜感之至。耑此即致敬礼。

其实，送出的旧稿有未安排者，更有存稿未与示人者。他检视一过，翻出了1953年完成的译稿《薄伽梵歌论》和《因明蠡勺论》，还有1962年写出的《三玄通论·序》和《〈周易〉德文、英文译本校勘绪言》。于后二者，那时他正意气风发地向西人全面介绍中国文化之菁华，告诉他们我们自家的宝什在另外一个偌大的时空舞台上的轨迹和命运，总之是那么悠悠远远，苍苍茫茫。他清楚地记得他的校勘本完成以后就交给了学院，可是他们压下来不给发表。当然，还有一个英文序言，但是，他对国人却更有话说，所以又写了一篇较长的华文"绪言"。这篇"绪言"的后半部分，简略地介绍了德人卫礼贤的求学经历和易学史梗概及翻译的定位；前半部分，则要读者了解学术交流史那风云际会的时代背景。

卫礼贤的德文译本，出版于1924年，在此基础上译出的英文本，出版于1951年。梵澄先生告诉我们，卫礼贤是一位深通中国古典的欧洲东方学者。除了《易经》的译本外，还有几种古书，其中包括《礼记》他也翻译过。卫氏之所以有如此之成就，因为他曾就学于一位师儒，清末一位有政绩的官僚，叫劳乃宣，是同治十年（1871）进士，以知县分直隶。晚年（1911）任过京师大学堂总监督，兼学部副大臣。卫氏在序言中说，他与老师度过了不少美好的论道的辰光，有过内中的启悟。

梵澄说，这一部翻译，实可称为《易经》研究——出自名师指点，费时不下十年，用了很深的功夫。这部译著在西方激起的反响是很大的，当然不了解或不同情的批评也不少。批评者主要说这是一部"文字的"翻译，而不是一部"历史性的"翻译，它未能说明公元前十世纪时《易经》的意义对周民族如何，或在当时的本义是怎样的。然而同情者则说它在一切《易经》翻译中是最好的，明晰正确地说出了这经典的近代意义。其实，译者也未有想做历史研究的意思，他只是作玄学即形而上的探求。因此，他可以不回答那些对他的批评。

有史以来关于的《易经》研究，那真是浩茫无可计量。我们可以有一个推测，它是中华民族文化的一个泉源，虽然不是唯一泉源。它涵摄了这个民族所体认的宇宙人生之理，出之以征象而企图笼据生命的一切原则而无遗，是一大智慧聚，也是精神经验之集录，悠久，永恒，而出之的形式，即人事之纲纪，为凡近，为迁流；必神而明之，然后知其湛深不可测，广大无所不包。正因为广大无所不包，所以我们现代人读之不能尽通，高明者如宋五子，皆不敢自以为尽通。

以现代的学术眼光来看，自陈抟而下，皆是儒德道素的人物，流传一脉，都可说是玄学天才，尤其是邵雍，他的精神生活，纯粹安于易学之内，故后世有"尧夫遇事析为八片"之讥，而其流弊也趋于江湖之术数。卫氏译文中亦神乎此民间占卜之事，说明这与我们日常生活关系如何紧密，而不知道这实在是末流，而不属于其大经大本即义理的一面。如说"握粟出卜"，这是闾巷妇人之所为，但不能否认这也是人生的一面，而且起源甚早。但卫氏在序言中也说，易之卜筮，与西方巫士或吉卜赛术人之专言运道好坏大不相同。就卫氏之德文译本而言，考源多出于朱子，观朱子《周易·序》一篇，只四百八十五字，见谛之宗，最终仍是归结于玄秘。然而朱子易学，缺点在其浑沦，不能条分缕析，优点亦在其浑沦，可有商量余地。但那是应与朱子讨论的问题，而于卫氏的译文不应责难。

梵澄要我们展开这德文译本一看，可能起初是目迷五色，之后渐渐觉得其鸿博高深。开始我们得稍检定其所用的名象，而不马上立异，待稍稍惯熟其名象体制后，乃觉理顺。若是读过《易经》的人，要想立异则随处可拾，但那不是同情的读法，倘开卷便以为不然，这译本也就读不下去了。我们只好虚心以求，看西人如何解说，他们研究到了什么程度。字义句义，在译文中总有不能圆到的地方。昔严几道立三原则，曰"信、达、雅"。"信"为译述，"达"是基本条件，"雅"则不免掺入了译者的主观。平心而论，只有求其精到、圆明，实则"圆到"二字乃翻译要诀。可是，因为语文的整个构造不同，随处都是无法表达出来的名词和意思。如"道"这一字，德文译之为 Sinn，颇觉欠之圆满，但舍此亦无他词好用，英译率性存音翻曰 Tao，好得多了。但亦只有常看华文译本的人可以了解。"礼"字，德文译曰 Sitte，已属不能涵括，英译只好用 mores 一词，这都是无他词可用。卫氏译《礼记》时，又只好从音翻 Li，这种限制我们是无法脱出的，推之，翻译其他文字亦然。研究到了一极限，而不能出之圆满，这已无谬误可言了。精神病理学家荣格（C.G.Jung）在 1949 年为该书英译本作序言，他说："我们不知道卫礼贤的译文是否正确。"在我辈中国读者看来，实已是正确了。凡在不圆满之处，因为不得不循语文构造及思想方式而通融，则不得谓之谬误。但原文既如此艰深，而我们多有不能解透的地方，只好存其较佳的说法，待之以后补正。谁是最后的易学权威呢？当代没有权威，只好折中于通说。

这是就文义而求，真是所谓的"文字的"译事了。任何读易者，都知道即使读通了文字，依然不是究竟。何况终有所不通，所重在寻绎其理，在挹取灵感。六十四卦终于未济，末篇是渺漭，浩茫，而《易经》本身就是一个大秘密，宇宙人生皆是一个大奥秘，终极是无法解释的。于是，只能尽我们所可能的：明卦，适变，通爻；穷理，尽性，以至于命可已。[①]"命"者何？"无欲望之行业也"（阿罗频多）。

## 三、结谊后学

1987 年 4 月 30 日，《读书》杂志编辑赵丽雅、杨丽华与哲学所周国平来访。三人问起徐先生的经历，老人家作了简略的回答。临别之前，他为赠予赵丽雅的《五十奥义书》和《神圣人生论》题了字，分别书之梵文、汉文，内容为："圣则吾不能，我学不倦，而教不厌也。"

5 月 10 日，赵丽雅收到了梵澄先生的信。信中说：

我是唯物史观的，也略略探究印度之所谓"精神道"，勘以印度社会情况，觉得寒心，几乎纯粹是其"精神道"所害的，那将来的展望，科学地说，是灭亡。

来信说《五十奥义书》中有不解处，我相信其文字是明

---

[①] 凡木：《〈周易〉西行——关于〈周易〉的德译与英译》，《读书》1992年第 1 期。

白的。这不是一览无余的书，遇不解处，毋妨存疑，待自己的心思更虚更静，知觉性潜滋暗长（脑中灰色质上增多了皱纹或生长了新细胞），理解力增强了，再看，又恍然明白，没有什么疑难了。古人说"静则生明"——"明"是生长着的。及至没有什么疑难之后，便可离弃这书，处在高境而下看这些道理，那时提起放下，皆无不可。这于《奥义书》如此，于《人生论》亦然。

书，无论是什么宝典，也究竟是外物。

通常介绍某种学术，必大事张扬一番，我从来不如此作。这属于"内学"，最宜默默无闻，让人自求自证。否则变怪百出，贻误不浅。①

这里说的"精神道"，指的是"黑暗道"而非"光明道"，即"以小术小数为大道，忽略了超上的精神境域了。"②

6 月 2 日，梵澄先生有记：

英文唯识稿，赵复三言已去信催促矣。

8 月 5 日，有记：

张保胜取文字 64 页去，《论印度学之建立及西欧之先导》，约二万字。③

9 月 24 日，有给冯至信：

君培我兄道鉴：

人事滔滔，日新非故，以静观动，时用蘧然。十九日往访自昭，则已赴医院，因留一签，问以何时可见。前日得信，约

---

① 扬之水、陆灏：《梵澄先生》，上海书店出版社，2009 年，第 6—7 页。
② 徐梵澄：《玄理参同》，崇文书局，2017 年，第 19 页
③ 徐梵澄手页。

以昨日午前（往访）。信乃他人代笔，而签名则亲笔也。

昨日上午往访，则颓然一老，静坐沙发阅杂志。面色稍癯，而气色清佳。因示弟以杂志中文字，有论桐城方、姚及湘乡曾氏古文者；遂稍谈。据贺大嫂言，则自青岛飞回北京之后，颇感不适，往医院检验，知凡心跳二次之后，必停一次。医人大骇，而自昭不甚以为意也。（此必由飞行之故，而青岛疗养，未甚得宜。）渐次服药安养而已。谈话声亦不细，握手有力（贺大嫂喜形于色），稍谈而别。大致此后不敬酒而可馈茶，不可论议而只可聊天。

所奉告者，如此。微抒恺悌之忱，颇叹风华之谢，此亦无可奈何之天。想同慨也。即颂秋安。

10 月 13 日，赵丽雅与周国平访。他情绪甚好，精神亦佳，与二人谈及赵丽雅的信，以为有一定的古文修养，但文尚有"滞障"。而文字达到极致的时候，是连气势也不当有的。[1]

11 月 7 日，赵丽雅为《异学杂著》事来，因前番交《天竺字原》，嘱其抄录序言，以为收入该书。梵澄先生又谈及散原诗，言至今记得一好句："落手江山打桨前。""初读时，以为寻常句，未尽得其妙，而于心中徘徊久不去。约有半年光景，忽而悟得，此乃江中击水，见山色倒影而得句。细玩其意，得无妙哉。"[2]

11 月 30 日记：

十五日，嘉猷来。三十日，美金五千转派香港。

12 月 8 日记：

---

[1] 扬之水、陆灏：《梵澄先生》，上海书店出版社，2009 年，第 11 页。

[2] 扬之水、陆灏：《梵澄先生》，上海书店出版社，2009 年，第 16 页。

季羡林回信，言文字当尽快发表。①

12 月 15 日记：

君培德使馆受勋。

12 月 1 日，赵丽雅来访，取《周天集·序》。徐先生对她说，一年将尽，未有什么机会四处走走，只是因公去了一趟扶风的法门寺。这是一个规模不小的有关法门寺出土文物的学术研讨会，北京学术界、佛教界去了一干人马。会后，梵澄从西安回到北京，写信给长沙的硕朋侄，告诉他此行微有收获，就是帮助他们辨认了一组梵语铭文，为此当地学者非常高兴，不然的话，高手云集却无人"探囊"，他们会把北京去的人称作"五十三两"。这当然是玩笑话。"五十三两"，见《澄庐文议》：

民间斥愚人为"五十三"。尝疑为一银锭，重五十三两而已，义为"大宝贝"，"宝贝"乃讥人常语，即无用之物，亦谓无知的愚人。但银锭常有重拾两者，五拾两者，未尝有五十三两者。

阅《明史·食货志·坑冶》云："成化中——宪宗年号，当公元一四六五至一四八六，——开湖广金场，武陵等十二县凡二十一场。岁役夫民五十五万，死者无算。得金仅五十三两，于是复闭"。此一愚蠢的大举措，过去已五百年，在民间尚存为口实。②

1988 年 3 月，《老子臆解》由中华书局出版。

在春天，梵澄有诗作：

---

① 见徐梵澄手页。

② 徐梵澄：《异学杂著》，浙江文艺出版社，1988 年，第 76—77 页。

### 初见扬花

冰澌初解麦初芽，榆叶梅新斗彩霞。

才是青青上杨柳，又看楼外细飘花。

春风浪漫作生涯，吹送温馨暖万家。

看惯推移变寒暑，野人曾不美繁华。

### 路上问字

八体曾研西汉初，古音三变有乘除。

龙钟不顾途人咲，借问儿童简笔书。

### 萧瑟

萧瑟平生意，时从静里来。

中原记鱼烂，岁月去龙媒。

象教嗟何适，恩慈负厚培。

吾存属天幸，头白雪山哀。

7月，《异学杂著》由浙江文艺出版社出版。

之前，梵澄有泰山之游，作诗《登泰山》：

涓水刌砺石，处境宁毗刚。

温柔颖铦砻，言登泰山阳。

筋骨劳攀跻，纵目瞩八荒。

云海荡尘襟，碑碣延朝光。

嘘吸通列宿，松桧森金相。

贲饰止文明，震动为玄黄。

生气蕴崖壑，春仁布遐方。

肤寸起霡霂，泽沛天下滂。

雄深古栋宇，峨冠祀东皇。

七十二代君，封禅拳石冈。

夷吾辅伯主，谲谏能一匡。

秦皇与汉武，由斯慕仙乡。

鲁道屹千祀，巍巍振天常。

复圣乐箪瓢，心斋成坐忘。

贤哲间挺出，济世期太康。

乐只洙泗风，中道垂黄裳。

观化识无为，高衢静徜徉。

此次出游，宗教所科研处一秘书陪同，一路料理，风尘仆仆。回来后，他讲了两件小事：住泰山宾馆，外出时，老先生把自己的皮鞋放在了门口之外的走廊上；回来后，见皮鞋原封不动地拿回来了，他有些不高兴了，叫来值班组长，说是按照国外的规矩，皮鞋放在门口外是要服务生擦拭的，他当付小费。那组长马上道歉，说她们不知道有这一规矩，请老先生原谅，说罢拿起一双皮鞋去找当值的女孩儿去了。据说那女孩儿"吓"哭了，她才十六七岁，刚刚参加工作，哪里见过这"阵势"？皮鞋很快擦好送回，梵澄先生要付费用，她们哪里能要，连说这也是规矩，用我们那个时候的话说：这是社会主义的买卖！老先生有点不好意思了，后悔发了点小脾气，遂买了小礼品，自己登门去道歉。还有一事，他说二人在泰山极顶弈棋——老头子居然悔棋！这问题比较"严重"了。总之，这位秘书结论道：老头子是一个没有改造好的"臭老九"。

关于下棋，姜丽蓉有一段回忆，她曾对徐先生说："我的朋友有围棋下得很好的，我请来陪您下怎么样？"他说："现在的年轻人下棋杀气太重，只顾赢棋。下围棋应该从中得到修养，而不是赢棋。"[1]见《老子臆解》亦有点示，解"德二十九"句"善战者不怒"，云："即观夫寻常之弈者，此至微末之游戏也。而往往恃气相斗，忿然相争，何况领大兵与大敌相见于战场哉！"

9 月 18 日，赵丽雅为徐先生送去《散原精舍诗集》，这是由北京大学陈平原、夏晓虹借出的。10 月 12 日，用毕，由赵送还。

12 月 5 日，赵丽雅往团结湖北里送书，与徐先生攀谈一时。他说："我还在'大做文章'哪！"原来他正为贺麟的诗在写序言。他告诉赵，他的两位老朋友，贺麟和冯至，农历同月同日生，每年的寿诞之日，他都邀二人在某处小宴，多是在日坛公园。但是今年却未循此例，因为贺麟身体颇有欠佳。另外，在德国，他有好几个朋友，治希腊哲学的陈康也是其中之一，为人和平温雅，雍容有节。梵澄先生还谈起陈散原的诗与文，赞不绝口。他说散原老人有一首诗叫《遣兴》，未收入《散原精舍诗集》及别集中，但可以在钱基博的《现代中国文学史》中找到，诗作于辛丑以前。梵澄背诵出来：

> 而我于今转脱然，埋愁无地诉无天。
>
> 昏昏一梦更何事，落落相看有数贤。
>
> 懒访溪山开画轴，偶耽醉饱放歌船。
>
> 诗声尚与吟虫答，老子痴顽亦可怜。

梵澄先生笑着告诉赵丽雅，这首诗末句用了一个典故，这是多为读者所忽略的——耶律德光尝问冯道曰："尔是何等老子？"冯道回答："无才无德，痴顽老子！"德光大喜。散原老人无以冯道自况，只是自嘲而已。晚年的散原老人北游至保定及天

---

津而止，未入京，为的是图一份清静，不污于袁世凯之溷治。①之后，梵澄又读散原《南湖寿母图记》，读罢，叹道："真好文字，文字好哇！"

1989 年春末，梵澄先生作了一首小诗，题曰《春末偶题》：

> 飞花随水去无声，过隙青春记旧情。
>
> 负尽深恩那可报，再来诚愿有他生。

不用说，这是又对鲁迅起萦思之情了。何以故？难道无故就不能缅怀与追念？然而，确实有一事牵情揪心。原来在年初，周海婴先生在收到他寄赠的新书后，给他寄去了《经济周报》发表的题为《鲁迅著作权纠纷的来龙去脉》一文的复印件；而他自己也从英文版《中国日报》上看到了有关的报道，不由惊起，久久不能平静，并深切地挂念着他的海婴"大弟"。他给姚锡佩写了一封长长的信，有十六页纸。其中这样谈：

> 看来海婴先生一直是处于独特地位的。"名父之后难为子"，古有明训。关心其父者必关心其子，崇拜者为然，责备者亦然，为敌者尤然。……
>
> 我国同胞，对稍有名望的人士，从来是决不容情的，举一事为例：海婴的一位少君，因恋爱而往台湾，这事在我回国后，不止听到说过十次。大家动色相告，以为这是什么了不起的大事。我便反复说同一笑语：鲁迅曾讲过，他愿海婴立刻变成二十岁，和爱人一同逃去。现在这个预言实现了，不在海婴而在海婴之子。——这在听者往往也笑了，恍然于这不是什么大事。那位少君不是什么要人，怎样归楚则楚重，归

---

① 《古典重温——徐梵澄随笔》，北京大学出版社，2007 年，第186—187 页。

汉则汉重。据最近所闻，那位少君已可自由往返于台岛和大陆之间。那么，可见昔人之说长道短，原属无谓了。

另外我又注意到一事：海婴仿佛诉出其歉忱，他是为了要作什么事而向"人文社"索债的。旁人看，不必如此。钱是鲁迅的，他的遗产，当然要收归。至若作何用处，那是他自己的事，旁人无权过问。这中间没有什么抱歉之处。

我所知的从前的出版家，有些在文化界的重要性是显著的。如昔年之张菊生、高梦旦、王云五，以及稍后的郑振铎，皆可算著名人物。在西洋一位大出版家，往往便是文化界的领袖，受到社会的敬仰。大抵诸人学问很高，眼光是远大的，做事有气魄。总有一种为了国家，为了民族的风范在。凡人也信其着眼不专在金钱，虽他们仍有此自觉是经营商业。

您（或你们）现在在鲁迅博物馆服务的人员，不能不秉持鲁迅精神作为，如秉火炬。……纯法治国家少有，但在现代民主和法治国家，亦必使此种诉讼得直。[1]

## 四、蓬屋说诗

4月2日，赵丽雅来访。梵澄先生交与她《蓬屋说诗》稿数页，以为《读书》杂志补白之用，一次刊两三百字或更多一点儿，皆乃分列成章。"说诗"论稿登载起于同年《读书》第6期，止于1996年第11期，计二万多字。实际上梵澄先生可以这么不间断地写下去，然后集成一部厚厚的诗评，可是，他认为说出自己观点就足够了，况且，为诗只是他的"余事"，论诗亦不例外。让我们择录

---

[1] 姚锡佩：《梵澄先生给予我的教益》，《鲁迅研究月刊》2000年第5期。

几段一同欣赏：

> 自来论诗或撰诗话者，多就诗意及诗人本身言之。撰纪事或本事者亦然，罕有言及"时代精神"者。实则天籁、人工、才情、学力，皆系乎此，即诗人为其所支配，有不自知其然而然者。精神无形，可见者源流正变兴革盛衰之迹，则《诗史》也。诗话最通俗者为袁随园（枚），观其甄录小家，推敲字句，其细已甚，有时且进入魔道；远不若纪河间（昀）之谈有明一代诗之高下起伏，为能立乎其大。"时潮"今古同有。贯通上下数千年，有此一部大著作，破出寻常文学史范围者，正待今后之有气力人为之。

> 近年诗坛，佳唱恒出于不以诗人或文人自名者。仅于报纸杂志偶一遇之，不数数见。为之者，多革命豪杰。平生所历，戎马关山，与昔之牖下书生，所撰自异。往往豪壮之气多，幽怨之情寡，虽时有声韵不叶者，而真气逼人，惊心动魄。吾人宁读此种，就其未工之处细细思之，有如校对讹文，亦是一适，以为远胜于旧之滥调，四平八稳，起承转合，不见性情，了无生气者也。就目前趋势测之，此种渐经洗练，必多可传之作。

> 《野草诗社》（第三辑）中，录近代诗凡十七家，舍其词不论，诗多近体。颇能脱略声韵之拘束，即字数亦有不计者。如萧军《故雨集》中五首，皆七言绝。然第三首："五十载文场风若雨，十三年监狱一伶仃！相逢白发谈旧迹，絮泊花飞尽有情。"则初二句八言也。岂可说此非佳制？又，第五首："谈道说禅总渺茫，何如一粟济群苍？春花开罢秋花落，雪岭孤松傲晓霜。"第一句第三字拗，然倘微加移置，作

"说道谈禅总渺茫"，又岂可说非佳唱？

　　唐朝张若虚《春江花月夜》一诗，自古推为杰作。湘绮于其"江畔何人初见月，江月何年初照人"两句上批曰"奇想"。且于下句密圈。又于其后之"玉户帘中卷不去，捣衣砧上拂还来"两句上批曰："亦奇想也"。于其下段又批云："接入春江，浩渺幽深，就便从花说到月，又说到江，意境幽曲。"于其结末"碣石潇湘无限路"一句上批云："碣石则太远矣。是诗人不谙考据语。——我则无此。"

　　按：此诸评语，皆为精到。原作抒情深至，而推出哲学思维，故批曰"奇想"也宜。其拔俗之处在此，其清纯而不滑腻亦在此。末谓"碣石太远"云云，则请进一说——原作第一句"春江潮水连海平"，取势甚远，说"潮"说"海"其境浩大。第二句"海上明月共潮生"则说月之出海，以海衬托春江。其次乃缓缓转到花，又转到夜。组织深密。既在第三句说"滟滟随波千万里"，则结以"碣石"不为远。——说其"不谙考据"，则诗人自不必以考据见长也。又曰"我则无此"，此四字则非批评正轨。创作与批评原是两事，尤不可以评者个人相拟。有人尝诘列辛（Lessing，十八世纪德国戏剧家兼批评家）之指摘，曰："君试自作之何如？"列辛曰："此非批评者之事也。"可见此在西洋亦早成定论。——于此则见湘绮之傲兀。文学造诣已高，常目空古人。

　　杨柳自是牵情之物，自《诗经》始，一直到近代，咏歌不绝。近读到清初王阮亭《秋柳》诗七律四章，距其创作已三百数十年，仍觉其凄迷婉约，使人怅惘。毋怪其时和者数十、百人，后流传大江南北，数年和者不绝。此之谓诗之"可以群"。

于此当稍辨时代精神——取"精神"二字之通俗义——或其时代之大众心理，与作者个人心理。阮亭生于明末崇祯七年（1635），父祖辈在明皆达官显宦，少年科第，以二十二岁成进士。二十四岁举秋柳社，赋《秋柳诗》，则于个人，似无所恨，初无郁郁不得志之处。而其所以风动一时者，能写出当时之大众心理也。

崇祯甲申之变，距为此诗时（丁酉），不过十四年。其时文化界人物，皆目睹亲历亡国之惨，一皆无可奈何，多怀黍离麦秀之悲，触处皆伤心之地。群众心理，流于感伤，偶得敏感诗人，一加揭出其难说之情，而因物托意，出以藻丽之词，无有结论，因本无结论可作；仅流连光景，婉转低徊，自然感动深衷，一唱百和。情绪，思想，原自外来，人与人之间，固相通者也。

就《秋柳》四章而论，格调不可谓高，遣词亦微嫌过熟。如：销魂、憔悴、愁生、哀怨、空怜、含情、太息、相怜、旖旎、缠绵……此等易落空套，稍多则成滥调。然渔洋于此善能使事，使归典实，仍趋雅正一路。故知诗虽贵缘情绮靡，诗人亦不可不多识前言往行，即辅之以学。辅之以学，多读书，亦所以矫正性情，非徒避免空套也。（昔闻前辈论诗，有一习惯贬语曰"宋壳子"，即学宋人而仅存其空套。）然用典故太多，饾饤杂凑，则如同类书，亦不成诗，至佳只能成为学人之诗，不见性情，不能感人。——此中进退，有不可言传者，如《庄子》斫轮喻。

《蓬屋说诗》有一个结尾，《读书》未用。或"补白"不宜，或未给出，总之，是录出为好。因为谈到了新诗，亦谈到了"史诗"：

  ……新诗体中学西方十四行诗成功到什么地步，颇难说，但它是一新制作，未始不可继续发展。但我们所少的，是多行多章多卷的史诗；他民族多有者。（其实我国现代仍有，存于西南的苗族、侗族、彝族间，多口唱，或独唱或合唱，是神话故事或英雄故事，可算史诗。文虽汉文，而未在汉地文学中占重要地位。此后应该整理推广，由此仿制。只是应当保存原制。不可凭我们的文人加以雅化，往往一加文墨，即原制之精采全失，而民歌死亡。）但小说之先为平话，这距我国之弹词不远。弹词之散文即鼓书，鼓书至今仍有"京韵大鼓"。弹词伴以弦管即曲，如今仍存之昆曲，而有不必配以管弦即不拘声律而制作者，必然仍可诵可唱，倘擅长文艺而造诣入微，必然成为一时代的史诗。而这种弘大制作，应当我国诗坛所宝，也可希望其流传下去光耀此民族，与国外之史诗媲美，也造福我同胞。因为借镜他邦，必然先有了若干外国作品之翻译，必然生出许多新法式，许多新观点……远非传统之五言、七言、虚实、平仄、绝句、律体……所限。大致是向这一方面行去，可以开发新天地。蓬屋说诗，于此可已。①

  4月20日，有鲁迅博物馆三位同志杨燕丽、李允经、叶淑穗来访。他们要梵澄先生鉴定几幅版面，其中有他早年的作品，但是他们拿不准。落座以后，他们先把四幅作品《日出》《罐梨》《圣诞老人》和《鲁迅像》拿给梵澄先生看，他把版画捧在手中，既感伤又高兴，连说："是我刻的！是我刻的！"又动情地慨叹道："鲁

---

  ① 徐梵澄手稿。

迅，鲁迅，真乃有心人呵！"随后，稍稳定一下情绪，操着浓重的长沙口音，与他们聊将起来："这四幅是我刻的，这三幅（上列前三幅）刻于 1930 年，这，《鲁迅像》刻在 1931 年。所署的'正锋''风笠'都是我的笔名。这些版画不是刻在木头上的，而是刻在胶版上的。"他兴奋地回忆起当年的情景："1929 年我到德国去留学，鲁迅托我为他买版画，1930 年春，我到了海德贝格大学选修了艺术史，又在高等专科学校学习版画的创作课程，这几幅就是那个时候的习作。"又指《日出》画边的红笔字说："这上边的字是我当时写的，'此乃得意之脚……'底下是标价，德国马克（9474），好贵哪！我在和鲁迅开玩笑。"说罢，开怀大笑起来。后来，梵澄先生又帮三人鉴定了几幅德国版画，他指出了作者的名字，以及他们的风格和特点。①临别时，杨燕丽要他写一篇文章，谈一谈这些版画，他爽快地答应了。不几日，他写好文章，寄往鲁博，题目为《跋旧作版画》。让我们来截取结尾一读，那果然是意味深长：

　　……"舍貌取神"也是古说，通常是形貌尚犹未得，何况于神！随即就此又生出一问：是作鲁迅像木刻，将鲁迅的精神融入其形貌了，这时有没有作者呢？这便是说：这幅作品，是能一见使人知道是谁作的吗？——这便依原作者常时的作风有定，且为人惯见熟知，有以异于其他作家者。例如陶元庆昔年作了一幅鲁迅像，将鲁迅的精神形貌成功地表达到相当的高度了，凡人一见，已识为鲁迅之像，是陶元庆之笔。作风有定，未必优胜，有定而已，这必异乎照像之纯摄取自然。

　　倘若这两方面皆达到了，既表现对象之精神，又出之以

---

① 杨燕丽：《我所认识的徐梵澄先生》，《鲁迅研究月刊》2000 年第 5 期。

自有的作风，问题便有程度之不同，问达到什么限度了，乃定作品之高下。在其画面上如何将此二者融合，正是艺术家的才能或技巧所达的问题。但根本问题仍是，如何摄取或体会到鲁迅精神？今之青年，多未曾见过鲁迅，只从照片或雕塑等得识，这是其生也晚，倘为木刻，与曾亲眼见过一面留有甚深印象者不同。孔子学琴，久之从曲中见到了作者的面貌，那不是神话或附会之说。这对造形已有所认识，与那徒凭所弹奏而想象者较易。大致只答"用志不分，乃凝于神"，由读其书，知其世，长时心领神会，久亦可仿佛取像，如见其人。那时甚至感到木刻之类微末不足道了，乃正是可移写上木版而雕刻之时。

## 五、殷殷谈"鬼"

工作断断续续，要想一鼓作气完成一件事，也真是不易。因为"搅扰"的人多，"求助"的人多。有一次姚锡佩对他说："是不是与青年人交朋友就不得清静了呢？"他笑着回答说："我倒不是以'清静'为原则而生活的人。事情多也不坏，只要我仍然能替人做一点有益的事，则不论其为老年，中年，少年。而我的宗旨也颇是'做到老，学到老'，不怎么装腔作势去'教'人。"如是，这8月下旬，就有两件事需要梵澄先生分心抽时去做。

一是本所沈翼鹏女士与另一兄弟单位之张静云女士，正在翻译一大部头的俄文书《宗教神话百科词典》，她们二人负责有关佛教部分，可是其中之若干天神名，她们不知道该如何入手，于是写信求教，寄来了四页纸的拉丁文名词。梵澄先生帮她们译出，寄到所里，并附了一封短信：

翼鹏、静云两女史鉴：

　　十六日信并名词四纸收到。"老师"之称，不敢当。名词表中之为梵文者，大抵所译出，今此奉上。困难在于字音从梵文译成俄文，已未必能复成梵文，再从俄文用拉丁文音翻，又不精确。凡字母上之（－）（～）及字母下之点等音符，一例未出。故此次译成华文，乃多揣测。又不宜作意义上之今译，只能取在古已有之译语。由是大费心力。今以仆之所知者出之，自不能加以肯定以为必无谬误。凭高明采择而已。

另一事稍大一点，涉及"鬼文化"。有晚辈友人周健强受朋友之托，请徐先生为她们的作品《阴曹地府画廊》的手稿和照片写一篇序言。这一作品，为的是宣传酆都之地的"鬼文化"，以促进当地旅游事业的发展。大致她们的看法，以为"鬼文化"对世俗有惩戒功能，又可以归入神话一汇，只是不在天上，而在地下罢了。她们知道徐先生是中国、印度和希腊三大古典乃至神话学的专家，因此，要他来发表意见，最为合适。这可真有点为难他老人家了，平心而论，他不喜欢，也不赞成，因为那些东西是"低等知觉性"，属于冥顽不灵、麻木不仁一类。他看到稿子以后就说："这个题目取得不好！"周健强说："可以改一下，比如叫做《中国鬼文化群塑》如何？"他笑了笑，未作回答，因为亦不是题目的问题，而是内容的不当。而这个"不当"的内容，又不能做"普遍化"的宣传。他决定，给作者写一封信，耐心地作一番解释，这也不算对不住朋友。可惜信之草稿有缺，不过所存也有洋洋三千余字，但见梵澄先生的"苦心孤诣"：

　　早不久看报，知道探测海王星，已发现到第七、第八卫星了。宇宙的奥秘无穷，全世界的科学家正在努力探究。这么，人类的知识的领域扩大，文明方有进步了。

随后不到几天,《阴曹地府画廊》的稿子和照片，承赐，又出现在我的书桌上。全部细细看了一遍，喟然叹息！

首先从艺术观点说，塑像的艺术价值不高。——在艺术的国土里，"奇异怪诞"（grotesque）之物是有其地位的。那派的创作，必然是富于想像，有其意旨，或为讽刺，或属寓言（allegory），而且风趣充满，方能隽永。史上杨惠之之塑罗汉像，当然是很有名了。那是佛教中的半神人物，要表现出其姿态，风神，变化不一，而似圣似神。在画坛上也如此。贯休所写的"应真"（即罗汉）像，在石刻上犹可见其为名笔。此外吴道子有"地狱变相图"，及所画"钟馗食鬼"，皆是超凡入圣的创作（此图宋初有摹仿者）。下而至于罗两峰，禹之鼎，转而画鬼，也是别开一境，当然不免满腹牢骚，有如苏子瞻之喜谈鬼的故事，然在艺坛上许有其高等地位。而凡此皆有艺术家的"人格"存于其间。使人一见知其为某某的作品，作风不容误认。

倘使作者的艺术造诣高深，则不论其所作为神为鬼为天堂为地狱，皆可名世而垂远。——就目前这些造像，看不出有何艺术表现。推原其故，这皆是古之官僚政治下，一班俗工俗匠奉命为"警世"而作的。或许现代又经过了一番修饰，更是加以变改。创作的动机不是艺术的灵感，也无作者的"人格"融注其中，谈不上什么高远的艺术理念（idea），立意全在于"劝惩"。严格说，只合归于实用技术类。

现在是快进入第二十一世纪了，假使时光倒退一千年，这些创作会被推许，以为有价值。假使又已前进了一千年，在考古上发现了这些造像群，一定又被惊奇，宝重，因为犹可见到二十世纪时中国社会的一部分民俗。但在现代，我以为没有什么意义。只好从宗教信仰方面加以衡量。果然是信不信实际存在这些阎王、狱卒、牛头、马面，以及刀锯、火焚之事呢？——

我觉得……皆未必信。更不会信其编出此书之后，阎王的人生功劳簿上会大添一笔，将来往地府探访之时，阎王会立刻打电话到天堂，请玉皇大帝立刻派直升机接去。于是玉皇批准，随即降下一朵红云……捧到玉皇面前，赐座，喝龙井茶，吃巧克力。或不愿上天堂者，阎王会派汽车专使送到"奈何桥"，仍请回到人间去。——若不信其存在，则皆是在演剧。而从戏剧史上看，又是阴惨残酷之剧，不入高尚业剧之列。那么，是演玩笑剧了，又与这些作品的主旨相违。

这症结，是在知觉性上。我从前听过某名人演讲，讲东方的中国人为什么多对身体上的残虐。如许多"肉刑"。那结论是其人民不甚知觉，必有极强的刺激，方可使其回到正当和光明的知觉性。换言之，我国人民多冥顽不灵！我对这话未曾反驳，但也不得不承认部分这也是实情。木然于同类的痛苦或甚至欣味其痛苦，在鸟兽尚且不然，而人类不灵，木然无感！当然，人类之恶，远过毒蛇猛兽。如在战争时彼此互相毁灭，种种残酷之事，做了出来，皆非禽兽之所能做。而这些阴曹地府之施为，不能抵偿其灾祸于万一。但这类惩罚还是没有的好。

何以故？这事有关一时代的民众教育。请就极浅显的道理解释：假使女士的令郎现在是在幼儿园或初小，你愿不愿意带他到这种"都城"去参观呢？——我想不会，因为他年幼，胆小，人生来是有畏惧的心理的，他怕。他怕，必然以不使他见为好。在幼儿园如此，在大人亦然。许多非人间的印象，一经见到，其印象便沉入下知觉性或潜意识里，犹如病菌的感染，入乎此生理之躯。这便损害精神健康，一旦沉积太久或多，犹如病菌发作起来，可以从知觉性底层浮到表面，使……①

梵澄先生的文字，一向简洁。可读这封信，却感觉到有点像老嬷嬷似的絮叨了，真是谆谆教诲，不厌其烦。一方面，他对女士尤为客气，不愿意挫伤她们的工作热情；另一方面，他要讲明白，不是传统中的经验内容都需要保留，不合宜的，就让它们消亡，比如"裹小脚""童养媳"这些陋习。而"地狱之罚"比之前者则有过之，人们因震怖而恐惧，因恐惧而衰弱，因衰弱而麻木……这是鲁迅曾特为担心的，因此他才有"救救孩子——"的"呐喊"。更不用说现代，整个民族正欲摆脱"积贫积弱"的历史负荷，朝着强大的理想国走去，那么，我们要努力，要儆觉。于是这后面的话不外是：

……大致先宜将衰弱性的种子，从知觉性的田原中灭绝。这样先使忧愁痛苦的根苗无从生起，然后可以渐渐脱除奴役，发愤图强，穷古今，彻中外，无论何种高远的理想国、乐园、光明世界，终归不是弱者所能居住的。②

---

① 见徐梵澄手页。

② 《古典重温——徐梵澄随笔》，北京大学出版社，2007 年，第 220 页。

## 六、家事萦心

中秋时节，发生了一件事情。对梵澄先生而言真乃惊天动地：他老母亲的坟墓遭盗而被破坏。接到消息，他如被雷击，顿觉肝胆迸裂，五内俱焚……一下子失声痛哭起来。他一生低调，自信无愧于人，唯愧对老母。年轻时谋生于外，未尽近前之孝，而老来还乡，只埋头于工作，未想到也落得一个"悲桑梓之悠旷，愧蒸尝之弗营"的偌大遗憾！他写信给三哥之子硕朋，询问详情：

> 接十月十五日信，得知一是。此事非谭淑清已用钱多少之问题。此乃河西乡之治安问题。仍望硕朋于此事详细查明见告。必不得已，叔当专为此事回长沙一行。至迟在明年清明节。不知谭家已否报告派出所立案。若使叔回长沙，则同时希望硕朋亦能在长沙相见。总之必将掘坟贼捕获，置之于法而后已。

另一纸问题如下：

> 坟茔之详细地址？
>
> 往河西之交通工具？
>
> 淑清何时得盗掘之信？（月，日）由谁报告得知？
>
> 何时（月，日）下乡往视？
>
> 同去几人？
>
> 发现盗掘之情形如何？
>
> 如何收拾？
>
> 是否重殓？
>
> 至何时（月，日）始一切料理清楚？
>
> 于今更有何善后事宜？

立碑？

植树？

已否将此事报告派出所？

刚一转年，梵澄先生又写家信。看上去心情是平复了许多：

硕朋贤侄大览：

去年十二月二十八日信收到。感谢问候。我身体很好。

去年九月，接到淑清的信。说她的父母和外婆的坟墓被盗掘，她往河西家住了十多天，将坟墓整理了一下。

看来湖南的情况不大好。平民无知，太穷苦，以致盗墓。这是大不幸的事。在民国元年革命，以至后下军阀时代，人民困苦，然没有听说这种死人在土地下尚不能安息的事。偶尔有之，是清代皇陵，与平民少关系。如今在湖南已普遍了。

我听到这消息，为之异常惨伤。在清代，掘人坟墓，剖棺见尸，是死刑。算是最大的罪。深怪淑清不懂事，这种大事，何以不早告诉我。于是想起你可负责照料一下。所以写了信给长沙，将所问的事写出，得到回信，也是所答非所问。而我不知道你江西通信处。

如今是这样办：

土不再动。——听说骸骨皆已重纳入破棺，便不易怎样再装殓了。如土太少，加以培垒。前方留空，以便拜扫。

树立一碑。——以便识别。后人于春秋节日，前往奉一花圈或花束，以资纪念。碑文我写。

墓旁种树，或松或柏，不宜太多。

此事细询谭淑清后，作一报告，呈长沙市公安局备案，缉拿掘坟贼。想系河西土人，逃亦难远，再由公安局起诉，有

法庭判刑。<sup>①</sup>

春节将近，梵澄先生委托宗教所办公室的李毓风、李华民二同志，在方便之时绕道304医院，给医护过他的大夫和护士们送去一点小礼物。便条是这样写的：

绣花手绢二十条，请哂纳，并请分赠：心电科、眼科、内三科诸护士，聊表谢忱，兼以志念。（此物非赠男士者。请贝医生与白护士长商量，如何妥为分配。）

大年初一，1月26日，梵澄有诗《庚午元日》：

去日端如赴壑蛇，腾骧今又换年华。

研经席敞燃藜阁，下濑船移沽酒家。

奋迅飞黄驰故道，潜藏万绿养新芽。

麝煤狼尾西窗静，爆竹儿童笑语哗。

又是窗下，又是毛笔佳纸，梵澄的情绪渐渐好起来。窗外是生机一片，暖意一片，那么，个人的家事之悲，渐渐朦胧起来。人生哪能没有缺憾，况且，这缺憾仍属偶然，仍属外加，怎么办？"唾壶"而"击阙"之。正月十五，作诗《上元日再题》：

挂壁弓惊落影蛇，诗人无奈与拳骓。

铜声敲骨输长吉，金面连钱谢八叉。

一系垂杨芳草外，前驱峻阪石棱斜。

唾壶击阙雄心在，款段安行下泽车。

"飞黄""骓""款段"，皆指马。梵澄年轻时作版画，有"老骥伏枥"句，喻鲁迅。如今，只是自喻自警了。

作《上元日再题》的头一天，赵丽雅来访。二人谈诗。梵澄先生说，作诗今人不及古人，乃可以故事譬之，昔康昆仑弹一手

---

① 见徐梵澄手页。

绝妙琵琶，有人想拜他为师，于是先奏一曲，拨弄未几，康止之曰：若已不可教也。因为调中已有胡音之故。这就是说，古人做学问能研究到一个高的境界，是因为纯的缘故。"放眼今日，遍是胡音，再求境界，不可得矣——"

"中西结合不可能吗？"赵丽雅问。

"无论中西，在各臻其至的地方是完全不同的，无法结合。德国诗、英国诗，我都读过不少，法国诗也看过一些，那和中国诗是完全不同的。"

"没有能够代表我们这一时代的大家出，不是太悲哀了吗？"

这问题不好回答。但回答亦可以转向，给出一个更大的知觉性原野，是"超出"了：

　　——那只是一方面。现在老百姓人人有饭吃，这是了不起的成就，历史还没有或者很少看哪一王朝达到这种程度。作诗作文到底比不上吃饭重要。而且，现在是普遍的提高。全民素质提高一寸，就至少需要一百年的时间。[1]

3月10日，梵澄先生为"鲁迅学术基金会"捐款。便条写为："不丰人民币贰仟元整，敬献：——鲁迅学术基金会。稍助鸿业。此致徐梵澄上。"

四月中旬，梵澄先生写信给硕朋侄，再谈"墓盗"事。虽然，他一想起母亲的骸骨被弃露于墓外就心如刀绞，但这时的语气、态度，显得冷静了许多，宽容了许多，毋宁说，信中还抱之以科学的态度：

　　硕朋侄台鉴：

　　　　接到四月十六日信并照片数张。得悉一是。乡下盗墓之

---

① 扬之水、陆灏：《梵澄先生》，上海书店出版社，2009年，第39页。

事，前后据淑清来信，知其大概。但觉事实不详。今细读吾侄此次之信，似较真实可靠。

适崇善在京，因反复思考，讨论，得到几点可作之事，今开列以备吾侄参考，将来回湘之后进行：（目前下列措施，侄不宜写信告诉长沙家人。暂保密，不透风声。至要。）

一、既棺中已积雨水，则宜将水泵出，或以勺挹出，务使棺内干燥。棺基不动，棺木以佳木制成，必未遭损坏。所破者盖。只合将稍好之木另作一盖。已损坏则另买一棺。

二、骸不宜手触，只合着手套进行工作。如已散乱，当稍加整理，盖以洁白之布数丈，再在其上铺一层石灰，然后将盖合上。将竹头钉钉好。不举行任何仪式。

三、棺外周以石灰二、三石，再以混凝土上、左、右、前、后包裹使混然成一大封，然后填土。

四、墓基既不动，将冢作好之后，在其前树立一极厚之石碑，其根入土当深，再以混凝土结之。使极难挖出将其作他用。碑字我写。出地面一半或一米即可。以便后人扫墓，得识处所。

五、墓前植松树或柏树数棵，或当俟明年。此后每年与任家一二十元，嘱其稍留意看树不被伐。

叔回国后，心思用在生者，未尝留心死者，致有此祸。（再殓，诚不忍骸骨之浸泡于水；树碑，以留纪念，使后世子孙可以扫墓，识其处所。——地名请告诉我）如是而已。至若风水之说，皆不可听。而追究罪犯掘坟之贼，亦可不必。

侄回湘以后，望渐渐进行此事。（只择天晴不雨之数日动工，不另择日）何时已到长沙，先写信告我。一应费用，我当负责。侄只可尽力，不必出钱。此次一切经营，绝不宜动感情。冷冷静静，将工作完成而后已。深望吾侄好好保重身体。余容后续。即祝多福。

叔季海手启①

5月20日，写信给崇善侄，道出近期心绪：

接来信知已安抵泰州，并介绍硕朋于崇信。甚以为慰。此次相见，观察吾侄气色容颜，皆较前数年为佳。由此谨慎保持现状，不故意服药峻补或减肥，听其自然，将来略致难得之瘦，然后从容步入老年，养气养心，悠然乐道。

自去年九月得河西发冢之讯，情意谬乱，举止乖违。叔固不信风水，然此种惨淡之境，诚世间任何为人子者所不堪忍受者也。由是内感外伤，重叠交作，其于工作上之影响，不可谓不重大。世间非伤心积怨之仇家，不至出此。抚心自问，细稽往事，三世以来，吾家及全部族人，虽未必积德累仁，然未有招尤致恨，当起此种恶报者也。然则时代使然，只合委之于无可奈何之天。一以虚静处之，心境乃渐渐好转。

……

岁月悠忽，叔已至老年，意气颓然，志且衰矣。近阅《百源学案》（邵雍，字尧夫，谥"康节"），颇有感于一事，因抄录以供研玩：

邵子临殁，程子（伊川）往问疾，曰："先生至此，他人无以为力，愿自主张。"先生曰："平生学道，岂不知此？然亦无可主张。"伊川问："从此永诀，更有见告乎？"先生举两手示之。伊川曰："何谓也？"曰："前面路径须令宽。路

———
① 见徐梵澄手页。

窄则自无着身处，况能令人行耶？"

此乃阅世极深之后，为后人作一极佳之箴言。我辈总不免责人太周，而责己也约。前人有句云："直到天门最高处，不能容物只容身。"——险峰之上，固然风光无数，然亦可慎也。

6月，《安慧〈三十唯识〉疏释》由中国佛教文化研究所出版。9月，英文《唯识菁华》由新世界出版社出版。

同月，有张家界之游。逗长沙，拜谒重葺之母墓，见手书已镌于石："一九九零年——徐母王夫人之墓——男诗荃立"。另作游诗《青岩杂咏》：

人言八景潇湘好，我见青岩境更奇。

雾鬓云鬟俯明镜，千峰丛翠碧琉璃。

舟行萦曲绕层岚，丹巘清漪倒影涵。

一线天开小三峡，湘西于此胜江南。

避秦遁世有幽栖，再入渔人路转迷。

大道渊源通一脉，濂溪何似武陵溪。

气钟灵秀蕴琼瑰，福地洪荒此际开。

为谢风云贤大使，护山护水养人才。

## 七、声教与文教

湘西归来，梵澄即入医院。一年多来耗费心力，元气颇有损失，检查一下，调养一番，属正常安排。至十月中旬，出院回到寓所，首先要完成的工作，是为已零星做起的一个课题《佛教密宗研究——摄真言义释》写一篇序言，《世界宗教研究》杂志主编郑天星已催促好几次了。他知道，这项工作，他要不去施工，便无人去做，若我辈来看，便是无人能做。在春天的时候，德国《华裔学志》的米勒（我们叫他老米或米维里，天主教神父）来宗教所拜访了他，知道他有意做"真言义释"，非常高兴，提出如果出版有困难，他们可以资助。梵澄先生没有接受，因为他觉得有失体统。后来赵丽雅告诉了三联书店的负责人沈昌文，老沈爽快地答应为徐先生出版这部著作，虽然，大家对其内容都比较陌生。

梵澄先生想告诉读者，"真言"，并不神秘，但它是一种信仰，应予以尊重，况且，它有文化发生学的源流。他取出十年前做的写作计划，检视一过：

文教——文化

声教——朔南暨声教

语言先于文字：诉于耳识，诉于眼识

声表（性）情，形记声

声与形，形垂后（时），及远（空）　（历史）

习俗由朴素唯物论解释

1.语言说法——多重复。有此必要。如佛记所记。

2.Veda 古典之保存。

3.真言之起自邃古——语言心理学。

4.弱点——难记。

重形之字，永远不能记录声而不逾。

种子声字音之变化，亦犹书体之变化。

方言之变，不仅声变，韵亦变。元音之阿伊等变。

——地域不同。①

---

① 见徐梵澄手稿。

这是 1990 年年底了。真乃过隙白驹如烟岁月呵，自己怎么一下子变成了垂垂老人了呢？回首 60 年前，也是年底，在北欧那美丽的小城，海德堡大学的图书馆里，自己昏天黑地地背诵着自己尚不能完全明白的咒语。他不如朱偰潇洒，一得空，便乘车乘船在德国各地旅游；他未似冯至有福，闲暇时，可以书信与未婚妻姚可崑互倾衷肠。他只有与这些古怪的声音和字形为伍。我们不禁要问：枯燥否？单调否？恐怕是要因人而异了。不是有那么一句话么——书中自有颜如玉。这些音，这些字，就像情人一样，而且它们永远不会老去，也不会抛弃拥有着它们的人。也许这就是劳动的真谛吧？我辈只能去猜想，却不曾体会其中的幸福。工作中的他，心情是舒畅的，他要为大家揭开这"真言"的底蕴。

有这样的论述："声教"与"文教"可以区别，"文教"甚依于物质，凭借思智，较复杂，也较永久，重人为；"声教"更接近自然。"声成文，谓之音"。竟可说"文"是一艺术原则了。其间情感居首，思智居次。例如歌唱，重在表情，这其间用不着深沉思想。初民发展了语言之后，大致诗歌先起，属群体，多表情。男女青年唱歌表示相爱，老人死后他人唱歌表示悲哀。多有韵有律。散文无韵无律者后起。我们通常总说"文明""文化""文章"等，可见文道之广大。热带人还有"文身"之俗，包括以彩色点染或涂抹前额，亦有其邃古之渊源，将身体涂上种种颜色，入山则鸟兽惊怖，入水则鲨鳄潜形，超出自然环境为一可怪之相，亦所以保存其自我。后世发展为部落和教派的标志，则已忘却其初原作用了。

我们如今研究密乘，密乘摄身密、语密、意密三事。意密即观想，语密即念诵真言或咒语，身密即作契印，作何种坐式、跪式或手式，手式入乎符号学（Semiology）范围。真言便涉及"声明"朴素的语言学，因为其中包含了大宗上古的语言传统。观想则属瑜伽学。瑜伽学当属深邃的心理学，但近代欧美心理学尚未将其充分采纳。三者以真言为密乘之主体或说实质，最富于宗教学上的研究材料。其所立之主旨，是"声从于字出，字生于真言，真言成立果"（见《大日经百字真言法品等二十二》）。——此说是否正确，姑且不论。总归这是密乘人士的信仰。可谓真言被认为原始之声，因而生字，再生字之声。

若是从韦陀教之背景研究真言，则许多问题不难迎刃而解。只是信仰佛教者或奉行密宗者，不肯从这方面着手，那么，其视景未免狭隘有限了。古印度亚利安民族，重声教，直接从这传统源出，便是念咒；中国是文教之国，不念咒而画符，也是自古已然。分异仍在于一诉之耳识，一诉之眼识，如前说。密乘采纳韦陀教之信仰，自然也应许声常了，虽然未有明文，岂不与佛教因明所举相矛盾？它有脱出这矛盾诘难之法，后下讨论。它信仰声音中有能力，以其真言警觉天神，斥退魔鬼，寝息灾难，招引爱好……皆是直承古婆罗门教的传统。但以制作而论，真言远比不上黎俱诗颂。黎俱究竟是上古见道之士即"见士"和诗人所作，与中古之佛教徒不同。有格律音调等可说，无怪乎其被视为民族之宝典；真言偶尔有韵，其他诗颂方面之事，皆无可说。其所谓"声从于字出，字生于真言"。这"真言"是其所谓"种子声"，是简单的呼号、惊叹等声，竟可追溯到初民时代。[1]

另有一书评，文字不多，题目在住院期间已拟好，叫做《专史·新研·极成》。他当时阅读了一本随身所带的新书，《清代八

---

[1] 《徐梵澄集》，中国社会科学出版社，2001年，第205—221页。

卦教》，作者马西沙，系本所中青年一辈学者。我们如果梳理一下梵澄的文字，可知这是他在回国以后第一次也是最后一次为同仁撰写书评。在他看来，民间宗教运动也是精神运动：其始，也发自内心的诉求；其终，也参伍历史的洪流。若果起于一大的时空背景呢，我们正可以说它反映着——"时代精神"：

> 史之最不容易撰述者，无过于宗教史。因为它有两方面。其本体发自一源，便是信仰，信仰出自情心；理智发于思心，是后起附加。由民间朴素信仰而制度化，随人文之进化，遂成为今日之各大宗教。已制度化之大宗教的研究，犹容易获得成果；而民俗信仰之朴素宗教，其研究难于为功。两方面一内一外。在制度化之宗教，凡其外在之庙堂仪法、经典、传承、盛衰等事，皆明著而考；其内在方面即其真精神——姑取运名词的广泛义——之所在，便难于探讨，然犹有可寻，在于其经典中，在于其效果中。然在民俗朴素宗教中，便往往几乎无从着手了。多是一、二相当于教主的非常人，发其才智，或者操其巫术，煽动凡庸，立出了一宗一派。而多秘密结社，在当时已是隐在社会下层，亦或有或无有其文字记述，在后世极艰于寻索。由立教而倡乱，则入乎通史。

> 这困难近年来可说局部也解决了一点。有多个深入农村的调查报告，正如考古学上的田野工作，虽不完善，总有些新发现。这便如同采矿铜山，又辅之以其他史料，如在尘尘档案中层层发掘，得出了新的结果。

> 于此无妨浏览须史，看这些民间宗教是些什么。大致自十七世纪初叶算起，据《神宗实录》则有：涅槃教，一名红封教，一名老子教，又有罗祖教，南无净空教，悟明教，大

成无为教，皆白莲教之支派；一直流传到清代，则有罗教，黄天教，红阳教，清茶门教，一闻香教，龙天教，八卦教，皆活动于华北；又有大乘教，无为教，老官斋教，龙华教，三一教，长生教，收圆教，多在江南蔓延；西南则有鸡足山大乘教，青莲教，金丹教，刘门教；西北尚有罗教，圆顿教，明宗教……林林总总，不下百余种。就中势力较大者：江南斋教，西南大乘教，与华北八卦教，鼎足而三。唯独此中有一空子教，著者说即孔子教，似佐证尚不足。存疑。

用历史唯物论的眼光研究民间宗教，知道其形成，发展，以及举兵等事，其症结另由所在而非在宗教本身，这是以往诸名史学家，如汤锡予先生，陈援庵先生，或也曾注及却未尝着重的。今所操之工具及所取之手段皆同，而观点改变了，别开生面。著者于此于群众有同情的了解，条分缕析，在一极难措手的专题理出一个头绪，使人明确见到了史实的真姿，这是深可赞扬的事。[1]

# 八、独鹤与飞

同年 9 月 3 日，赵丽雅陪同上海《文汇读书周报》的陆灏来访，不遇。

12 月 3 日，赵丽雅独访。问及梵澄先生为陆灏写字事是否应允。他笑了起来，从桌子上拿了一张纸条让赵丽雅认读："易久裘龄石以钺陆灏尚武石恬中靳道峨孟嘉理易桐王导董丹石光动田新贺愚"。赵读之莫明其妙，徐先生告诉她这是一个文字游戏，是看

---

① 《徐梵澄文集》第一卷，第 397—399 页。

到"陆灏"这两个字才想起开这样的玩笑的,赵于是乎恍然大悟,重新念出:"一九九零十一月六号上午十点钟请到我们家里一同往到东单食广东点心和鱼"。两人都会心地大笑起来。于此可有一说,我辈陌生,并不奇怪,因为我们不懂汉语古音,而这一简单的留言,徐先生是掺和着古音标出的。之所以信手拈来,也正是因为他在翻译"咒语",那是一桩颇复杂的工程,一句一纸,一纸四行,其上的梵文咒语,字体可能非是通行之"天城体",而是"梵寐书"或"佉卢体"之类,其下一行为拉丁文转写,再下一行为古汉语音注,第四行才是我们能读出的"诗句"。我们想古人译经亦不外于此,只是少了拉丁文这一道工序,因此,不能再翻转回去了,因为语言系统太为隔膜故,如徐先生有言在先。

在我辈,通常是一件事一件事地去做,不敢同时并举,因为能力有限。可在高手,却不同了,譬如一个武术大师,他就不能只熟练一趟拳脚或使用一种兵器,他必须得十八般武艺样样精通。再若一个高超的乐队指挥,他可以让弦乐美妙地进行,同时又使管乐轻柔地鸣响。梵澄先生就是这样的组织者和发动者,不过,自始至终,彻头彻尾,只是他一个人,单枪匹马,孤胆英雄。他又要计划写写宋学了。

12 月 20 日,赵丽雅往徐先生处。徐先生告之,正在写王阳明学述。本也有此计划,但想稍放一放,可是《哲学研究》约写一篇文章,而一篇文章又不能尽,索性就铺开来写。他还说,湘人历来尊宋学,甚至毛泽东也不例外。又谈到了马一浮,说:马一浮的学问好,字写得好,诗也好。当年马与一女子定亲,但未及迎娶,那女子便亡去了。于是马终身不娶。当时生活十分困窘,老丈人有时遣人送些钱款周济,马皆婉谢,即使悄悄地放在抽屉里，一旦发现，立即退回。马一浮是看不起蒋介石的，但蒋对他还算仗义，四十年代初逃难时，交通乱作一团，蒋特地派了一艘专轮将马氏一路送回。

二人又谈起了贺麟、蒋复璁。关于贺先生入党之事，徐先生半开往笑地说："贺先生不甘寂寞"，他"是有风云气的"。赵丽雅问："那么先生也是有的了？"徐先生答："我可没有，我只有浩然之气。"他又说到在抗战时期的重庆："国民党办了一个干训团，我的留德好友、当时的中央图书馆馆长蒋复璁对我说'这个干训团一期只有两个月，你去参加一下，出来之后，我保证可以让你干个图书馆馆长'，我说：'即使只有一个月，出来后你用金子为我打造一所房子，我也不想去！'蒋还是不错的，挺够朋友。后来我去印度，他也是帮了忙的。后来他去了台湾，办起了故宫博物院。"①

同月，《读书》杂志有一"补白"之文《独鹤与飞》，作者"余木"，正是徐先生：

> 一九九〇年第九期《鲁迅研究月刊》载叶淑穗文《鲁迅重订〈徐霞客游记〉题跋》引鲁迅跋文："戊戌正月二十九日晨购于武林申昌书画室原八册重订为四庚子冬杪重阅一过拟从独鹤与飞四字为次"，就"独鹤与飞"一词，作者谈到，尝遍查各种成语典故并徐霞客诗词文赋，皆不见其出处，后以林辰同志"这是化用苏轼《后赤壁赋》"云云为解，方使此一句得安。窃以为不然。检《韩昌黎文集·柳州罗池庙碑》一篇，其辞有曰："侯朝出来兮暮来归，春与猿吟兮秋鹤与飞"，便是"独鹤与飞"所从出了。原句意柳侯朝出游于朝

---

① 扬之水、陆灏：《梵澄先生》，上海书店出版社，2009 年，第 69 页。

廷之上，暮流落于幽险之乡（朱廷桂解），猿与鹤或为即目，或亦为江南故实（《抱朴子》云：周穆王南征，三军之众，一朝尽化，君子为猿为鹤，小人为虫为沙。是与猿鹤游，即与君子游），无论作何解，总令人有一番玩味。至鲁迅易"秋"为"独"，所缘非一定，或不作深求，也可。

此文登出后，《读书》陆续收到数封来信，均指出此句出自司空图之《诗品》，其中"冲淡"有句："饮之太和，独鹤与飞"。表面看上去是不错的，但司空图是晚唐人，依据还应上溯，止于最初。梵澄先生署名"伯闻"又道：

鲁迅先生喜购书，将一些旧本重装（即重订），本也常事。（读鲁迅日记，处处可见）后来重阅一过的时候，随手拈出"独鹤与飞"四字代替通常的"一二三四"为序次题之于四册重装以后的《徐霞客游记》书面，以便安放或检识，原是往时中国文人习见的游戏之举，即所谓雅兴之一端，未必就有什么深意，恐也不必深求。（如光绪间刊《随园三十六种》，分装二十四册，以"桃红复含宿雨，柳绿更带朝烟，花落家僮未扫，鸟啼山客犹眠"为次，每册安以一字，与鲁迅都是同一做法。可为一证。）

不必深求是一方面。不过要读懂鲁迅也真难。鲁迅先生其人，不论书内之人或书外之人，社会之人或家庭之人，甚至作为思想家的鲁迅或者艺术家、文学家的鲁迅，他的一筋一脉，都是往昔那个时代妪煦的成体，今之年青的研究者，能真正沟通而欲于某方面获求一解，大非易事。站在他们身边指指点点，不能不有临深履薄的感觉。解者本人如果不是旧学通才，不是那种将所学皆融会贯通于方寸之内的学者，就会难免于经意不经意之间，弄出点常识性的笑话，这是任何辞典之类的书都解决不了的问题。[①]

"伯闻"是谁？"余木"是谁？除了编辑，几乎无人知道。因无人知道，这其中就隐约把握着一种平衡：一方面，问题必须点到，即告诫后学不能用常识性的知解去揣度鲁迅；另一方面，又不以真名"欺"人，即说完就走，如黄鹤一去，留下悠悠之"时"与"空"，让讨论者独自体会，琢磨。

1991年上半年，梵澄先生仍是在紧张的工作中度过的。姜丽蓉常来帮助料理，忙碌一会儿过后，梵澄先生总是与她坐下来谈谈话，聊聊天。姜服务于中国科学院图书馆，是总与书本文字打交道的工作，她有时想记下老先生的只言片语，以便整理成文字与旁人一同分享。梵澄先生善意地讲了一则通例：古代有文秀才和武秀才。文秀才到了武秀才家，看见了刀枪棍棒，一定不敢去动，因为他没武功；而武秀才则不然了，到了文秀才家，看见了笔墨纸砚，就忍不住要舞文弄墨。说完徐先生笑了起来。其实只是玩笑而已。姜丽蓉因是女同志，做事认真，总不免对号入座，这种性格多律己，求完美，不足之处在于有时不够"放松"。梵澄先生对她说："不能追求太完美，太完美了就要出事。"他又举一例：古代人盖房子，无论盖得多好，在完工的时候，泥瓦匠一定会把一片瓦翻转过来，不能让它太完美；就连皇宫盖好以后，他们也会敲掉房顶的一只屋角，或弄坏一片瓦抽掉一块砖，也是这个道理。这一点与西方哲学是相通的，比如希腊神话中的阿喀琉斯是位英雄，可是他也有致命的弱点，就是他的脚踵。[②]

---

① 见《读书》1991年第4期。

② 姜丽蓉：《叔外公徐梵澄先生忆》，《鲁迅研究月刊》2000年第5期。

夏天，南方大水。徐先生给崇善侄的信中有这样的话：

> 水灾自是全国上下努力抢救。唯忧劳可以兴国。或者犹
> 非大不幸耳。

暑热之中，有一未曾谋面的族侄来访。徐先生"觉其虚矜之
气甚盛，有愤然闷然之色"。但因当时手头工作较多，加之天气高
温不易久谈，所以只是一晤而已。他放心不下，待天气凉爽，在
国庆节期间，写信给他：

> 暑中承访，未曾深谈；天时人事，使缘悭尔。接上月八
> 日信，事忙未即复，至为歉仄。
>
> 计平生此为初次相见，微觉足下气矜甚隆。则虚怀接
> 物，必有隔阂。故有《老子臆解》之赠，此非叔之代表作也。读
> 者可赏其谦柔之道。兹更贡以四字曰："无言自得"。常时以
> 此养心，应有裨益。王阳明之学，似甚简易，而躬行亦难，端
> 在随事不昧天良，久乃得其乐。
>
> 承问欲归基督教会所办"老人之家"，是否合适。此种组
> 织内容如何，尚未得知。窃意养老济贫，属国家之行政。在
> 欧、美颇为可观。或者任平生有大造于基督教会，或晚将所
> 蓄财富一皆捐赠之，或思且当发挥光热，大举有所为，诱启
> 平民，弘扬教义，则投老居之，受其供养，正自心安理得。外
> 此非所知矣。值国庆假日，草此布复。即祝多祉。

在 8 月底，家里安装上了电话。起初他执意不肯，怕搅扰，后
来孙波和李毓风分别对他说："有个电话方便，万一您老有个头痛
脑热或其他什么事儿，我们即刻可到。"他以为有理，便依从了。

10 月 16 日，上海《文汇读书周报》的陆灏来访。徐先生要他
去厨房烧菜做饭，陆灏长于烹饪，也想在先生面前小露一手，结

果没找到油。徐先生说：你就用香油吧！炒出的菜当然不是那么回事儿。但梵澄先生吃得津津有味。他们聊了两个多小时，陆灏说："其实您老还可以多写一点儿关于鲁迅的佚事。"他回答："能写的都已经写了，其他的就随着我一起进棺材吧。"

这里不妨一提：徐先生似乎是对赵丽雅和陆灏二位后生颇有好感。这其中的因由呢，当然不止一个，但有一点是可以肯定的，那就是二人都颇具文才，而且都写得一手漂亮的行楷。这在我辈人中实不多见。我们这个年龄阶段的人，以为写好钢笔字就已足够，至于毛笔字好与不好，与当一名称职的工、农、兵无甚关系。可能，在他老人家眼里，我辈固然多有勇于任事者，但学养多不足，而气质又不免近粗了。

同月，对门邻居中国社科院语言所的台湾籍学者廖秋忠因患肝病不幸英年早逝。妻子詹志芳沉浸在悲痛的情绪之中。徐先生凡出门或回家时遇到她，总是多加鼓励，他举起紧攥的左拳说："勇猛！要勇猛！"廖秋忠积劳成疾，詹志芳是自责的。徐先生就对她说："人生就像一本书，没有一本是没有勘误表的。你的勘误表是短的。"詹因下班到家较迟，已上小学一年级的小女儿放学以后无人照料，她请求徐先生帮忙，他爽快地答应了。这么，他放弃了晚饭前的散步，每天陪着这小女孩儿，或做作业，或下棋，或写毛笔字，他亲切而幽默地叫她"夏娃"。算来他与"夏娃"的友谊也有好几年了，那时候她更小，被阿姨抱着要去徐爷爷家玩儿，这时在工作中的徐先生马上放下手中的"活计"，来迎接这位"贵客"。有一次，这小家伙指着自己的鞋说："破，破。"徐先生下午到东大桥商场，为孩子买回一双新鞋来。每逢这孩子的生日他都被请去吃蛋糕，他也为"夏娃"准备一份礼物，比如毛茸茸的大兔子什么的。后来，他想了一个方便之法，干脆给了詹一千块钱，说："这钱你给孩子存起来，每年她过生日时，把利息取出来买点礼物，即使我以后不在了，我也要给她过生日。"

詹志芳总觉得麻烦徐先生，心里多有歉意，因此也常给徐先生带点小礼物，徐先生和婉地对她说："你看泉水清不清呀，清澈见底。大江大河混不混呀，泥沙俱下。可是泉水清得连条小虾也没有。大江大河呢，浑浑噩噩，可里面什么都有。人做事就要有气魄，不要只注意小事，才能够成大事。"他还给詹讲过一个小故事：一天，他与鲁迅先生聊得久了，许师母请他一起用饭。其时海婴在大闹，不肯好好吃饭，先生和师母都拿他没有办法。这时候来了一位日本青年，鲁迅请他入桌，这时海婴安静下来，一声不吭地吃起饭来。鲁迅微笑着示意梵澄看海婴乖下来了，梵澄不解何以故，鲁迅小声告诉他，这位日本青年是一位医生，为海婴看过病。[①]……总之，徐先生是欢喜"夏娃"到家里来玩儿的，他对詹说："我要是没有看见你女儿呀！我都不知道我是死了还是活着。"

12 月 25 日，写信给崇善侄，索制一柄刻刀。

崇善贤侄台鉴：

接到手书，道家事甚详，甚以为慰。一年又过，冬至阳生。此间早雪，丰年有兆，亦复可喜。叔近来无恙，颇留心于刻图章。偶遇极坚之玉根，费力颇巨。因思制一新刻刀（长不过三英寸），木制圆球为柄，握之掌中，可以运用腕力，较之通行之笔杆柄者，必远过方便。足下居小城，百工市肆麇集，能设法铸造否？此亦消遣之工艺，聊以自娱而已。

---

① 詹志芳：《琐忆徐梵澄先生》，《鲁迅研究月刊》2000 年第 5 期。

1992年2月,《苏鲁支语录》由商务印书馆出版。

3月,北京大学汪子嵩先生给徐先生寄来《希腊哲学史》第一卷,扉页题字云:"梵澄先生教正,后学汪子嵩"。并附存一信。

徐老先生:

接《读书》编辑部赵丽雅女士来信,得知先生需要拙著《希腊哲学史》并拟作书评,感谢万分,兹由邮局挂号寄上,请批评指正。

在青年学生时期便拜读尊译尼采著作,数年前又读《神圣人生论》,复得知,先生与陈康、贺麟两位老师均为旧友,心慕矣,无缘拜识。

报告一不幸消息:二月二十五日接陈先生公子来信,云陈先生于二月六日在美国亚历山大里亚城寓所去世,享年八十九岁。两年前晚等曾将陈先生在国内外发表的论文编成《陈康论希腊哲学》一书,出版时曾嘱商务奉赠先生一册,后来得知商务寄书屡有失误,恐先生尚未收到,现在一起寄上精装本一册,作为纪念。此书出版后曾得陈先生来信赞许,兹将当时来信复印件寄上,如蒙先生能为此书写一书评,更为感谢。去年底接陈先生来信并附有陈先生近年所著有关柏拉图著作(信上未知书名)前言的清样一页,并言此书可望于今年在德国出版。可见陈先生虽近九十高龄,仍写作不断;今年一月九日最后来一短信,末句云:"人必有死,不必烦心"。

拙著《希腊哲学史》第二卷已于近日交稿,明年可望出书。此卷写智者、苏格拉底、柏拉图,对于柏拉图的二、三十篇对话内容均一一作了评述介绍,其中许多是介绍陈先生的观点。出书后当寄请教正。专此敬祝健康长寿并颂撰安!

## 九、新儒家入门

4 月 15 日，有我辈友人张西平来访，这是他第四次来到徐先生家中。他要取走梵澄先生已完成的英文稿《易大传——新儒家入门》，也是关于宋学的。这稿子，他打算用来做"门面"，登在即将创刊的《国际汉学》之首，这也是任继愈先生的授意。初访时的拘谨早已抛到九霄云外去了，他兴致勃勃地问东问西，徐先生端着烟斗，和蔼地有问必答。临别时，徐先生站起来送他，他看到徐先生未脱下的薄毛衣右臂处有一个洞，一根断出的毛线随着徐先生的胳膊晃荡，于是关心地说："您老的毛衣该换一换了。"徐先生笑答："穿得很有好嘛——"[①]

《易大传——新儒家入门》中有这样的话：

> 时间之车轮飞逝，将我们引至下一个世纪之新千年的门槛，它衔接着古老的过去和无限的未来。这一车轮或许是变化机制的最佳象征，因为，当它在以坚定持久的旋转跨越一段路程之时，其自身是周而复始的。人们在天体的运动中和一年四季的轮转中注意到这种恒定性。我们看到在宇宙之中的每一事物，都随着时间不停地变化，如果它在刹那间停止，整个宇宙就将毁灭。《易大传》明确表达了这一思想。

> 通过对自然的观察，古代中国思想家逐渐产生了永恒持续的变化概念或事物的生成概念。依靠深入的推理或更深邃的洞察，他们开始对宇宙中的所有生成变化有了一个把握，这一被把握的实体处于所有变化的核心，借此，所有变

---

① 张西平：《声尘寂寞是恒常》，（台湾）《弘誓》杂志 2007 年 4 月刊，总第 86 期。

化都成为它的外在功能或作用。一个人所能看到的只能是任何客体的外在表象，这些客体的外在表象或静或动，在这有限的表象之内，必定有一个为其真实存在的无限的实体。这就是人们常在本体论的讨论中与现象相对立的那个本体，而无论是先秦儒家还是新儒家都进行了这一区分。

在文明之初，处于不同地域的人对现象世界的短暂和无常曾分别作过探索。活跃于公元前五世纪左右的伟大的希腊哲学家赫拉克利特，这样写道：

在踏入同一条河流的时候，一个人所遇到的水流是不相同的。

正如有人用另一种方式所说：

一个人不能两次踏入同一条河流。

这意味着，当一个人踏入一条河流的时候，他在第二刻触到的水流已不再是第一刻触到的水流了。这是对宇宙间一切事物之发展过程的一个非常生动的说明。类乎此，孔夫子曾临川而叹：

呵！逝者如斯夫，不舍昼夜！

这表示，在世界上没有任何事物是静止的，我们的躯体、生命和精神之每一刻都在变化，我们与片刻之前已然不再相同。

结尾是这样写的：

在此短文中，不可能充分地论述如此之大的题目。以上之讨论，只是提供了一个浅显的关于变化的哲学观点，并清除了某些错误的概念。如果一个人对这些理念进行广泛的沉思，他就能为自己的人生观获得一个新的可靠的信念，他将确信对立双方的相互内在性和在它们之上的超验性。纯粹为了研究的目的，设若一个人能以这一正确的认识步入新儒家的殿堂，他会发现：他像在经历了一次长途跋涉之后，又返回家中，那房子已被修复，那家具又重擦亮，而这一切，却一点儿也不感到陌生。[①]

6月，依中国社科院宗教所科研处要求填一表格。其中三栏目如下：

一、重要简历：

……极为简单。即自少至今，未尝离学术界一步，经营任何事业……长期之求学时代也。自1945至1978，在印度讲学译书。自1979至今，则在中国社会科学院世界宗教研究所工作。

二、对国家的主要贡献和事迹：

两无可言。

三、学术成果获奖情况，及其在国内外的影响：

成果不无，奖未有获。

影响不无，难为定说。略可说者：在所谓文化交流之服务中，前后有英文著述五种，销行海外，《孔学古微》一种，印度报纸谬加好评。《小学菁华》，则颇见赏于荷兰学界。《通书》一种，则翻成英语而介绍周子。哲学者，在南印度流行。此皆在国外所为。至若《肇论》及《唯识菁华》乃1985年以后在北京出版者。西文读者似皆颇以为不恶。

其他华文著述，已行世者十余种。仅有《老子臆解》一

---

① 徐梵澄：《易大传——新儒家入门》，孙波译，载《古典重温——徐梵澄随笔》，北京大学出版社，2007年，第122—129页。

书，似颇销行，闻将再版。印度教之圣经《薄伽梵歌》，顷拟三版。其他十余种，亦已行世。[①]

表中所言《薄伽梵歌》，实际上是将要与阿罗频多的《薄伽梵歌论》同出，抄稿已被商务印书馆取走。在中秋节前，徐先生又补了一篇短序。

夏日，有人事部组织的青岛之游。同行中有九十三岁的老人盛成先生，盛老几乎是每年必游，游必有诗，诗必题字，会必发言。此老先生与梵澄所谈甚洽，着实有缘，因为他年轻时曾在长沙随傅增湘办报。有这一老兄在，梵澄便"步其后尘"，亦诗亦字。结果，每到一处，应当地之求，题诗题字，也颇劳费了一些精力。他对盛老戏言："我辈游览，席丰履厚，来自中枢，实亦不甚异于'走江湖'，若不略以所示学人，则地方人士，必以谓我辈皆'二百五'。"此行登蓬莱，访长岛，观威海，悼北洋海军忠魂碑，紧张而又愉快。天气晴雾混茫，水天不辨，也自是一番气象，而不碍感怀史事也。是时有诗《游烟台蓬莱长岛因题》：

烟台凝萃中外美，洙泗遗风在闾里。

科学技工霞蔚起，海上山东从此始。

星标定指进不疑，蓬莱仙境良在兹。

声华早记惊天句，长岛人歌动地诗。


风雨十年今已霁，云开重睹神山丽。

渤海如杯岱如砺，小康正入升平世。

画楼飞阁出尘寰，英多仕女皆朱颜。

美酒金波休尽醉，一去青春不复还。

---

① 见徐梵澄手页。

前诗末句有注："毛主席句，未知指谁？"我们在过去学这首诗，都知道是指——人民。后诗末句"一去青春不复还"，却未伤"春"，相反，是豪迈，如风云。因为"青春"无悔。

这里，我们做一个空间上的切换。台北，大仑山顶，夜已深沉，鸣虫起伏。八十周岁的晓云法师跏趺默坐，一时颇觉意绪辽远，心思朗然，起身作画《秋林图》，画罢笔下一转，流出一诗："深林宴坐妨人觉，红叶如花乱扑衣。"正是梵澄句。可以说，亦未伤"春"，相反，是平静，如止水。莫非也是"青春"无悔？

是呵，青春一去，三十五年瞬间而逝。二人竟然未通一点儿消息，说明他们正要彼此"相忘于江湖"。但是，这如何可能？倘使不是如此，那么，于旁观者就不免生发悒思，这么说来，我们是感伤了，为着两个"飘荡的，在远道上追上自己的人"。难道"青春"就得"一去"而"永诀"？抑或"一去"而"离分"就在"青春"之中？虽然，人生终了是要汇合的，在那欧里庇得斯（Euripides）笔下的"日落之乡"。让我们稍作驻足，像古代希腊人那样，做一个画外的吟诵或落幕的唱白吧：

> 有一种离分是默默的永诀，
>
> 像苍色染上额头细细知觉；
>
> 花开花落呵亦复燕去燕回，
>
> 冰水又泮泮且新柳又斜斜。
>
> 有一种明示会悄悄地隐约，
>
> 淡得了无痕迹然脉脉无缺；
>
> 云卷云舒呵亦复梦幽梦远，
>
> 独鹤与飞飞且游子与子子。

9月23日晨，梵澄的老友、哲学家贺麟先生去世。就在昨天，他

正过九十岁的生日，北大、清华皆有锦旗之贶，门生故旧，鱼贯而
来，贺麟先生一一点头微笑。未想次日便溘然长逝。9 月 30 日上
午，贺先生的告别会在八宝山举行，梵澄前往与老友最后一别。回
程，由哲学所蒙登进先生驱车护送，徐先生一路垂泪，无语。10
月 2 日，给崇善侄的信中，谈到贺先生的故去：

> ……可见老年祝寿或"做寿"，不大好。撰一联挽
> 之，云："立言已是功勋著作等身寿登九秩引年桃李心传阅
> 三世。——真际本无生死风云守道祚值五星开国辉光灵气合
> 千秋。""引年"即是国家之养老。此公平生颇有"风云"之
> 气。然笃友谊，辅导学生，尽心垂教，非"守道"者不能也。看
> 来亦是圆满。

说"风云守道"，主要是针对蒋介石请贺麟去讲课，此事后来
一直成为贺先生的历史包袱，但徐先生认为，贺先生并未丢失一
个知识分子的操守，说他有"风云气"当然也是英雄气，而有英
雄气的人不免有入世情怀，这又是一个十分普通的道理。他了解
这位老朋友，一个不折不扣的哲人，正直，严谨，略微古板，偶
尔苛细。抗战时他写《近代唯心论简释》述评，说贺先生，"对于
'先天''超越'诸名词，有精细的检讨。更超于这超于平凡的，是
分析'辩证法与辩证观'。虽然这一点分析不是怎样博大的道理，然
见解之明，渗透黑格尔的学说，有可以补哈特曼的不足处。"不
过，徐先生认为有"一二细微处……实颇伤于苛细"，如论"佛化"与
"化佛"，"物造"与"造物"，另外，以为"诗教"即"艺术"之
类，亦欠周详。[1]这隐指哲学在高境上不妨诗化一些，可意会的地
方就不必言传。当然，这里有个人气质问题，所以徐先生与贺先

---

[1] 《图书月刊》第二卷第八期。

生开玩笑总是适度的，这意思是说，尊重的成分似乎更多一点儿，若要前去拜访了，大都要提前写信通知。这与对待另一友人冯至则不同了，他二人关系仿佛亲昵成分更多一点儿，因此他有时就有些"放肆"，多是随时敲门的。往往周二他到所里来借书，事毕后有司机负责把他送回，常常是每一出院门刚过建国门桥，他就要求小解，这么一拐弯儿便到了冯至家，再泡上他一刻或半点钟。

立冬时节，中国古典之重温《陆王学述》，已大致完成，字数有 12 万之多。这是梵澄先生有史以来著字最多的一本书。他通常称自己字数稍丰一点儿的作品为"小册子"，因为话语每每不多，这是他的写作风格：清晰，简约，不重复。或将来出版，字数还可以增补，现在，只好这样，收好以待"出阁"。我们有时好奇，他老人家翻译那么啰嗦的文字，如阿罗频多，念经似的"辗辐交往，反转不已"，他竟一点不受熏染，自己出之华文或英文，仍然是那么洁雅、高贵，并富于美丽的节奏感。这渊薮端在吾华传统古典，是我们中国人一切有形和无形文化的家园，统称之为"精神家园"。故此书另拟一副标题："一系精神哲学"。然而，究竟"精神"二字，应当如何下定义呢？梵澄指出：这名词含义极深广，是很难用一二语下定义的。道家甚讲精、炁、神三者，舍炁不谈，可知其为两者之合。苏子瞻之徒，曾讨论这问题，结论为"精出为动，神守为静，动静即精神"。这是就其外表说。通常语文中说花草滋长很有精神，或某人之行动很有精神，皆是形况语。克实言之，这皆是今之所谓生命力的表现，收摄在此一名词之内。而人，在生命之外，还有思想，即思维心，还有情感，即情感心或情命体。基本还有凡此所附丽的身体。但在最内中深处，还有一核心，通常称之曰心灵或性灵。这些，哲学上乃统称之曰"精神"。但这还是就人生而说，它虽觉似是抽象，然是一真实体，在形而上学中，应当说精神是超乎宇宙为至上为不可思议，又在宇宙内为最基本而可证会的一存在。研究这主题之学，方称精神哲学。这一核心，是万善万德具备的，譬如千丈大树，其发端初生，只是一极微细的种子，核心中之一基因（gene），果壳中之仁。孔子千言万语解说人道中之"仁"，原亦取义于此。

何以现代可将此宋明儒学列入精神哲学一类呢？——因为二者大致相类，而宗旨颇同。在精神哲学中，普通总是以身与心对，中间还有一情命体。心则言情感心（heart）和思维心（mind）。在稍精深的瑜伽学中，还涉及其间之微妙生理体。论及人性，则分高等自性和低等自性。宋明儒学为身、心、性、命之学，也是分别探讨，主旨或最后的目的为"变化气质"。而精神哲学也着重"转化"。——两者皆着重身、心之修为，而"转化"是何等艰巨之事，儒者最有经验。如大程子"见猎心喜"的著名故事。俗语所谓"江山易改，本性难易"，若是先天遗传，便无从更改，若是后天所习，则可改变，若是俗语所谓"摇篮所学，入墓方休"，近于顽梗不化了。然而困难不是弃置的理由，世间事没有不是经过困难而成就的，而自古至今，正有不少人严肃地从事于此。先天之遗传，其间也正有不少瑰宝，待后天如何发现，珍惜。

是书附序在后，是谓"后序"：

> 以上将陆象山、王阳明这一系哲学，牒述了一大概。其所涉及的他派也颇广泛。学者循此进而开发，当有新的收获。因为中国历代文化宝藏实属丰富。究之精神哲学的领域，本自无边，其出发乃自心源，而心源无尽。

所以标举这精神哲学者。因为这——"此学"——较纯粹思辨哲学的范围更大，它能包含后者却不被后者包含，思智只属于精神"大全智"的一部分，而出乎思智以外的知识有待于开发的尚多。就名相言，精神可容纳思想，而思想涵盖不了精神。无疑，至今精神真理多涵藏于宗教中，但宗教已是将层层外附仪法、迷信等封裹了它，使它的光明透不出来。偶尔透露出来的，的确是"放诸四海而皆准"的达道，即陆氏所说的心同理同。

自古及今，宗教对人类的福赐是大的，但其所遗的祸患亦复不小。读西洋史及南亚史及观现代各地宗教战争的情况是可明了的。——中国似有天幸，历史上类似西方的宗教战争未曾有过。汉末黄巾三十六方同日而起，只是政治斗争，不是两教或多教间的互相攻杀。其他小规模之起义，性质相同，如白莲教等。中国历史上的天灾人祸也多，但这种祸患没有。

诚然，历史上未尝有可凭宗教迷信而长久立国者。五千年中国文教菁华原自有在，不得不推孔孟所代表的儒宗。仁民而爱物，于人乃仁，于物不必仁，而亦不失其爱。从容中道，走出了一条和平忠恕的坦途，能善其生，即所以善其死。有了宗教之益处，而不落宗教迷信之邪魔。脱去了一切心理上自加的缠缚，如天堂，地狱，原生罪，风刀之考，六道轮回等荒谬幻想。所谓神明华胄，出生原本自由，不必入教堂受名或受洗。

人生亦不可无有禁戒，所以善其生。宗教中的戒律是多的，有的苛细之极，若不加学习，在日常生活中动辄得咎。孔子也曾说人生三期之戒，可谓深透人情，正是所以善生，不是束缚。绝不是磨折此身体至死，以图其所谓精神的解脱，或不生不灭的无余涅槃或梵涅槃。我们现在只看阳明之教，千言万语的教诫，由博返约，只曰"去私欲，存天理"，只此六字真言，何等简单，而且积极，非是消极只戒人不要这样、不要那样而空无所成。倘使人能诚诚实实、念念在此六字上下功夫——即孟子所说"必有事焉而勿正"之"事"，——其效果之远大，良好，等于或且胜于遵守一厚册经文戒律。这如同一原是健康的身体，只有一点极简单的卫生原则，则用不着服这药或那药，守住一大部医药学，因为身体本没有病。

所谓良好而且远大的效果，是既明"此学"已，同时便得到"此乐"。于是人生之痛苦皆除，直至"存吾顺事，殁吾宁也"。徒从事于思辨哲学或者从之能得到理解上的满足，如同解答了一谜语，不是于宇宙人生真实的全部悦乐的体验。再返于约，这又更简单，只有一个字，即孔子所教的"仁"。其他一切名言以至体系，皆从此中源出。知"仁"然后知义、知礼、知乐……以至本体，功夫，理，心，道……最后归到一句口号，曰"学者学此，乐者乐此。"——仍是古说。

# 第十四章　启于未济

## 一、诗人之别

1993 年，农历癸酉，鸡年。徐先生正八十四岁，这是他人生中第七个本命年。毕竟已是高龄，体力大不如前了，譬如一架机器，即便再好的护养，零件也是会有所磨损的。在他，已感到了目力和脚力的不济，尤其是视力的减退，影响工作，得设法补救。1月 17 日，他给崇善侄写信求援：

> 叔……工作如常。唯目力较差。此间冬季多阴，写稿则稿纸之格子难辨，因思倘用一铁丝或铜丝网格，置于纸上，则钢笔所触，写字必不至溢出栏外矣。吾侄脑敏智多，请为此事作一新发明，不胜感谢！即祝春节喜乐！

春节是 1 月 23 日。雨水前一日，即 2 月 17 日，他又写信谈起此事：

> 前托制一字格，思之此亦简单，二横行或三横行已足。置纸上可以移动。长方格颇不易制，则作小圆孔亦可用。以一薄片，或塑料，或金属，或坚木，或坚竹，每行连续打 20 孔，即成。（作一大纸格，行廿字，页四百字，不如小片，字少，上下移动为便）——其实此事至简，手写稿字出格，糊

涂，找人抄写一遍即可，又何必劳劳于制作新工具哉？——
然有一新工具，便用亦是好事。此事不急。叔身体无恙，每
日工作如常，勿念。

后来字格果然做好。横行间距用的是细密的铜网，每字的间
隔则以铜丝分离，网与丝之垂直交接处，焊点颇为平整，字框的
四周又用一种类似于油布的胶纸包好，以免磨刺手指。崇善侄与
其叔真是心有灵犀，自己又实乃心灵手巧，毋怪乎成为梵澄先生
的"倚仗"。

雨水刚过。徐先生接到冯姚平的电话，被告之冯至病危。"什
么——"，他愣住了，随后在电话里就失声痛哭起来。他赶到医
院，看到在弥留之际昏昏睡去的冯至，坐下来，双手握住他这兄
长的左手，头抵在床边，像孩子一样啜泣不停。他记起去年 8 月
25 日两人的一次长谈，那一天是星期二，冯至红光满面，精神格
外好。他们在一起谈歌德，谈尼采，谈德国哲学。这是几十年来
话最多的一次，也是最精彩的一次。又聊到他们这一帮同学，那
可着实不坏呵，反正比留美的好，没有像孔、宋那样的人。倘若比
较而言，留美的太浮躁，留法的太浪漫，留德的太沉重。留德的
同学们虽然没有团体，没有组织，但隐约成了一流，重朴实，不
尚华靡；行直道，不尚乖巧；守忠诚，没有变诈；通物理，又近
人情。在梵澄心目中，这一流的典型，便首推他的老大哥冯至。

冯至的告别仪式在八宝山举行，时在 1993 年 3 月 2 日下午。梵
澄先生描述了当时的心境：

> 车子直向八宝山驶去。我坐在车里，心里说："君培，这
> 是我最后一次看你了！"……
>
> 车子的速度似乎缓了下来，一拐弯，停了。这前面便是

八宝山。见人已到了很多。我在客簿上题了名，取了一朵白纸花佩在胸左，随长队缓缓走进礼堂。堂中花圈布满，躯体躺在不甚高的床上，覆以鲜明的国旗。面色几如生时一样红润，头发颇长，头部微微偏向右方，仍似生前一样安详、和蔼。我随大众在一边做了三鞠躬，向前走，转过到左方，见到亲属站在一旁，我便依外国习惯合掌致敬，未尝一一握手，从容走出礼堂了。于是将白花从襟上摘下，置于原处一大筐中。遇了好几位熟识，皆只点点头，没有说话。忍住了眼泪，其实也说不出话。时友人有将一束稿件托我看的，接过了插在袋里，也无话。

这仿佛是旧礼俗，凡吊丧，主人不哭，客人是不应当哭的。哭朋友是人之常情，但古礼是"朋友之墓，有宿草而不哭焉"。即是大致过了一年多，墓上的草出现陈根，便应停止哀伤了。冯至是我的老朋友，我们的交谊始于 1931 年（应是 1930 年——笔者注），算来已有六十多年了。中间或离或合，最后一期是自 1979 年以后，我一直在北京，便时常相见。逝去了这位老朋友，多次我忍住了恸哭，只默默在深静的心思中，祝他永久安息！安息！安息！[1]

过了几日，徐先生来到冯至家，携来一盒香，抽出三支点燃，然后奉在冯至的遗像前，说这是自己"心香一炷"。又带来了一幅为老友写下的挽联："硕德耆龄三千士化成文学声名扬异国，素心同步六十年交谊箴规切琢叹无人"。过了几天，他又来了，看到自己点着的香火仍在续燃，满意地走了。当然，也是孤单地走了，离

---

[1] 《古典重温——徐梵澄随笔》，北京大学出版社，2007 年，第 258—259 页。

开了这位曾被他称之为"北方诗人第一"的老朋友。他尝对冯至开玩笑说:"你有两个女儿,我一个也没有啊!"这话颇有点凄凉了。但是,没有办法,谁让他选择了这么一条人生的"小径"呢?如今,贺麟、冯至这两位老友相继殁世,只余他一人了。

> 我独自去了,孩子们!你们也从此走去而且孤独了!我愿意这样。[1]

这是苏鲁支的语言,梵澄译出的,他自知。

## 二、劳心艺事

4 月 3 日,有给陆灏信。谈及三事:前寄稿《技与艺——参观罗丹艺术作品展览会后写》;整理《陆王学述》;受陆灏之托,为其友人新开张的"凤鸣"书店传去贺辞。贺辞这样写:

> 近闻赐不受命,柯也持筹,发二酉之珍藏,鬻三都之宝肆,学深货殖之传,志远陶朱之功;修迷语之三三,值文汇之五五,想必应接不暇,而巨细靡遗;条绪纷繁,而经纶在握,为祝为慰。[2]

信函内容如下:

> ……拙文(《技与艺》)原是在使异邦人士,稍知中国有人仍颇明西方艺术事者,初无作任何宣传之意也。尊意以为可删之处则径删之,字错则改之。无不可者。

> 《陆王哲学重温》,正加以整理,此事赵(丽雅)大妹殊无可助。目前仅十三万余字。或者增文一二篇,大致至十五万字而止。鄙意为出一小册子。若又附以他文,似乎不宜。"学

---

[1] 《尼采自传》,徐梵澄译,崇文书局,2017 年,第 9 页。

[2] 扬之水、陆灏:《梵澄先生》,上海书店出版社,2009 年,第 125 页。

者”之名，鄙人固不敢当，他人或亦谦不肯受，亦似与民众相远。若丛书能改换他名，使范围较小，性质更明确，或比较容易推行。高明以为何如？

其作始也简，其将毕也巨。君子以作事谋始。足下此时毋妨雍容暇豫，从各方面筹度之，深计远虑，然后发于事业，无有不成功者。

还有那篇文章，参观罗丹雕塑展的，名曰《技与艺》，出自庄子之“技进乃艺”之意。其中要读者明白创作的心理过程，指出技术上单纯之“逼真”，难为艺术家，而更有其“内”者。这是他的一贯主张，从青年到老年：

这内在者是也难于说明的，只合多方用譬喻为说。人的人格是多方面的，亦毋妨说一人有多个人格，而假定其有一艺术人格，一如其有道德人格。这可说即他内中的一个艺术家，包括他的识感之所能，情感之所钟，思想之所达，心灵之所契，即凡他的生命之所涵，较浑融说为他的精神之所在。通常这存在于他的较高层的知觉性中，对他自己是明白的。这人格是他的禀赋，但亦由养成。有些艺术天才，只能归到先天的遗传，凡人无由企及。合先天之所禀与后天之所培，如一佳卉，这艺术家始从凡夫中跃出，一艺术人格已经圆成。诚是传世的伟大艺术家，皆是此艺术人格发到前方，降入俗世，留下了伟大作品。凡其创作，只可说是其整个艺术人格之投入，不单是所谓“感情移入”，藉中介而发出之表现。取超上义说，是他赋予冥顽之物质以活泼的生命。静者使动，动者又静，化死为活，凝定暂时者为永恒。及至表出几乎是生命之全，其感应可想。

这由技达艺之距离，似乎容易见到了，"技进乃艺"，笔者亦非轻易说的。就其渊源探索，工技所从出者，思智；而艺术所从出者，心灵，这皆就其至上者为说。思智纷多，心灵是一。因此在其高境，无论造型艺术若干部门相通，即时间性之艺术部门，如音乐，亦与之相通。有心灵之至高表现，则亦激起凡人之共同感应、欣赏、同情、共鸣。其心灵之表现愈真纯，则其艺术之诉与力愈宏大，则客观之反应愈深远，则群众之推许也愈崇高。——综观这次展览会，的确有许多也懂得艺术的人，不论中外，能加欣赏，已甚成功。①

文章结尾颇有意思，亦容易被忽略，不明白梵澄先生原是好幽默的，幽默而又不说破。罗丹集中心神搞创作，抟捏膏泥，其间每次停工，必用麻布将已成的部分盖上，用水淋湿，避免干燥，否则下一次难于加工。罗丹有位难得的模特儿，非常忠实地工作，并以此事自任。同时，罗丹夫人自觉是有权保护丈夫的作品，也以此事为己任。两人避而不见，且都有工作室的钥匙。有时罗丹工作暂停，休息一日或数日，两人便相继去浇水，"时或一个胚未成，或半成，或近成，早晚得受两次洗礼。于是此五行生克中之土，过度为水所克，只合奉法顺流，随水归壑，不为艺术服务了。"后来罗丹揭布一看，已是淋漓尽致，一塌糊涂，"尽管是微妙精详的指触之印，灵感挥动之痕，皆一去莫追，无可奈何！罗丹于其朋友中广求疗妒之方，亦了无所得。"末句中之"妒"字，偶尔会被读者以为是"护"的误置，其实不然，因为梵澄先生之意本未指

---

① 《古典重温——徐梵澄随笔》，北京大学出版社，2007 年，第212—213 页。

对雕胚自身之事。[①]

7 月 26 日至 8 月 23 日，梵澄先生入住 304 医院做全面的身体检查，但主要医治的，还是双足不良于行的问题。经 X 光透视，查出在背部两节脊骨间，有软骨突出，压迫足部神经，因此致痛。于是乎大夫对症治疗，几路并行，什么中药、西药、理疗（二种）、针灸（浅针）一起施为，果然奏效，疼痛逐渐消失了。在医院里总不能像在家里那样方便，可以随时抽出专业书籍来阅读，姜丽蓉怕他无聊，带些小说来供他消磨时光，其中就有《红楼梦》，他对姜说："前几年我住医院，有人就给我带了一套《红楼梦》。说实话，我翻了翻，觉得没什么意思。这是一本颓废的书，不能给人以积极向上的力量。"其实，我们实不必操心，因为他是最"会"寂寞的人，而寂寞中的时间在他却是无比充实的。他背古文，背梵文，不厌其烦，大概这也是功课。这功课为什么还要做呢？他对接他出院的李毓凤说："梵文是要天天背的，因为国内无人可以请教，因此只好自己不忘。"还有一小事：临出院时，大夫问他是否愿意再做一次 CT，看一看"病灶"有没有消失或减轻，这样双方都放心。他说："不必了！"因为他心里盘算着应"为公家省费"，他知道"此一照当费千余元"。

治疗期间，总有闲暇。有一日他脑海里突然闪出了四个字："封笔大吉"！俗话说：七十三、八十四……云云，难道自己真该封笔了么，而这一次体疾就是一个"警告"。但随着双足从疼痛到麻木，再从麻木到恢复如常的知觉，这个念头便由淡薄而消散了。

徐先生刚刚回到了寓所，就接到了鲁博诸君子的电话，他们

---

[①] 《古典重温——徐梵澄随笔》，北京大学出版社，2007 年，第212—213 页。

要来求助。这是一个看上去简单，实际上颇为复杂的事情。上海古籍出版社欲委托鲁迅博物馆编辑一套《鲁迅藏外国版画全集》。《全集》第一卷为欧美卷，其中以德国版画为主。鲁迅生前曾计划编印《德国版画集》，然未能如愿。编辑这套书，考证与翻译的难度很大，主审者必须具备三方面的条件：第一，精通德文与英文；第二，熟谙欧西美术史尤其是版画史；第三，作为个人，最好是那个时代"妪煦的成体"。我们可以说，全中国，只有梵澄一人能当此任！这话倒退几十年都不过分，因为他还是鲁迅版画收集活动的积极参与者、贡献者。这真是鲁迅博物馆的福分！也径直可说，是鲁迅大师的福分！

这版画中"戏份儿"最大的是由韦斯特海姆主编的《创作版画集刊》，1918 年创刊，终刊不详，每年出四集，每集收当代版画家的作品原拓 10 幅，其中还有版画家的亲笔签名。鲁迅所收为第二年至第四年全套，共 12 帖，120 幅；第五年 2 帖，20 幅；第六年 2 帖，20 幅；共 160 幅。包括木版、胶版、铜版、石版，涉及 11 国 80 余人，其中以德国作者最多，计 62 人 113 幅作品。作品以黑白为主，间有着色，皆为珍贵的原拓。①然而辨认确当，条分缕析，却不是件容易的事，因为文字不同，笔迹各异，而且介绍过略，三言五语，不达勾勒，设若旁人着手，亦非不可，可是必大费时日，其结果亦尚属疑问，这就是说，只有梵澄先生一人可走"直线"，给出的答案也必定是正确的。

鲁迅博物馆三位同志，李允经，杨燕丽，夏晓静，如约而访，携来 160 幅作品厚厚的一大摞放在徐先生的桌子上，他老人家特别高兴，一页一页地翻着，向他们讲述当年他如何购买版画以及鲁

---

① 杨燕丽：《我所认识的徐梵澄先生》，《鲁迅研究月刊》2000 年第 5 期。

迅想编辑出版《德国版画集》的愿望。"将来馆里会给一点鉴定费的"，他们说，徐先生哈哈一笑说："我不会要的，给先生做事怎么会要钱呢？"稍暂，他又严肃地重复了一遍："为先生做事，分文不取！"然后，他又与三人愉快地交谈起来。时间过得也快，正午到了，徐先生执意要请三人吃饭，不许推辞，他们只好遵命。他戴上了白色的凉帽，套上白色的尼赫鲁长衫，手执拐杖，径直过马路往"一点盐"饭庄去了。那一天他特别精神，步履矫健，笑声爽朗，而且胃口还很好。不用说，这是为鲁迅做事了，他高兴，他幸福。

他放下手中的所有活计，一心一意地完成这项工作。为辨认每一个作者签名，查证他们的简历，他特地从宗教所图书馆借来一套英文的大百科全书，并往北京图书馆跑了好几趟。用他自己的话说："……穷日力为之，得百余篇，当有百五十篇，然其中重复者，数行而已。故亦不过五六万字，然考证地名，人名，事会，时潮，注释……颇费心力。"交付的稿纸有 141 页，每一幅画，清楚地写出了画名、作者姓名、国别、版种，而且每一画家皆作一个"小传"。①结末，应鲁博诸同志之求，还撰写了《鲁迅珍藏德国近代版画选集·前记》。末两段如下：

> 中西文化背景，究竟不同。名人、杰作，在欧洲尽人皆知者，在我国大多昧然。反之亦复如此。兹择其甚关重要者笺注，资料则取德、法、英三种文字之百科全书，极求简明，使阅者易于了解。而原集文字内容有未备者，间亦从诸全书中采取补入。因原文亦限于篇幅，未必详尽。

> 时光迅速，此百年之中，世界情势大变。无论国际，及

---

① 夏晓静：《我记忆中的徐梵澄先生》,《鲁迅研究月刊》2000 年第 5 期。

各国内部，凡阶级、宗教、政治斗争，皆极惨烈。以艺术为政治斗争之手段，则已出乎传统艺术范围，必不能以夙昔之标准绳之，而当于其忖度，主旨，目的忖度，自有得于牝牡骊黄之外者。此翻印选集，未尝墨守旧时之绳尺，未尝徒凭选者之主观，未尝略存对外之歧视。纷纭异说，主义滋多；暖妹师徒，派别蜂起。第各就其所是而观其有是，则采；就其所见而见其不及，乃删。务求弘博，以广遐观，宜可以陶淑艺林，导扬当世。谅此为德国编者之苦心，原亦鲁迅先生之志也。

1993 年 12 月杪，徐梵澄附记于北京。

转年年初，在鲁博取走审稿之前，他又写了一个意见："倘全部难于出版，无妨选取 60 帧，即成一册，兹已选出 58 帧，尚缺 2 帧，可取珂勒惠支二帧补入。兹出目录如下：II、1；1，3，6，90……"他说这部书的价值很大，很多作品在世界范围内都不可多得，像珂勒惠支的 16 幅作品皆有她的亲笔签名，他提出：编好的欧美卷一定要请他过目。后来鲁博的同志编辑好了，送过来，徐先生对每幅图版每一字母细细过目，一丝不苟，直到他彻底放心了，才让鲁博的同志把定稿取走。这里需要一提，徐先生当年为鲁迅购买的版画《你的姊妹》（德国凯尔·梅斐尔德作）被国家文物局专家小组鉴定为一级文物。

欲了解这一时期的徐梵澄先生，亦有赵丽雅的《日记》可加采玩。拣出几则如下——

1992 年 1 月 17 日（周五）：

谈起王羲之的字，说："那真是书圣。王献之就差得远，草书写得圆转很容易，所以看草书就要看它的点画，看打不动的地方。楷书则不然，楷书写得规矩，就容易板滞，就要看它打得动的地方。"

问及先生的先生尚有健在者否，答曰一个也无，犹记家乡一位私塾先生，文章做得很好，曾作文嘲骂何键，后何省长封了六百元送来，于是缄口。"文人这样好买呀！"先生笑起来，又说："那时他打分，总是给我打 110 分，115 分，也很可怪。"

1992 年 8 月 26 日（周三）：

问先生："鲁迅先生怎么这样好骂？"先生说："鲁迅先生待人太厚道了。""那为什么……""厚道是正，一遇到邪，未免就不能容，当然骂起来了。"又说，"顺便给你举一个很小的小例吧，一次我到鲁迅先生家中——那时候在上海没有什么朋友，所以到了这里，话就特别多。先生坐在桌子边，一个保姆抱了海婴在一边玩。我在屋子里走来走去地发议论，先生只是听，却突然很是严厉地哼了一下，我几乎吃了一惊，但仍然又说下去。一会儿保姆抱着海婴走了，我才低下声音问：'先生刚才是怎么一回事呀？'原来海婴在一边不断地咳咳咳，是患了感冒，先生怕传染我呵。"

1993 年 5 月 31 日（周一）：

先生说，当年在上海的时候，曾同一位外国朋友一起吃饭；事后这位朋友对人说："他是一个贵族啊。"——"外国朋友"，即史沫特莱。

"先生记日记吗？""记的。""从什么时候开始？""去国之日——登上去往印度的飞机之时。""将来准备发表吗？""不不不，也许不久以后就要把它付之一炬了。"先生说，日记全部用草书，文字极简，只有他自己才能看得懂，而且，多是不记大事记小事，至于某日欠工友几个钱，也记下来，下次见面，可以记得归还。

先生说，他不信轮回，却信因果，因果，即缘也。与鲁迅，也是有缘，两人所读的书，多有相同者，先生叹服鲁迅的国学根柢，道他"学问深呵"。[①]

## 三、谆谆教诲

1993 年 10 月 25 日，徐先生有信给在哈尔滨的叔侄书钟。书钟乃书法家，正在整理《石鼓文书法》，厚厚的手稿寄来，请其叔审阅。后又觉得其中有部分不妥，遂要求寄回修改。梵澄先生写道：

书钟足下：

前接来书，限以二十日复信，后又知文稿应当寄还，今挂号寄上。

衰病缠绵，又迫琐事，至昨日星期日，始稍有暇观玩诸作。叔与篆籀，虽非完全外行，然实未尝深造。若干年未亲此事，手边无一卷书，故亦不能置释。但考参记忆湘中诸名家，尊大人而外，尚有一刘嚚，在清末隶选锋水师，所书苍浑雄厚，光焰辉赫，较之，则时流皆有逊色。似足下之作，尚微有未逮也。近世治小学者，无过于章枚叔，而其所写《说文》，实无足佳观。

意足下之著作出版颇不容易。似此非畅销之书，出版社

---

① 以上四处，分别见扬之水、陆灏：《梵澄先生》，上海书店出版社，2009年，第 56，57，65，73 页。

必不肯全力赴之。若以毛笔书之，且有铅字粒者则用铅字，观之更醒目。所征引诸家之说，郭沫若之考证，其未当于心者，毋妨下缀二字曰"存参"。郭氏考据从来多穿凿附会，如其撰杜甫，甚堪发噱者多处。清之朴家无是也。即罗、王二氏，亦无此病。

《音义集释》，似毋妨录出全文。此为集诸家之说，本不必出己意，但亦不能毫无轩轾于其间，亦宜微示裁断，遇有独到之见，亦当直陈，以便学者。

《集联》中有宋司马光诗句，忆南唐李后主有词云："车如流水马如龙，花月正春风"，则不必标司马。——但此点请细查，或许我记忆错误。——如注释典故，书取最古者。

全书自以"发微"为精采，说结构诚有便于初学。如实鼎彝字皆有揖让进退存于其间，非徒似排版之横行直览。此论早已发于尊公者，则家学之传承不诬也。族中"书"字辈人物，以足下至此之成就为卓。其实人生多苦，于此有精神之寄托，正自可乐，何必遑遑于名利之间哉！稍于社会有所贡献，示不虚生，斯可已。视缕言之，亦不尽意，唯祝成功，并应多福。

1994 年 1 月 2 日，有给崇善侄信：

近来叔身体似颇好转。但此乃老年衰疾无甚可疗治，仍谨慎保养，为自锻炼而已。每日未明而起，自煮咖啡或茶一瓯，并食面包为早点。工作至十一时半遂辍，阅报纸。午膳由邻家治好送来。夜饭亦如之。日常整理诸室及浣衣等事，又由楼上另一家女仆为之。于是每日工作之时间较多。然必于每日午后往公园散步约一小时。携一手杖，乃游张家界所携归之竹。轻而结实，始知此一"扶老"，大为得力。倦则小休。但从不远出。有时工作过多，则行路稍困。可知心力体力，耗量均等，此多则彼少，此低则彼昂。此可记也。入睡则必在午夜之前。

又有 3 月 17 日信：

入春以来，所书写尚少，成日阅书，录笔记而已。然则"封笔大吉"者，尚不能"全封"。只合俟将来将收集之笔记，理为散文。则又当"启封"一期。月来又动"分书"之笔，每日临碑数页。"画笔"则尚未动。

1 月 5 日与晚辈信中还谈到了禁放爆竹之事：

……北京禁放爆竹，故去岁除夕居民都得安息。此为佳政。美国社会情形或今不如昔，中国社会情形，与解放后初期亦自不同。要之，上坡下坡两无可说，时代有变换，若干方面退步，若干方面进步，亦难为定论矣。高明以为如何？

这一时间段，梵澄先生的心情是平静和愉快的，帮助了一些人，完成了一些事，接下来可以专心于自己的工作了。4 月 20 日，谷雨，下午，他照例去团结湖公园散步，见碧桃转谢，玉兰正开，春已深深。归来，作诗：

玉兰开后柳如烟，摇荡春光到酒边。

醉眼眊眴君莫笑，老人清醒看时贤。

《陆王学述》的出版终于有了音讯，上海王元化先生要主编一套"学术集林丛书"，陆灏推荐徐先生之作，元化先生很感兴趣。陆灏马上告诉了徐先生，徐先生回信道：

得本月二十一日大函后，旋即发箧将《陆王哲学重温》原稿，又"温"一过。细思亦无甚乖谬处。虽然，足下多劳矣。鄙人之所以提倡陆、王者，以其与室利·阿罗频多之学多有契合处。有瑜伽之益，无瑜伽之弊。正以印度瑜伽在今日已败坏之极，故室利·阿罗频多思有以新苏之，故创"大全瑜伽"之说。观其主旨在于觉悟，变化气质，与陆、王不谋而合。姑谓为两道，此两道诚有文化背景之不同，皆与任何宗教异撰。亦与唯物论无所抵牾，可以并行不悖。今人总好光怪陆离之论，重外来之新论，而不重自己之家珍，倘于旧物拂拭整齐，当谡然于其声光之弘丽。五中有主，外邪不侵，治身则然，立国亦尔。于是鄙人亦老矣，无论如何顽健，总之岁月无多，而殷殷耗日力于此，有非苟然者也。

于今出版之事，足下当甚了然。有出版家谓其少出一书，即同于为国家多立一功。此亦甚是。于《重温》一稿，鄙意能年内出版，甚善。或事实有所不能，姑存足下处无妨。正如禅家有云："着什么死急！"

4月28日又有信给陆灏：

关于《圣经》译本，闻有新译正在进行。所搜得之译本不多，已托人在德国购行买希腊、拉丁文本，其事遥远，工程浩大。只作小小校记，尚不足道也。

《花随人圣庵摭忆》，昔年散见于《国闻周报》。其书或有可观，似亦不可尽信。黄秋岳即陈寅恪所称"乱世佳人"之"作贼"者。倘寄下一阅，亦当寄还。又前奉还《胡适四十自述》由赵转上，想早收到。

昔年尝游漓江，曾有句云："青山屡嘉招，白首难复约。"亦是实情。故今年是否出游，尚难定说。然往观申江文物之光，亦久在念中，然则且俟将来。

4月7日，中国社会科学出版社的黄燕生来与徐先生最后敲定《五十奥义书》再版事宜。再版本拟于1987年，因故停滞。20世纪90年代初决定启动，见梵澄先生记录，自1992年10月至1994年4月，黄燕生登门有六至七次。如1992年11月19日的记录，有一小条："由黄写出一出版说明，由我修正。"年底，遇台湾盗版《五十奥义书》事，徐先生亦有记录："11月17日，电话问黄燕生，台湾盗版事，答应当查。""12月6日，在所观展览书籍，遇黄燕生，告以已请台湾某人处理出版事。"其实，他托的是詹志芳的父亲，而且他也并不是要追问什么责任，只是要几本书即可，他想看看他的书被印成什么样子。

梵澄先生研读不辍，有条不紊。然时有关于学问之求教者，亦有关于人生之求教者。而精神哲学，亦正面对人生。忘年交陆灏其时心情颇郁闷，工作与生活都碰到了较大的压力，他写信给徐先生，希望指点迷津。梵澄先生回复了一长信开示：

> 足下之问题其实亦非困难。至今自不佞观之，一切皆甚妥善，廿四日信似充分已受佛书影响。如"遮眼""第一月"等等。此在禅师语录中常见，如"留取这眼，若汝曹牛皮也将看穿。"……"千江月总是一轮月光，心光宜当独朗。"

> 信仰问题：——这不是语言文字的事。信心多由环境在长时间中养成，不是能勉强的事。我时常旁观"信道理"的人，觉得只是"趋时尚"而已。"因为外国人吃鸡蛋，所以兄弟也吃鸡蛋。"多是像这样的情形。

> 无有信仰已是一种信仰。此无与有对，是有无之域中之无。足下自信无有信仰，此即足下之所信。仍此所信，亦非迷信。精神本来很好，又需要什么支撑？

其次，生活与读书问题。来信云："生活问题不解决，读书再多又有可益？"这牵涉颇多的疑问。要过什么样的生活？又，要读什么书？益又可问是什么益？这皆依乎人之志向及所以自处。以足下之英明，若稍一沉思，分析，不难迎刃而解，不俟鄙人之哓哓。

大致足下诸多问题的答案，已即在其问题之中。只是偶尔一时的感兴。如云"看到春光明媚，也似阴沉"。然则虽或觉"阴沉"，已看到"春光明媚"了。——如实阴沉明媚，都不相干。最好是时时保持平静；做到"不动心"是颇不容易的。

关于尼采，说其一副救世主的面貌，是不确的。《苏鲁支语录》，在欧洲人皆视为文学作品。反之，尼采正是反对若干以救世主自命的人物。此外，从《五十奥义书》中得到精神安慰的，却曾有叔本华尔，是著名的例子。倘若人终日沉浸于宇宙人生等种种哲学问题中，的确常可以其中得到某些解答。

如实，许多修为方面的事，要讨论起来，也会说不足，写不完。我个人于这方面极少述说。普通只能是作概论，而概论是一般尽人皆知的一些粗浅话，对读者亦无若何影响，因此亦不如不说。

……

倘足下每天抽暇，写写字，便能较愉快，宜不多写。握管使人心神端一，血气流通，亦可忘忧，兼祛闲疾。[1]

11 月 7 日, 立秋, 黄昏欲比前时临得早了。徐先生围湖散步, 策

---

[1] 扬之水、陆灏:《梵澄先生》, 上海书店出版社, 2009 年, 第 131, 136, 122—124 页。

杖行吟：

> 暮霭苍然合，清秋绿水滨。
> 长林深倒影，闹市急归人。
> 策杖疑高士，笼禽似隐沦。
> 亲朋渐疏阔，投老得闲身。

12月，又有鲁博同志来。徐先生交付24元钱，以为订阅1995年《鲁迅研究月刊》。"您老人家为我们做了那么多工作，我们赠一份刊物是理所应当的。"鲁博同志们再三解释，可梵澄先生执意不肯，说："我最反对中国这种乱送刊物的做法，我一定要付钱。"这是个原则问题，他们只好收下。

同月，《陆王学述——一系精神哲学》由上海远东出版社出版，14万字。

## 四、伏枥不已

1995年，乙亥年，春节在1月31日。梵澄先生赋诗《春节试笔》：

> 时俗事随飞鸟过，水仙花傍腊梅开。
> 喜除爆竹传丝竹，浅酌茗杯继酒杯。
> 同志乍逢增壮气，新年最乐是童孩。
> 登楼四望犹寒色，静待春光缓缓回。

> 翩翩驯鸽雏邻檐，枝上珠苞未吐尖。
> 损益有时观运转，升沉无意谢星占。
> 濠梁自识鱼游乐，舆诵相期鹤算添。
> 非是草玄空避世，高深原已愧飞潜。

4 月 8 日，给陆灏的信中有这样的话：

> 近忙于补缀一五十余年前之旧撰，工作颇巨，图片甚多，论此一时人力物力，皆无法出版。必俟完工复托他人，再待五十年问世。亦无菁焉。

此旧稿，便是《文艺复兴时期的绘画》。他在抗战时期授课时的讲稿，是油印成册的，文字并不很多，没有图片，大概在当时他讲到某一幅作品，也只能在黑板上用粉笔描绘出一个轮廓，然后让学生们驰骋想象的翅膀。这一旧稿，已过五十年仍未能出版，说明什么？我国的出版业尚不够发达，一也；学术界或美术史界缺少"只眼"，二也。然不能有怪，因历史的步伐太快，故而许多有价值的东西便被忽略乃至被尘封起来，于是乎后人便有事可做，去挖掘，去发现。也是同一作品，再过五十年仍可问世，说明什么？说明梵澄的自信。照实说，20 世纪 90 年代的坊间，不难见到有关西方美术史的图书，我们全然可作知识上的增丰。但是，梵澄所重乃在"心灵""精神"，那是不同的路数。"心灵"或"精神"与"知识"或"心思知觉性"不同，毋宁说，前者在后者之前，之后，又在之中，是过去，是未来，又是现在，只不过后者未知觉罢了，因为自从启蒙运动以来，人类的"知识"或"心思知觉性"养成了一种独断专行的虚骄之气。怎么办？当检讨历史，当重温古典，当回到他和冯至夫妇共同的老师雅斯贝尔斯所说的"轴心时代"去。

在梵澄先生的理论视域中，作为精神运动的主要历史线索，中国与印度，可用一个名词或两个名词来概括，而西方得用三个名词来表述：中国——儒家或先（秦）儒与宋儒；印度——韦檀多或诸奥义书与阿罗频多；西方——古希腊，基督教和文艺复兴。文艺复兴全然是向希腊文化的回归，而希腊文化又下纳于基督宗教，这样顺流之水与上溯之潮交汇了，激起了时代的浪花。这浪花会带走泥沙，疏浚河道，亦会烘托起或产生出一些人，一些事，一些作品，我们依次可冠之以：伟人，伟业和经典。此表历史成焉！进步成焉！我们可以这样说，对文艺复兴而言，最丰硕的成果是艺术，它是一个时代由内向外的文化生命的前潮；对基督宗教而言，最核心的学说是《圣经》，它是一部历史由外转内的精神运动的源泉。如此，梵澄先生在这两项上用力，就不像我们在表面上看去那么简单了：因为语言条件具备而重译《圣经》，因为学习过美术史而绍介绘画。实则是他想于西方之"心灵"或"精神"的历史，彻上彻下，贯而通之。是为着我们的将来。遗憾的是他的生命状态已达"未济"（末卦），时间所剩无几了。

光阴无多，他比谁都清楚。他给姚锡佩的信中有这样的话：

> 请恕我说出衷心话：我算是在学术界里混了几十年了，未曾入过任何党，任何派；到现在学术和事业可谓毫无成就。纵令有些表现，距我自己的理想还甚远。最重要的是，我觉得能活到现在已是大幸，然总归是来日无多了。如今虽在工作上颇能支持下去，仍以为最好是了清一事便算一事。尽心尽力，于人有益而为之。此即周先生昔年所谓"张家要我耕一弓地……"云云，努力做，赶紧做，其他一概不管。

《五十奥义书》即将重印，黄燕生来请徐先生审订她写的"再版说明"。燕生的文字中有这样一句话：《奥义书》是东方文化的宝贵遗产。梵澄先生用笔勾出后，对燕生说："我一贯反对将文化分成东方、西方，都是世界的，我们都是这个世界的一部分。《奥义书》是世界文化的瑰宝。"他提笔遂把这句话改为"凡世界各民族的优秀文化传统，不必再分国内、国外，东方、西方，都应加以借鉴、吸收，为我所用。"写完，他又严肃地对燕生说："我不同意那种二十一世纪是中国文化、东方文化之世纪的说法。我倒是赞成毛主席的那句话，中国不称霸，不争做老大。"关于与先生的交往，燕生还有另外的记录：

> 先生于 1992 年给我的信中写道："不佞于再版《五十奥义书》初[殊]无成见。但从来不肯于学术有所张皇（一般'自然科学'除外），更无论大肆宣传。然以谓倘与读者有益，亦当为之。其余考虑皆在其次。"要之，其不肯以此谋私人之利可知也。这是对我要做媒体宣传的答复。

> 徐先生非常讲究工作时间和效率。《五十奥义书》洋洋八十余万言，先生每次都是两三个星期就将认真看过的校样退我。先生除了自己的研究和翻译外，还义务地为《世界宗教研究》和《世界宗教文化》翻译、校对文稿。由于常常要涉及多种文字，因此占用了他不少的时间和精力。有一次我去拜访徐先生，他正在修改一篇论文的英译稿，要我略等，并告我必须在某日交编辑部。我对他说，所里的工作就交给别人做吧，有那么多年轻人呢；且年纪大了，不能太累。先生则表示自己身体很好，并不觉累，所里信任，交给工作，就要做好。[①]

这整个活脱脱的就是一个共产党员的觉悟！

11 月 14 日，与崇善侄信，谈"唐·维摩诘图"：

> 十月二十二日信及本月九日信，两皆收到。知健康甚

---

① 黄燕生：《为梵澄先生做责编廿五年》，载《五十奥义书》，徐梵澄译，中国社会科学出版社，2007 年，第 841 页。

好，又大读线装书。甚以为慰。

两信中谈及邮票标题事，略加以分析。

"唐·维摩诘图"——此足下所不谓然者也。又涉及王维云云。

言谱：Vimalakirti（维摩诘），（皆省略之音）；义译：无垢称（誉）（亦称"维摩"）。此其名之由来也。单音"摩诘"，义是"垢称"，则与原名不合，故不应减省第一音之"维"。但王维原名已有一"维"字，故避其重复，而人知其为"无垢称"。王摩诘即"王维、摩诘"，不误。

标题曰"唐"，指此画出自唐时。无误。或其画本非唐人手笔，而是宋人摹本，标曰"唐"仍不误，祭先河而后海，重渊源也。本为唐之题材也。

倘撰《画史》，则不然矣。原原本本，必加说明，史料稍有不确，鉴别稍有不精，即成疵病。乃画幅本身价值之所在也。作者、时代等，必求明确。

佛藏中《维摩诘经》，在中夏甚为读者所珍，本是名作，兹不论；亦是"……善哉！乃至无有文字语言！"是否历史人物，无考。或本虚构之人物，难详。

此事讨论，可止于此。

今年夏日北京及华北之热，甚为稀有。此屋四周大兴土木，拆旧换新，纷纭至今未已，声音嘈杂，灰尘蔽空，其况可想。叔贱躯尚可，本月三日暖气已到，而昨日起大雪。颇兆来年农事丰收，亦可喜矣。

1996年初，有给崇善侄信：

接来信，知微患感冒。想已平复如常。岂止泰州，北京亦复如此。入冬即无雪无雨，一贯晴明，遂有流行感染。所忧者不在此而在农事。不知今年是否将有旱灾。若人事调整得宜，则旱不为灾。此之谓"多感元年"。

春节俗事纷多，今已过上元，工作入乎常轨矣。除夕请团年饭者数处，一皆谢绝，自在寓煮挂面食之，以应俗语。亦幸不闻爆竹。

今年计划之工作颇多，即整理旧稿，亦当费时日。而目力时减，此亦无可虑。每日运动如常，差得保持健康。可以告慰。

另有给陆灏信。陆灏奉命为新创刊的"文汇特刊"编一个随笔副刊"圆明园"，他给徐先生写信，希望他能写一点儿杂文，类似于他当年为《申报·自由谈》所写的那类文章，并建议把当年的文章结集出版。他表达了自己的看法：

新年伊始，大函并"特刊"同时收到，欣忭何似。处囊脱颖，雏凤声清，"文汇"之光，读者之幸。此为可庆喜者也。在全国报纸中，"文汇"自有其传统权威，在昔有拟之于伦敦泰晤士报，其飞声亦非一朝一夕之故，所从来远矣。在副刊特刊，尤彰特色。然则不激厉，不诡随，公正翔实，不辞俗调而稍高，卓立风规而不亢，谨守传统而发皇焉，前途未可量也。若以贵刊而拟昔年"申报"，则似微有弗如，沉雄博大，风靡当世，盖史量才尽瘁于此，逾五十年，尤以其襟怀弘阔，眼光深远，能容黎烈文等主编副刊，因致鲁迅暨郁达夫辈之巨笔，而卒以身殉焉。固然，文字语言之伤人，惨于矛戟，诚有欲得之而甘心者。当时举国上下皆知戕史者何人，而章太炎以国学大师素持公论闻，为史氏撰墓铭，则谓其“内外皆无死地”，若讳莫如深者，此章氏之败德也。虽然，沧海扬尘，于今世局皆变矣。进步急，而中国未遽强；冷战终，而人性未必改。书生秉笔，而求有裨于当世，有益于生民，亦当须之以时，因势利导。夏葛冬裘，有不可易者。

愚尝及见印度独立一辈革命志士，鼓动风云，变化莫测。及至印度独立以后，有一雄辩之老革命党人，欲登台有所言，尼赫鲁当时为首揆，止之。三问不可，遂寝其事。此无他，不必再闻其语也。日月出矣，爝火不息；刻舟求剑，其可得乎？时过一甲子，而足下犹以“自由谈”为言，陈年日历，何所用之？若谓陈言犹不无可采者，此则依乎所言是否尚有真理。斯可见于学术派与新闻派之辩。此早已一再为足下说之。松脂千岁而为茯苓，Journalism（新闻）久亦化为Academism（学术），然在其初，茯苓未如松脂之见爱也。此问其中所涵乏其真理奚如。今之“特刊”，贵在足下善调剂此二者。使入俗而常新仍有永久价值。[①]

与此同时，他要陆灏帮忙，出一本自己的诗集。其实，前些年他就多方打探，哪里可以出他本人这么一部诗集，结果是了无答案。他的要求不高，非正式出版，他出五千元，印一百本即可，不过要线装本并繁体字。他对陆灏说：

愚之欲以诗集问世。非汲汲于求名也。实为家族之故。寒族前愚之一辈二辈人物，曾有酬唱集，稿未及刊行而毁于火。如今后辈读书人多，贻以一部诗集，示以未尝虚生一世，或可收勉励之效。故所求印数不多。百册而已。此情从来未曾告人，独为足下言之，或可相谅。鄙人今有四世同堂

① 扬之水、陆灏：《梵澄先生》，上海书店出版社，2009年，第126—128页。

之亲，侄曾孙女已在大学又将毕业矣。[1]

此诗集定名为《蓬屋诗存》，前附"楔语"并"天竺吟草·序"和"浮槎集·前记"。"楔语"云：

一、题曰诗存，意谓是佥佥者姑存之而已，果可存与否初未计也。

二、集成四卷，第一卷皆少年时所作，至一九四五出国止；第二、三卷皆居印度时作；第四卷乃一九七八年秒归国后至今之作略存。时限年月排列前后，或用农历或标公元，未求精确，初无深意存于其间。

三、平生诗稿多旋写旋弃，好为诨体，偶有存者，固不登大雅之堂。然非全无意义，古人亦有此种，弃之似又可惜，取舍两穷，姑编入附录。存而不废，聊供发噱而已。

四、少年时有所作，辄写呈鲁迅先生教正，亦未存稿。不意晚逢北京鲁迅博物馆复印所藏手稿见示，事过六十年矣。师门旧诲，謦欬如昨，因选录数首编入集中，以志不忘，并于博物馆诸同仁致谢。

值春末夏初，梵澄先生忽然发现自己的双足颇肿，但并不觉得身体有什么痛苦，因此也未在意。来看他的晚辈劝他入院检查一下，但入院前脚肿又消。李毓凤陪他入协和医院做了全面的检查，发现心房微有纠颤，于是又调 304 医院的病历加以考察。大抵治疗之方相同，开些药剂，回家服用。一切又平安无事，工作如常。然而，终究是"老境"来了，他自知：

往事偏明近事忘，星河历历晓苍苍。

---

[1] 扬之水、陆灏：《梵澄先生》，上海书店出版社，2009 年，第 138 页。

深恩负尽亲师友，隔世看余桧柏桑。

羿彀游心知有命，程门观化解无常。

尽搜瀛海仙家箓，未得生民辟谷方。

这首诗收在《诗存》卷四之倒数第三，其实，这应是《诗存》之末诗。他对自己一生的总结和评价是——不满意。

年底，入冬，值大雪。徐先生出门寄信，不慎滑倒，臀部着地，不能站起，遂马上被送到了协和医院。经检查，病不像预计的那么糟，仅有一脊骨微裂，虽持 X 光照片，有经验的大夫也疑问莫辨。一个星期后再用 X 光细查，才知伤痛处所在。无他办法，治疗，休养与适当的锻炼。同事，友人，访者，不下百余人次来看望他，有国外之友，闻讯也赶来慰问。初始行动不便，有三个护工轮流守护，护理自费，花去了一些钱，他笑着对看望他的友人讲："我有一点存款，原来准备死后捐给国家，现在提前交了。"一个月以后，医生嘱其起坐，此后时坐时卧，又过了两周，他觉得可以出院了，可大夫劝他再住半月，以策万全。梵澄先生回到家里，正在元宵节之前。脊骨长合，裂痕不见，已无甚痛苦了。用他自己的话说："而其常日之工作，又当继续，然效率稍减矣。"

1997 年春末，梵澄闻一族侄在四川病逝，写信与崇善侄，以道怆怀：

……今年初接彼之长途电话，纯粹四川口音。而若干贺年卡中，彼之贺卡最先到，且言今秋当来北都；因思可以欢聚，共话家常，藉以明数十年间大家族人物之升沉概况。今则已矣。天涯游子，盍尝失其敬恭桑梓之情，世变轻离，分飞雁影，末如何也已。唯是彼寿近耋，有子有孙，平生辛苦回甘，撒手又非剧疾，倏然而往，则可谓圆满归真，初无遗

憾者已。聊驰寸楮，以慰哀思。望保重健康，以时珍摄，不
尽意。

1997 年 2 月，商务印书馆百岁诞辰。《光明日报》约稿，要梵
澄先生写点什么。他回想起了抗战的岁月，那是知识人士流离奔
窜救死扶伤的时光，在那么艰苦的条件下，我国的学术水准反而
有所提高，若干名篇、名著皆出现于那一时期。而以学术文化之产
品救国的"排头兵"，当属商务印书馆。他写下了《百岁瞻言》，发
表于 5 月 6 日：

> 论于人生的事业，大不相同了。子又有孙，孙又生子，若
> 支持或发扬同一事业，则可以长存。如是乃成其为历史。史
> 之体属过去，其用则属现在和未来。正如此乃成其为宝贵的
> 传承，无历史则亦无文明可讲。在长川历史上某点略一停
> 驻，回顾过去，反省现在，远眺将来，所以成其纪念，则其
> 意义丰富多了。

> 商务印书馆经历一世纪了。以一书本的微小事业，从"书
> 坊""刻印处""官书局"的环境生长出来，发展到与生民同
> 其休戚，与国运同其盛衰，为学林所倚重，舆论所称扬；而
> 且，几经变乱，备历艰难，灵光岿然，功业辉赫，其间自有
> 其所以然之必然而非偶然者存，这便值得探讨，纪念。

> ……

> 总体说，此一文化事业是成功的，经历了一百年。而鄙
> 人之所闻知，仅及其前半。诚致叹于其创办人学问之广博，眼
> 光之高远，气魄之雄强。在患难时代中，未蒙国之休，乃遭
> 国之戚，而一致本其爱国精神，奋斗迈往，以措此事业于磐
> 石之安，可久可大。据统计，百年中已出版图书三万余种；看

来其中寻不出何种有伤风教专为赢利而销售者。此事理之当然，但长期保持了这种法守，亦足称许。积极方面的嘉惠学林艺苑，提高了文化水平，有功于国，亦未可量。犹记抗战时期，日本飞机滥炸重庆，密集投弹，商务馆未改常度，仍用四川土产粗纸，在隐蔽下翻印其《世界名著》。

纪念征文谬及鄙人。尊所闻而怀旧谊，略记其前半百岁之史事。祝其从此增盛光大，再历百年或者更长久。……如是如是。

10月6日，崇善侄有信来，大致是对单位待之不公发了几句牢骚。梵澄先生回信道：

接来信，未题日月，观邮戳知十月六日所在发也。谓"诸事不遂"，则贤侄有何雄图大略而未遂耶？"无面见江东"，则何由来一楚霸王耶？曰"死罪死罪"，则秦汉间人耳。——君子曰："怪哉！怪哉！"

接下来谈及昆明侄孙及其母侄媳相继病故之事，说：

大略论之，生死，常事也。要在达观。举凡人生得失成败吉凶祸福，皆为必有，皆为相对。岂必有生而不死，有得而无失哉！故一皆委之于天，无动于衷，不扰于灵府。庄生，达人也。足下当检《庄子》阅之，必释然矣！

修改前人之诗，叔愚以为又可不必。存真为上策。计回国之后，促其草回忆录者多起，谱家世者亦有多起，一皆未尝动笔。写之未始无益读者，说之亦可娓娓动听。要于不必要也。居今之世，端宜无咎无誉，独乐其天，毋妨重内修而稍轻外饰，不自苦也。

贱躯年初在医院治疗跌伤，历五十余日已完全恢复。但今年工作效率，甚不如前。草文多集材料，习字则未厌，其他皆如常，无可说。

10月26日，又给崇善侄回信：

接到本月十七日信，得知一是。知为等级一事，心有不平，故愤气溢于言表。忽促亦颇失辞。惜叔于等级差别诸事，茫无所知。似其间颇为复杂，此时亦无以相慰。大致凡有争执，必平心静气，俟稍久而后真情自出，正理亦明，乃可得公平结果。然此事据足下所云，非我负人，实人有负我。此乃不幸之微小者。若侄有负人之处，则其为不幸乃大。或致有损于人，终身负疚。斯犹可以自解也。叔近颇思及大家庭之事，观时流所趋，必至昔之大族姓解散无余而后变革或可止息。目前犹有部分海外华侨，笃守旧观念未改，然受西方伦常影响，终且渐渐同化。潮流如此，亦无可如何。但种族不同，在国外往往遭人歧视，其爱国之忱亦难变也。贱躯近颇无恙，北京数日来大风而寒，闭门不出，所事亦惟日不足。

这一天，梵澄先生八十八岁整。

晚景以来，梵澄先生所最系于心者，一个是工作，一个是侄辈们的身心健康。硕朋侄退休以后由江西回到长沙，不久右臂生疾，手抖不止，以至于握笔写字如画符箓，让人很难辨认。他吃中药，练气功，效果不甚明显。梵澄先生安慰他：

……闻汝学气功，此事不可急求功果。尤不宜存何幻想。仅可依高明师傅指导，必作之容易而自然。久久可能有益。倘全身内外健康，此正气功所能致者，则仅一手不便作字，亦不必过虑。或者仍稍加练习，将来初则可作大字，次

则可作较小之字。或初可大写而少，次可小写而多。要在持
之以恒，绝不着急。总之，只宜继续缓缓为之，因其于整个
身体终必有益也。叔近来工作颇忙。老年健康自不能如少壮
时，然亦遇事撑持过去。

《蓬屋诗存》印出，由陆灏发到北京，已经是1998年夏天了。这
时节，长江大水，危及江南，军民奋力抢救，固守堤坝不失，战
斗的场景激动人心。徐先生与陆灏信云：

> 顷洪水横流，长江告警。当轴方尽力挽救，民情亦振奋
> 有加。想春申江上，正自安澜，他省无灾，亦争援救。倘如
> 宣房既塞，万福斯来。此可望于今日之中华，而不可语于解
> 放前之灾变也。诚楚子所谓民生之不易，祸至之无日而戒惧
> 之不可以怠也。我辈其可以自儆欤。

线装诗集拿到了。在我辈看，仍算雅观，蓝面白签黑字，尚
说得过去。可是徐先生却不满意，加之校样虽经他老人家几经审
定了，但还是有不少错字。他希望重印一过。这可为难了陆灏，本
来寻觅厂家，就十分不易，这是陆灏托朋友好说歹说人家才应承
下来的，只有烧高香的份儿，现在要求重印，人家岂能答应？

陆灏如实奉告，可徐先生似乎是未加"同情地理解"，以为行
情与理不合。这只能说他的"老毛病"又犯了，正如当年在重庆
时，朱偰无可奈何地说他："少爷胚子！不谙人事。"陆灏是很难
过的，这些年来，他与徐先生已经有了非同一般的情谊，他愿意
为老人家做一切事，包括采购剃须刀、烟丝、咖啡壶，也买书、找
书，如新版的《吴梅村全集》、线装的《八代诗选》《明诗综》等。他
读书偶有所感，也写信向徐先生请教，老人家每信必复。可是这
一次，陆灏受了委屈，伤了心，未再给徐先生回信。结果，徐先

生也是失望的，写信说道：

> 此事原讬足下"全权办理"。故仍望结果能更圆满。鄙人于足下初无间然。相交已有多年，以往足下之种种功德，固未忘也。且来日方长，仍必有可互助之处，遂以此事而遽弃朋友耶？

12 月 12 日，崇善俺邮传鲜花，以祝生日，其实他生日已过了。不过他老人家还是很高兴，回信云：

> 午梦初回，叩门声啄。邮传递到，祝嘏鲜花。细读电文，始知为贤伉俪寄来者。沉吟久之，赧然内愧。以年数言亦尚无差，以生辰言则已早过。瞢已云及，唶矣川流。忧患饱经，沧桑屡变；今也顽钝，总属虚生。或者仍存一卷，可庋名山，而鞮译千言，久成废纸。斯亦末已，不其晚乎！必不得已，葆桑榆之晚景，奋驽劣以前踪。惜我亲情，笃兹世谊，勉求不忝，毋负相期。所愿共保修龄，同邀天眷。新春不远，瑞雪盈畴。此，布复，并贺年禧！

关于这两年的故事，有《詹志芳日记》可加选读：

> 徐先生有一个怪癖，他每次得到奖金，都会把自己的西服袖口用香烫几个洞。大约是提醒自己，这额外之得，当失之，失之则恒。在生活中也是这样的，他都设法把一些钱捐出去。

> 有一天我们谈到了"巴罗克"，徐先生可来了兴趣，说："啊，巴罗克啊，我在德国学了大约一年。巴罗克产生于十七世纪末，鼎盛时期在十八世纪。"我们又谈到了美，或说漂亮，我说："为什么动物都是雄性的漂亮，而人是女性漂亮呢？"他回答："这个问题不是这样的，人类还

是男性漂亮。女人可以美十年，当然有些女人到了四十还美，可男人的美的时间就长得多。动物是雄性以身体吸引雌性，而人类是以学问、能力吸引女性。你看有多少女诗人，女作家，女科学家呢？这是一种优生学的法则。"

我问他，印度的咒语是什么，举一个例子。他用梵文很有韵味地念了一段，说："就是渡，渡，大家都到彼岸。是出自《心经》"。我说："就这么简单呀。再说说。"他回答："不能说，越说就越复杂了。越说越不明白。"我知道他在作《真言》，问起他的进度，他说："我发现了一些错误。从古时候就错了。他们对梵文不太懂，到底不是做学问的。经一念，香一烧就不管了。"我问："是不是从玄奘就错了？"他说："玄奘没有错，我看过他写的东西，玄奘到底是学者了。"他又接着说："世上有没有鬼神，这是中外一直争论不休的问题。佛教是无神论的，可是佛教信观音。观音这个名词翻译错了，应该是观自在，可是一错就错了两千多年。李约瑟的《中国科学技术史》，连注音都没有一处错误。"

我对徐先生说："我有一个作曲家朋友，想把《浮士德》里的魔鬼，写进《聊斋》，他看中了妖媚的狐狸精，可狐狸精的母亲反对。"他说："你劝劝你的朋友，不要这样写。也不要去碰那些名著。因为德国人把歌德看成是哲学家，诗人，在德国的哲学课里一定要有一节讲歌德。他们把歌德看得非常了不起。"我问："中国有与歌德相当的人吗？"他想了想，摇头说："没有，没有一个和歌德差不多的人。德国人看魔鬼和中国人看魔鬼的想法相差很远，他们把这个问题看得很严重。"后来他叹息完全懂得这两种文化的人实在太少了，他又说："有人把泰戈尔比做李白，都是不对的。泰戈尔只能比做元朝的萨都剌。"

## 五、己卯记事

十几天后，1999 年来到了。梵澄先生步入九十高龄。春节在阳历 2 月 16 日，农历己卯兔年，又是"鸡兔不同笼"。节前，同事们来送年货，油与蟹之类。孙波对他说："以后有事通知李毓凤，我周二到所里－并为你办理。"其实皆琐细之事，借还书，查资料，代交电话费用等。关于这一年的事情，孙波有文章《己卯记事》，写在 2000 年 3 月，为了叙事的方便，下面穿插引用：

　　3 月初，我院科研局颁发《关于编辑〈中国社会科学院学者文选〉的通知》。我把《通知》的复印件带给他，让他过目，他看了一下说："可以考虑。"我有点着急，说："不是考虑，是一定要把它弄出来。不然，我们一本都没有，那面子上是不好看的。"他笑了笑说："好的。不过细节你要帮我打探清楚。"这当无问题。我们又扯了点儿闲篇，他说他的腿脚已颇不听使唤了，因此停止了每天的散步。那公园他是太熟悉了，他在那里看人们下象棋，做体操，唱歌咏，他更喜欢看儿童牵着一条绳子，在阿姨的引领下喧哗而过，有时候他在公园的东北角，是一个儿童乐园，驻足能有半个小时。

3 月 22 日有给崇善侄信：

　　三月十日手书收到。甚感关注之殷切。所论数事，姑为分答：

　　"各行其道"一联，本无意义。孰知犹在念中未忘。此亦易对，但颇粗俗，置之可也。

海外华侨，多念念不忘祖国。僧徒教士之流，知识庸或不足，但意志多颇坚强。锲而不舍，其事业时亦成就。不知比较其失败者百分数如何。只合措之于不论不议之列。叔从来不参与有组织之团体宗教（institutional religion），而于各教之典籍一概尊重。自知颇明，终非为亦不能为宗教中人也。

为书钟写序，有涉及亮舫二公之团扇者，其字实好。所写乃笔记一则，或出苏长公，中涵"……肺肝柯权生竹石。森然欲作不可回，吐向君家雪色壁……"诗句，惜全文已不记忆矣。字由欧阳公出，瘦骨表正气。余父曾说其字"愈到老愈嫩"，此理可寻。必以柔济刚也。《序》中疑末句"使人之意也销"，原出《庄子·田子方》，外篇。"使"字误"令"字。此足下之所疑乎？北京天气近一二日始转好。数日前昙，颇困闷，亦无他恙。

"颇困闷"是身体的原因，他感到精力大不如前。上午9时左右，他就犯迷糊了，索性卧床小睡一会儿，醒来再继续活动与工作。他的小腿有浮肿，用中指和食指按下去，一时不见弹起，总之要静养，不宜出户。见《己卯记事》：

一天我要来送书，所长卓新平对我说："你和徐先生商量一下，今年是他老人家的九十华诞，我们想为他办一个学术研讨会，不知道他同意不同意。"我颇有为难，因为我想这种"热闹"，他老人家是避之不及的，于是乎回答："够呛！"新平说："再不就聚个餐，庆祝一下。"我登门传达了新平的建议。徐先生说："开会？不必了——"

"那么吃饭呢？倒耽误不了什么时间。"

"近来身体不适，以后再说吧！"

"还有一事，我的朋友，上海三联书店的倪为国想为您老人家出全集，不知您同意不同意？"

"可以考虑……待几本未出的书出齐了，写一个小结或序文，封笔了。"

"是否所有的文字呢？如诗集和以前的杂文什么的？"

"那倒不必了，多出少出无大妨碍。"

"那就叫'文集'，可多可少，选择自由。"

"可以。"他颇以为然。

他站了起来，踱了几步，说："如果不算翻译，我的英语文字多于文言文字，文言文字多于白话文字。我写《异学杂著》，有文言部分，结果让编辑给'割舍'了。当然，'割舍'了也不错，不然好像一个人身著西服革履，头上欲扣一顶瓜皮小帽。"说完，他用右手作了一个抓提无檐帽的动作，开心地笑了。我又问自辑文选之事，他说："不着急。"又补充道："我的文字不多，主要思想都在序、跋里了。"他坐下来，要我喝红酒，吃花生，他抽烟斗。

"我看过您老的回忆文章，鲁迅有'花生政策'，你说自己把点心一律吃光。"

"那时我年轻——"他吐出一口烟，说："鲁迅为我挨了不少骂，有人把我写的文章误以为是鲁迅写的。"

"为什么抗战期间不见你的作品了呢？"

"我念佛经去了——他们（指国民党特务）杀了杨杏佛和史量才。……我愤懑。"

1999年，正值国庆五十周年。为了庆祝这个不寻常的节日，中国社科院准备开展一系列的活动。老干局要举办一个老专家老干部的书画展览。他们知道徐先生是一个诗人,又长于书法、绘画,故要孙波去求"宝"。他们还补助了老人家一万元钱,因为像他这样"量级"的学者,在院里已经很少了。钱和话都悉数递到,他说:"下周此时来取。"见《己卯记事》:

> 下周,5月25日。我只穿着单衣单裤,可徐先生仍未脱下毛衣,大概屋子还较阴凉一些。一进门,我就看见写好的字幅铺在桌子上,共三张,同一诗,"吾家旧物始唐虞……"云云。他让我挑选,并问我:"你看哪一张比较好一点呢?"我指着一幅说:"这张不错。"可又看另一幅,似也不差,于是又说:"这张也不错。"我马上意识到我在说废话了,便要了个滑头说:"总而言之,都很好。但是,我想要的不是这种样式。""怎么?"徐先生好像对我的意思有点儿不解。我说:"我要竖轴的那一种,挂在墙壁上,不挤占横向的空间。而且还有,您老写了两首诗,两首诗我都要。""好,好。"他看来很接受我的意见,寻思了一下,卸下了叼着的烟斗,用右手在烟灰缸上下意识地磕一磕,看着我说:"好的——我们现在就写!"我随他起身到了北屋,他在藤椅上坐了下来,我助他将一抟毡子,然后裁宣纸、倒墨汁,站在写字台对面了。他提笔,饱蘸墨汁,稍作停顿,蘧然下笔,那笔势是很流畅的,如常人言"飞龙走蛇"。我为他扶纸,他写好一字,我拉升一格,二人心照不宣,倒也默契。无多时,字写好了,看上去布白结构安排妥帖,感觉到字里行间灵气回旋。他老人家也是满意的,起身到客厅吸嘘烟斗了,并嘱我加盖印章:"要阳文在下,阴文在上。"我回答:"我知道,这是表

示'泰卦'。"即"小往大来。吉亨。"那诗和字果然是很好的，祝福祖国，一往情深。

一

吾家旧物始唐虞，璀璨金瓯缀宝珠。

五世玄灵光有待，千秋青史记来苏。

汶阳田好归完璧，姑射山开剖护符。

瀛海具瞻新约剂，峥嵘岁月启长途。

二

玄璧双飞上国珍，珠还合浦剑延津。

重恢禹域山川丽，再昉尧年日月新。

儒墨异趋争化育，萧曹同步等经纶。

周宜过历秦何羡，大衍弘开亿兆春。

詹志芳常来串门，有时就是为了让徐先生休息一下，喝喝咖啡，聊聊天。她在日记中记下了一些徐先生说过的话：

那时，在中央大学，我的月薪四百四十块，当时最高的有五百块，一般的都是两三百块。后来通货膨胀我的薪水要用绳子捆起来，有这么多呀！（他用手比划着，大约两尺多高。）

Mother 手下有两千多人，她管理得井井有条。女人要心平，就可以年轻十岁。她看上去就比实际年龄年轻许多。她在埃及和美索不达米亚都学习过，她有许多术。我不喜欢术，我喜欢道。

做老人的不要给晚辈添麻烦，要他们去做自己的事，这就是慈。我父母都慈。在抗战时逃难，母亲已经七十多岁了，就是不肯坐轿子滑竿，为的是给晚辈做榜样。我去请母亲坐，小儿子说的，母亲就听。我大哥也很孝顺，每天一早给母亲备早点，用米酒冲蛋，端给母亲。

那时，徐悲鸿不在艺专。潘天寿他们画画我常常去看，可是这些人老是闹仗。如果他们不闹仗，我也不至于离开艺专去中央图书馆。在重庆的乡下有一阵子只有桐油灯，每天看完书一洗脸，毛巾都是黑的。那可是苦读呀！

我一直想租一处或者买一处乡下的房子，在那里住，喝着泉水，不是咱们现在喝的这种水。吃当地的老米饭。我在德国给鲁迅写信说，先生应该住在乡下这样的一个地方。

北京的天气本不好，夏天热，冬天冷，风沙又大。可是有这样一个道理，它的土厚水深，这样的地方养人。西方有这样的法子，在人非常疲乏的时候，抱住大树，体力很快就能恢复。土地、大树对人都有一种辐射，似乎这还没有办法测量。

徐先生开始感到身心俱疲，但尚可支撑。8月27日写给崇善侄的信，笔触有力，字迹清楚：

月初一信并新诗，均早收到。因忙于俗务，未即作复，亦颇歉然。都中近日稍凉，然亦不爽。盛暑中天安门地上温度，高至70℃，其热可想。因不感觉甚健，任何处皆未往。原拟一游黄山，未得伴侣而止。每日以冰啤酒一瓶消暑，亦是一适。然而无诗，灵感不知往何处避暑去矣。寄来之诗，甚为佳作。在昔人原有此一路。一往清淡。其巨子为曾几（茶山），有赠彼者诗云："清如月缺初三夜，淡似汤煎第一泉。咄咄逼人门弟子，剑南已见祖灯传。"是宋诗中卓诣。再往上溯，则唐之郊、岛矣。诗非易易，吾侄有意登此一路，则仍宜从此多搜厚积，培其根本，将来一自卓尔出群。

叔近来身体差可。脚有时微肿，晨起瘦骨显明，了无异状，至晚又微肿(1mm)，次晨复原，协和之医生颇高明，得至此地步，盖其功也。近来报章杂志，时见记叙鄙人之文。了不见有何新意，多是辗转传抄。誉之亦未喜，无答；毁之亦不怒，无愠。其稍可看者，皆友人之所为，发表前尝经过目者。要之此等文字，一概置之不论不议之列也可。除非有大误解，乃起而辟谣。孟子于此等事所见甚透，侄应凤知之也。目前着手写一佛教之书，计其工程颇大，亦恐来日无多，故除养病外，亦未敢自逸。沧桑变移，开国又五十年，纵观历史，可说达此成果不易。我辈与新进少年，其间庸或有"代沟"，然较昔年进步多矣。

"一佛教之书"，正是由梵文译成汉文的"佛教密乘研究——摄真言义释"。"真言"，咒语也。

中秋以后，梵澄先生的身体状况有所退步。10月9日，寒露，给崇善侄的信，字划已有不整，可看出精力与手力都有不济了：

……人岂有不老之理？发白面丑，虽每日修容无益。于腮听其怒生。三日一扫，唯电剪是赖，略无差错，如是亦颇有年。

见《己卯记事》：

这一段我常来，无非是借书还书，查查资料。他要我借出《本草纲目》。我在所图书馆借得一本平装的《本草纲目》提要，我以为这远远不够，就到历史所去借，他们正好有一套线装本的《本草纲目》。那是入冬的一个下午，天色将晚，我来送书，他是很欢喜的。我告别时他要送我，我不让，他说他正要上街理发，我一听心里就发毛了，说："不行，我必须得陪你去。"他同意了，他拿起手杖下楼，步履蹒跚，我握住他另一只手陪他慢行。理完发，又洗了头，他好像爽气了许多。我们缓行在便道，我仍搀着他另一只手，和他有一嗒无一嗒的聊天。他说："《圣经》和《可兰经》都应重新翻译，因为现在白话文的翻译都不尽如人意。我已经托朋友去购买拉丁文和希腊文的《圣经》了。当然，还要参考德文本和法文本的《圣经》。"我们上楼，登几层台阶，休息一下，然后开门，我扶他坐下来。我执意要帮他再干点什么，他说不要，一会小时工会来料理。他显然很高兴，仿佛粮草已备，即可动身。他说："今天完成了两件大事，一是借到了书，二是理了个发，好了，可以工作了——"

天气转寒甚急。不小心，徐先生患了急性肺炎，发烧，入协和医院。可病情刚好，尚未完全恢复，他就闹着要出院。出院回到家里那天他很高兴，执意要饮一些高度的白酒，酒后，双腿发软，一个前倾趔趄，俯仆在地上。这一摔过后，他好像又虚弱了许多。

再见《己卯记事》：

12月上旬的一个下午，也是天色已晚。我携上海三联的倪为国和从德国图宾根大学回来休假的杨煦生一同来看望徐先生。我还买了些许香蕉和蜂蜜，心想这对消化总有益处。保姆开门，客厅的灯未打开，借着走廊里的灯光，我看见徐先生用上衣蒙着头，蜷局在沙发上，不由得一阵心酸。我提高了嗓门说："徐先生，我们来看你了！"他从头上撤下衣服，缓缓端坐，说："好，好，把灯打开吧。"灯打开了，只见他面容憔悴，颓然无神，这是过去从未有的。我们三人随他老人家说了一会儿话，觉得他的精神头儿有所恢复。倪为国说到了文集事，徐先生要求以繁体字出版，倪说出繁体恐怕市场销路有问题，他退了一大步，说诗集一定要用繁体出之。"没问题——"倪为国这样答应。他听了很高兴。

后来我们聊到了书法，杨煦生习字，善用大笔，风格拙重，每书两字，如"挥麈""拈花"等；三字，如"容乃公"；四字，如"涤除玄鉴"等。他要徐先生鉴赏他的书法卡片，徐先生一一过目，点头称道："好的，好的，有性格。你的字比我的好。你这是大篆转石鼓文，坚持下去，将来必有成绩。"少顷，他站起来，说："来，也看一下我的字。"字幅挂在北屋的工作室，就是那两首七律，院展结束以后，由我帮徐先生取回。我们共同欣赏完毕，煦生对徐先生说："您老的字是二王转章草"。徐先生笑了，颇以为然。我三人不敢久留，匆匆道别离去，我注意到，桌子上摆放着《薄伽梵歌论》的清样稿，商务印书馆是来人了。前时我去催促，说徐先生身体状况不佳，要他们抓紧时间云云，毕竟，手稿交出已有七、八年过去了。

月中，孙波奉人事局之命赴井冈山地区治接中国社科院在当地挂职锻炼的博士生。回京以后，被告之徐先生再次入院（12月16 日），而且病情严重。孙波和李毓凤轮番去探望，找大夫询问对治方案。这次仍以急性肺炎"进驻"，大夫说上次出院急了一些，未好利落，肺部还有阴影，这次问题比较严重，体内出现了积水。要排除积液，要求家属前来签字。他在北京哪里有什么家属？只有单位。孙波签字：同意。

积液排出后，徐先生好了许多，身上也有了些力气。一天，孙波陪新平所长去看他，他倚窗而坐，与二人攀谈。他说他对鲁迅有歉疚，因为先生为他挨了不少骂；他又说到：中国文化真好，儒家真好。这些话他讲了不止一次了，可还是让人觉得那么温暖，那么亲切。来看望的人很多，病房里摆着鲜花，地上放着水果，在聊天的时候，又有人来。

体内一旦生发积水，便不易消除。它们又悄悄卷土重来。徐先生发烧浮肿，浑身无力。这时他的侄子侄媳长沙硕朋夫妇和昆明两侄孙女赶来了，他们悉心照料，不离左右。医院决定，再次抽液，硕朋签字。积液排出，又好了许多，他抓紧时间校读《薄伽梵歌论》的清样稿。一天，姜丽蓉来看他，他高兴地对姜说："我今天又干了大半天。"随后又颇有黯然，自言自语地叹息："看来我的学问是没人继承了。"情况愈来愈糟，徐先生昏睡时多，清醒时少。

复见《己卯记事》：

> 大夫把我叫去，对我说："让老先生留下一些话吧。"我说："除此之外，他本人还要做什么配合呢？"大夫说："如果可能，东西还是要吃一些。""吃什么最合适"，"苏打饼干就可以"。我去商店买来苏打饼干，在他的床前坐下来，当时保姆也在，他对她说："待我睡过去时，帮我擦拭一下腿和脚，让它们清洁。"保姆应声先离去了。徐先生问："大夫怎么说？"我答："大夫说可以吃些饼干……"另外的话我说不出了。说不出，不说也罢。"好的，好的，吃饼干。孙波，谢谢你来看我，我们是朋友！我要困觉了——"说完转

背一偏头，昏睡过去。

后来，醒时愈来愈少，直至失去了知觉。院方尽力抢救，使用了所有的好药，却未能挽出于弥留状态。大夫说，老先生没有什么器质性疾病，只是肌体能力衰竭了，在这样的高寿，回天难矣！见1月25日的"病情报告"："患者入院后经胸腔穿刺引流、强心、利尿、控制血压、抗感染、抗结核、积极对症支持及中医辅助治疗，病情仍无明显好转。2000年1月24日患者病情进一步恶化，出现呼吸、心跳停止，经积极心肺复苏，目前呼吸机辅助呼吸……"看望他的人仍然是络绎不绝，有院里的领导和同事，有人事部的首长和工作人员，有高校的老师和学生，还有外国友人，印度的、德国的、美国的……但他全然不知。我们希望奇迹出现，但奇迹却未光顾。

最后见《己卯记事》：

> 案头上的《薄伽梵歌论》，我捧起翻了一下，全书约三分之一有红笔的勾改。不能对谈，不妨相伴。偶尔我在他床前坐下来，握着他的手，看着他熟睡。我思忖：其实所有的人都有这一刻，所有的这一刻都有一个梦境，会见到自己所爱之人：父母，恩师，故友，芳侣……见到自己所愿之事：或名山事业，或子孙福祉……前者不必说了，这后者在梵澄先生是什么呢？——仍是精神事业的战场："这诚如苏迷庐山顶洪声发响，沉雄飞越，一声一声扣着世界众生内心深处，要儆醒而又儆醒，知觉而又知觉，走神圣的正途。要诚，要信，要皈依，要企慕而争上游，要静，要敬，要爱，要努力为神圣事业，要发现性灵，发现'自我'，要证会'超心思'，要将

自己全般转化"。① "譬如一井，众人皆得汲其神圣之泉，所需要者，引线也，而引线之人，必是精神上的英雄。'永生'之子，必奋斗在这世间最酣烈之处。"②

---

① 徐梵澄:《南海新光》，室利·阿罗频多学院，1971 年，第 15 页。
② 《由谁书》，徐梵澄译，室利·阿罗频多学院，1957 年，末页。

# 尾声

2000 年 3 月 6 日 9 时 30 分，徐梵澄先生的心脏停止了跳动。

作为鲁迅的弟子，他是最后一个离开我们这个世界的。一个时代结束了。

1984 年，《五十奥义书》和《神圣人生论》出版以后，有海外报章称誉他为"玄奘第二"。他没有任何反应，沉默有如止水。

"我喜欢夏天！"他曾对友人说。

"为什么呢？是不是你在印度待的时间太长了，习惯于夏天？"友人问。

"不是。夏天天长，可以做很多事——"[1]

"旱了一冬，今天降了一点儿水。"又有友人说。

"嗯——"他回答，"南水北调如果成功了，南方没有水灾，北方也不干旱，那中国就是天堂了。"[2]

2000 年，庚辰龙年。立夏在阳历 5 月 5 日，梵澄先生辞世整整两个月。当初夏一缕明媚的阳光照射在团结湖北里一座普通寓所的南窗时，已看不到一个老人的身影了。已矣哉！然寻斯人兮于何方——"乘彼白云，至于帝乡"？其实，他是走进了遍地盛

---

① 周健强：《哲人徐梵澄》，《名人传记》1999 年第 4 期。

② 詹志芳日记（手稿），1999 年 3 月 31 日。

开的花海里——"母亲"说：莲花是神圣知觉性的象征，菊花是超人之大力的象征，玫瑰是神圣之敬爱的象征……[1]他是隐没在漫天蔚起的朝霞中——阿罗频多说："我们不属于过去的黄昏，却属于将来的午昼。"[2]是的：鲜花要栽种，朝霞要托起——为着我们，为着明天。

修订于 2018 年 4 月 18 日

---

[1] The Mother：*The Spiritual Significance of Flowers*，Sri Aurobindo Ashram Trust，2000，pp.3, 32, 48.

[2] 室利·阿罗频多：《周天集》，徐梵澄译，三联书店，1991 年，第 1 页。

# 再版后记

《徐梵澄传》初版于 2009 年 10 月 1 日，时值新中国成立 60 周年，徐先生诞辰 100 周岁。今兹再版，已然进入了第 10 个年头。光阴迅迈，陵谷移易，国家情势发生了偌大的变化了。

本书甫一问世，遂即分送给所中同仁，当时就获得了一致的好评。过了些时日，欲要网购数册，以赠友人，不得，方知售罄。虽然未得，还是欣慰的，因为自己的劳动成果受到了社会的普遍欢迎。然又自知，此非作者之能事，而是梵澄先生本人的人格、性情、学问及其经历之光彩故。

这些年来，自己基本是"两耳不闻窗外事"，只专心于梵澄先生这条引线进行工作，当然，所得仍是极少分而已。但让我高兴得是，喜欢他的读者渐渐多将起来，而且已有年轻学者的目光转向这方了。我希望他们的步伐能够加快，因为"大时代"已然降临，尝如他老人家说过的话："若使大时代将临，人莫我知，无憾也，而我不可以不知人，则广挹世界文教之菁英，集其大成，以陶淑当世而启迪后人，因有望于我中华之士矣。"（《薄伽梵歌论》案语）这里，"世界文教之菁英"，是指印度古今韦檀多哲学；"知人"，是指其集大成者"圣哲"室利·阿罗频多的思想。韦檀多哲学的古典，乃诸《奥义书》，梵澄先生已有雅言译出的《五十奥义书》等，其为我国印度学的研究奠定了基础；韦檀多哲学的今典，乃阿罗频多诸书，徐先生已有今语译出的两疏释（《伊莎书》《由谁书》）和四论著（《神圣人生论》《薄伽梵歌论》《综合瑜伽论》《社会进化论》），其为我国精神哲学的建立提供了样本。

徐译《五十奥义书》等，已为治印度学学者所倚重，虽然尚未见及深入的讨论。而阿罗频多诸译，似仍未为学界所重视，究其因由，一陌生故（为玄学系统），二难读故（啰嗦与重复）。梵澄先生曾考虑到读者的不便，尝想就《神圣人生论》作一提要式的节录，但未成功。他说："倘作内容提要，则文字浩茫，既嫌剥截，反失端绪，此原著出版时所尝试而中缀者。"（《神圣人生论》篇章分题）然这工作还是要做的，不然，能尽读者还是少之又少。如何做？——待时，待人。于此，似应于阿罗频多之学作一极概括性的提示，请略说：

阿罗频多之学因其"网罗百家而无遗"，故有"大全瑜伽"之称。依贺麟先生对黑格尔哲学体系的分判，阿氏四论可见二汇：一汇属于精神哲学，即敷陈本体之发用，流行于世间与人生之方方面面，《神圣人生论》者是；一汇属于精神现象学，即由用显体，描述从寻常知觉性进展到高等知觉性的矛盾过程，《社会进化论》《薄伽梵歌论》者是,《综合瑜伽论》者是。二汇又实一理则学。从精神哲学的立场说,人生的命运乃是一幅先验的蓝图:"从原始底超心思下降,擅有进化底超心思……而无改于它自有的真元性格。"(《神圣人生论》第957页)从精神现象学的出发说,人类的历史乃是一幕进化的史诗:"一旦有了超心思下降,便能变为一真实底进步底启示。"(同上)我们不妨一问:前者与"天命之谓性"、后者与"率性之谓道"难道有什么区别吗?这里需指出:"原始底"非蒙昧义,而是源头义,"真元性格",乃说"心灵""性灵";"进化底",非是起步于"土地(身体)知觉性"——"赫他瑜伽",而是"心思知觉性"或曰"理性"——"罗遮瑜伽"。综之阿氏之学,主旨:"超心思"!极归:人生转化!

梵澄先生所治为精神哲学,统摄中、西、印之源头菁华。而这"源头",本是人类的精神之"家"。源头既是,未来亦是,因为"世间,一人也;天下,一理也。至道又奚其二?江汉朝宗于海,人类进化必有所诣,九流百家必有所归。奚其归?曰:归至道!如何诣?曰:内觉!"(《薄伽梵歌·译者序》)"内觉",乃"由外转内的精神运动"。鲁迅"立人""改造国民性"者是,阿氏"变化气质,终期转化社会与人生"者是,而梵澄先生则为最忠实、最勇力的追随者,虽然,仍不免为一孤独者。当然,这"孤独者"的学问也是独特的,也就是说,他造就了一种自己的语言风格和思维风格,更重要的是,他指出了一条新的哲学工作的方向。

借此传记再版之际，我要特别感谢几位年轻人：我的同事李文彬，译出了梵澄先生的英文著述《孔学古微》，并获 2015 年度中国好书奖。四川外国语大学的贺佳，在德教学期间，译出了印人兰纳德的《赫拉克利特》，补白了《玄理参同》之憾；复又译出《小学菁华》之英文部分，从而给中外语言文字的初学者带来了更大的便利。深圳大学的朱璇，在印期间专访阿罗频多修院，携回若干图片和宝贵资料，为本书的丰富和增色提供了有力的支持。学苑出版社的王强、彭啟彬和陈果，多年来汲汲于梵澄先生的精神轨迹，自辑并出版了《梵澄先生语录》。更有崇文书局的梅文辉，重新编辑并推出《徐梵澄著译选集》（《尼采自传》《薄伽梵歌》《玄理参同》《陆王学述》）和《薄伽梵歌》汉译 60 年纪念影印本，及再版繁体字之《老子臆解》，可以说，此是精神哲学这一理路之出版和研究的推进。还有，我要感谢上海世纪出版集团的李顿，她将负责《徐梵澄文集》的再版事宜，为我在初版时的疏漏和错舛创造了宝贵的更正机会。

最后，仍是希望语。摘录先生言："后学多秀，然深造尚遥，俟其大成而已。"此话说在 32 年前，我以为至今尚未过时。粗算起来，先生殁世将近 20 年了，本书初版也近 10 年了。也许，还需要一个 10 年？或 20 年？又从何时计起呢？总之是——"必世（30 年）而后仁"！吾辈之人期待着……

撰于戊戌谷雨日　　2018 年 4 月 20 日

# ［徐梵澄先生学术年表］

1909 年：10 月 26 日，出生于湖南长沙一耕读世家，族人中多工书法。

1925 年以前：幼年就学于家塾，师湘中巨子王闿运之门人；后入学
新式学校修业小学，毛泽东为地理老师；再后入教会
学校雅礼中学，接受较全面的现代教育。

1926 年：入湘雅医学院，课余阅读大量进步刊物，为新思想所鼓舞。

1927 年：春，入国立武昌中山大学社会历史学系。

1928 年：春，入上海复旦大学西洋文学系。5 月 15 日，因记录鲁迅
的演讲"老而不死论"，与鲁迅通信；6 月 22 日，首次到
鲁迅家中拜访。开始为《语丝》撰稿。

1929 年：8 月 21 日，启程赴德国留学，修艺术史专业，学习安排为：
前后期在柏林大学，中期在海德堡大学。留德期间，为鲁
迅收购欧西名家版画。

1930 年：结识赴德留学的诗人冯至，从此两人成为挚友。

1932 年：6 月 14 日，为了庆祝朱偰学成回国，徐梵澄、朱自清、陈
康、蒋复璁、滕固等留德友人，相聚冯至寓所。7 月中旬，
因父亲去世，放弃博士答辩，回国。

1933 年：寄寓上海，为自由撰稿人，"无派而不属于任何翼""颇似尼采"（鲁迅语）。在鲁迅的嘱咐下，开始系统翻译尼采的著作，此后几年先后译出《尼采自传》《苏鲁支语录》《朝霞》《快乐的智识》等。

1936 年：10 月 19 日，鲁迅去世；此后几年，梵澄未再撰写杂文和翻译西典。

1937 年：供职于上海同济大学；课余读佛经，研唯识。

1938 年：战事日紧。秋，梵澄辗转回到老家长沙；年底，应留德好友滕固校长之邀，赴暂驻于湖南沅陵的国立艺专任教。

1939 年：年初，艺专迁往昆明，梵澄与好友冯至相聚于昆明。

1940 年：年底，艺专又迁往重庆。滕固辞去校长之职，梵澄亦辞职。

1941 年：就职于留德好友蒋复璁任馆长的中央图书馆，负责馆刊《图书月刊》的编辑；此后几年内，撰写了大量学术性书评，期间与留德好友朱偰交往甚密。

1945 年：12 月，参加"中印文化交流"，赴印度泰戈尔国际大学讲学。

1947 年：从梵文译出《安慧 < 三十唯识 > 疏释》，并撰写《< 唯识二十论 > 钩沉》。

1948 年：5 月，与女画家游云山再度相遇（初次相识于 1942 年秋，在重庆）。

1949 年：编写梵汉字典《天竺字原》。

1950 年：年初，前往贝纳勒斯进修梵文，并先后译出印度圣典《薄伽梵歌》和迦里大萨的诗剧《行云使者》。

1951 年：2 月，与游云山一同前往琫地舍里的阿罗频多修道院，得到院母"神圣母亲"的赏识。成立华文部，从事翻译、研究、讲学、出版等工作。10 月，游云山回香港。

1952 年：开始翻译梵文古典《奥义书》，"圣哲"阿罗频多的英文大作《神圣人生论》《薄伽梵歌论》，"院母"的法文语录《母亲的话》。

1953 年：策划"中国图片展"，并自己创作了大量绘画作品。

1954 年：译阿罗频多的英文大作《社会进化论》。

1956 年：阿罗频多修道院华文部，开始陆续出版发行梵澄的译作或著作；至 1978 年梵澄回国，共计出版有 20 多种。

1960 年：之前长期的翻译工作，实是面向世界文明的兼收并蓄。下一步，梵澄开始规划如何系统地向世界介绍中华文化之菁华，此后在印十多年的工作以此展开，用英文或著或译有《小学菁华》《孔学古微》《周子通书》《肇论》《唯识菁华》等。

1973 年：11 月 17 日，"神圣母亲"去世。

1978 年：11 月，梵澄回到阔别 33 年的祖国。

1979 年：入职中国社科院世界宗教研究所，好友冯至在外文所，贺麟在哲学所。与所里"约法三章"：一、不参加政治学习；二、不带研究生；三、不接受任何采访。此后，其最主要的工作就是整理大量的手稿以出版。

1983 年：发表长文《星花旧影——对鲁迅先生的一些回忆》（载《鲁迅研究资料》第 11 辑）。

1984 年：1 月，《五十奥义书》由中国社会科学出版社出版，此书的排版、编辑、校对等工作极为艰辛。5 月，《神圣人生论》由商务印书馆出版。

1985 年：年初，完成《老子臆解》一书，中华书局取走书稿（1988 年出版）。3 月 20—22 日，参加在曼谷举行的"世界佛教大会"。

1986 年：2 月，完成《略说'杂文'和＜野草＞——为纪念鲁迅先生逝世五十周年作》一文（载《鲁迅研究动态》1986 年第 10 期）。4 月，完成为《苏鲁支语录》重版（1992 年，商务印书馆）而写的长篇"缀言"。

1989 年：陆续在《读书》杂志上发表诗话《蓬屋说诗》（起于 1989 年第 6 期，止于 1996 年第 11 期）。

1990 年：开始学术大工程《佛教密宗研究——摄真言义释》的写作。

1992 年：9 月 23 日，好友贺麟去世。

1993 年：2 月 22 日，好友冯至去世。整个下半年，受鲁迅博物馆委托，对鲁迅收藏的外国版画进行辨认、考证和赏析。

1994 年：《陆王学述——一系精神哲学》由上海远东出版社出版。

1998 年：自辑诗集《蓬屋诗存》，自费印制百余册，赠族中后辈读书人，以示勉励。

2000 年：3 月 6 日，梵澄先生逝世。病床头放着那还未校读完的《薄伽梵歌论》清样稿。